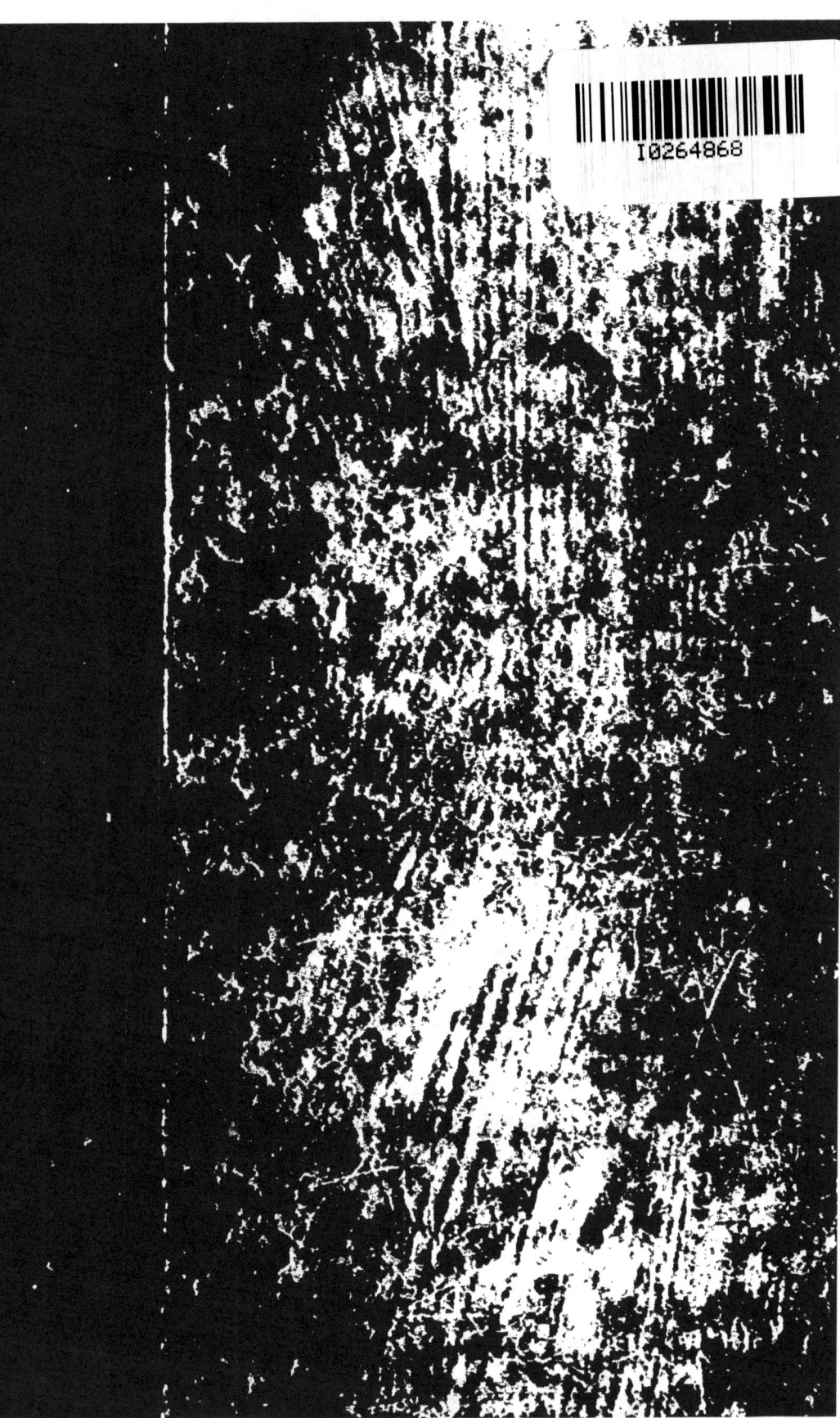

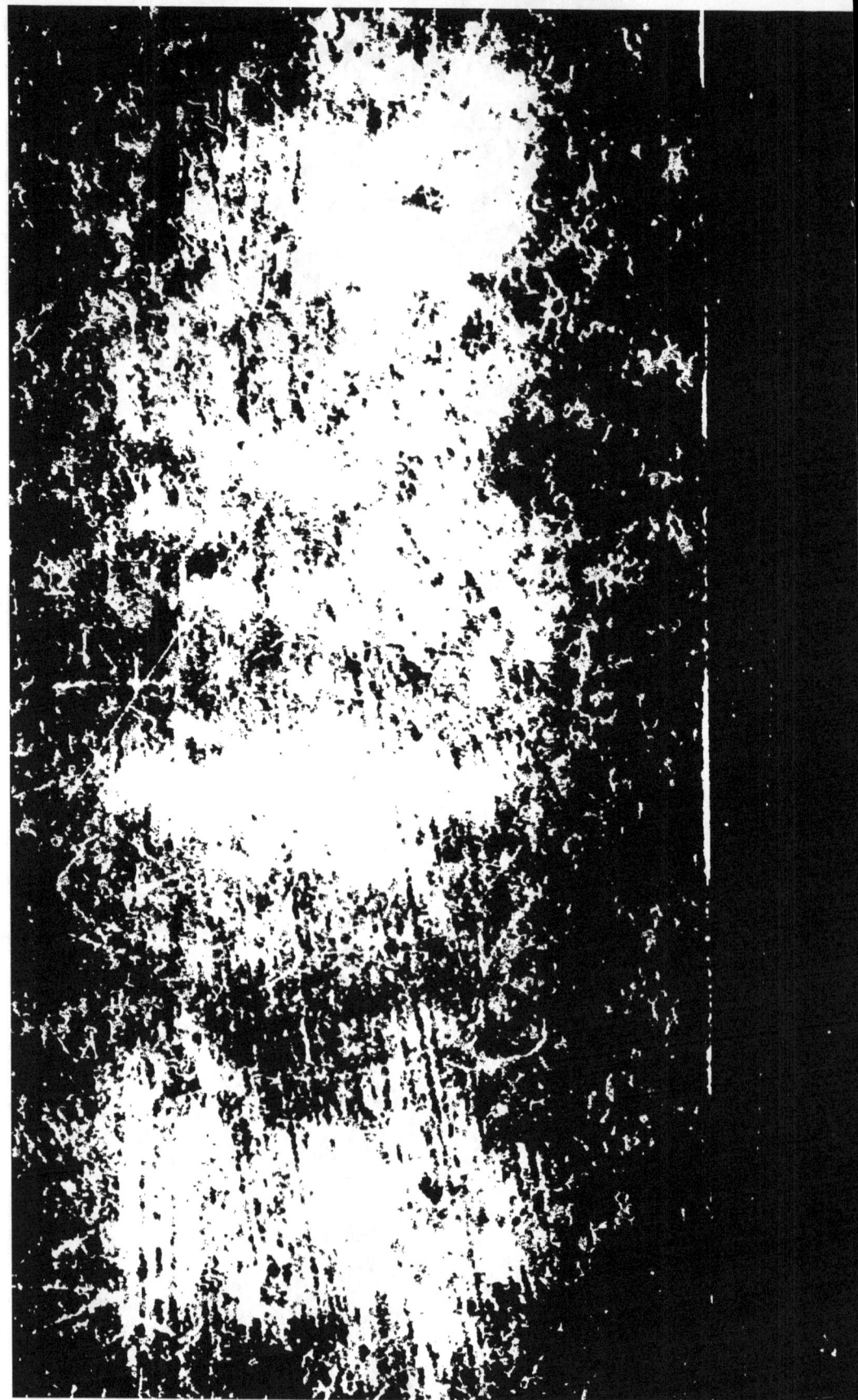

LES
DIOCÈSES D'AIRE ET DE DAX

OU

LE DÉPARTEMENT DES LANDES

SOUS

LA RÉVOLUTION FRANÇAISE

1789—1803

RÉCITS ET DOCUMENTS,
Par M. Joseph LÉGÉ,
PRÊTRE DU DIOCÈSE D'AIRE.

TOME II.

AIRE-SUR-L'ADOUR
—
1878.

LES
DIOCÈSES D'AIRE ET DE DAX
OU
LE DÉPARTEMENT DES LANDES

TYPOGRAPHIE ATURINE

LES
DIOCÈSES D'AIRE ET DE DAX

OU

LE DÉPARTEMENT DES LANDES

SOUS

LA RÉVOLUTION FRANÇAISE
1789—1803

RÉCITS ET DOCUMENTS,
Par M. Joseph LÉGÉ,
PRÊTRE DU DIOCÈSE D'AIRE.

TOME II.

AIRE-SUR-L'ADOUR

1875.

LES DIOCÈSES D'AIRE ET DE DAX

OU

LE DÉPARTEMENT DES LANDES

SOUS

LA RÉVOLUTION FRANÇAISE

1789—1803

RÉCITS ET DOCUMENTS

CHAPITRE Ier.

La Commission Extraordinaire à Dax, à Auch, à Bayonne. — Sévérités envers les Basques. — Derniers jours de Robespierre. — La Lettre Ecclésiastique.

En même temps que Pinet et Cavaignac versaient le sang à St-Sever, leur collègue Dartigoeyte livrait au tribunal révolutionnaire de Toulouse l'ex-prieur de l'abbaye bénédictine, J.-J. Gros, vicaire épiscopal de Saurine. « Un prêtre nommé Gros, disait Dartigoeyte dans son rapport à la Convention, ci-devant prieur des Bénédictins, ci-devant curé de St-Sever, travaillait à Toulouse à un plan de contre-révolution par le moyen du fanatisme. Ce scélérat écrivait aux prêtres réfractaires de se réunir aux prêtres constitutionnels, leur cause étant aujourd'hui commune. On a saisi chez lui les originaux de ses lettres, et encore plusieurs écrits de sa composition dans lesquels il réclame contre les lois relatives au calendrier républicain, à l'éducation publique, et demandé le rétablissement de la dîme, etc. — Castelsarrasin, 12 germinal.

De Toulouse, Dartigoeyte s'était rendu à Auch, et le 17 germinal, « étant monté à la tribune, il y signaloit les contre-révolutionnaires d'une nouvelle espèce, ceux qui sèment des divisions entre les patriotes pour que le peuple leur retire sa confiance; il parla ensuite de l'affaire de Mirande, et à peine il a prononcé le nom de Seillan, maire de cette commune, une main parricide lança d'une des troisièmes loges une grosse brique carrée vers la tête du Représentant du peuple, qui heureusement ne fut pas atteint. Elle se brisa sur le devant de la tribune. »

Tel est, sur cette affaire, le rapport de la Société des Amis de la Liberté à Auch. Le lendemain, cette Société écrivait à la Convention : « Un monstre, revêtu de l'uniforme de défenseur de la Patrie, a lancé du haut de la salle de nos séances, à 50 pieds de hauteur, une brique énorme vers le Représentant. » La Convention s'émut et chargea Barère de faire un rapport. Dans ses notes, Domec dit que la brique s'était détachée du haut de l'église. Quoi qu'il en soit, cette circonstance singulière contribua pour sa part à changer la face des choses dans le département des Landes. Dartigoeyte avait fait courir la poste pour appeler à son secours la Commission Extraordinaire. Le courrier d'Auch trouva Pinet à Tartas où ce dernier était arrivé dans la matinée du 18 germinal. Il fallait se hâter. Pinet envoya un gendarme à St-Sever pour requérir la guillotine et la faire rentrer tout de suite à Tartas, dans la nuit même. Le lendemain matin, à onze heures, il fit exécuter contre les prêtres Labée et Dubayle, et contre Anne Mouscardèz la sentence de mort prononcée déjà par le tribunal criminel du département. La Commission ne fut pour rien dans ces affaires de Tartas. Le bourreau seul prêta son office.

Dans la soirée de ce même jour, xix germinal, Pinet, Cavaignac et les juges se présentèrent par l'ancienne chaussée du Sablar aux portes de la cité dacquoise. Ici, toute description nous semble inutile. On voit tout d'un coup d'œil, la douleur, la désolation, le désespoir des habitants de Dax. Derrière la voiture des représentants, venaient deux prêtres, Jean Lannelongue, curé de Gaube, et Michel Castellan, ce dernier extrait des prisons de St-Sever pour être confronté avec son complice, Laborde, curé de Tilh, enfermé à Dax.

D'après un arrêté de Pinet, en date du 10 ventose, la guillotine devait être construite en cette ville dans l'espace de deux décades, sur la place Poyanne. Instituer la Commission, châtier violemment la défection des Basques, et revenir sur leurs pas à Dax pour y poursuivre les opérations révolutionnaires, au besoin pour signer des arrêts de mort, c'était là le plan des représentants du peuple. On a vu comment ce plan se trouva dérangé. La prétendue conspiration des nobles, seigneurs, avocats, huissiers du Tursan et de la Chalosse, avait changé l'itinéraire de la Commission. Ivre de sang et de fureur, à la nouvelle de l'attentat contre Dartigoeyte, elle ira vite en besogne. Un *considérant*, deux au plus, la sentence, et l'exécution tout de suite.

Le lendemain de leur arrivée à Dax, Pinet et Cavaignac, avant toutes choses, firent connaître au peuple les événements du chef-lieu du Gers et afficher la proclamation suivante :

Les Représentants du Peuple près l'armée des Pyrénées-Occidentales et les Départements environnants. — Vu l'Extrait du Procès-Verbal de la Société des Amis de la Liberté et de l'Egalité, séant à Auch, en date du 17 de ce mois;

Considérant qu'il résulte de ce procès-verbal qu'un grand crime a été commis; que la Représentation Nationale a été audacieusement attaquée; que la vie de leur collègue Dartigoeyte a été en danger; que c'est au moment même où le Représentant du Peuple s'entretenoit avec lui de ses plus chers intérêts qu'un scélérat a voulu l'assassiner;

Considérant que cet horrible attentat a tous les caractères de la préméditation; qu'il paroît que le coupable a des complices; que tous doivent payer de leur tête le forfait qu'ils ont voulu commettre; que la République offensée dans la personne d'un de ses représentants veut et doit être vengée; que le temps est venu où sa massue terrible doit écraser tous ses ennemis quel que soit le langage imposteur qu'affecte leur hypocrisie;

Considérant que tout annonce que la conspiration tramée dans le Département des Landes et qu'ils viennent d'anéantir avoit ses ramifications et ses agents dans les départements voisins;

Considérant qu'en même temps que la Convention Nationale devoit être égorgée, chacun des Représentants envoyés par elle dans les Départements et auprès des armées avoit derrière lui son assassin prêt à le poignarder; que ces affreux complots avoient pour objet de dissoudre la République, d'allumer la guerre civile, et de relever au milieu de la France embrasée, le trône des tyrans;

Considérant enfin que les Représentants du Peuple ont juré la mort des traîtres, des conspirateurs, des ennemis de la Représentation Nationale qui sont les ennemis du peuple lui-même;

Arrêtent : Art. I. La Commission extraordinaire en séance à Dax en partira le 23 de ce mois pour se rendre à Auch. Art. II. Elle y procédera sur-le-champ au jugement de tous les individus prévenus de l'assassinat commis sur la personne du Représentant Dartigoeyte. Art. III. Elle jugera ensuite ceux qui sont soupçonnés d'avoir trempé dans la conjuration du département des Landes et également tous les prévenus d'attentats contre la Liberté du Peuple et la sûreté de la République. Art. IV. Elle terminera cette opération dans le plus bref délai possible afin de hâter son retour à Bayonne. Art. V. A l'instant même de la réception du présent arrêté, l'Administration du District d'Auch fera dresser la guillotine sur la place publique. Art. VI. Un détachement de 25 hommes de cavalerie partira de Dax pour aller à Auch sous les ordres de la Commission extraordinaire.

A St-Sever, du IV au XVI germinal, le bourreau avait coupé la tête à 19 personnes; sur le nouveau théâtre, il fera neuf exécutions en 4 jours.

XX GERMINAL. — 9 AVRIL 1794

Le premier qui parut à la barre de la Commission fut Jean Lannelongue, curé de Gaube. Né à Grenade d'une famille très honorable et frère d'un dominicain à St-Sever, ce prêtre, vicaire à Estang, puis à Castandet, avait été nommé à la cure de Gaube en 1773. Errant depuis le mois de mai 1792 aux environs de Viella, mais plus souvent dans sa paroisse, il fut d'abord caché, par les soins de M. de Caumale, dans une ferme appelée *au Moulin*; puis dans une petite maison sur les limites de Perquie et de Hontanx où trente patriotes vinrent le saisir. On le conduisit tout de suite devant le directoire du district, de là à Tartas, où la Commission Extraordinaire, au lieu de l'abandonner au tribunal criminel qui venait ce jour là même de faire exécuter Labée, Dubayle et Anne Mouscardez, le réclama pour le juger révolutionnairement. Lannelongue arrivait à Dax le XIX; le lendemain, il était condamné et exécuté.

On nous permettra de citer ici dans leur teneur entière ces étranges procédures.

A été amené à l'audience un particulier, qui, sur l'interpellation que lui a faite le président, a répondu se nommer Jean Lannelongue, âgé de 63 ans, ci-devant curé de la commune de Gaube. Le Président lui a dit qu'il est accusé d'être prêtre réfractaire, errant et vagabond dans le département des Landes, où il entretenoit le fanatisme et l'esprit contre-révo'utionnaire. A répondu qu'il est vrai qu'il est prêtre réfractaire aux loix et que depuis juillet 1792 il n'a point eu de résidence fixe et qu'il a toujours erré cà et là.

La Commission, vu les réponses de l'accusé, l'interrogatoire subi par lui devant le Conseil général du district de Mont-de-Marsan le 16 courant ;

Considérant que le dit Lannelongue est un de ces êtres qui ont participé dans tous les temps au malheur du genre humain, et qu'il ne s'est pas conformé à la loi, et qu'il a été, de son propre aveu, errant et vagabond dans le département des Landes où il entretenoit le fanatisme et l'esprit contre-révolutionnaire ;

Condamne Lannelongue à la peine de mort, confisque ses biens au profit de la République, ordonne que le présent jugement sera à l'instant exécuté sur la place de la Liberté de cette commune.

Après la condamnation du curé de Gaube, l'huissier appela Marguerite Rutan, religieuse de Dax. Née à Metz le 13 avril 1736, Marguerite avait quitté ses parents à l'âge de 18 ans pour entrer chez les Filles de la Charité; elle demeura d'abord 18 ans à Pau, puis elle passa successivement à Blangy dans la Normandie, à Fontainebleau, à Brest, à Troyes, et enfin à Dax. De concert avec Mgr de Laneuville, elle avait rebâti l'hôpital du Cassourat ou du St-Esprit en cette dernière ville, et en fut la supérieure. Lors de la fermeture des couvents de femmes (2 octobre 1792), elle continua ses fonctions à l'hôpital avec ses chères sœurs qui dès lors avaient pris le nom nouveau de *Dames de la Charité*. Marguerite Rutan était vénérée à Dax. Femme forte et intelligente, elle avait résisté victorieusement à Saurine qui fit tout pour la gagner au parti constitutionnel; elle dirigeait en ville toutes les œuvres de bienfaisance. Une fausse interprétation donnée par les méchants à une œuvre de reconnaissance, quelques imprudences et une délation infâme conduisirent à la mort celle qui avait donné toute sa vie au soulagement des malheureux.

Le sieur Raoux, en qualité de musicien dans un bataillon de volontaires des Landes, ayant été atteint d'une maladie grave sur la frontière, fut d'abord envoyé à l'hôpital de Bayonne, et puis évacué sur celui de Dax. Les sœurs lui prodiguèrent les soins les plus tendres, et en peu de jours, le malade fut com-

plétement rétabli. A peine sorti de l'hospice, Raoux, désireux de témoigner
sa reconnaissance aux sœurs, invita quelques musiciens à se joindre à lui
pour lui donner une sérénade, ce qui eut lieu en effet. Suivant l'usage, les
sœurs remercièrent les musiciens et leur offrirent des rafraîchissements. »
Chroniques de la Cité et du diocèse d'Acqs, par M. Dompnier de Sauviac.

Des misérables se servirent de cet incident pour dresser
un acte d'accusation. Marguerite Rutan fut mise en prison,
où elle eut à subir tous les effets de la méchanceté la plus
haineuse avant de comparaître devant la Commission Extraordinaire.

Cossaune fait lire une première pièce :

L'an II de la République, 4 nivose (24 décembre 1793), le comité de surveillance assemblé, a été admise une députation de la Société populaire et montagnarde de la commune de Dax, laquelle députation est venue dénoncer madame Rutan, supérieure de l'hôpital de bienfaisance de cette commune de Dax, comme ayant par son incivisme, cherché à corrompre et ralentir l'esprit révolutionnaire et républicain des militaires qui allaient dans cet hôpital se faire soigner; comme étant notoirement reconnue pour aristocrate depuis le commencement de la révolution; comme étant indigne d'exercer les fonctions humaines et bienfaisantes que l'on doit à des hommes libres, dignes à tous égards de la reconnaissance publique. — Vu le peu de confiance dont elle jouit parmi les sans-culottes de la commune, le Comité prenant en considération la dénonciation justement fondée contre la supérieure Rutan, reconnue depuis longtemps comme incivique et contraire aux principes de la Révolution, et dénoncée en outre par la voix du peuple, arrête que la supérieure Rutan sera sur-le-champ transférée dans la maison de réclusion des Carmes pour y demeurer jusqu'à ce qu'il soit autrement ordonné par le Comité.

Le greffier passe tout de suite à la lecture d'une seconde pièce.

Le 15 germinal an II; le comité de surveillance étant assemblé; — Vu la dénonciation faite par la Société populaire de Dax contre la sœur Rutan, ci-devant supérieure de l'hôpital de cette commune, du 4 nivose dernier, portant que la sœur Rutan emploie tous les moyens pour corrompre les braves défenseurs de la Patrie qui sont malades à l'hôpital, et qu'elle est d'ailleurs incivique. — Vu l'arrêté du présent Comité du dit jour 4 nivose, portant que la dite sœur Rutan sera tout de suite conduite dans la maison de réclusion et les scellés apposés sur les papiers; — Vu le verbal de la levée des scellés et vérification des pouvoirs de la dite sœur Rutan, du 6 de ce mois, — Vu la déclaration en forme de dénonciation, donnée par le citoyen Poniol contre la dite sœur Rutan, du 8 du même mois, portant que conférant avec un soldat national qui était à l'hôpital, celui-ci lui dit que toutes les sœurs de l'hôpital étaient des coquines d'aristocrates, débauchant les soldats; qu'elles les préchent pour aller dans la Vendée; qu'elles les font danser et chanter des chansons diaboliques et leur donnent de l'argent; — Vu le verbal de visite des appartements qu'occupoit la dite sœur Rutan au dit hôpital, constatant les sommes qu'elle avoit en bourse, le dit verbal daté du 13 du même mois; — Vu la requête faite par le dit Comité contre la dite Rutan, le 8 germinal; — Vu les lettres et pamphlets infâmes et vraiment contre-révolutionnaires trouvés dans les papiers de la dite sœur Rutan qui font justement présumer qu'elle est animée des principes désorganisateurs de l'armée;

Considérant que la dite sœur Rutan est prévenue d'avoir employé des moyens de séduction, soit en propre, soit en donnant de l'argent aux braves défenseurs de la Patrie, que des blessures honorables ont amené à l'hôpital, pour les engager à joindre les brigands de la Vendée et tourner leurs armes contre leur Patrie;

Considérant que la dite sœur Rutan est prévenue d'avoir entretenu des correspondances criminelles et des liaisons avec les parents du tyran d'Autriche; qu'elle a même favorisé le passage dans cette commune d'un personnage soi-disant prince d'Allemagne, allié à l'empereur;

Considérant que les délits imputés à la dite sœur Rutan méritent non seulement la peine de réclusion, mais aussi des peines afflictives et infamantes portées par les Lois;

Arrête que copie du présent arrêté sera envoyée à l'Agent National près le directoire du District de Dax, ainsi que la procédure instruite contre la sœur Rutan, avec déclaration que la dite Rutan est dans la maison de réclusion dite des Carmes de cette commune, à sa disposition.

Marguerite Rutan se défendit avec calme, avec courage, donnant à chaque chef d'accusation les réponses convenables, et termina en disant qu'elle pardonnait à tous ceux qui avaient amené sa mort. — J'ai passé, dit-elle, quarante ans de ma vie à soulager tout ce que les infirmités humaines ont de plus repoussant, et je meurs victime de la perversité de quelques hommes. — Cossaune interrompt Marguerite et lui fait observer qu'elle meurt victime de ses propres fautes. Après une courte délibération, le verdict est apporté. On reprend tous les motifs énoncés plus haut; on insiste sur la correspondance de la supérieure avec Louis Géris de Lorraine, parent de l'Empereur des Romains, et sur le repas qu'elle a fait avec lui à Pouillon. La coupable doit être exécutée à l'instant même.

Le curé de Gaube et Marguerite Rutan montèrent sur la même charrette et furent portés de l'évêché, siège de la Commission, à la place Poyanne. Dans le parcours, Marguérite consola deux dragons qui versaient des larmes en l'accompagnant et leur fit présent de sa montre et d'un mouchoir. Elle vit sans effroi les apprêts de son supplice. Au pied de l'échafaud, elle se dépouilla elle-même de sa pelisse. Le bourreau ayant voulu lui enlever un second voile — Laissez, monsieur! lui dit-elle avec une grande dignité; la main d'un homme ne m'a jamais touchée. — « Elle livra sa tête et périt au bruit des vociférations des anthropophages au soulagement desquels elle s'était vouée » (*Archives de l'hôpital*).

Pour condamner cette sainte fille et chercher une excuse, la Commission invoquait la Loi! Déplorable excuse, lorsqu'une loi est injuste et cruelle à ce point! Cossaune et ses collègues sont coupables, mais les infâmes et les lâches en cette affaire furent surtout les membres du Comité de surveillance. Jusqu'à un certain point, on leur pardonnerait la délibération du 4 nivose; mais comment leur pardonner celle du 11 germinal, prise en pleine Terreur, alors que le sang coule à St-Sever et que l'effroi a paralysé toutes les âmes!! Si Marguerite avait commis quelques imprudences, il eût été bien facile de la châtier en paroles dures, de la condamner à l'exposition de quelques heures sur la guillotine, puis de l'absoudre avec une proclamation pompeuse sur les soins qu'elle avait donnés toute sa vie aux malheureux, et depuis 1792, aux braves sans-culottes.

XXI GERMINAL. — 10 AVRIL.

On amène Jean-Pierre Laborde, curé de Tilh et Arsague, originaire d'Orthèz, et Michel Casteilau, curé de Pomarèz, né aux environs de Dax.

Castellan, âgé de 52 ans, et Laborde de 49, avaient accepté la Constitution Civile du Clergé, puis, à toutes les époques, les serments divers que la République exigeait des assermentés.

Castellan devait à son ami une somme de deux cents francs. Cette somme ayant été réclamée, le débiteur envoya au créancier une lettre qui fut prise sur la corniche de la cheminée du presbytère de Tilh par les membres du Comité de surveillance de Dax. Ils furent l'un et l'autre arrêtés sur-le-champ. Devant la Commission, Castellan avoue qu'il a écrit cette lettre et Laborde déclare qu'il l'a reçue. Le greffier en donne lecture :

Pomarez, le 16 janvier 1794, l'an II de la République.

Votre manière d'agir, mon infiniment cher ami, ne peut que me couvrir de confusion dans l'impossibilité où je me trouve de remplir l'engagement le plus sacré que j'ai contracté avec vous. Si les malédictions que je prononce en secret pouvoient quelque chose dans les circonstances présentes, vos malheurs et les miens seroient bientôt changés en tout ce que peuvent se souhaiter réciproquement deux amis les plus intimes.

Mais, mes prédictions se réalisent chaque jour malheureusement pour vous, pour moi, et, par contre coup, contre la Religion.

Si je ne me trompois pas plus dans mes calculs de finance que dans tous ceux que j'ai faits concernant la Révolution, il y a longtemps que je me trouverois dégagé de toutes mes dettes et libre d'aller embrasser un ami qui me tient plus à cœur que ma vie.

Mais le rôle d'électeur que j'ai joué malgré moi et qui m'a occasionné jusques à présent plus de soixante louis de dépense; l'impatience bien excusable des créanciers que je me suis faits à l'occasion du vilain presbytère que j'ai réparé pour la paroisse, de réclamer la remise des sommes que je leur ai empruntées à cette occasion; une trop grande facilité à soulager des malheureux, tout cela me réduit dans le moment actuel à me priver de beaucoup de choses qu'on pouvoit regarder comme nécessaires et à vivre comme le plus gueux des hommes.

J'ai des chiffons pour deux cents livres. Il faut que je paye les impositions de l'année déjà échue qui vont bien au delà; il faut que je vive jusqu'au 1er avril et que je tranquillise des créanciers qui ne cessent de crier.

Je vous demande si ma position est bien heureuse. Voilà, mon très cher ami, où j'en suis.

J'ai une belle dinde, sans plus; j'ai un petit cochon de bois que je vais bientôt tuer pour faire une belle provision de graisse. Dès que j'aurai tué cet animal, je vous écrirai un petit mot pour vous inviter à un petit repas constitutionnel que je vous donnerai. J'y aurai, j'espère, une petite société qui vous plaira. Nous boirons une bonne bouteille de vin; car, il ne faut plus parler de barrique, attendu que je n'en ai pas une demie, et nous patriotiserons en dépit de tous les événements, dussions-nous nous mordre mille fois la langue ! En même temps, si vous voulez, je vous offrirai ce qui vous plaira le plus d'entre mes meubles pour vous satisfaire. Car, au dépens de ma vie, je conserverai votre amitié.

Bon jour, mon infiniment cher voisin, je suis plus à vous qu'à moi-même.

Cette lettre renfermait quelques mots de trop, surtout celui de *Chiffons*. De telles imprudences ne trouvent pas grâce devant un tribunal révolutionnaire. La Commission se retire pour délibérer. Cossaune, qui d'ordinaire dictait les jugements et donnait souvent au greffier la recommandation d'écrire très-vite, revient au prétoire après quelques minutes, et s'exprime ainsi :

Ont été amenés à l'audience deux particuliers, lesquels, sur l'interpellation que leur a faite le président, ont déclaré se nommer, etc.

Le président leur a dit qu'ils sont accusés d'avoir entretenu entre eux une correspondance contre-révolutionnaire, et de plus, le dit Castellan, d'avoir sans cesse prêché le fanatisme aux habitants de la commune de Pomarèz, de les avoir engagés à se faire continuer curé, d'avoir empêché les maire et officiers municipaux de porter l'argenterie des églises et autres ornements à l'agent national, effets qu'il fit porter chez lui, et d'avoir dit que la lettre de l'agent national qui les réclamoit, n'étoit qu'un chiffon. Ils ont répondu, le dit Castellan, avoir écrit la lettre représentée au dit Laborde, et celui-ci l'avoir reçue.

La Commission : Vu la lettre écrite le 16 janvier dernier par Castellan au dit Laborde, la déposition des témoins entendus par les membres du Comité de surveillance du canton d'Amou, l'interrogatoire subi par le dit Castellan devant l'Administration du district de Montadour et les réponses des dits Castellan et Laborde ;

Considérant que le dit Castellan, ci-devant curé de Pomarèz, est convaincu d'avoir sans cesse prêché le fanatisme aux habitants de la commune de Pomarèz, de les avoir engagés à se faire continuer curé, d'avoir empêché les maire et officiers municipaux de porter l'argenterie des églises et autres ornements à l'agent national, lesquels effets il fit porter chez lui; d'avoir dit dans la sacristie que la lettre de l'agent national qui les réclamoit n'étoit qu'un chiffon ; d'avoir dit qu'il ne s'étoit déprêtrisé que pour échapper à la guillotine ;

Considérant que la correspondance qu'il entretenoit avec Laborde, curé de Tilh, est une preuve très convaincante de son esprit contre-révolutionnaire, comme sa lettre par lui écrite le 16 janvier 1794 (vieux style) au dit Laborde, le justifie ;

Considérant encore qu'il existoit une coalition bien prononcée contre la Liberté et l'Egalité, entre Castellan et Laborde, aussi coupables l'un que l'autre, comme leur correspondance en fait mention ;

La Commission Extraordinaire, conformément à la Loi, les condamne tous deux à la peine de mort.

On dit qu'en se levant pour aller au supplice, les deux prêtres fixèrent l'un sur l'autre des regards attendris, et qu'à haute voix, ils se donnèrent l'absolution. Quelle dût être la douleur de Castellan, l'auteur de la lettre du 16 janvier, en voyant son ami condamné à mort pour le seul crime de l'avoir conservée !

Dieu, toujours plein de miséricorde, laisse tomber sur le pécheur qui se repent un tendre regard de père. Le curé de Pomarèz, en face de l'éternité, demanda t-il pardon de ses longs égarements ? On s'accorde généralement à dire que, même après sa condamnation, il ne fit rien pour reconnaître la faute de son serment à la Constitution Civile du Clergé ; qu'il ne rétracta pas ce serment coupable. Une tradition, que nous croyons fidèle, a longtemps parlé de la mort de Castellan comme d'un châtiment inévitable et bien mérité. Les prêtres constitutionnels eux-mêmes ne le plaignirent guère en 1794. Quant aux réfractaires, ils conservèrent toujours de Castellan un triste souvenir. Le pieux et savant curé d'Estibeaux, Darrecbieilh, neveu du Supérieur de ce nom au séminaire de Dax, écrira en 1803 à l'évêque de Bayonne : « Dieu, dans sa colère, permit, il y a 20 ans, qu'il fût donné à cette paroisse de Pomarèz un curé qui fut toute sa vie le scandale du pays, et que ses propres fureurs révolutionnaires conduisirent à la guillotine. »

Nous ignorons ce que valait au juste, Jean-Pierre Laborde, curé de Tilh. Les accusations graves qui pèsent sur la mémoire de Castellan, le doute qui subsiste pour celle de son ami, leur obéissance servile à tous les décrets de l'Etat contre l'Eglise, ne nous permettent pas d'inscrire leurs noms dans la liste des prêtres martyrs de la Foi en nos diocèses d'Aire et de Dax. Ce n'est pas la peine, mais la cause qui fait le martyr.

Dans la même séance, Cossaune fait appeler Jean Lahore-Hourquillot et Pierre Bastiat.

Lahore, âgé de 43 ans, médecin, ci-devant diacre et prébendier de Dax, habitant de Montestruch, district d'Orthèz, est accusé d'avoir sans cesse prêché le fanatisme, l'amour pour les tyrans, aux peuples de la campagne ; d'avoir voulu passer à leurs yeux pour sorcier ; d'avoir favorisé l'émigration et fréquenté toujours des aristocrates. Il a été trouvé dans son bureau une pièce qui constate et affirme les faits à lui imputés, pièce qui est une de celles dont les scélérats de Vendée faisaient leur signe de ralliement. Lahore est condamné à mort.

Ce signe de ralliement était une image du Sacré-Cœur de Jésus. Là dessus, le Comité de surveillance de Dax blasphème d'une manière indécente, même en temps de révolution terroriste. D'ailleurs, le Comité de Dax était composé d'une bande d'impies qui prenaient plaisir à brûler sur place publique les colifichets du culte et à mettre leur bave en des proclamations qu'on devrait réimprimer pour dire aux honnêtes gens ce qu'ils ont à faire dans un moment de trouble contre des monstres pareils.

On appelle Pierre Bastiat dit du Ché, âgé de 48 ans, meûnier et vigneron dans la commune de Lourquen, accusé de propos inciviques et tendant à avilir la représentation nationale et les autorités constituées.

D'après la déposition des témoins, Bastiat est convaincu d'avoir professé des sentiments fanatiques, fréquenté des aristocrates, tenu des propos contre la Liberté et l'Egalité, d'être un turbulent, et d'avoir manqué à la municipalité de sa commune, délit qui, commis par tout autre qu'un vigneron, aurait mérité la mort. La Commission condamne le dit Bastiat à trois mois de prison dans la maison d'arrêt de la commune de Dax, à être exposé, à deux reprises, trois heures sur la guillotine avec un écriteau portant ces mots : *mauvais citoyen*, et de plus, à trois mille livres d'amende envers la République.

Pour inspirer plus de terreur, Pinet et Cavaignac, sans avertir le directoire du District, faisaient en ce moment venir à Dax un convoi d'artillerie de la garnison de Tartas, et frappaient la ville d'un impôt pour la nourriture des hommes et des chevaux; ils ordonnaient en même temps au Comité de Surveillance de faire une estimation exacte de l'argenterie des Dacquois et d'établir là dessus une taxe proportionnelle pour terrasser les esclaves des despotes étrangers.

Cossaune, dans le procès Rutan, avait parlé d'un repas aristocratique à Pouillon. Ce repas, comme celui des Basques à Itsasson, fut une grave imprudence. Les amis, à Pouillon, se permirent des propos assez lestes contre les sans-culottes; ils jugèrent librement les affaires du temps, oubliant que les murs ont des oreilles et que l'effervescence de leurs sentiments n'aurait rien pu en ce moment contre les excès de la Terreur. Un misérable, surnommé *la Bonté*, vint dire au District de Dax que les aristocrates s'étaient vantés à Pouillon de boire dans les crânes des patriotes à l'anéantissement de la République.

La supérieure de l'hôpital de Dax et le médecin Grateloup étaient de ce repas. On arrêta Grateloup avec sa servante Daudine Darjo.

XXII GERMINAL.

Ont été amenés à l'audience un particulier et une femme, lesquels, sur l'interpellation qui leur a été faite par le président, ont répondu se nommer, savoir : le premier, Grateloup, âgé de 46 ans, officier de santé, habitant de la commune de Dax, et la seconde, Daudine Darjo, au service du dit Grateloup, âgée de 27 ans. Le président leur a dit qu'ils sont accusés d'avoir, dans tous les temps, prêché le fanatisme et fait en sorte d'avilir la souveraineté nationale par des propos tenus par eux contre la Liberté et l'Egalité ;

La dite Commission. — Vu les pièces remises par le Comité de surveillance de Dax et la déposition des témoins entendus devant le Comité de Surveillance de Pouillon, ensemble les réponses des accusés ; — Considérant que le dit Grateloup, officier de santé, et la dite Daudine Darjo, sont convaincus l'un et l'autre, et d'après la déposition d'un très grand nombre de témoins, qu'ils ont dans tous les temps prêché le fanatisme ; que sans cesse ils ont fait en sorte d'avilir la souveraineté nationale qu'ils n'ont jamais eu dans leur cœur, et qu'ils n'ont jamais parlé que contre la Liberté et l'Egalité ;

Considérant qu'il a été trouvé dans le bureau du dit Grateloup, par une Commission nommée du Comité de surveillance de Dax, des effigies de Bailly, Bergasse, Lafayette, Polignac et le Chapelier, signes incontestables de son amour pour le gouvernement aristocratique ;

La dite Commission Extraordinaire, conformément à la Loi qui condamne à la peine de mort tous ceux qui sont convaincus d'avoir attenté à la sûreté générale de la République, condamne le dit Grateloup et la dite Darjo à la peine de mort, etc.

L'infortunée Daudine paya ainsi de sa tête le silence qu'elle avait gardé sur les propos contre-révolutionnaires de son maître.

Après le jugement, on mit sur la charrette Grateloup et Daudine. Une foule immense avait envahi la rue. Arrivée près de la fontaine chaude, en un lieu qu'un témoin oculaire nous désignait de la main au mois d'octobre 1869, Daudine entend un cri perçant et se retourne : — Daudine, où vas-tu ? — Chère amie, je vais à la mort, dit avec calme la généreuse victime de son dévouement. Tiens, tu garderas de moi ce souvenir. — Elle détache de son cou une chaîne d'argent avec une croix et la remet entre ses mains. Peu d'instants après, la justice révolutionnaire avait accompli son œuvre.

C'est ainsi que la Commission, pour jeter l'épouvante en nos Landes et faire arriver jusqu'aux masses cette conviction intime que personne ne peut être à couvert de ses vengeances, prend indistinctement ses victimes dans tous les âges et dans tous les rangs. Nobles, seigneurs, avocats, huissiers, soldats, législateurs, prêtres réfractaires, prêtres assermentés, religieuses, filles de service, jeunes hommes, vieillards décrépits, tous porteront la tête sur l'échafaud et serviront de preuve que la Commission est sans pitié et le couteau fatal toujours prêt à frapper.

Marie Van Osteroom. — Pierre-François Neurisse

M. Neurisse, baron de Laluque, est celui-là même qui avait présidé les Etats des Trois Ordres à Dax en sa qualité de lieutenant-général de la Sénéchaussée. Son fils, émigré à Genève, lui écrivait de temps en temps sous un nom d'emprunt et en des termes symboliques. Une de ces lettres fut communiquée à Marie Van Osteroom, veuve Caunègre. On le sut. Neurisse et Van Osteroom furent arrêtés sur-le-champ. Cette lettre se trouve ainsi transcrite sur le registre de la Commission.

Genève le ..... Votre lettre de ..... m'est parvenue le ..... et les L. C. L. C. J'ai examiné avec la plus grande attention le plan de cette maison, et je vois les moyens infaillibles de la bâtir avec solidité. Je me charge avec plaisir d'en être l'architecte. Car en républicain zélé pour la cause de la Liberté, je m'estimerois toujours trop heureux de trouver l'occasion de pouvoir concourir à terrasser le ..... et à faire triompher les ..... le délay est de ..... Néanmoins quoique nous ayons encore de la marge, on n'attendra pas pour jeter les fondements. Vous pouvez assurer la ..... qu'on ne perdra pas un instant pour cet effet ..... J'ai remis tout le plan et C. ..... Je lui ai remis aussi ..... pour payer les ouvriers. Il m'a promis de s'en occuper de suite et de me dire dans la huitaine comment il doit s'y prendre et cr. ..... Il m'a paru d'après ses observations succinctes que quoiqu'il adopte ..... les moyens du plan proposé, il le réformera ne fût-ce que pour avoir l'air peut-être d'y mettre du sien, mais il ne faut pas que cela vous étonne, car c'est la marche de presque tous les . . . .

Qu'importe au surplus pourvu qu'on en vienne à votre but ? cette raison et bien d'autres nécessitent peut-être, m'a-t-il dit, l'envoi d'une procuration ad hoc. A tout hasard, je vous conseille de me l'envoyer d'avance, et d'observer d'en laisser le nom en blanc. Je ne manquerai de vous tenir sur les avis à cet égard. — Salut et fraternité.

P. S. Il a paru dans le journal d'hier soir une décision de l'assemblée générale des architectes rendue avant-hier relativement aux moyens à employer pour obtenir la démolition de toutes les maisons mal bâties qui en sont susceptibles. Il m'a paru présager de plus en plus le succès de ..... à laquelle lettre est attachée l'adresse suivante : Monier, rue Neuve, St-Eustache, nº 40, à Genève.

Devant la Commission, cette lettre pleine de menaces, où tout révèle un complot formé à l'étranger contre les institutions du pays, devait nécessairement amener la condamnation des coupables. Les débats ne furent pas longs. Cossaune les résume, dicte la sentence et revient au prétoire pour la prononcer.

Ont été amenés à l'audience une femme et un particulier, lesquels ont répondu se nommer : la première, Marie Van Osteroom, âgée de 66 à 67 ans, native de Bayonne, habitante de Dax, et le second, Pierre-François Neurisse, âgé de 63 ans, ci-devant lieutenant du sénéchal de Dax. Le Président leur a dit qu'ils sont accusés l'un et l'autre d'avoir attenté dans tous les temps à la souveraineté nationale, d'avoir été en correspondance avec les ennemis de la chose publique, tant dans l'intérieur que dans les pays étrangers.

La Commission : Vu un carnet dans lequel les membres des autorités constituées de Dax sont désignés ainsi que leur demeure; vu aussi les lettres trouvées chez les accusés remises à la Commission par le Comité de surveillance et les réponses des mêmes accusés;

Considérant que la dite Van Osteroom, veuve Cauxègre, et le dit Neurisse, dont le fils est émigré, sont convaincus l'un et l'autre d'avoir attenté dans tous les temps à la souveraineté nationale, d'avoir été en correspondance avec les ennemis de la chose publique, comme les lettres qui ont été trouvées chez eux, remises à la Commission par le Comité de surveillance de Dax, le dénotent le plus évidemment possible, et qu'ils n'ont point désavoué, les condamne à la peine de mort.

Neurisse tombe évanoui. Marie Van Osteroom, à peu près sourde et qui, durant les débats, n'avait cessé d'interrompre Cossaune par ces mots : *que dites-vous ?* demande la cause de cette défaillance et de la vive émotion qu'elle aperçoit d... l'assemblée. Le greffier vient lui lire à haute voix sa condamnation à mort et celle de son ami.

— La séance du XXII germinal se termina par le jugement de Jean Bailac, ci-devant prêtre et curé de la commune de Narosse, et de Bernard Bailac son frère, âgé de 29 ans, officier de santé, originaires d'Espoey, près de Pau.

Cossaune leur dit qu'ils « ont cherché à avilir la souveraineté nationale par des propos aristocratiques, mais qui ont été en partie rétractés par une conduite un peu civique. Attendu que l'un et l'autre doivent être regardés comme suspects, la Commission les condamne à la réclusion jusqu'à la paix et solidairement à une amende de deux mille livres envers la République. »

XXIII GERMINAL. — 12 AVRIL.

Casenave de Labarrère, ancien prévôt de la maréchaussée, puis colonel de la gendarmerie nationale du département des Landes, domicilié à Dax, était en prison aux Capucins depuis le 31 octobre 1793. Dans une visite domiciliaire, le Comité de surveillance avait trouvé chez Labarrère quelques lettres d'émigrés, lettres tout-à-fait innocentes, puisque la Commission ne les reproduit pas, mais qui devenaient un crime par le seul fait de leur origine étrangère.

A été amené à l'audience un particulier, lequel, sur l'interpellation que lui a faite le président, a répondu se nommer Labarrère, âgé de 51 ans, citoyen, ci-devant noble et colonel de la gendarmerie nationale.

Le président lui a dit qu'il a été trouvé chez lui une correspondance très étendue des ennemis de la chose publique qui ne tendoit qu'à avilir la souveraineté nationale, et des écrits imprimés concernant le tyran.

Vu la dite correspondance, les écrits imprimés et les réponses de l'accusé; Considérant qu'il a été trouvé chez Labarrère, ci-devant noble et parent d'émigrés, une correspondance très étendue des ennemis de la chose publique, qui ne tendoit à rien moins qu'à avilir la souveraineté nationale, et des écrits imprimés concernant le tyran;

La Commission, conformément à la loi qui condamne tous ceux qui ont attenté à la sûreté générale de la République, condamne le dit Labarrère à la peine de mort, etc.

Ce jugement est le dernier prononcé par la Commission en ce département des Landes. La cité dacquoise n'en aurait pas été quitte pour si peu, sans l'incident de la cathédrale d'Auch, incident qui jeta sur le Gers la Commission Extraordinaire. Les juges partirent pour Auch escortés de la gendarmerie nationale et d'un détachement de dix-huit dragons.

A Dax, on se vengea en donnant à Cossaune le nom de Cochonne, en jouant avec de légères épigrammes autour des noms Maury, Dalbarade, Martin, Toussaint, vengeance inutile, et de plus, très dangereuse.

Pinet et Cavaignac laissèrent à Dartigoeyte le soin de diriger les opérations de la Commission Extraordinaire sur son nouveau théâtre, et écrivirent de Bayonne à la Convention nationale la lettre suivante :

Citoyens collègues, Nous venons de rentrer dans Bayonne avec la douce satisfaction d'avoir entièrement étouffé la conspiration qui alloit éclater dans le département des Landes. Notre lettre de 6 de ce mois vous a donné tous les détails de ce drame affreux que les scélérats ourdissoient pour faire éclater une nouvelle Vendée et livrer nos frontières à l'Espagnol. Vous avez vu en même temps les mesures que nous avons prises pour déjouer ce complot, les dispositions faites pour saisir les conspirateurs, et l'heureux succès de nos démarches. Depuis notre lettre, nous avons parcouru tout ce département et partout nous avons vu les heureux effets de notre présence. Partout la vue des Représentants du peuple a monté l'esprit public, donné de l'énergie aux amis de la République, partout elle a terrassé, anéanti l'aristocratie, le royalisme qui avoient osé lever un instant leur tête coupable. Les mesures sévères que nous avons prises ont sauvé ce malheureux département et épargné à la République le sang précieux de beaucoup de patriotes. Les prêtres et les nobles étoient, comme nous l'avons vu, l'âme et les chefs de ce complot horrible. La tête des plus criminels a tombé sur l'échafaud, les autres sont dans les fers. La terre de la Liberté étoit là plus qu'ailleurs souillée par la présence des prêtres réfractaires. Ces hommes qui ont bravé les Lois et la crainte de l'échafaud pour tâcher d'allumer au milieu de nous la guerre civile, pour y porter la dévastation et la mort, souilloient plusieurs cantons de ce département. Sept ou huit de ces misérables ont payé de leur tête leurs infâmes projets, et nous vous annonçons avec satisfaction que le peuple de ce département, éclairé par le danger qu'il vient de courir, leur donne lui-même la chasse; qu'il dépouille en ce moment de leurs ornements les temples de l'imposture, de l'hypocrisie et du mensonge, pour les transformer en temples de la raison; que l'argenterie des églises s'accumule dans les Districts, qu'il y en a déjà plus de 800 marcs dans le district de Dax, et qu'il ne reste plus un seul prêtre en fonctions dans toute l'étendue du département des Landes, et ce qu'il y a de meilleur, c'est qu'ils ne sont pas regrettés. La Commission Extraordinaire qui nous a puissamment secondés, a exercé des actes sévères de justice et de vengeance nationale ; mais, citoyens collègues, il est encore de grands coupables à punir et principalement dans les murs de Bayonne.

Vous devez avoir remarqué dans la lettre du scélérat Dumartin que les conspirateurs, entretenant sans doute des relations avec cette commune, paraissoient sûrs d'elle, et bornoient leurs vœux à dire que les Espagnols et les émigrés arrivassent sous les murs de Bayonne dont les complices auroient ouvert les portes. Nous allons nous occuper de découvrir cette criminelle intelligence, et vous pouvez être assurés que le sang de tous les traîtres coulera sur l'échafaud.

En vous parlant des coupables, nous devons aussi vous entretenir de ceux dont la civilité ne s'est pas démentie. Si dans le département des Landes, il y a eu un foyer de contre-révolution, si plusieurs communes, entre autres dans le district de St-Sever, ont mérité la haine, l'indignation et la colère des amis de la Liberté, il en est beaucoup qui sont dignes de votre estime et de votre amitié. D'abord, l'esprit des habitants de la campagne est bon dans la plus grande partie du département ; ils détestent les prêtres, le fanatisme et les nobles, aiment la République, chérissent les défenseurs de la Patrie, pour lesquels ils font avec empressement les plus grands sacrifices. Les villes de J.-J. Rousseau et de Mont-de-Marsan doivent surtout être distinguées. Les meilleurs principes y règnent : l'amour de la patrie, le républicanisme, y échauffent tous les cœurs, et la première de ces deux villes a d'autant plus de mérite qu'elle ne forme qu'une seule et même ville avec Bayonne, où règne encore et où régnera longtemps, à l'exception d'un petit nombre de patriotes que renferme la société populaire, l'aristocratie la plus invétérée, l'amour des rois et des Espagnols, la haine pour la Liberté et l'Egalité. La ville de Dax paroît aussi, depuis la salutaire visite que nous y fîmes, il y a quelque temps, vouloir racheter ses fautes passées. Le patriotisme y a repris vigueur, et les malveillants sont ou atterrés ou enchaînés, et les sans-culottes y développent encore les principes dont cette commune ne paraissoit pas, il y a peu de temps, susceptible.

La Commission, partie de Dax le 23 germinal, arriva au chef-lieu du Gers le 25, à onze heures du soir. Après un moment de repos chez Alexandre, maître d'hôtel, les juges se rendirent près de Dartigoeyte qui leur remit quelques procédures avec des notes écrites de sa main. Ils prièrent le représentant de rester à Auch pour diriger leurs opérations ; celui-ci refusa et partit dans la même nuit, à 2 heures du matin, se dirigeant vers la Chalosse. Cossaune et ses collègues revinrent à l'hôtel, se jetèrent tout habillés sur des lits avec leurs grandes bottes, et mirent ainsi leurs soins à examiner quelques papiers.

Ce jour même, xxvi germinal, à 7 heures du matin, la

Commission entrait au prétoire. Il y eut huit jugements, dont six pour la mort; le lendemain, quatre, tous pour la mort; puis les juges prirent le couteau et l'emportèrent à Bayonne (xxvii germinal).

LA COMMISSION A AUCH.
XXVI GERMINAL.

Pierre Lacassaigny, âgé de 22 ans, natif de Dissac, volontaire dans le bataillon de Mirande, est convaincu d'avoir attenté à la souveraineté nationale en la personne de Dartigoeyte, d'avoir lancé sur lui une pierre dans le moment où il faisoit connaître au peuple ses plus chers intérêts.

On ne trouva pas de charge contre Jean Castagnon, âgé de 15 ans, apprenti charron, né à Haget, district de Mirande, et il fut mis en liberté.

Médaise, ci-devant noble et seigneur de Mauhis, demeurant à Nogaro, est accusé d'avoir caché dans un mur l'effigie de toute la famille du tyran, d'avoir voulu soustraire poudre, armes et plomb à la Nation et une grande quantité d'argenterie portant ses anciennes armoiries, d'avoir gardé avec soin tous les effets nécessaires pour entretenir le fanatisme, ainsi que les lettres de noblesse.

Pierre-Joseph Goyon, ci-devant noble et marquis de Verdusan, habitant de Condom, est accusé d'avoir fait enfouir sous terre une grande quantité de blé, de n'avoir pas remis les tapisseries qui devoient servir aux défenseurs de la Patrie.

Jean Cavé, âgé de 65 ans, au service de Goyon, fut condamné à un mois de prison pour n'avoir pas dénoncé Goyon au sujet du blé.

Pierre Chasso, âgé de 65 ans, ci-devant noble et chevalier de St-Louis, natif de Vic-Fézensac, a enfoui une grande quantité d'argent et une somme immense de numéraire; il a fait émigrer son fils, lui a fourni les moyens nécessaires pour combattre les amis de la Liberté; il a embauché et soldé des hommes faits pour combattre les tyrans, les a engagés à porter un fer assassin dans le cœur des hommes libres.

Galard, âgé de 61 ans, ci-devant noble et habitant de Lectoure, est convaincu d'avoir embauché plusieurs personnes pour l'armée des tyrans, d'avoir entretenu une correspondance infernale avec les ennemis de la République, correspondance vomie par un de ces êtres qui feroit douter qu'il eût reçu le jour d'une divinité si on n'en connaissoit pas bien l'existence. La Commission : Vu la lettre écrite au marquis de Galard, datée du 11 janvier 1792, signée : Larrouy, Laguillermie fils, Ricau fils; Vu deux manuscrits intitulés : le premier, bulletin national, 13 mars, Bordeaux; le deuxième, bulletin national, dédié à la Belle Jeunesse, et 11 mars 1793, à Bordeaux; Vu les réponses de l'accusé;

Marchant d'un pas égal avec tous ces hommes qui veulent sauver la République, applique la peine de mort à Galard, être qui n'a que trop souillé la terre sainte de la Liberté.

Jean-Baptiste-Marie Larrocur, natif et habitant de Barran, ci-devant noble, âgé de 41 ans, a manifesté dans tous les temps des sentiments aristocratiques, disant publiquement qu'il ne vouloit en avoir d'autres; que si un moindre mouvement révolutionnaire se manifestoit dans sa commune, les six patriotes les plus avancés seroient immolés. Il a, quelques jours après, arrêté un prêtre constitutionnel en le menaçant et en lui disant qu'il ne périroit que de sa main. Il a dit que s'il étoit roi de France, il auroit fait brûler Paris pour anéantir la Convention Nationale. Il a menacé la municipalité lorsqu'elle vouloit le désarmer.

XXVII GERMINAL.

Darran Darcacsac, âgé de 72 ans, ci-devant noble et chevalier de St-Louis, natif et habitant de Gimont, est convaincu de n'avoir jamais donné que des preuves d'incivisme; il a voulu avilir les autorités constituées; il a méprisé le peuple, il a dit publiquement qu'il falloit forcer le peuple à crever de faim; il a été un des principaux arcs-boutants d'une assemblée illégale tendante à se soulever contre les autorités constituées; il a donné dans tous les temps asile aux parents des émigrés.

Bertrand Platéa, ci-devant noble et chevalier de St-Louis, officier dans les grenadiers de France, natif et habitant de Gimont, reconnu suspect par ses actions et ses paroles incisiques, a méprisé les patriotes, les a regardés avec un œil fier, les a maltraités en plusieurs occasions, a proposé dans une assemblée publique de jeter les patriotes par les fenêtres, a été constamment le chef des aristocrates.

Delong, âgé de 56 ans, ci-devant noble, ancien conseiller au Parlement de Toulouse, domicilié à Marciac, et Catherine Sauvage, au service de Delong, sont accusés et traduits.

Delong a méprisé et voulu avilir la société du peuple; il a prêché le fanatisme, et a dit que la passion et le crime étoient les moyens employés par les patriotes pour consolider la Liberté, que la France étoit détruite, qu'il n'y avoit plus de ressource, et que les peuples étoient à même de nous envahir.

Dufau-Sauvage, sa gouvernante, a participé à tous les sentiments fanatiques et aristocratiques de Delong. — Six mois de réclusion. Exposition sur la guillotine trois jours de marché et deux heures par jour aux regards du peuple avec un écriteau : Mauvaise citoyenne et fanatique.

Le nommé Mouch, demeurant à Marciac, chez Delong, a entretenu correspondance avec Delong, correspondance contre-révolutionnaire, fanatique et par conséquent dangereuse à la République. Aussitôt que Mouch a su qu'on vouloit le mettre sous le glaive de la loi, il s'est évadé, preuve incontestable de son crime. A mort par contumace. Six cents livres à tout bon citoyen qui l'arrêtera.

À quelques heures de distance, Lacassaigne, Médrane, Goyon, Chambo, Galard, Larroche, Darcagnac, Piatés, D..ong, inondèrent l'échafaud de leur sang.

LA COMMISSION A BAYONNE.

Lagresse, 23 ans, gendarme, né à Puylaurens, dans le Tarn, François Ramonde, 34 ans, brigadier dans les fourrages, natif de Lauzun, ci-devant prêtre, Thuillier, dit Rigaudon, 23 ans, gendarme, natif d'Alby, Babra, 34 ans, gendarme, né à Monestier, dans le Tarn, sont amenés devant la Commission, le 3 floréal, 22 avril.

Lagresse, Thuillier et Babra sont accusés de s'être rendus coupables d'un délit affreux en cherchant à provoquer l'avilissement de la Représentation Nationale. Pour donner à leur projet un plus grand degré de force et d'authenticité et rendre par là l'insulte plus grave et plus frappante, ils avaient choisi la salle de spectacle et le moment où elle étoit remplie par le peuple. Sous prétexte qu'une loge étoit affectée aux Représentants du Peuple, loge dont l'entrée d'ailleurs n'a jamais été refusée à personne, ils ont cherché à occasionner un soulèvement parmi les citoyens et à les engager en les échauffant par les mots de Liberté et d'Egalité que les traîtres ont toujours à la bouche, à les faire porter en masse sur cette loge pour en enlever quelques barreaux qui la séparent d'une loge voisine; n'ayant pu réussir, ils ont vomi beaucoup d'invectives, d'insultes, et fait des menaces dont ils annonçaient l'exécution pour le spectacle prochain.

Le dit Ramonde s'est rendu coupable du même délit; présent à cette scène scandaleuse et outrageante faite par les trois gendarmes, il fut deux ou trois jours après au spectacle, au moment où la scène alloit s'ouvrir; il se répandit en propos outrageants contre la Représentation Nationale, et chercha de nouveau à provoquer un soulèvement.

La Commission : Vu l'arrêté de ce jour de Pinet et Cavaignac; les réponses des accusés et les dépositions des citoyennes Pinet et Puibusque et des citoyens Claude Jacquet, Jean Gontaud, témoins entendus;

Considérant que Thuillier et Ramonde sont convaincus d'avoir voulu avilir la Représentation Nationale, d'avoir profité de l'absence des Représentants pour provoquer une émeute contre eux; d'avoir dit : à bas le grillage ! point de distinction ! que Ramonde se sentant appuyé par des propos aussi audacieux, se présenta quelques jours après dans la loge qu'occupoient quelquefois des Représentants du Peuple, y conduisant deux femmes, eut l'audace et la témérité de leur dire : Mettez-vous là ! C'est là, là, vous dis-je, que je vous veux, d'un ton menaçant; d'avoir ajouté : C'est donc ici la loge des Représentants ! eh bien ! si c'est leur loge, c'est la loge de tout le monde ! Les femmes qu'il conduisait, sentant le crime qu'il commettoit, lui firent des observations, et lui, d'un ton très animé, répondit : Je voudrois bien qu'on dît quelque chose !

Considérant enfin que dans plusieurs départements on a voulu avilir et assassiner la Représentation Nationale, crime enfanté dans Paris par les monstres qui ont payé de leurs têtes, condamne Thuillier et Ramonde ci-devant prêtre à la peine de mort.

V FLORÉAL.

Nicolas Aillet, comédien, 51 ans, natif de Rouen; Jacques Lartigue, serrurier, 29 ans, natif et habitant de Bayonne; Philippe-Jean-Marie Coutanceau, 33 ans, clerc tonsuré, né à Toulouse, et brigadier dans les charrois; Antoine Rives, maître de danse, 37 ans, né à Agen; Vincent-Marie Santivagues, né à Madrid, 37 ans, homme de loi; François Duvau, 35 ans, horloger, né à Chatellerault; Jean-Baptiste Rigaud, 42 ans, perruquier, né à Rabastens; Jean-Marie Sempé, tailleur d'habits, 31 ans, né à Lembeye, tous anciens membres du Comité de surveillance de la ville de Bayonne, sont convaincus de plusieurs crimes. Ils ont prévariqué, vexé les citoyens par des actes arbitraires, dilapidé les fonds du Comité, attenté à l'autorité nationale en s'adjoignant des membres avec lesquels ils partageoient leurs fonctions; ils ont favorisé une municipalité contre-révolutionnaire accusée d'intelligence avec les Espagnols; ils ont surpris, pour obtenir leur liberté, la signature des Représentants, méconnu leurs ordres, outragé le caractère dont ils sont revêtus, en les menaçant de les détruire dans l'opinion publique, médité contre eux dans une orgie une dénonciation calomnieuse tendante à leur enlever la confiance de la Convention Nationale, du Comité de Salut Public, de l'Armée et du Peuple.

Aillet, Coutanceau, Duvau, Sempé sont condamnés à mort; Rives à deux ans de réclusion; Lartigue à six ans de fers; Santivagues à la réclusion jusqu'à la paix, puis à la déportation; Rigaud à la réclusion jusqu'à la paix, avec exposition.

VI FLORÉAL.

Jean-Charles Loucher, 40 ans, né à Paris, régisseur général en chef des fourrages près l'armée des Pyrénées-Occidentales, a fait une fausse situation des fourrages dont le déficit se portoit à 2814 quintaux sur 3272, délit qui tendoit à faire enlever la confiance à Pinet et à Cavaignac et qui fit manquer de fourrage la cavalerie sur la frontière. — A mort.

VII FLORÉAL.

Les Représentants du Peuple étant informés, en date du 7 floréal, qu'au nombre des prisonniers faits sur les Espagnols à l'affaire du 7 à Nive-Affranchie, ci-devant St-Jean-Pied-de-Port, il existe douze émigrés faisant partie de la Royale commandée par le ci-devant duc de St-Simon; le tribunal militaire du premier arrondissement de l'armée des Pyrénées Occidentales étant actuellement hors de Bayonne, ces prisonniers seront traduits devant la Commission Extraordinaire.

Morin, 18 ans, marin, né à Bordeaux, ci-devant dans le second bataillon de Bec-d'Ambez. Jean-Pierre Sallé, 35 ans, né à St-Michel (Haute-Garonne), résidant à Sarragosse, Pierre Fouqué, 30 ans, né à Montesquiou-Volvestre (Haute-Garonne). Gé... Destrozh, 27 ans, né à Bruxelles, volontaire dans le deuxième bataillon du Bec-d'Ambès, Pierre Balade, 33 ans, tonnelier, né à Bergerac, ci-devant dans le régiment Royal-Auvergne. Jean Compagne, 26 ans, cordonnier, né à Ciboure. Louis Lafaste, né au Vigan (Hérault),23 ans. Puget, 25 ans né à Revel (Haute-Garonne). Pierre Soulere, volontaire, 24 ans, né à Colbiac, (Lot). Henri Tallet, 28 ans, né à Dunkerque, résidant depuis 1781 à Tudèle en Espagne, Bernard Souharrando, 52 ans, dans le bataillon basque de la Victoire. Escalaponguay, quatrième cadet de ce nom, 18 ans, laboureur, né aux Aldudes.

Tous servant en Espagne dans la légion de St-Simon, dans le régiment d'Ultonio et compagnies de Perkin et Sorhainde,

Vu les interrogatoires et les réponses, sont condamnés à la mort, et exécutés à l'instant. Pris, jugés, exécutés le même jour.

Dans tout le pays, on trouva très étonnant que durant un séjour de moins de quarante-huit heures, les juges et leurs visiteurs chez Alexandre eussent dépensé une somme de 1400 livres en vins de Bordeaux, liqueurs et café. C'est du moins le compte que le maître d'hôtel présenta à la Municipalité. En passant à Mirande, Cossaune demanda 120 francs pour dépenses de table, menaçant de jeter la municipalité et la Société populaire par les fenêtres, si on ne payait pas tout de suite.

La présence de la Commission Extraordinaire était, il faut le dire, nécessaire à Bayonne, véritable centre de machinations anti-révolutionnaires, et où la vie de Pinet aurait pu courir des dangers sans une prompte répression. Sauf les Juifs de Bayonne, toujours habiles à suivre les courants des idées politiques, les habitants de cette ville royaliste, riche autrefois par son commerce avec l'étranger, et alors réduite à la misère, supportaient avec peine la présence des terribles émissaires de la Convention, et soufflaient partout un esprit de révolte. Pinet appela Cossaune et ses collègues. La Commission arrive, elle s'installe de nouveau à Bayonne, et cite les accusés.

Le sang, dit-on, grise comme le vin. Il y eut quatre condamnations à mort le 3 floréal, quatre le 5, une le 6, et douze le 7.

Quelques moments après les exécutions du premier jour, les juges avaient reçu le décret de la Convention, en date du 27 germinal, qui ordonnait l'envoi au tribunal révolutionnaire de Paris de tous les prévenus de conspiration. Cossaune et ses compagnons, sentant que leur proie allait peut-être leur échapper, quoique le Comité de Salut public redoublât alors de cruauté envers les victimes, portèrent leurs plaintes à Pinet et à Cavaignac en disant que ce décret ne pouvait regarder en aucune façon les affaires alors pendantes à leur tribunal; qu'elles étaient toutes une suite de la conspiration tramée dans le pays basque et dans le département des Landes, et que les coupables pourraient ainsi échapper à la vindicte publique. La Convention, disaient-ils, en fixant au 15 floréal l'entrée en fonctions des commissions populaires, avait manifesté par là l'intention que les affaires déjà commencées devant un tribunal quelconque, y fûssent terminées. C'était là un raisonnement déplorable. Toutefois, les Représentants le trouvèrent bon et donnèrent à Cossaune tout pouvoir de terminer les causes.

La Commission immola, le 7 floréal, 12 victimes, et fut dissoute le même jour. Elle avait condamné à mort 64 personnes, à Bayonne 6; à St-Sever 19; à Dax 10; à Auch 7, et une seconde fois à Bayonne 19. On ne compte pas ici les diverses condamnations aux fers, à l'exposition sur la guillotine, à des amendes pécuniaires, etc., etc.

Les juges reprirent leurs fonctions près de l'armée. Nous retrouverons ces hommes aux jours de réaction.

Le docteur Dufouro, de St-Sever, rapporte que, vers la fin de germinal, la guillotine revint une seconde fois de Tartas à Montadour et qu'on y fit de nouvelles exécutions. Ramonbordes, accusateur public près le tribunal criminel du département des Landes, se sépara de Pinet et Cavaignac à Tartas après l'exécution de Dubayle, Labée et Anne Mouscardèz, courut à St-Sever et prononça un réquisitoire contre la citoyenne Lafont, contre un paysan de Fargues dit Machehé, et un colon de M. de Laporterie à Montgaillard, tous coupables d'avoir attenté à l'arbre de la Liberté, d'avoir battu la générale sur un tombereau et enfin d'avoir transmis des lettres aux émigrés.

Les documents de la préfecture font mention d'un Lencoao, condamné par la Commission à St-Sever. Cette sentence n'a été retrouvée nulle part, et il est probable que le colon de M. de Laporterie est ce même Lencoac, ainsi nommé pour avoir appartenu à une métairie de M. de Laporterie, curé de Lencoac.

Les papiers de St-Sever ne font foi que du supplice de la citoyenne Lafont dont le mari Jean Daugreilh demanda plus tard l'inscription sur les registres de décès. Nous n'avons rien trouvé sur ces diverses exécutions ; mais elles eurent lieu certainement dans les derniers jours de germinal ou dans les premiers de floréal. Une vieille fille de St-Sever affirmait, au mois d'octobre 1869, qu'elle avait vu tomber les têtes de Machehé, de Lencoac et de deux autres paysans de Vielle.

Probablement, toutes ces causes, pendantes au tribunal criminel, venaient des troubles de mai 1793 dans les environs de Doazit, de Geaune, etc. A moins que leur instruction ne fût déjà commencée avant l'arrivée de Cossune à St-Sever, nous ne voyons pas comment elles ont échappé à la Commission Extraordinaire. Le docteur Dufour ajoute encore au nombre des exécutions à St-Sever celle d'un nommé Desbons, officier de santé ; il se trompe ici. Proëres, officier de santé, exécuté le 16 germinal, était surnommé Desbons, du nom d'une petite maison qu'il occupait à Bahus-Soubiran, à 150 mètres de l'église, vers Pécorade.

Lorsque Pinet et Cavaignac eurent étouffé dans le sang les complots du Département des Landes, ils revinrent à des sentiments plus calmes, et pensèrent enfin à s'occuper du sort des Basques enlevés à leurs foyers par la proclamation du 13 ventose. Ces malheureux, au nombre de 640, femmes, enfants à la mamelle, vieillards, infirmes, saisis brutalement, jetés sur des charrettes sans autres vêtements que ceux dont ils étaient couverts, avaient été enfermés dans les églises basses et humides d'Ondres, de Capbrutus ou Capbreton, et de Vincent-de-Tyrosse. Une jeune fille, qui devait être plus tard la mère de Mgr Hiraboure, resta longtemps sur les dalles froides de St-Vincent, et c'est là même que le saint évêque d'Aire, dans sa visite pastorale, rappela ce trait de l'époque révolutionnaire.

Il est plus facile de s'imaginer que de peindre les souffrances de ces malheureux. Ils périssaient de froid et de misère, surtout les femmes. On adressa un rapport aux représentants du peuple. Ceux-ci répondirent, le 12 floréal, que la sûreté des frontières et le salut de l'armée des Pyrénées avaient rendu nécessaires des mesures fortes, terribles même, à l'égard des Basques habitant la frontière depuis Chauvin-Dragon (St-Jean-de-Luz) et Urugne exclusivement jusqu'à Ainhoa; que ces mesures n'étaient que trop justifiées par l'intelligence des coupables avec l'Espagnol dont ils étaient les espions; par leur émigration continuelle, leur haine bien caractérisée pour la révolution et leur amour pour les prêtres et les rois; que cependant, la prudence des Représentants ayant satisfait à tout, et la sûreté de l'armée n'excitant plus de sollicitudes, l'humanité réclamait ses droits et devait être écoutée.

Les Basques, disent Pinet et Cavaignac dans leur proclamation, renfermés dans des édifices grands à la vérité, mais dont l'étendue ne peut être telle que l'air qu'on y respire ait la salubrité nécessaire à la conservation de la santé, ne sont d'aucune utilité pour la République; ils lui sont même à charge; il est possible d'utiliser ces détenus, de rendre leur sort plus doux. Ce moyen est de les répandre dans diverses communes hors du département qu'ils habitoient, où on leur fournira du travail pour vivre. On peut espérer de changer ainsi les mœurs et les habitudes de ces citoyens, de les rendre à la Patrie et d'en faire de bons Républicains. Cet espoir est d'autant mieux fondé qu'ils appartiennent à la classe estimable des sans-culottes; que leurs délits sont dûs à l'ignorance dans laquelle les ont tenus leurs prêtres. — En conséquence, les Représentants arrêtent que les Basques, hommes, femmes et enfants renfermés dans les ci-devant églises du district de Dax, à la réserve de ceux qui sont dans celle de la grande redoute, seront remis à la disposition de l'Administration du district de Dax.

Le District, en date du 27 floréal, écrivit à son tour :

L'humanité, apanage des Républicains, exigeoit que cette opération fût faite dans le plus court délai pour retirer ces malheureux fanatiques, victimes des mensonges et du châtiment des prêtres, qui ont toujours été les destructeurs de la raison et du genre humain, des bâtiments, qui, quoique vastes, n'étoient pas compartis et percés de manière à ce que l'air qui y circulait se renouvelât assez pour la santé.

Il arrêta que les 640 Basques, reclus dans les ci-devant églises de Vincent-de-Tyrosse, d'Ondres et de Cap-brutus, seraient répartis et envoyés de suite dans les communes des cantons de J.-J. Rousseau, Peyrehorade, Pouillon, Dax et Vert-Rameau. Tout prisonnier, homme ou femme, sortant sans permission du territoire de la municipalité ou du district, devait être condamné à six ans de fer ou de prison, à l'exposition sur l'échafaud, durant trois jours consécutifs, une heure par jour.

L'enlèvement des Basques, l'établissement de la Commission Extraordinaire, les sentences de mort prononcées à Bayonne, à St-Sever, à Dax et encore à Bayonne, un déluge de maux qui vinrent accabler le pays; telles furent les conséquences de la défection du 1 ventose !

En ce mois de mai 1794, de sinistre mémoire, le sang des victimes les plus pures et des plus grands scélérats inonde l'échafaud sur tous les points de la France. On a travaillé avec une rage infernale à détruire dans les âmes, le fanatisme, c'est-à-dire, tout principe de religion chrétienne. Des misérables, sortis de la fange des clubs, brûlent sur place publique les objets du culte; l'Etat fait enlever tout ce qui peut avoir pour lui une utilité quelconque. Il semblait que tout en France fût alors perdu sans retour.

Le tyran qui régnait sur notre Patrie, fatigué peut-être lui-même de tant de scènes d'impiété, déclara aux Français qu'ils devaient reconnaître l'existence de l'Être Suprême et le dogme de l'immortalité de l'âme.

Nous avons entendu, disait Robespierre à la Convention, nous avons entendu dans une société populaire le traître Guadet dénoncer un citoyen pour avoir prononcé le nom de la Providence. Nous avons entendu, quelque temps après, Hébert en accuser un autre pour avoir écrit contre l'athéisme. N'est-ce pas Vergniaux et Gensonné qui, en votre présence même et à votre Tribune, pérorèrent avec chaleur pour bannir du préambule de la Constitution le nom de l'Etre Suprême que vous y avez placé ?.....

Robespierre eut-il alors une intention quelconque de ramener le christianisme en France, et le projet de renverser l'échafaud pour s'emparer de l'empire avec le nom de Protecteur ? C'était l'opinion commune en Angleterre où, pour le pousser en avant, on parlait des *armées de Robespierre*. Toutefois, il resta fidèle, du moins encore, à son rôle de révolutionnaire acharné contre tout principe chrétien.

Fanatiques ! n'espérez pas que nous travaillions à rétablir votre empire ? Une telle entreprise seroit même au-dessus de notre puissance. Vous vous êtes tués vous-mêmes et on ne revient pas plus à la vie morale qu'à l'existence physique.

Et d'ailleurs, qu'y a-t-il entre les prêtres et Dieu?.....

Le véritable prêtre de l'Être Suprême, c'est la Nature; son temple, l'univers; son culte, la vertu; ses fêtes, la joie d'un grand peuple rassemblé sous ses yeux pour resserrer les doux nœuds de la Fraternité universelle et pour lui présenter l'hommage des cœurs sensibles et purs.

Ces pourvoyeurs de la guillotine savent, on le voit bien, orner leurs périodes des plus tendres épithètes du règne pastoral, puis égorger froidement leurs victimes. « Tu aimes bien ton petit Jésus, disait Couthon, cloué par la débauche sur un fauteuil, au supérieur d'une maison religieuse; va à la guillotine, puis tu le verras au Ciel. »

En vertu d'un décret de la Convention, le culte digne de l'Être Suprême était : la pratique des *Devoirs de l'homme*; c'est-à-dire : détruire la mauvaise foi et la tyrannie, punir les tyrans et les traîtres, secourir les malheureux, respecter les faibles, défendre les opprimés, faire aux autres tout le bien qu'on peut et n'être injuste envers personne. On établit des fêtes pour rappeler l'homme à la pensée de la Divinité et à la dignité de son être. La première de ces fêtes, celle de l'Être Suprême et de la Nature, fut célébrée à Paris, en l'église Notre-Dame, le 8 juin 1794, jour de la Pentecôte, 20 prairial an II, sous la présidence de Robespierre. Entouré ou plutôt suivi des membres de la Convention dans cette cérémonie d'une magnificence inouïe, Robespierre exaspéra ses ennemis par son orgueil, et il put même, durant la procession, entendre les menaces des plus hardis.

Après des excès monstrueux en tout genre, la conscience humaine avait osé s'affirmer et reconnaître l'existence de la Divinité. Alors apparut, sortant de l'imprimerie souterraine des Lamarque de Sort, la *Lettre Ecclésiastique* dont on a tant parlé jusqu'à nos jours, adressée par J.-J. Lamarque, le vicaire-général, à tous les *Prêtres Catholiques* du diocèse d'Aire.

Mes très honorés confrères. Voici pour nous le temps de livrer nos cœurs à la componction et d'embrasser avec un zèle parfait les travaux et les sollicitudes de la charité la plus exemplaire, la plus ardente pour le salut des âmes de nos frères. L'Eglise est dans une désolation extrême, les voies de Sion pleurent parce que personne ne vient plus aux solennités; le culte a cessé ; les divins oracles ne se font plus entendre; les pierres du sanctuaire sont dispersées; on n'offre plus le sacrifice; la foi se perd insensiblement; les blasphèmes de l'impie retentissent de tous côtés; la dissolution, le libertinage se montrent sans honte; le scandale va toujours croissant. Plus de loi, ce semble, plus de frein pour les enfants des hommes, et la malheureuse terre où nous fûmes tous régénérés en Jésus-Christ est peut-être à la veille de subir l'arrêt de la plus terrible proscription selon la menace de l'Evangile : « *On vous ôtera le royaume de Dieu et on le donnera à une nation qui en portera les fruits.*» (Matb. 24). Prêtres du Seigneur, dépositaires de l'Arche Sainte, pourrions-nous la voir en si grand péril sans en être affligés et consternés? Ah! non, une pareille insensibilité dans nous seroit la preuve certaine que nous ne sommes que des simulacres de prêtres, des idoles dans la maison de Dieu. Eussions-nous en effet, comme Samuel, vécu dès l'enfance, sans tâche et sans reproche au milieu de cette nation dépravée, toujours serions-nous inexcusables, dignes même de l'exécration des anges et des hommes, si les maux de l'Eglise, si la perte de tant d'âmes nous trouvoient sans compassion et sans entrailles. Pourquoi? parce que nous sommes prêtres, et, en cette qualité, les intercesseurs publics, les médiateurs entre Dieu et son peuple, chargés d'offrir, de prier pour le peuple et d'expier ses iniquités. D'où je conclus d'abord, qu'à ne considérer que les désordres qui ravagent le troupeau de J.-C., le premier sentiment qui doit entrer dans nos cœurs et les déchirer devant Dieu, c'est la pénitence et la componction, par la seule raison que nous sommes prêtres et que le salut des âmes est dans nos mains. Mais cette vérité nous touchera, nous remuera bien davantage, si nous faisons réflexion que nous sommes prêtres coupables, si nous pensons qu'ayant déshonoré par des mœurs profanes le sacerdoce royal de J.-C., la peste qui désole aujourd'hui le peuple chrétien, dans nous comme dans David, n'est que le châtiment de nos prévarications. Car si les péchés des princes renversent les peuples, ceux des prêtres renversent l'Eglise, et quand nous transgressons la loi de notre état, par une suite naturelle, la contagion du vice, la peste du péché ravage nécessairement les âmes. Alors donc, comme David pénitent, nous disons dans l'amertume de nos cœurs : *Tournez contre moi vos vengeances, Seigneur. Je suis le seul coupable, et en comparaison, ce pauvre peuple est innocent.* Alors aussi le premier remède que nous appliquerons aux maux de l'Eglise sera de nous guérir nous-mêmes, et le jugement de la miséricorde comme celui de la justice, commencera par la propre maison de Dieu. Je dis jugement de miséricorde, parce qu'il est temps encore, mes frères, d'apaiser la colère et d'obtenir grâce pour nous et pour le peuple : *Ecce nunc tempus acceptabile.* Quelle occasion, en effet, plus favorable pour intéresser le Ciel? Nous sommes sous le glaive de la persécution, dépouillés de tout, sans considération, sans appui, rejetés de la Société, fugitifs, errants, proscrits et étrangers dans notre propre patrie, poursuivis comme des malfaiteurs, regardés comme la balayure du monde, et toutes les heures du jour et de la nuit, en péril. Je le répète; quelle situation plus avantageuse pour notre salut et celui de nos frères? Car, si nous nous regardons nous-mêmes, Dieu pourroit-il dans sa miséricorde nous ménager une circonstance plus heureuse, un moyen plus efficace pour expier nos péchés, réparer nos manquements, guérir nos plaies, dissiper nos illusions, relever nos âmes abattues et leur rendre tout l'éclat et la beauté de la pureté sacerdotale? Si nous regardons l'intérêt de l'Eglise, quoi de plus consolant, quoi même de plus glorieux pour elle? et pour les enfants quel sujet d'édification plus touchant que de voir aujourd'hui les ministres du salut, les prêtres de J.-C. porter dans leur personne les opprobres et la mortification de la Croix? Pesons, je vous prie, mes frères, cette réflexion dans la balance de la Foi; elle me paroît toute puissante pour exciter en nous une vive componction et pour allumer en nous la sainte flamme d'un zèle tout nouveau. . . . .

merito hæc patimur, quia peccavimus in fratrem nostrum. En jetant les yeux sur les années que nous avons passées dans le libre exercice de nos fonctions, donnons à Dieu la gloire qui lui appartient, et réservons nous la honte et la confusion que nous avons bien méritées. Quels étions-nous durant la paix de l'Eglise? Quels, dis-je, eu égard à la sainteté de l'autel et des mystères, à l'importance et à l'étendue de nos devoirs, aux besoins et aux nécessités spirituelles des âmes qui nous furent confiées? Je vous prie, mes frères, cette vie douce, sensuelle, oiseuse, dissipée, ce dégoût de la prière et du recueillement, cet ennui des fonctions, cet abandon des intérêts de J.-C., cette passion pour le monde, et mille autres choses que nous savons, eh mon Dieu! où est-ce que cela nous auroit enfin menés? Quelle mort!! Quel jugement!! Quelle éternité nous attendoient!!! *Bonum mihi quia humiliasti me, ut discam justificationes tuas.* Assurément, nous devons à Dieu un grand sacrifice de louanges d'avoir troublé une paix si funeste, d'avoir ainsi renversé devant nos yeux tout cet édifice de mensonge et de vanité qui étoit la ruine de notre salut. Jamais, sans cette catastrophe, aurions-nous si bien appris à craindre Dieu et à craindre ses jugements? . . . .

. . . . Hélas! combien sommes-nous dégénérés? Je l'avoue et ce doit être pour nous le sujet d'une profonde douleur, parce que, comme j'ai dit, nous en sommes la première cause; mais enfin la corruption n'est pas universelle. Dieu s'est encore réservé des adorateurs en esprit parmi nos chrétiens et parmi les prêtres des ministres fidèles qui n'ont point fléchi le genou ni courbé leur âme devant l'idole du monde. Si le schisme, si l'apostasie ont montré le scandale dans le sanctuaire, en combien d'endroits de cet empire les prêtres du Seigneur ont-ils signalé la gloire du sacerdoce par les ignominies, les prisons, les chaines et la mort qu'ils ont soufferte pour la défense de l'Unité Catholique? Avec quelle consolation de Foi rappelons-nous ceux des nôtres qui ont vécu avec nous, qui ont travaillé, qui ont souffert avec nous, et ont enfin arrosé de leur sang cette portion de la vigne qui nous est échue? et nous mêmes, grand Dieu! nous si indignes d'être appelés prêtres, par quel heureux sort avons-nous aujourd'hui en partage la pauvreté, les opprobres, les souffrances de Jésus-Christ? C'est, mes frères, la vertu du St-Esprit. C'est le miracle de la persécution prédit il y a si longtemps dans Isaïe. . . . .

. . . . C'est donc peu pour notre Dieu d'avoir guéri nos âmes; jaloux de sa gloire, il veut encore venger l'honneur de son sacerdoce avili dans nos personnes, en renouveler l'onction dans nos âmes et nous régénérer dans l'esprit d'une si sainte vocation. Comment cela? Par le feu même des tribulations et des épreuves dont elle est pour nous la source. Car notre honte devant le monde et notre crime, c'est d'être *prêtres catholiques*; les peines et les disgrâces de cette persécution sont donc tout à la fois et l'expiation des prêtres et la gloire du sacerdoce. Dans un autre temps peut-être les signes de notre apostolat furent équivoques et obscurcis par le nuage d'une vie peu sacerdotale et des mœurs trop séculières. Aujourd'hui, ils se démontrent dans tout ce que nous souffrons. Car avant ceci, quand on voyoit un homme entouré de gens armés, lié, enchaîné, ignominieusement traduit dans les rues et les places publiques pour être présenté au tribunal, on disoit : *C'est un brigand! un assassin!* Aujourd'hui on dit : *C'est un prêtre catholique!* et le monde, sans s'en apercevoir, rend témoignage que nous ne sommes plus à lui, que nous sommes disciples de Jésus-Christ . . . .

Cette Lettre fit une grande impression dans le diocèse d'Aire. Elle fut une leçon pour tous, un baume pour les blessures des athlètes qui gémissaient dans les cachots, les antres et les bois; elle valut à son auteur un surcroît de haute réputation en vertus, en talent, en courage à toute épreuve. Quelques phrases jetées çà et là semblent annoncer de grands changements politiques et le triomphe de l'Église.

Le moment choisi par Dieu est arrivé. Peu de jours après la fête sacrilége du 20 prairial à Notre-Dame, Robespierre succombait à la tribune sous les attaques de ses ennemis, prêts à le poignarder sur le lieu même, s'il n'était mis hors la loi (9 thermidor, 27 juillet). Après la mort de Robespierre en qui s'était personnifié le système de la Terreur, on put enfin respirer et concevoir des espérances.

Qu'avez-vous fait sous la Terreur? disait quelqu'un à Syeyèz. — J'ai vécu!! — Réponse effrayante et qui montre toute la profondeur de l'abîme où une poignée de scélérats avait jeté la France.

OBJETS ENLEVÉS AUX ÉGLISES.

Dans les premiers mois de 1794, le Département envoyait à Tarbes 467 quintaux de matières métalliques pour être converties en canons. Il donna ordre de dresser l'inventaire des ornements d'Église et de livrer le tout. Il connaissait parfaitement le nombre et la valeur des pierres précieuses attachées à ces ornements. Dans les églises très riches, des toiles d'argent ornaient le devant de l'autel aux jours de grandes fêtes; des rubis fortement incrustés à la porte du tabernacle jetaient dans la nef leurs feux étincelants, et le dais, d'argent ou d'or, suspendu par des colonnes au dessus de ce même tabernacle, était parfois d'une richesse infinie.

Le district de Dax, floréal an II, donna onze cent dix chasubles, plus de deux cents dalmatiques, deux cents chapes d'étoffes très belles et très précieuses, disait le rapport, soit en damas broché, soit en satin et moire, propres à faire des meubles de toute espèce, le tout mis en vente à Dax. De plusieurs paroisses du district de Mont-de-Marsan, on envoya au Département 1803 serviettes, provenant des églises et des émigrés, 1083 nappes, 696 aubes et surplis, etc., etc. Les galons d'or et d'argent ayant été brûlés dans plusieurs églises des quatre districts, on en retira 837 marcs d'or et 2,222 marcs (1) d'argent; mais ce n'était là qu'un envoi partiel, une fraction de l'ensemble.

Dans ce nombre de marcs, la cathédrale d'Aire figurait pour 136 marcs d'or; la paroisse de Mont-de-Marsan 115. Villeneuve 22. Roquefort 15; l'évêque 6. Villeneuve avait encore 67 marcs argent, et Mont-de-Marsan 96. L'argenterie de la cathédrale de Dax était représentée par 192 marcs; celle du séminaire par 31.

Une église exceptionnellement riche était celle de Montaut; elle envoya plus de 70 marcs d'argent; elle avait encore en 1789 les magnifiques ornements que son prieur Joseph de Sauvage acheta le 13 février 1685 aux enchères de St-Sever, provenant de la succession de Mgr de Fromentières.

On aura une idée de la valeur de ces objets d'église au XVIIIe siècle en apprenant qu'un devant d'autel, laissé par M. de Ruigecourt à la cathédrale, est encore estimé dix mille francs.

Avec un peu de courage, on aurait pu comme à Parentis, Ste-Eulalie-de-Born, Lit, St-Julien, Vignac, St-Girons-du-Camp, Moliets, Garrey, Dubort, Renung, St-Gein, etc., etc., etc., protéger comme bien national quelques richesses artistiques du moyen-âge, en fer, en bois ou en marbre. On conserva ainsi presque partout non-seulement les tables de communion, les stalles richement brodées par le ciseau de l'artiste, les torsades des autels, et bien d'autres signes, tels que anges adorateurs, peintures sacrées sur les murs ou à la voûte, mais encore quelques images du Christ, à Parentis, à Ste-Eulalie-de-Born. L'église du Vignac recouvrit avec du plâtre son magnifique empyrée ou peintures de 1711.

(1) Le marc d'argent vaut 245 grammes. Une once 31 grammes. Un gros 4 grammes ou 73 grains.

CHAPITRE II.

1° Des prêtres assermentés de 1791 à 1794. — 2° Des prêtres insermentés ou des prisonniers de Ste-Claire, des réfractaires immolés, des réfractaires transportés, des réfractaires cachés dans le pays. — Traits de dévouement, etc. — Légendes sous la Terreur.

Nous avons exposé tour à tour les efforts tentés par les Jansénistes au sein de la Constituante pour rendre obligatoire le serment à la Constitution Civile du Clergé, les résistances ou les faiblesses des prêtres d'Aire et de Dax, les mesures prises contre les réfractaires en mai et août 1792, les lois cruelles du 18 mars 1793 et du 29 vendémiaire an II. Nous avons à dire ce que furent en ces temps de persécution les prêtres assermentés et les insermentés. En ouvrant ainsi un chapitre à part pour les diverses légendes que les archives ou la tradition fidèle ont arrachées à l'oubli, nous reposerons l'esprit du lecteur après tant de cruelles scènes, et rendant à tous une justice impartiale, nous montrerons plus clairement encore ce qu'un homme peut faire de bien ou de mal, selon qu'il reste dans la véritable voie, ou qu'il l'abandonne par une lâche trahison.

1° PRÊTRES ASSERMENTÉS

On a vu plus haut par quelle succession de fautes les prêtres jureurs étaient devenus esclaves de l'Etat, et quelques-uns d'entre eux, par un oubli total de leur dignité, la honte du sacerdoce et la dérision des peuples. Reprenons ici dans l'ordre chronologique les faits divers qui signalèrent l'intrusion et la domination en 1791, 92, 93 et 94 de ces apostats.

En février 1791, un vicaire constitutionnel au diocèse de

Dax se fit le dénonciateur des réfractaires, et de son propre frère, prêtre fidèle dans une paroisse voisine. Un registre paroissial conserve le souvenir de ces horreurs.

En 1791 et 1792, quelques prêtres constitutionnels, du haut de leurs chaires, ameutaient le peuple contre les réfractaires; ils les poursuivaient eux-mêmes de leurs cris sur la place publique. Mais il est nécessaire d'ajouter que ce genre de crime soulevait l'indignation générale et qu'il fut peu connu.

Jean-Baptiste Labeyrie, vicaire de Castelsarrasin, a une place très marquée dans l'histoire de l'intrusion. Né à Hagetmau, le 25 octobre 1758, de Jean-Isaac Labeyrie, chirurgien, et de Anne Parieu, et frère des Labeyrie-Hourticat, l'un vicaire de St-Sever, l'autre curé de Horsarrieu, il vint à Hagetmau prêter serment, et le discours qu'il prononça en cette occasion, se trouve tout entier dans les registres de la commune. Dès ce moment, le vicaire de Hagetmau, Barthélemy Labayle, prit le nom de Barthélemy Labeyrie, qui lui fut très fidèlement donné sur tous les papiers de l'époque jusqu'en 1803. Sans doute, le généreux prêtre se proposait ainsi de consoler une famille profondément désolée. Curé constitutionnel de Montaut, J.-B. Labeyrie y fut traité avec le dernier mépris, à ce point que le Département envoya à la municipalité des menaces sévères et à l'intrus le conseil de tenir ferme, avec la certitude de voir son ministère appuyé par les gardes nationaux des communes voisines. Au nom du conseil municipal, on afficha la proclamation suivante : « Le sieur Labeyrie, curé, sera mis à l'abri de toute insulte; il sera défendu à tous les individus de Montaut et de Brocas d'insulter par des propos outrageants, menaçants, même indécents, soit par des chansons, soit par des paroles M. Labeyrie, curé. La loi le défend. La tranquillité publique l'exige. De plus, il est ordonné que le conseil municipal ira à la messe de paroisse. » A l'issue de la messe, Labeyrie voyant cette affiche, l'arracha, la tourna en ridicule, appelant les habitants *francs imbéciles*.

Le Corps municipal se disant outragé, fit replacer l'affiche. On alla si loin de part et d'autre que Dartigoeyte dut venir à Montaut. Son rapport au Département est plein d'inquiétudes. « L'affaire de Montaut, Messieurs, est bien importante, etc., etc. »

D'après les promesses de Saurine, tous les vices, tous les défauts, jusqu'aux plus simples imperfections, devaient disparaître sous le régime constitutionnel et faire place à toutes les vertus, à tous les genres de dévouement. La cupidité surtout était un chancre de l'ancienne Eglise, et l'amour de la vertu pour elle-même, sans nul espoir de récompense, a guéri pour toujours cette plaie antique et désastreuse. Ecoutons d'abord Raymond Barbé, né à Ossun en 1764, ordonné prêtre par Saurine, et choisi curé de Linxe pour certains motifs que nous connaissons bien et que nous ne voulons pas dire. Il écrit de cette paroisse aux administrateurs du département des Landes :

Pourvu de l'élection canonique pour desservir la paroisse d'Escalus éloignée de la paroisse de Linxe d'environ une lieu, je suis obligé à des dépenses extraordinaires. Comptant sur la justice qui est le mobile de toutes vos actions, j'espère que vous voudrés bien en vertu d'un de vos arrétés m'acorder l'indemnité que m'ocasionne le zèle dont je brule pour servir mes concitoyens éloignés d'une lieu spérant de vous toute la diligence dont sont susceptibles des homes qui ont réuni la confiance publique. Je suis avec les sentimens les plus distingués de la fraternité civique, BARBÉ, *prêtre.*

On lui alloua un supplément.

Ancien curé de Linxe, de 1859 à 1867, nous pouvons affirmer qu'il n'y a pas *environ une lieue* de l'église de cette paroisse à celle d'Escalus.

Barbanègre, venu de Pontac à Mont-de-Marsan où il fut élu curé constitutionnel le 9 octobre 1791, avait dû supporter seul, faute d'ouvriers évangéliques, le poids des affaires dans la paroisse. Il écrit au Département et reçoit la réponse suivante : « Tout ouvrier doit avoir un salaire proportionné à son travail; il est trop vrai que la disette des prêtres constitutionnels ajoute une surcharge à ceux qui sont employés; il est par conséquent juste de les dédommager d'un excès de peines, de soins, de sollicitudes et même de dépenses. Le curé de Mont-de-Marsan est sans vicaire depuis son installation dans cette ville dont le service est très pénible à cause de la population et des usages qui appellent à tout instant les ministres de la Religion. »

Cet excès de zèle constitutionnel n'avait pas toujours une fin aussi heureuse. Antoine Hudin, né à St-Germain en Laye, le 5 juin 1760, de Antoine Hudin et de Geneviève Mali, était doctrinaire lorsque Saurine l'appela dans les Landes où il lui conféra les ordres et le nomma curé de Roquefort, le 18 septembre 1791. A peine installé, sans avoir pu encore connaître la physionomie de son troupeau, il écrivit à Saurine un billet « dénonciatif de quelques personnes supposées dans le concubinage. » Le rapport ajoutait que « plusieurs officiers municipaux de Roquefort et des paroisses voisines étoient fortement attachés au prétendu culte ou plutôt à la fonction des prêtres insermentés. » La rumeur fut grande lorsqu'on apprit la dénonciation de Hudin. Des menaces de mort se firent entendre. Hudin éperdu confia toutes ses peines à Saurine :

Personne, monsieur l'évêque, n'est, plus que moi, ennemi du sang et de l'injustice. C'est à tort que je suis accusé d'avoir tenu des discours incendiaires qui tendoient à faire égorger entre eux mes paroissiens. Mon calomniateur est connu; il est connu aussi de messieurs les administrateurs du Département. Ce calomniateur est Cousseillat, maire de Roquefort. « Mais forcé de me justifier, car le cas est urgent, puis que cette affaire, dites-vous, suivie à la lettre, me perdroit à jamais dans toute la France, j'offre sur 1500 âmes, mille témoins. — 26 avril. »

Bernard Salles, curé de Bégaar depuis le 17 avril 1791, exigea une enquête judiciaire sur la fermentation des esprits causée dans sa paroisse par Massie, curé réfractaire interdit. Cette enquête est du 22 avril 1792. Jean Madray, tisserand, dépose que lors de l'entrée de Saurine à Tartas et de son passage à Bégaar pour se rendre à Dax, Massie avait tout fait pour l'empêcher de sonner les cloches, disant qu'autant vaudrait sonner *pour un homme de paille*. Le sieur Massie lui aurait dit plus tard que le curé qui viendrait ne serait pas le pasteur, qu'il vaudrait autant se confesser à un chien ; que les sacrements administrés par lui étaient des sacrilèges; que les baptêmes et les mariages étaient nuls.

Un autre témoin dépose : Massie a dit que les prêtres constitutionnels sont marqués d'un signe de réprobation. Un autre enfin : l'ex-curé a soutenu que la première communion serait un sacrilège, et qu'il vaudrait mieux aller prier Dieu derrière un chêne que d'aller à l'église.

Tels sont les débats judiciaires que le Département ouvre en faveur des assermentés, et dans lesquels il ne dédaigne pas de perdre un temps précieux! *(Voir aux archives de la Préfecture les liasses nombreuses de ces procédures).*

Une lettre de Méricamp nous donnera une idée exacte des hommes et des choses à l'époque agitée de juillet 1792.

Jean-Jacques Méricamp, né à St-Sever, le 20 octobre 1737, avait enseigné trois ans la théologie à l'Université de Poitiers. Entré fort jeune dans l'Ordre des Dominicains, où il se forma au ministère de la parole de Dieu, il fut 15 ans prédicateur de grandes stations, et quitta légalement son Ordre sur des sentences et de l'official et du métropolitain, confirmées par un arrêt solennel du Parlement de Toulouse. Prêtre séculier, il céda facilement, dit-il, au désir de M. de Noé, évêque de Lescar, qui l'occupa 5 ans dans son diocèse à la desserte de paroisses aux environs de Pau, afin de l'avoir à portée pour prêcher. Il fut ensuite appelé par Mgr de Laneuville qui l'employa à ces doubles fonctions jusques au commencement de 1791. Alors nommé curé d'Aire et de Subéhargues qu'il desservit jusqu'en 1794, il y éprouva toute espèce d'avanies, et accusa les prêtres réfractaires de les avoir suscitées. Dans sa dénonciation, il écrivait ainsi à Samson Batbedat :

> Les sieurs Bielle et Papin sont à Aire où certainement ils ne prêchent pas la soumission aux loix. Les officiers municipaux du Mas souffrent un prêtre du département du Gers, ainsi que Duvignau, ex-prémontré. Ceux de Dubort protègent le sieur Gentillet (Arnaud Destenave), ex-professeur du ci-devant séminaire, et Vignes, ex-prémontré, logé au ci-devant château du Lau..........
>
> Frère et ami, l'impunité enhardit les coupables. Les municipaux d'Aire vont toujours dans le sens contraire à la loi. Ils savent qu'il y a mainte dénonciation contre eux, et comme on ne prononce pas, ils se croient dans la bonne voie ou dans une faveur qui les met à l'abri de toute punition. Est-ce là le moyen d'établir ici la Constitution et d'y faire prendre l'esprit public?
>
> J'adresse à votre frère une liste de prêtres insermentés. Je ne parle point de MM. Capderville et Lisle. Il est cependant essentiel que ces deux messieurs ne disent plus la messe que *januis clausis* et que M. Langon entre au séminaire, sa maladie étant incurable, les écrouelles, et sa maladie lui laissant la faculté de vaguer et de faire constamment la partie. Si d'autres prêtres que les constitutionnels célèbrent publiquement la messe à Aire, jamais le curé ne sera suivi. Le monde diminue chaque jour, tandis qu'il augmente à l'annexe, à moins qu'on ne fasse entièrement fermer les portes de l'église d'Aire

et qu'on ne laisse subsister celle du Mas en me plaçant au presbytère du Mas le plus tôt possible.

Je crois fort que M. Lafrapinière (colonel de la gendarmerie départementale) vaudroit mieux pour supérieur du séminaire que les hommes que vous y avez placés. Ils se sont livrés si fort aux ennemis de la Constitution qu'ils ne voient pas seulement leurs partisans. On diroit même que leur société et même leur présence leur fait tort, tant ils sont attentifs à l'éviter! Cependant si on laisse communiquer avec le dehors ces hommes à maximes dangereuses, comme on continue de le faire, ils feront un mal incalculable. Comme le juif ni le payen n'ont aucun droit aux récompenses du christianisme qu'ils méconnaissent, j'estime que les ennemis de notre Constitution n'ont aucun droit à ses bienfaits ou du moins à ses faveurs.

Il est temps, frère et ami, que la justice paraisse dans la ville d'Aire, qu'elle intimide et frappe les prévaricateurs et les perfides. Sans cela je vois le patriotisme bien affaibli, anéanti pour toujours dans notre cité. Uni avec M. votre frère, faites parler à la loi un langage digne d'elle; que les malveillants soient écartés des places, et que ceux qui les brigueroient avec des intentions peu droites soient effraiés. Exécutez, je vous prie, cette opération trop tardive; que la distinction des pouvoirs, sans laquelle il n'y a point de Constitution, s'affermisse ici par vos soins; que le magistrat du peuple s'attache à lui faire aimer et pratiquer la loi; le prêtre qui ne sera ni contrarié ni vexé, lui portera un secours utile et nécessaire.

Dans mes pétitions, je ne cherche que l'ordre et le bien. Vous pouvez vous en convaincre par leur lecture et par l'esprit qui m'anime. Il est dur pour un Pasteur d'être obligé de se plaindre des gens en place, mais en vérité, au lieu d'établir, ils minent la Constitution, et depuis 15 mois, voilà le seul spectacle que les hommes m'offrent. Je ne vous le cache point, et je ne l'ai pas caché à M. l'évêque, que si je n'espérois de votre zèle et de votre incorruptibilité quelque acte prompt et salutaire, j'aurois déjà cédé à un autre une place aussi ingrate. Ma confiance est aussi vive en vous, frère et ami, que sont sincères les sentiments de J.-J. Méricamp d'Aire, 4 juillet 1792.

En écrivant à Noël, frère de Samson, le curé d'Aire va plus loin :

La ville d'Aire gémit, je ne dis pas du peu de progrès que l'esprit public fait dans cette cité, mais du succès constant qu'obtient le parti contraire. Le peuple fanatisé ou dévoié du droit chemin, les prêtres réfractaires protégés, le curé contredit et avili par les ennemis du bien public et par les officiers municipaux, la gendarmerie dans l'insouciance, tout cela joint à un temps malheureux et à la crise forte où nous sommes, n'auroit-il point assez de pouvoir pour déterminer le directoire du département à juger les malfaiteurs, pour faire aller la loi et mettre un peu d'ordre dans cette ville ?

Un prêtre né à Miramont le 12 octobre 1740, fils de Dominique Tauzin-Bastan, juge royal, et de Anne Lafitte, avait joué un rôle considérable hors de son diocèse jusqu'en 1792, et se retira dès lors sur son patrimoine d'où il exerça sur tout le pays une influence désastreuse.

Elève de philosophie chez les Jésuites, et de théologie durant six ans à l'école de l'abbé Langoiran, André Tauzin avait soutenu des thèses devant l'assemblée des évêques de la métropole de Bordeaux. Il dit lui-même que la régularité du clergé d'Aire fut cause qu'il préféra son diocèse natal à celui de Bordeaux et à plusieurs autres où leurs prélats respectifs voulaient l'attirer. Il passa six ans et six mois à Estang en qualité de vicaire. Des motifs de famille le décidèrent à s'éloigner et il accepta la cure de Pompejac sous les murs de Bazas, où il travailla vingt ans. M. de Saint-Sauveur, évêque de Bazas, et son clergé, le chargèrent des sermons aux assemblées archipresbytérales, et il s'en acquitta. Sa faible santé ne lui permit pas de prendre la conduite du grand séminaire de Bazas qu'on lui avait offerte. « J'espère, ajoute André Tauzin, qu'un siècle n'effacera pas les traces de mon ministère, partout où je l'ai exercé. »

Durant son séjour à Miramont, Tauzin, partisan effréné de la Constitution Civile du Clergé, en défendit toujours les principes avec une liberté, dit-il encore, que peu de prêtres osèrent imiter. Il harcela les réfractaires de ses invectives, mais il n'alla jamais plus loin, et sous la Terreur, devenu officier public, il s'attacha à modérer les sentiments trop vifs de ses collègues contre les insermentés dans le canton de Geaune. Nous retrouverons le nom de ce prêtre dans les dernières agitations de la Petite-Eglise en ce diocèse d'Aire.

Dans leur lutte contre Rome, dans leur empressement à se soumettre aux principes de la Constitution Civile du Clergé, les assermentés prétendaient briser les liens de la servitude et conquérir une liberté noble qui ne serait pas toutefois dégagée de toute obéissance au Pape; ils trouvèrent d'abord, comme on l'a vu, les résistances des populations, et au bout de leurs efforts, les hontes de l'apostasie, suivies d'un mépris complet ou des rigueurs de la prison. Dieu infligea des leçons sévères à quelques-uns de ces traditeurs des lettres d'ordre, mais aucun peut-être ne fut humilié comme le curé de Tartas. Christophe de Beaumont, né à Paris, était fils naturel du duc de Bouillon, seigneur d'Albret. Entré sans vocation dans l'état ecclésiastique, il ne s'y conduisit pas très mal. Archiprêtre de Tartas, il se montra jaloux de ses droits, mais d'après des lettres qui nous ont été envoyées par des Ursulines de Tartas, Beaumont ne mérita point toute l'âpreté des reproches que lui fait le chanoine Villaumbrosa, de Saragosse *(Histoire des maisons d'Ursulines en Europe)*, au sujet de la fondation du couvent de Tartas par Mgr de Laneuville et par la célèbre Marguerite Labouchère. Beaumont prêta le serment et devint juge de paix de Tartas, ce qui ne l'empêcha pas d'être jeté en prison. La société montagnarde de Tartas réclama son élargissement. Voici la réponse de Pinet et de Monestier (du Puy-de-Dôme), datée de Belchenea, 6 frimaire an II.

> Vous êtes d'accord pour voir le citoyen Beaumont jouir de la liberté. Nous y consentons autant qu'il est en nous. Nous ne pensons pas de le réintégrer dans la cure quoique nous ne lui ayons pas donné de successeur. Nous pensons que les sans-culottes de Tartas sauront communiquer et fraterniser ensemble sans l'entremise d'un ministère aussi intolérant et aussi scandaleux que celui d'une secte dont le dogme premier est : *hors de l'Eglise, point de salut!* Nous espérons d'ailleurs que le citoyen Beaumont aura assez de philosophie, assez d'amour de la vérité et de la saine morale, assez d'amour de ses semblables, pour renoncer à faire au nom du pape le métier de charlatan et pour s'ennuyer de parler toujours de purgatoire et d'enfer au nom d'un Dieu de paix. Enfin nous pensons assez bien des vrais sans-culottes de Tartas pour croire qu'ils délibéreront qu'ils ne veulent pas payer de ministre.

Cette lettre peint à la fois et le caractère des Représentants du Peuple que nous aurons encore à juger, et la position malheureuse de ces intrus qui se voient exposés à des injures si cruelles. Les prêtres, dit Domec, ne prévoyaient pas en 1789 ce qui les attendait.

Parmi un grand nombre d'actes de ce temps où l'on provoquait l'apostasie, où l'on venait sous l'empire de la peur se prêter à toutes les lâchetés, nous avons choisi les suivants :

> Vu la pétition du citoyen Chadel, ci-devant curé de Maillères, par laquelle il reconnoît enfin que la qualité de prêtre est incompatible avec celle de citoyen : Le directoire des Landes, considérant que la démarche de Chadel, quoique un peu tardive, surtout de la part d'un citoyen éclairé, prouve néan-

moins que les lumières de la philosophie et de la raison agissent en lui, que cet exemple pourra servir avantageusement à la chose publique en dessillant les yeux des prêtres fanatiques, ignorants ou intéressés qui résistent à l'esprit des loix et aux vœux des vrais républicains, où..e ses félicitations au citoyen Chadel.

Faut-il le dire à la honte de ces malheureux apostats! Ils ne rougissent pas d'appuyer le Département dans ses mesures contre les réfractaires, de se mettre en rapport avec les pourvoyeurs de la guillotine. Ils écrivaient aux Représentants du Peuple, devenus leurs supérieurs ecclésiastiques, pour obtenir des lettres dimissoires, pour entrer en possession des églises où la déesse Raison n'avait pas encore été intrônisée. A la date du 21 ventose, — qu'on remarque cette date, la guillotine fonctionne alors à Bayonne — un certain Larraburu, curé d'Izosse, ancien chantre à la cathédrale de Dax, se fait nommer à la cure de Hinx par Pinet et Cavaignac. Il prenait possession de son bénéfice le 2 germinal, mais alors même, le Directoire du département prenait une mesure générale, chassait de leurs presbytères les curés constitutionnels et ne leur accordait pour sortir qu'un délai de trois jours.

La débâcle fut générale. Ne sachant où aller, les jureurs prirent des emplois divers; ils se firent scribes ou se cachèrent dans les rangs de l'armée, dans les ateliers de salpêtre, à Dax, à Tartas, à Mont-de-Marsan, à Gabarret, à la Castelle, ou dans les chantiers publics, sur les routes et places des villes. Là, ils subissaient les moqueries des passants, mais surtout des prisonniers de Ste-Claire qui, du haut des fenêtres, leur jetaient ce cri railleur : *Per omnia recula reculorum!*

D'autres furent moins heureux. Déclarés suspects, on les mit en prison à St-Sever et à J.-J. Rousseau : « Nous vous envoyons le calotin de Gaujac » disait le comité de surveillance d'Amou. On traita avec le dernier mépris ces traditeurs de Lettres d'Ordre, et le peuple leur tenait ce langage : « Vous nous avez dit que vous n'aviez été longtemps que des *imposteurs* et des *charlatans*. Votre parole d'aujourd'hui ne doit pas plus valoir que celle d'autrefois. Sortez de nos églises. Allez-vous en! »

Bertrand Capdevielle (Bonnut, 16 décembre 1764), ancien vicaire de Tilh, curé constitutionnel de Ste-Colombe ou

Bas-Franc, écrivait de Bonnut, le 4 germinal an II, la lettre suivante au maire de sa paroisse :

> Je t'envoie les ci-devant pancartes relatives à ma ci-devant cure de Ste-Colombe. Je suis fidèle à ma promesse. Tu trouveras dans ce paquet le procès verbal de mon élection faite à l'Assemblée électorale du district par 39 voix, majorité absolue des suffrages, le 11 septembre 1791, et l'institution canonique qui me fut accordée le 6 octobre suivant par le citoyen J.-J. Gros, vicaire du ci-devant évêque des Landes. Tu feras de tout cela l'usage que tu jugeras à propos. Salut à tous nos sans-culottes.

En ces temps douloureux, Dartigoeyte pourrait dire au Département avec quelque raison :

> Depuis l'abolition du culte des prêtres, celui de la loi est le seul connu parmi tous mes concitoyens. Le fanatisme ne se montre plus, et s'il existe encore parmi quelques femmelettes, il n'en est pas moins si bien comprimé qu'on peut le regarder comme prochainement étouffé.

Le mois de germinal an II est une page d'histoire locale où l'on trouve à la fois tous les genres d'épreuves, la confiscation des biens, la prison et la mort sur l'échafaud. On a vu plus haut la lettre de Pinet et Cavaignac, en date du 28 de ce mois. Elle n'use pas d'exagération; elle ressemble à tous les documents de l'époque. Celui que nous donnons encore sera le dernier trait de ce lugubre tableau.

> Du 21 germinal. Le Directoire du district de Mont-de-Marsan à l'agent national près le district de Pau.—Nous avons reçu, citoyen, le réquisitoire que tu nous as adressé, ainsi que les autres écrits révolutionnaires et anti-fanatiques contenus dans ton envoi. Les progrès rapides que font dans ton district les grands principes de l'éternelle raison et de la saine philosophie nous enchantent. Le représentant du peuple, Monestier (du Puy-de-Dôme), cet ennemi irréconciliable du fanatisme et de toutes les momeries religieuses, est parmi vous. Sa seule présence a dû faire tomber le voile des préjugés et terrasser à jamais l'hidre monstrueuse de la superstition ou plutôt le despotisme sacerdotal. Nous avons eu aussi le bonheur de le posséder quelque temps cet homme extraordinaire et digne de la vénération publique, et si le district de Mont-de-Marsan a déjà depuis longtemps renoncé à ses vieilles erreurs, c'est en partie aux belles leçons de ce digne représentant, à son énergie et à son opinion fortement prononcée dans le sein de notre société populaire que nous en sommes redevables. Nous n'avons plus d'églises; nous n'avons plus de culte public; toutes les matières métalliques, tous les habits du charlatanisme sont déjà déposés dans nos magasins; un envoi considérable de linge d'Église est sur le point de partir pour les hôpitaux militaires; trente-six apôtres révolutionnaires, choisis par la société populaire de Mont-de-Marsan, parcourent cha-

que décadi les différentes communes de ce district, transforment les ci-devant églises en temples de la raison et y prêchent aux citoyens réunis l'amour des lois et des vertus morales, la haine du fanatisme et de la superstition. Plus de prêtres!! plus de culte public!! Voilà notre devise. Règne des vertus! Triomphe de l'égalité et de la liberté! Eternité, indivisibilité de la République! Voilà notre croyance.

La proclamation du culte de la Raison et de la Nature avait eu ceci de bon qu'elle déclara nulle la Constitution Civile du Clergé, et enleva leur existence légale aux prêtres assermentés qui ne furent plus dès lors que de simples citoyens sans aucune influence ni aucun empire sur les populations.

Tous les prêtres fidèles ont droit à notre admiration et à nos éloges, et ceux qui se soumirent aux rigueurs de l'exil et ceux qui portèrent en leur patrie le poids d'une longue persécution. A nos yeux, la plus belle part est pour ces derniers; ils doivent avoir en cet ouvrage une place d'honneur. D'ailleurs, qu'on le sache bien, et nous l'avons dit aux premières pages, notre but principal a été de conserver le souvenir des faits qui ont formé cette auréole de gloire dont l'antique clergé d'Aire a su, aux jours de la grande tribulation, orner son front déjà si pur et d'où rayonnait, depuis cinquante ans surtout, l'éclat de toutes les vertus sacerdotales.

Ces prêtres étaient ou déportés en Espagne, ou déportés à l'île de Rhé, ou renfermés à Ste-Claire, ou cachés dans les bois du département, ou en prison dans leur domicile.

Nous avons donné plus haut les listes des prêtres déportés en Espagne, ou cachés dans les bois, ou en prison dans leur domicile, ou renfermés à Ste-Claire. La première incarcération à Ste-Claire s'était faite le 23 mars 1793; les autres n'eurent lieu que successivement. Taillandier se trouvait encore à Aire en octobre, et la municipalité le fit entrer à Ste-Claire, vu que le certificat de maladie n'était qu'un certificat de complaisance délivré par le médecin. Dupiellet, curé de Sensac, fut pris vers la même époque à Bahus-Soubiran. Le 17 octobre, les représentants, tenant séance au chef-lieu, avaient ordonné de faire arriver à Ste-Claire les deux Carenne de Geaune, Proëres et Ducasse de St-Loubouer, Dubasque de Vielle, Fossats de Mugron, Vergers de Sorde,

Despériers de Peyrehorade. Quelques autres prêtres ne se rendirent que dans les mois de mars et avril 1794. Le vieux Léglise, de Castandet, alors dans sa maison natale, ne put obtenir d'y rester. D'un autre côté, Dubosc, de Poyartin, eut une telle peur des orgies révolutionnaires, qu'il demanda la prison comme un refuge.

On assigna aux prisonniers une pension annuelle de cinq cents livres en papier; mais, avant de la délivrer, le Département demanda à chacun d'eux l'état de ses ressources personnelles, 15 juillet 1793. Dutastet déclara posséder 200 livres de revenu, et tellement grevées de charges que ce revenu était nul. Portets avait à Pimbo deux granges qui ne donnaient rien, et un bien en légitime de 8000 livres. Laurans ne manquait de rien, grâce au dévouement de sa famille et de son frère. François Lubet dit qu'il est sans ressource. Son frère a une pension de 100 livres; celle de Lombreignes est de 450; celle de Domec de 230. Sarran a vendu ses droits pour une pension de 650 livres, mais il a des dettes. Soustrar déclare n'avoir besoin d'aucun secours de l'Etat. Tous les autres détenus se trouvent sans ressources.

Donnons ici la parole à Domec :

Nous nous trouvâmes réunis au Couvent de Ste Claire au nombre de 55 prêtres, curés et moines sexagénaires dont j'ai fourni l'état. (1) Tous les appartements de la maison nous furent livrés. Nous allions aussi jusqu'à la porte extérieure de la rue pour recevoir nos amis. Les parents et les pourvoyeurs seuls pouvoient entrer; les autres prenoient des billets. Cet état dura jusqu'au mois d'octobre. Alors les féroces Pinet et Cavaignac entrèrent dans la maison visiter les écuries pratiquées dans la cuisine et le chai. Ces monstres virent deux des nôtres au vestibule de bas. Ils défendirent au portier de nous laisser descendre et l'on mit une porte à l'entrée de l'escalier. Alors on conservoit encore une apparence d'humanité. Le Département fit donner 500 francs à chacun en papier qui furent payés. Nous disions la messe, mais personne n'entroit pour l'entendre. Distribués par pelotons, nous recevions l'ordinaire de quelques particuliers de la ville à qui nous donnions six livres chacun par mois pour l'apprêt..... Il n'y avoit point de pain de froment. Nous recevions d'un boulanger de la ville trois quarts de méture chacun, composée de millet, de panis et d'un peu de milloc que nous payions un franc six centimes la livre. Ce pain peu fermenté était insupportable. Mais quelques personnes de

(1) Nous n'avons pas retrouvé cet état.

la ville sous entroyoient du bon pain de seigle que nous recevions par les fenêtres de la petite rue et que nous payions à trois francs la livre; souvent on nous le donnait.

Plus tard, ces infortunés prisonniers durent payer la livre de pain de froment sept francs en argent; car on ne voulait que de l'argent, et il fallait donner le papier presque pour rien. Quant à la viande de boucherie, elle fut interdite partout, excepté pour les soldats et les infirmes, après la terrible épizootie qui enleva presque toutes les bêtes à cornes.

Du mois d'octobre 1793 au 27 juillet 1794, les prisonniers de Ste-Claire vécurent dans des angoisses continuelles. Leur âge ou leurs infirmités les mettaient à couvert, d'après les lois, contre la déportation sur les pontons, et contre la mort par la guillotine, mais ces lois pouvaient être modifiées à chaque instant dans un sens plus sévère, comme elles l'avaient été au 27 novembre 1790, au 26 août 1792, au 18 mars 1793, au 29 vendémiaire an II. Ils voyaient à travers les barreaux de leurs chambres la guillotine qui avait coupé la tête à Cabiro, et qu'on avait deux fois transportée à St-Sever et à Tartas. D'abord, cette vue nous fit frémir, disait plus tard un de ces confesseurs de la foi; peu à peu, nous regardâmes sans crainte le couteau, puis nos maux devinrent si cruels que ce genre de mort nous paraissait un véritable gain.

Les prisonniers de Ste-Claire ne sortiront que longtemps encore après le 9 thermidor.

DES RÉFRACTAIRES IMMOLÉS SOUS LA TERREUR

Les circonstances de l'arrestation de Brettes-Peyron, de Cabiro et de Nautery nous sont inconnues. Ce dernier était déjà captif au mois de juin 1793 à St-Sever; car, à cette époque, la municipalité faisait réparer ses prisons délabrées d'où les détenus, parmi lesquels Nautery, auraient pu facilement s'évader. Plus tard, on transféra Brettes et Cabiro à Mont-de-Marsan. Nous avons déjà dit que toute la ville conspira pour faciliter leur évasion. Brettes-Peyron fit un cable avec ses draps de lit et se jeta ainsi en bas par la fenêtre. Samson Batbedat envoya des gendarmes à sa poursuite en leur donnant, dit-on, la recommandation formelle de ne pas le voir, s'ils le rencontraient. Brettes était arrivé en lieu sûr à St-Sever.

Dominique CABIRO, né à Hauriet près de Montaut, vicaire de Samadet, ne voulut pas sortir de prison avec Brettes, et disait : — Je n'ai rien fait pour mériter la mort. On viendra certainement me tirer d'ici. — On l'en tira en effet, mais pour le conduire à l'échafaud. Avant de marcher au supplice, il écrivit à ses parents une lettre pleine de foi, de courage et de résignation. C'est en vain que nous l'avons cherchée. Cabiro fut condamné à mort, disent les registres de la préfecture, par arrêté du directoire du district de Mont-de-Marsan, du 1ᵉʳ du 2ᵐᵉ mois de l'an II, sur la déclaration d'un jury militaire. —22 octobre 1793.

Jean-Pierre NAUTÉRY, né à Aire d'une famille honorable et très ancienne dans cette ville, fils de François Nautéry et de demoiselle d'Abadie, mariés en 1728, devint curé de Castandet en 1764 par la résignation de Joseph, son oncle paternel. Il avait deux frères, Joseph, le prébendé, et Marc-Antoine, médecin à Aire. Depuis longtemps, le curé de Castandet était désigné à la vindicte administrative. En sortant de St-Sever, les Représentants du Peuple livrèrent à un jury militaire Nautery condamné par arrêté du District. Le prêtre, avant de monter sur l'échafaud, se mit à genoux pour faire une dernière prière. D'un pas ferme il gravit les degrés. Debout sur la plate-forme, il veut parler au peuple, mais les tambours étouffent sa voix. Quand il n'est plus, des misérables crient : Vive la République (7 brumaire)!

DAMBORGÈZ. — Né à Salies, vicaire de Labatut, Jacques Damborgèz avait été pris à Lannes, chez Anne Mouscardèz, traîné dans les prisons de Dax, puis en celles de Tartas. Ce glorieux martyr de la foi porta sa tête sur l'échafaud à Tartas, à l'âge de 34 ans, le 21 ventose an II, vers trois heures et demie de relevée, le jour même où Catherine Sorhainde et Gachina Héguy étaient condamnées à mort à Bayonne par la Commission Extraordinaire. L'abbé Caron nous a conservé une lettre touchante que Laurent Dubayle, prisonnier avec Damborgèz, écrivit sur ses derniers instants.

Jacques Dischargéz ou Dambourgèr, né à Salies, vicaire de Lalatut, resta quelques jours dans les prisons de Dax et fut traîné à Tartas la chaîne au cou le dernier jour gras (27 février 1794). En entrant au cachot, il témoigna beaucoup de joie de se trouver avec deux prêtres, et dès lors, il regarda sa prison comme une maison de délices; il nous embrassa, dit l'auteur de cette notice, avec une tendresse qui ne peut s'exprimer; ses manières, son air, ses discours ne permettoient pas de douter un moment de la pureté de ses motifs et de la noblesse de ses sentiments. Une chose particulièrement remarquable en lui fut l'empressement qu'il témoigna de subir son interrogatoire pour avoir occasion de professer de la manière la plus authentique sa foi et sa religion. Il ne fut interrogé que le lendemain dans la matinée; il parut au tribunal avec un courage étonnant et y répondit avec la même fermeté qu'il manifesta lorsqu'il entendit prononcer son arrêt de mort. Quel heureux moment pour lui! Il sortit avec précipitation, tant il lui tardoit de nous faire part de son jugement. Oh! la bonne nouvelle que je vous apporte, s'écria-t-il en nous abordant! Mes chers amis, mon procès est vidé. Je suis condamné à mort. J'en suis bien aise. Dieu soit béni. J'espère qu'il voudra bien recevoir mon sacrifice. Si vous aviez vu la joie qui brilloit sur son visage, vous auriez été transporté d'admiration. Depuis le moment de sa sentence jusqu'à celui de l'exécution, il s'est écoulé sept jours. L'instrument de mort et l'exécuteur n'étant pas ici, tout ce temps étoit nécessaire afin de les faire venir. Ce saint homme en profita pour se préparer au sacrifice qu'il alloit offrir à son Dieu. Il est plus facile de sentir que d'exprimer les sentiments de l'amour divin dont il étoit pénétré. Nous le voyions passer les journées entières dans une suite d'exercices différents qui avoient pour objet l'adoration de son créateur et les préparatifs nécessaires pour lui rendre agréable l'holocauste qu'il alloit lui présenter. Dès son lever, il faisoit une longue méditation, ensuite la lecture de la Vie des Saints ou de l'Ecriture Sainte..... Tous ses moments étoient religieusement remplis; ceux du repas ou de la conversation étoient aussi édifiants que ceux qu'il passoit en prières. « Quoi! disoit-il souvent, l'instant de ma délivrance n'arrivera donc jamais! L'instrument de mort, l'exécuteur tardent bien! Ah! qu'il me rend un mauvais service! » Tous les soirs, lorsqu'il alloit se mettre au lit, nous lui entendions dire ces paroles : Voici, j'espère, ma dernière nuit! Il s'endormoit paisiblement en récitant quelque passage de l'Ecriture Sainte. La femme du concierge ne pouvant s'empêcher d'admirer sa tranquillité, lui en témoigna sa surprise. Il lui répondit avec l'accent de la douceur et de la joie : « Puis-je n'être pas satisfait de quitter ce misérable monde, puisque je vais aller dans un autre où il n'y a ni Convention, ni Comité de Surveillance, ni tribunal révolutionnaire. Là je serai exempt de toute crainte, et je n'aurai rien à redouter des menaces des hommes. Que je plains bien ceux qui restent parmi eux!! Je ne leur céderois pas mon sort.

Dans une autre occasion, cette femme paroissant s'attrister sur la peine à laquelle il avoit été condamné : « Ne vous affligez pas, lui dit-il, les hommes m'ont jugé, mais j'espère de Dieu un jugement plus doux. Je vous prie de dire à mes juges que je leur pardonne la sentence qu'ils ont prononcée contre moi, quoique injuste. Il est vrai qu'ils ont suivi la loi, mais cela ne les justifie point, parce que en me jugeant, ils ont obéi à une loi inique. Je désire que Dieu leur pardonne comme je le fais moi-même. Je prierai pour eux.

Enfin le moment où il devoit recevoir la couronne du martyre arriva. Il m'est impossible de vous peindre la joie qui brilla alors sur son visage; elle sembloit être l'avant-goût de la félicité céleste dont il alloit jouir. Il dîna avec appétit. « Je nourris bien, dit-il, un corps qui sera ce soir la pâture des vers! » Voyant des prisonniers répandre des larmes, il leur adressa ces paroles : « Votre état m'affecte. Prenez courage, mes amis, l'heure de mon repos approche. Dieu va accepter le sacrifice de ma vie, et alors je serai bien plus heureux que vous. » Dès qu'il comprit, par le bruit qu'on faisoit dans la rue, qu'on venoit le chercher, il se mit en prières et fit à haute voix la recommandation de son âme avec tant de ferveur et d'onction, que tous les assistants en furent pénétrés. A peine l'eût-il achevée que la porte s'ouvre. Il s'avance aussitôt vers celui qui venoit le chercher et descend avec lui dans une chambre où il trouva l'exécuteur qu'il salua, puis il lui présenta sa tête pour la raser. Cela étant terminé : Allons! maintenant, dit-il à l'exécuteur. Adieu! mes amis, priez pour moi!

Il marcha vers le lieu du supplice avec le courage d'un vrai soldat de J.-C. J'appris qu'étant arrivé au pied de l'échafaud, il y monta avec une fermeté qui étonna tous les spectateurs; il voulut parler au peuple, mais le bruit des tambours étouffa sa voix. On entendit seulement ces mots : Je meurs pour ma religion.

Posuisti, Domine, in capite ejus coronam de lapide pretioso. — Des prisons de Tartas, le 11 mars 1794.

DUBAYLE. — Laurent Dubayle, ou de Bayle, fils du procureur du marquis de Castelnau, et de Jeanne Lafitte, naquit le 30 décembre 1757 au bourg de Castelnau-Tursan, maison *Tincou*, près de l'église, la première à droite en venant de Geaune, rebâtie en 1774 sur un plan vraiment superbe. Il fut tour à tour vicaire de Duhort, de St-Pierre-du-Mont, de St-Gein, et enfin de St-Loubouer à partir du 15 septembre 1790. Sous la Terreur, il se tenait habituellement caché dans sa maison natale. Par un trou pratiqué à la toiture, le prêtre, aux moments du danger, montait sur les tuiles, refermait avec soin l'ouverture et se tapissait contre le mur de la cheminée. Un patriote fougueux, au nom bien connu, épiait toutes les démarches de Laurent Dubayle qui s'en aperçut bien et prit ses précautions. Il se met à courir de cachette en cachette dans le vallon qui sépare les paroisses de Castelnau et de St-Loubouer. Vers le soir, après un jour de repos dans la maison dite de Laboyrie, il revenait à sa maison natale; son cruel ennemi le vit, courut à Aire chercher main-forte, et le lendemain de bonne heure, on frappait à la maison Tincou. Dubayle monte sur le toit.—Ah! le voilà! le voilà!!—Le fugitif tente alors un dernier effort; il descend à une chambre du premier étage, et se laisse tomber d'une fenêtre sur le pavé de la rue. Ne croyant pas à la possibilité de l'évasion par ce côté de l'édifice, les patriotes faisaient sentinelle ailleurs, et si Dubayle eût pris la direction de l'église au midi, il était sauvé. Par malheur, étourdi de sa chûte, il se jeta dans un espace étroit et long de 15 à 17 mètres qui sépare encore sa maison d'une maison voisine, et trouva près du jardin une foule de patriotes. Toute résistance était inutile. Dubayle fut pris, mené à St-Sever, de là aux prisons de Tartas où siégeait le tribunal criminel. Cette arrestation eut lieu dans les derniers jours de novembre 1793.

Peu d'instants après, on arrêtait *Arnaud Labée*. Issu d'une humble famille de St-Cricq-Maureilhan, ce prêtre fut d'abord directeur au Séminaire d'Aire en 1779, puis chanoine à St-Loubouer.

M. Maumen, curé de St-Cricq, notre honorable ami et compatriote, nous a donné sur Labée les lignes suivantes :

Le cher et saint abbé se cachait depuis longtemps à St-Cricq, lieu de sa naissance, et dans les paroisses des environs, portant des secours partout où il le pouvait. Sa retraite ordinaire était à Pédelas chez son frère. Prévenue ou par la rumeur publique ou par quelque dénonciateur, la police envoie une escouade de sbires qui arrive de grand matin à St-Cricq et va droit à la maison Pédelas, qu'elle cerne avec soin. On somme le frère du chanoine de livrer le prêtre qu'on croit être chez lui; mais malgré toutes les recherches faites dans les divers appartements, on ne le découvre pas; il n'y était pas en effet.

Le malheureux frère opposa les dénégations les plus formelles aux affirmations des gendarmes; sur quoi ceux-ci lui déclarent qu'ils ont ordre de l'emmener en prison, si l'on ne trouve pas le chanoine. Effrayé de ces menaces qu'on se mettait à même d'exécuter, le pauvre homme déclare que son frère n'est pas dans la maison, mais qu'il indiquera le lieu de sa retraite. La proposition est acceptée, et il conduit lui-même les policiers dans une maison de Gaillères, appelée Ricast, à 4 ou 5 kilomètres de là. Il savait que le proscrit s'était retiré dans cette habitation la veille au soir. Ce qu'il avait dit était vrai. Le chanoine avait passé la nuit dans cette maison, et au moment où les gendarmes entrèrent, il se levait. Pas moyen d'échapper; il se disposa à partir sous cette triste escorte.

Conduit à Tartas au mois frimaire, il fut condamné à mort le 3 pluviose par application de la loi du 29 vendémiaire. Le tribunal suspendit l'exécution, sur les remarques de l'agent national de Mont-de-Marsan qui avait constaté la non publication de cette loi à St-Cricq. L'accusateur public, Noël Batbedat, écrivit au Ministre le 4 pluviose pour lui soumettre la difficulté; il réclamait en même temps du Département le certificat de la publication ou de la non publication de la loi du 29 vendémiaire à St-Cricq.

Le Ministre fit prendre des informations qui demandèrent assez de temps, et Labée, condamné à mort, fut gardé sous les verrous avec Débayle dont la condamnation avait été retardée pour les mêmes motifs. Ils virent arriver dans leur prison, *Jacques Damborgès*, et quelques jours après, une jeune fille nommée *Anne Mouscardès*.

M. Peyrucat, curé de Lannes, nous écrivait à la date du 1er décembre 1869 :

<blockquote>
Entr'autres personnes de la paroisse de Lannes qui se dévouèrent à sauver pendant les mauvais jours de l'époque révolutionnaire les prêtres demeurés fidèles, on conserve pieusement le souvenir d'une sainte fille à qui son héroïque hospitalité valut l'insigne honneur du martyre. Elle s'appelait Jeanne Mouscardès, et était originaire de Bayonne. Fille d'un boulanger qui était venu se fixer à Lannes dans une maison dite Bouillon, près l'église paroissiale, c'est là qu'elle habitait avec son père et son lâche frère quand elle fut arrêtée pour avoir abrité sous son toit hospitalier le certain abbé Damborgès. Trahie, dit-on, par son propre frère que j'ai connu et qui mourut dans l'impénitence et fut privé des honneurs de la sépulture ecclésiastique, elle fut traînée avec l'abbé Damborgès, qu'à force de recherches minutieuses on finit par trouver blotti ou suspendu entre les ciels d'un lit et le plancher d'une chambre de la maison Bouillon, elle fut, dis-je, traînée jusqu'à Tartas et écrouée dans la prison de cette ville. Éblouis, dit-on, de sa beauté et de sa noble candeur, ses juges la mirent à même de racheter sa vie au prix d'un mensonge en niant le prétendu crime qu'on lui imputait, c'est-à-dire, en consentant à déclarer juridiquement qu'elle n'avait point recélé des prêtres réfractaires. L'héroïque vierge aima mieux mourir, et bientôt elle franchit les degrés de l'échafaud en chantant un cantique de miséricorde et de pardon que sa charité et sa soif du martyre lui firent improviser pour ses juges et ses bourreaux. Sa mémoire est en vénération dans la paroisse de Lannes autant que le nom de son frère y est exécré.
</blockquote>

Il a été déjà dit que Pinet et Cavaignac, en se rendant de St-Sever à Dax, avaient conduit le bourreau à Tartas pour faire exécuter les sentences prononcées par le tribunal criminel contre Labée, Dubayle et Anne Mouscardès, et que cette triple exécution eut lieu le 19 germinal à onze heures du matin. Dans la nuit, la guillotine, apportée de St-Sever, avait été dressée contre le mur septentrional de l'église paroissiale.

JEAN LANNELONGUE. — Nous avons donné ci-dessus les détails de la mort de ce saint prêtre. M. Laborde, curé de Gaube, et chanoine honoraire d'Alger, a mis tous ses soins à recueillir les derniers échos de la tradition sur l'arrestation de son prédécesseur.

« Lannelongue était caché par les soins de M. de Caumale, châtelain de Gaube, dans une ferme appelée le Moulin. Un citoyen de Villeneuve-de-Marsan allant à la propriété dite Peyrelongue, marquer du bois destiné à la marine (mars 1794), le découvrit dans cette retraite. Il offrit un large paiement à une de ses créatures (le surnommé *Lapin*), pour qu'il s'emparât du curé et le conduisît à la ville.

» *Lapin* se met à l'œuvre et atteint Lannelongue près de l'église de Ste-Christine (aujourd'hui détruite), annexe de la paroisse de Gaube. — Malheureux! lui dit le bon curé, tu m'arrêtes pour me livrer aux malfaiteurs!! et c'est moi qui t'ai fait faire la première communion! c'est moi qui ai célébré tes noces! c'est moi qui ai baptisé tes petits enfants!

» A ces derniers mots, Lapin se jette à genoux : — Pardon! Monsieur le curé, s'écria-t-il en sanglottant, et il disparaît comme l'éclair.

» Lannelongue rentre au Moulin et prie M. de Caumale de le faire conduire jusqu'à Hontanx.

» Deux hommes de la ferme, Paulin et Jeannot, se mettent à la disposition du curé et le conduisent chez un de de leurs amis, Jean Dufourq, habitant une petite maison sur les limites de Perquie et de Hontanx (*Pouchiou*, nom de la maison).

» Le curé de Gaube vivait tranquillement depuis quelques jours dans cette humble chaumière, lorsqu'un vendredi soir (avril 1794), trente hommes de Villeneuve, Gaube, Perquie, poussés par le susdit citoyen de Villeneuve, frappent violemment à la porte de la maison *Pouchiou*, et réclament brutalement le curé Lannelongue. Dès l'arrivée de ce dernier, Jean Dufourq avait eu soin de pratiquer une ouverture à la faible cloison qui protégeait l'intérieur de son habitation contre les rigueurs du temps. C'était pour faciliter l'évasion de celui qu'il appelait avec une admirable naïveté: son aimable prisonnier. Lannelongue s'échappa en effet par cette ouverture et se blottit au milieu d'un fourré près de la maison. Les recherches des patriotes, quoique très actives, étaient infructueuses, et ils allaient se retirer, lorsque le citoyen Tayne, de Perquie, explore ce fourré à l'aide d'un gros bâton bardé de fer. Le bon curé, se sentant violemment atteint, ne peut comprimer sa douleur. — Laissez moi, dit-il, je vais sortir. — Aussitôt des cris féroces retentissent, et l'on danse la *carmagnole* dans le jardin. Jean Dufour reg.ette surtout un magnifique carré de fèves de marais où piétinent les sinistres preneurs d'hommes. Lannelongue est soigneusement gardé jusqu'au lendemain, conduit à Hontanx où fut signé le procès-verbal de son arrestation.

« Ici, dit encore M. Laborde, s'arrête le récit d'Alexandre Dufourg, âgé de 80 ans, fils du susdit Jean Dufourg mort à l'âge de 97 ans, il y a environ 35 ans.

» C'est au mois d'octobre dernier que j'ai entendu ces détails de la bouche même d'Alexandre Dufourg qui vient de mourir en sa petite maison de *Pouchiou* au mois de février 1873. »

Les papiers de la Préfecture font connaître qu'un certain Bassan, domicilié à Perquie, propriétaire d'un étang à Hontanx, et autres au nombre de six, tous gardes nationaux de cette dernière commune, arrêtèrent Lannelongue et le conduisirent à Mont-de-Marsan où on leur donna la prime de cent francs; que le directoire du District interrogea Lannelongue le 16 germinal; que sur-le-champ, il le remit au commandant de la gendarmerie avec le procès-verbal d'arrestation et l'interrogatoire, et que Lannelongue arriva le 18 à Tartas, d'où il partit le lendemain pour comparaître à Dax devant la Commission et entendre, le 20, sa condamnation à mort.

Les noms de Cabiro, de Nautery, de Damborgèz, de Dubaylo, de Labée, de Lannelongue devraient être inscrits en lettres d'or sur une plaque de marbre au grand séminaire d'Aire, et au dessous de ces noms, celui de Anne Mouscardèz, victime de son dévouement pour les prêtres fidèles.

PRÊTRES RÉFRACTAIRES
CONDAMNÉS A LA DÉPORTATION SUR LES PONTONS

	Condamnations	Motifs	Départ
Dupérier, Raymond	31 mars 1793.	Réfractaires à loi du 26 août 1792.	Partis pour Bordeaux en avril 1793.
Dutoya	id.		
Guillaume Vidart	6 avril 1793.		
Gaxie, cordelier	18 mai 1793.	loi du 18 mars 1793.	
Daurensan, vicaire	3 juin 1793.	S'étant présentés dans la décade de la publication du 29 vendémiaire.	19 ventose an II.
Poységur	10 ventose an II.		
Junca-Tite dit Juga	id.		
Lalanne, Arnaud	id.		
Lalanne, Pierre	1er floréal.	Arrêté.	2 floréal.

Dupérier (Pierre-Raymond), né à Mugron le 20 octobre 1764, frère du curé de St-Aubin, avait été ordonné prêtre en Espagne par Mgr de Caux. Revenu en France, il se dévoua tout entier au salut des populations catholiques et fut poursuivi avec tant de vigueur qu'il finit par se rendre en même temps que Dutoya, vicaire de St Savin, et Guillaume Vidart, ancien curé de Commensacq. Gaxie, cordelier de Dax, émigré, puis rentré en France, fut pris à la fin de mars.

Daurensan, vicaire de St-Cricq-Laballe et jureur rétracté; Poységur, vicaire de St-Loubouer; Junca-Tite, de Lacajunte, ordonné en Espagne; Arnaud Lalanne, curé d'Eyres depuis le 5 octobre 1790, par le décès de Dupoy de Monicane, se présentèrent dans la décade de la publication de la loi du 29 vendémiaire. Pierre Lalanne fut arrêté.

Aucun de ces prêtres ne pouvait être condamné à mort puisqu'ils n'étaient pas fonctionnaires publics, pas même Arnaud Lalanne que le Gouvernement considéra toujours comme vicaire de St-Sever, attendu que sa nomination à Eyres était postérieure à la Constitution Civile du Clergé. D'ailleurs, ils s'étaient rendus dans le délai fixé. Pierre Lalanne, non fonctionnaire public, aurait dû, par le seul fait de son arrestation après la loi du 29 vendémiaire, être puni de mort; mais il prouva la non publication de cette loi et eut ainsi la vie sauve.

Dupérier, Dutoya et Vidard étaient partis de Bordeaux au mois d'avril en destination de la Guyane. Les Anglais ayant formé une croisière près de Rochefort, le Gouvernement français fit enfermer ces prêtres sur les pontons à l'île de

Rhé où ils souffrirent des tourments inexprimables. Gaxie, Daurensan, Poységur, Junca, les deux Lalanne, avant d'être dirigés sur Bordeaux, gémirent longtemps dans les prisons de Mont-de-Marsan.

Le plus célèbre de ces prêtres est Pierre Lalanne, le restaurateur, en 1804, du collége, du séminaire et du couvent du Mas. On nous saura gré de faire connaître ici les circonstances de son arrestation et de son jugement, ses cruelles souffrances dans la prison et à l'île de Rhé. M. Firmin Lalanne, ancien maire de Castelsarrasin, a bien voulu nous communiquer ses souvenirs au sujet de Arnaud et de Pierre ses oncles. « Ce dernier ne quitta jamais notre contrée durant la persécution, exerçant le saint ministère dans les campagnes des environs de St-Sever. Il était traqué d'une façon particulière à raison de l'activité qu'il mettait dans l'accomplissement de ses devoirs. Une nuit, au milieu d'une pluie torrentielle poussée par un vent violent de fin novembre (octobre), il fut surpris dans la maison de mon père qui fut conduit avec lui dans les prisons de St-Sever. Par une permission divine, les deux prisonniers ne furent pas dirigés directement sur cette ville dont ils n'étaient qu'à cinq ou six kilomètres, mais par Doazit et Mugron où ils furent déposés un jour et une nuit. »

Des patriotes de Mugron s'ameutèrent autour de Pierre Lalanne qu'on avait attaché sur un banc en face de l'église, et firent souffrir mille avanies à cet infortuné prêtre. Il subit un interrogatoire à St-Sever, le premier jour de la seconde décade du second mois de l'an II, ou le 1er novembre 1793. Nautery venait d'être guillotiné trois jours auparavant. Le réquisitoire de l'accusateur et les réponses de l'accusé nous font connaître enfin les souffrances de ce prêtre vénérable qui se taisait plus tard avec soin, aimant par-dessus tout le conseil de l'auteur de l'Imitation : *ama nesciri et pro nihilo reputari.*

Le prêtre Lalanne, dit l'accusateur, n'a pas prêté serment. Invité par les Administrateurs à continuer provisoirement ses fonctions au séminaire-collége jusqu'à l'arrivée des nouveaux instituteurs, il sortit de l'établissement deux jours après, le 26 novembre 1791, et se retira chez le chanoine Taillandier, à Aire, avec le professeur Carpuat, prêtre du diocèse de Lectoure qui fut chargé de l'éducation de deux enfants. Les trois prêtres disaient la messe. Cet état de choses dura jusqu'au mois d'avril 1793. A cette époque, il se retira chez des parents à Horsarrieu.

Après ces explications, l'accusateur demande au prisonnier ce qu'il a fait à Horsarrieu. Lalanne répond qu'il a passé là trois mois avec son frère qui a dû passer en Espagne. N'étant pas, comme le curé d'Eyres, fonctionnaire public, il n'a pas voulu le suivre sur la terre étrangère. Il disait la messe à sa chambre: il étudiait, il faisait lui-même l'autel. Son frère, ci-devant clerc tonsuré, actuellement dans le bataillon de St-Sever, lui servait la messe et personne du dehors n'y venait. Il n'a ni confessé, ni baptisé, ni marié. S'il avait de petites hosties, c'était pour sa sœur, ex-religieuse. Il la confessait, il a confessé une fois son frère du bataillon. Il est allé voir des malades désespérés. Il voyageait de nuit non déguisé. Il est allé à Audignon, une fois à Dumes.

L'accusateur complète la déposition de l'accusé. — Le prêtre Lalanne, non atteint par la loi du 26 août 1792 pour sortir de la République, mais devant se rendre en réclusion, ne le fit pas, se cacha au Mas-d'Aire, chez Taillandier, jusqu'au mois d'avril 1793, et on sait à quel degré les communes d'Aire et du Mas à la dite époque et pendant tout l'hiver dernier ont été fanatisées et troublées même par la quantité de prêtres qu'elles recélaient dans leur sein. En avril, Lalanne quitta Aire et vint se cacher dans le district de St-Sever, au foyer de la contre-révolution, près de Doazit et de Montaut, à l'époque où toutes les communautés avaient levé l'étendard de la révolte et le tocsin sonnait de toutes parts, où les emblèmes de la Liberté étaient insultés et l'arbre de la Liberté était fusillé publiquement à Montaut. Lalanne se rendit à Horsarrieu, chez son frère. Invisible aux patriotes, il se montrait aux fanatiques, aux contre-révolutionnaires, abusant de la crédulité des hommes de la campagne. Il les a constamment entretenus dans les principes les plus funestes à l'ordre établi. Il allait verser, à l'aide d'un ministère de sang et d'opprobre, le poison de la superstition dans les chaumières du cultivateur. Il confessait et il donnait la communion. Il a été arrêté dans sa maison natale dans un grenier à grain. Depuis 15 jours il y avait pratiqué un secret qui consistait en un trou dans le mur du grenier par lequel il descendait dans le jardin.

Le prêtre Lalanne, à l'aide des *Sulamites* qu'il avait auprès de lui, pervertissait l'esprit public dans ces cantons ou du moins l'empêchait de se développer..... Il veut invoquer, pour se soustraire au glaive de la justice qui est déjà pendu sur sa tête, la loi du mois d'octobre dernier; mais, peut-il, ce prêtre, avancer avec quelque bonne foi que cette loi est faite pour lui; un homme qui fanatise depuis dix-huit mois tout un district, qui se cache, qui est surpris avec les armes les plus funestes à la raison humaine, peut-il dire qu'il serait venu se présenter volontairement à l'Administration dans les dix jours de la publication de cette loi ? N'aurait-il pas eu quelque honte de venir avouer tous ses crimes? Non! le prêtre Lalanne aurait continué son affreux métier d'empoisonneur de la morale publique; il serait encore dans sa caverne obscure à calculer tous les forfaits et à en méditer de nouveaux.

Lalanne, condamné à la déportation à la Rochelle, le 1er floréal, suivit l'itinéraire obligé. Parti de Mont-de-Marsan le 2 floréal, il était le même jour à Roquefort, le 3 à Captieux, le 4 à Bazas, le 5 à Langon, le 6 à Castres, le 7 à Bordeaux.

On peut lire dans un opuscule imprimé à Paris à la fin de 1794, toutes les horreurs que les prisonniers eurent à souffrir sur les pontons. Ce souvenir fit toujours frissonner M. Lalanne. Une de ses lettres, déposée à la Préfecture, renferme cet aveu, qu'il a vu, durant sa détention, périr autour de lui 864 prêtres.

LÉGENDES DES DIOCÈSES D'AIRE ET DE DAX

SOUS LA TERREUR

Jean-Jacques Lamarque, vicaire-général d'Aire, qui passa tout le temps de la Terreur dans les paroisses de Mugron, Larbey, Maylis et St-Aubin, eut un bonheur singulier pour échapper aux recherches.

« Il se trouvait avec un guide pendant la nuit sur le chemin de Montaut à Mugron. Deux ouvriers charpentiers, attardés dans quelque maison, le rencontrèrent et le reconnurent pour un prêtre. Ceux-ci le déclarèrent de bonne prise.

Sans manifester aucune émotion, avec ce calme qui l'accompagnait toujours, M. Lamarque, toujours pénétré des grandes idées de la Religion, commença à les leur prêcher. Le miracle arriva de lui-même. Ces hommes égarés, autrefois bons chrétiens, se sentirent émus. Ils offrirent leur dévouement au prêtre qu'ils avaient voulu perdre » *(L'abbé Affre de St-Sever).*

Dubroca-Coye, ancien administrateur de St-Sever, a laissé un nom tristement célèbre par sa haine contre les prêtres insermentés.

« On se plaignait à Dubroca-Coye de ce que M. Lamarque était insaisissable. Coye, guidé par son flair satanique, assura qu'il réussirait, uniquement en s'informant du lieu où serait un malade. On découvrit un malade à St-Aubin. Coye lança ses sbires et les plaça sur le chemin conduisant chez le moribond. A trois heures du matin, les gendarmes voient arriver deux hommes qu'ils saisissent ; l'un d'eux était M. Lamarque. Celui-ci tirant sa montre : A sept heures nous partirons, à huit nous serons arrivés. C'est l'heure où les juges sont en séance. A neuf heures, je serai guillotiné. J'ai le temps d'administrer le malade. Conduisez-moi et gardez-moi. — Il donne les derniers sacrements au malade qui meurt peu après ; il demeure au chevet du lit, continuant à réciter des prières. — Un gendarme entre : Monsieur l'abbé, je dois me marier demain, mais ma prétendue ne consent à m'épouser que devant un prêtre et non jureur. — Si je suis guillotiné aujourd'hui, assurément je ne vous marierai pas demain. Si vous voulez que je vous marie, faites-moi évader. Puis il faut que vous soyez confessé. — Sans doute. — Eh bien ! tirez moi d'ici ! — Comment faire ? — Vous avez avec vous des ivrognes, amusez-les avec une bouteille de bon

---

Voir dans la *Petite Revue Catholique* d'Aire et de Dax, 1870, les articles publiés sur M. Lalanne par M. Montauzé, aujourd'hui curé de Mes, et par M. Larticu, ancien principal du Collège d'Aire.

vin, et pendant qu'ils boiront, je courrai et vous aurez le soin de leur indiquer une direction opposée à celle que j'aurai prise. Demain, chez les dames de St-Germain, je vous marierai.—Un moment après, le gendarme rentre :—Ils sont attablés, fuyez de ce côté. » (*Duciella, vicaire-général.*)

A Mugron, les prêtres trouvaient un asile chez M. d'Antin, dans la maison de campagne appelée d'Ars et dans celle de Castelnau.

Les visites domiciliaires étaient devenues si fréquentes que M. d'Antin, craignant la saisie de J.-J. Lamarque, vint confier ses peines à un homme excellent et dévoué catholique qui, lui aussi, tremblait pour quatre prêtres qu'il avait habituellement dans sa maison. Ne sachant où donner de la tête, ce bon voisin imagina un moyen dont la révélation aux messieurs d'Antin les glaça d'épouvante. Mais il n'y avait plus à reculer. Ce voisin avait abordé un des forcenés patriotes dont il connaissait les qualités du cœur et le retour facile aux meilleures idées; il lui avait révélé que le vicaire-général, M. Lamarque, viendrait se cacher bientôt dans sa propre maison. Le patriote dégaîna son épée et jura qu'il ne lui serait fait aucun mal. Sa femme et sa sœur étaient des saintes. Ce patriote, pauvre perruquier, se réjouissait beaucoup du bonheur qu'il allait procurer au proscrit. Il le reçut et le cacha dans une mansarde qui donnait sur la cour intérieure d'une maison voisine.

Pour nourrir le prisonnier, on avait fait les conventions suivantes : à l'arrivée de la nuit, lorsque les provisions étaient consommées, le patriote, si du vin était nécessaire, venait tourner le dos sur la rue à la maison de celui qui lui avait confié J.-J. Lamarque; s'il fallait des comestibles, il regardait en face, et les provisions apprêtées, il revenait les chercher, la nuit avancée.

Vers 1801, J.-J. Lamarque, vicaire-général de Bayonne, se trouvant dans un salon de St-Sever avec les demoiselles Marsan, de Mugron, dont une était dame Affre, leur témoigna beaucoup d'affection et d'intérêt, leur disant qu'il les connaissait bien, les ayant vues souvent se récréer dans la cour intérieure de la maison, par une lucarne de la cachette où il était blotti chez le perruquier de Mugron. Ce patriote était Lafosse, de Mugron. Sa sœur Stéphanie, sainte fille, avait, en 1791, tellement excité les esprits en cette ville contre les prêtres jureurs, que l'accusateur dut venir pour informer. Peut-être Lafosse s'était-il fait plus tard patriote pour détruire les impressions de 1791. En ventose, Pinet l'avait nommé commissaire général pour la levée en masse des selles et brides dans toute l'étendue du district, et peu de jours après, juge au tribunal. Lorsque au mois d'octobre 1793, Pinet, Cavaignac, Dartigoeyte, Monestier (du Puy-de-Dôme) et Garrau, vinrent à Mugron destituer Vincent Labeyrie de ses fonctions de curé et décréter l'ouverture d'un nouveau cimetière, Lafosse, dans une grande cérémonie, à l'ombre de l'arbre de la Liberté, présenta son nouveau-né aux proconsuls pour le baptême républicain. Cet enfant, avons-nous dit, a été plus tard supérieur du Séminaire de Dax, chanoine du Chapitre d'Aire, vic. gén. honoraire, trésorier de la Cathédrale, aumônier des Ursulines du Mas, de 1827 à 1869. « J'ai reçu le baptême républicain des mains des Représentants du peuple, nous a dit plus d'une fois le chanoine Lafosse, mais je fis si bien que je rejetai jusqu'au dernier petit grain de cet étrange sel. »

L'ABBÉ DE JUNCAROT.

Un homme à Samadet veillait pour protéger sa vigne contre les maraudeurs. Vers minuit, il entend un léger bruit, il se lève et se voit assailli par deux malfaiteurs qui l'accablent de coups et le laissent pour mort. Revenu de l'évanouissement, il se traîne jusqu'à sa maison et se met au lit. La femme du blessé connaissait bien la demeure habituelle de l'abbé de Juncarot. Elle va lui raconter le triste évènement..... M. de Juncarot paraît soucieux..... Après un moment de réflexion..... Cours, et dis à Fortis, sans lui dire mon nom, qu'on le réclame ici tout de suite. Fortis était le chef des révolutionnaires à Samadet. Il se présente et se trouve devant l'abbé..... Le patriote se croyait dupe d'un rêve..... Ecoute, lui dit l'abbé, avec sa parole fine et légèrement moqueuse, écoute, fais-moi grâce de tes impressions et rends-moi un service. Un homme va mourir et je dois arriver jusqu'à lui à travers le bourg. Bientôt il sera grand jour. Je compte sur toi jusqu'à la fin. Fortis était vaincu.

L'abbé se couvre d'un méchant habit et descend. On traverse le bourg, le prêtre faisant l'ivrogne, l'autre le menaçant de la prison pour tapage nocturne. L'abbé administra les derniers sacrements au malade qui mourut peu d'heures après. Fortis avait tenu le cierge et fait toutes les réponses.

N'est-ce pas là un trait digne des Annales des premiers Ages? Dieu a béni la famille de Fortis.

Cet abbé de Juncarot, mort chanoine d'Aire en 1840, bien connu par ses facéties qui ont longtemps amusé le Chapitre d'Aire, la ville et le diocèse, dénoncé en 1791 comme coupable d'aspirer à une cure de six mille livres, était, on le voit bien, un homme de cœur. Sa nièce, religieuse ursuline au Mas, nous a raconté plusieurs de ses traits. En voici un :

Les gendarmes étaient à sa poursuite. L'abbé n'en pouvant plus, a vu un paysan qui tenait la charrue. Il court à lui. Ami! sauve moi! et il lui indique le moyen. On échange les habits. Juncarot prend la charrue et pique les bœufs. Bientôt les gendarmes arrivent et demandent au laboureur improvisé s'il a vu ce coquin de Juncarot qui leur joue de si méchants tours..... Le laboureur répond : Un homme habillé de telle façon est passé là en courant; mais je ne sais pas bien quelle direction il a prise. C'est votre homme assurément. Courez!! et ils courent encore, dit mademoiselle de Juncarot, en terminant cette gracieuse histoire.

Dominique de Juncarot, curé d'Arboucave et oncle du précédent, abandonna les maisons en germinal et vécut dans les bois. Il vint un jour à Bats demander du pain et un asile, mais la terreur était si grande que personne n'osa le recevoir. Le malheureux resta trois jours et trois nuits dans le trou d'une haie.

JOSEPH CADROY ET LABAQUÈRE-VIGNES.

Joseph Cadroy, dit Compère, curé de Campet, avait une sœur mariée à Duhort, dans la maison Moustié, près Gentillet. Au plus fort de la Terreur, un patriote du Mas vient à Moustié, et la première personne qu'il trouve dans le long corridor est le curé de Campet. Le patriote l'a bien reconnu, mais ne lui adresse pas la parole. Il termine avec le maître de la maison l'affaire qui l'avait appelé, et au moment de partir : Malheureux! dit-il à Moustié, tu as chez toi un prêtre, ton beau-frère Cadroy ; mais sois tranquille, je ne dénoncerai pas un vieil ami. Revenu au bourg de Duhort, le traître va trouver le maire Raymond Balade, et apporte sa dénonciation. Balade se plaint de ce que déjà on l'a trompé à plusieurs reprises. Le patriote insiste et menace..... On ramasse lentement quelques gardes nationaux et l'on se met en marche. Le maire, en partant, avait laissé à un domestique fidèle son geste de convention. Le domestique court chez un voisin à mi-côte du Castéra, et celui-ci remplit aussitôt les airs du bruit prolongé de sa corne de bœuf. Quand la garde arriva chez Moustié, elle ne trouva rien. Cadroy, entendant la corne, avait pris la fuite. On soupçonna le maire de connivence avec les prêtres nombreux cachés à Duhort, puisque ces prêtres étaient toujours insaisissables, ce qui valut à Balade 17 jours de prison préventive à St-Sever; les preuves faisant défaut, il fut relâché.

Durant toute la Terreur, Cadroy ne cessa de courir à travers les districts de St-Sever et de Mont-de-Marsan; mais en germinal, il dut, trois semaines entières, se tenir caché sous une meule de paille, à Lamensans, avec Pierre Labaquère-Vignes et Arnaud Destenave. N'y pouvant plus tenir, il vint à Aire, et près la maison St-Lezer, au Mas, il creusa, sous une grande haie, un trou qui lui servit longtemps de refuge. Il appela près de lui ses amis Duvignau, le prémontré, et le baron de Baure. Le souvenir de Labaquère, dit Père Vignes, prémontré à la Castelle, vit encore à Duhort. Ce saint religieux, après avoir passé 22 jours au château du Lau, se tint caché, de mai 1792 à juillet 1795, dans une petite et pauvre maison dite de Sarrançot, au pied de la colline, d'où il avait toujours sous les yeux son monastère chéri. En compagnie de Lagleire, de Cadroy, de Arnaud et Jean Destenave, de Labeyrie, il allait dans toutes les paroisses voisines porter les secours du saint ministère. Ces prêtres, même sous la Terreur, paraissaient en plein jour dans les champs de Duhort (1). Labaquère-Vignes fut pris non loin de Cazères. Aussitôt, les habitants de la plaine de Duhort accourent et délivrent le prisonnier. Vignes ayant

(1) Voir lettres de R. Balade, maire, aux archives du Séminaire.

été pris une seconde fois, conduit à Mont-de-Marsan et renfermé provisoirement dans une petite maison, Priam, voisin de Sarrançot, se rend au chef-lieu, monte de nuit sur le toit de la prison, le perce, jette une corde à Vignes et le ramène à Duhort. Ce Priam, dit Teoûlé, fut père d'un prêtre très pieux qui est mort curé de Doazit.

COSTEDOAT, CURÉ DU MAS.

Il était connu dans tout le diocèse par son intelligence et ses longues luttes avec le séminaire au sujet des honneurs et prérogatives dans l'église bénédictine du Mas. Durant six mois, après la loi du 26 août 1792, il se tint caché au Mas, mais plus habituellement dans son presbytère même. Du fond de sa retraite et de concert avec Taillandier, Pierre Lalanne et Carpuat, il dirigeait la résistance d'Aire et du Mas contre le prêtre constitutionnel; il avait même engagé les anciens directeurs du collège, expulsés en novembre 1791, à protester contre ces violences par la fondation d'une maison nouvelle d'éducation en face de l'église du Mas.

Lorsque Samson Batbedat vint à Aire, en 1793, faire le récolement des effets de l'évêché et du séminaire, et qu'il put voir lui-même l'état des affaires civiles et surtout religieuses en cette ville, il écrivit au Département pour le prier d'agir avec la plus grande célérité. Le Département disait le lendemain : « Costedoat, curé du Mas, est accusé de mettre les habitants en état de révolte par ses prédications nocturnes et incendiaires. Les prêtres assermentés sont menacés, insultés et chassés, tandis que la municipalité dont il entretenoit la malveillance, chantoit l'office de vêpres. Costedoat exerce le culte pendant la nuit dans les caveaux de l'église et dans la maison presbytérale. » En même temps, on donnait l'ordre aux huit commissaires d'Aire tenant lieu de municipalité, de fermer l'église du Mas, « repaire des prêtres insermentés et perturbateurs et sujets à la déportation, » d'enlever les vases sacrés et d'envoyer à la Monnaie les cloches qui ne servaient « depuis longtemps qu'au *toq-saint* et insurrection de la paroisse. »

Dans la nuit du 7 au 8 mars, la gendarmerie et la garde nationale d'Aire font des recherches actives et découvrent enfin la retraite de Costedoat. Il était caché dans un recoin du grenier du presbytère. Une heure ne s'est pas écoulée que le son des instruments appelle au secours. Les paysans du Mas se lèvent comme un seul homme, et arrivent à grands pas sous la conduite des frères Collonges et du baron de Baure.

Il faut reproduire ici les documents de l'époque :

Aire, 8 mars au soir, an II de la République Française. Les citoyens Commissaires de police d'Aire aux administrateurs du directoire du département des Landes.

La tempête annoncée depuis longtemps par le calme perfide qui régnait dans cette contrée gangrenée d'aristocratie et farcie de prêtres réfractaires vient enfin d'éclater à l'occasion de l'arrestation du ci-devant curé du Mas dans son presbytère. La coalition de la presque totalité des habitants d'Aire, avec leurs adhérents les rebelles du Mas et de Duhort, menace le petit nombre des patriotes d'une fin prochaine.

D'abord les assesseurs du juge de paix, dans l'absence du juge Papin, conduits constamment comme l'ancienne municipalité par Peret, homme de loi, requise ce matin de bonne heure de les remplir ses devoirs, ne s'y est transportée qu'à dix heures (*omnia sic*). Le jugement du tribunal a été de mettre en arrestation le ci-devant curé du Mas jusques à ce que le procureur-général syndic en ait ordonné autrement.

Instruits qu'il se formoit au Mas des attroupements et convaincus par l'expérience du passé, du zèle des habitants de cette paroisse pour les prêtres réfractaires, craignant avec grand fondement une insurrection, les commissaires assemblés ont jugé à propos, pour prévenir l'irruption nocturne de ces contre-révolutionnaires coalisés avec ceux d'Aire, de requérir et la gendarmerie et la garde nationale d'Aire pour le transférer tout de suite à Mont-de-Marsan.

Alors les habitants du Mas ont passé par pelotons l'Adour à gué. Ceux de Duhort se sont joints à eux et les commissaires ont appris par les voyageurs qu'il avoit passé de côté de Cazères plus de cinq cents habitants de la campagne du Mas et de Duhort armés de fusils à deux coups et autres armes; mais bientôt ils ont été informés que ceux qui conduisoient le ci-devant curé du Mas, avoient pris la route de Villeneuve.

Que n'avons-nous pas à craindre de ces hommes fanatisés et animés par les prêtres qu'ils entretiennent au milieu d'eux par la certitude de voir leur parti plus nombreux à Aire par les partisans de leur opinion? Une guerre à mort nous menace. Dieu veuille qu'avant l'explosion vous puissiez nous envoyer des bayonnettes pour contenir les menaçants et prévenir les malheurs qui s'accumulent autour de nous!

Nous dépêchons un gendarme dont on a pris le cheval pour emmener le ci-devant curé du Mas; il arrivera dans la nuit si les conducteurs du prêtre rebelle ont continué leur route jusqu'à Mont-de-Marsan. Mais de la promptitude dans les secours ! Le danger est plus grand que nous ne saurions l'exprimer. Les dépôts ne sont pas plus en sûreté que les patriotes. De la vigueur! de l'énergie! de la célérité! Le cas l'exige.

Les Commissaires sont prêts à mourir à leur poste, mais leur mort ne fera point triompher la chose publique si vous ne hâtez un secours prompt et indispensable.

Salut. — Méricamp, commissaire de police. Laborde, commissaire.

JEAN BRUNET, CURÉ DE LAMOTHE.
JEAN CASAUX, CURÉ DE CAUNA.

Nés à Mont-de-Marsan, ces deux prêtres vivaient dans une douce intimité que les évènements révolutionnaires ne purent ni briser ni suspendre un instant.

Le curé de Cauna avait choisi dans sa paroisse deux maisons pour sa demeure habituelle, le *Cantaïre* et l'*Esclaüse*. « C'était un homme de grande taille (1), dit M. Duviella, vicaire-général, d'un beau visage, mais pâle et d'une excessive maigreur. Pendant la tourmente, il séjourna longtemps dans une haie touffue près de l'Adour où il s'était fait un abri comme une bête fauve. Une personne fidèle lui apportait chaque jour sa maigre pitance. Blotti dans sa cachette, il passait son temps en prière; il ne sortait de là que lorsqu'il était réclamé pour quelque fonction du saint ministère. »

L'abbé Brunet se tint caché dans une bonne famille et ne sortit pas de la paroisse. Avec la gaîté qui lui était ordinaire, il aimait plus tard à raconter une anecdote qui l'avait fait passer par des émotions pénibles.

On vint le chercher de nuit pour administrer les derniers sacrements à une femme mourante dans la campagne de Souprosse. Il était arrivé avec son guide près du pont à l'entrée du bourg, lorsque tout-à-coup, un grand bruit se fait entendre. Les deux voyageurs n'eurent que le temps d'aller se jeter dans le ruisseau et de se cacher sous le pont. Une cavalcade s'arrête en ce même endroit. Le prêtre crut

---

(1) Cinq pieds quatre pouces, cheveux blancs, front découvert, sourcils noirs, yeux ordinaires, gros nez, grand trait, barbe grise, bouche moyenne (*Archives de Cauna*).

à un guet-apens et se résigna. Un grand silence se fit. Mais après un certain temps, une autre troupe de cavaliers arrivait en sens inverse. — Ils n'ont pas voulu me manquer, disait le prêtre. — Cependant, le dessus du pont devient bientôt un champ de foire. Le prêtre et son guide comprirent que c'étaient des voleurs de chevaux qui faisaient des échanges entre eux pour transporter ces bêtes à l'est et à l'ouest. Ainsi finirent les anxiétés, mais non sans doute les frissons que ce bain leur avait procurés.

BARTHÉLEMY-HENRI LABAYLE.

Né à Aire, d'abord marin, puis ordonné prêtre, et nommé vicaire de Hagetmau en 1788, Labayle se rendit célèbre sous la Terreur par un dévouement à toute épreuve dans le canton de Hagetmau. On formerait un volume en réunissant les mille traits dont il fut le héros.

JEAN LANNELONGUE ET M. DE MURET.

A la fin de 1793, Lannelongue, curé de Gaube, celui-là même qui devait porter sa tête sur l'échafaud à Dax, allait voir de nuit une personne malade et suivait de quelques pas un jeune homme sans le voir. Celui-ci, inquiet et croyant avoir affaire à un homme mal intentionné, se retourne, saisit le prêtre et le renverse en lui demandant ce qu'il veut. — Je suis le curé de Gaube. — A ces mots, le chevalier de Muret se jette à ses pieds et profite de l'occasion pour se confesser. M. de Muret est mort en 1870, à l'âge de 98 ans.

DUSÉRÉ, CHANOINE DE PIMBO.

Ce prêtre, de très sainte mémoire, mort doyen du chapitre d'Aire le 30 octobre 1838, était caché dans un grenier. On le cherche. Baudia, boucher, est à la tête de la troupe. Un couteau à la main, il profère des menaces horribles..... Laissez-moi le chercher, je le trouverai, et puis.......... Il monte et aperçoit Duséré. — Cachez-vous donc mieux, beaucoup mieux que cela. — Il descend, tout confus de n'avoir pu trouver ce b..... de calotin.

Ce même Baudia, boucher à Casteluau, se donnait toujours des airs féroces, et rendait service à plus d'un honnête homme.

LES CARENNE, DE GEAUNE.

Les deux Carenne frères, neveux du Supérieur d'Aire, lieutenant et capitaine des volontaires, se trouvaient à Bayonne. L'un d'eux, avant le repas, fait le signe de la croix. — On rit, on s'indigne. — Quel est le b..... qui viendra me demander raison, dit Carenne, en se levant pour mettre la main à son épée? et il recommence le signe de la croix. — Bravo! Carenne! Bravo! Carenne! C'est un fanatique, mais c'est un brave. Peu de temps après, il succombait à l'hôpital de Bayonne.

LES DARBO, DE MUGRON.

Ils étaient trois frères prêtres: Jean-Baptiste, vicaire de Doazit en 1790, Pierre et autre Pierre, nés à Mugron, d'une famille noble. Un quatrième frère avait épousé une demoiselle de Candale, sœur de Sophie mariée à Dartigoeyte.

Pierre, l'aîné (Mugron, 11 novembre 1749), barnabite en 1767, professeur d'humanités dans les colléges de Lescar, Bazas, Guéret, St-Andéol, et particulièrement à Montargis, passa en cette ville une grande partie de sa vie. Il fit la guerre, dit-il lui-même, à tous les vices, et tous les vices se liguèrent contre lui. Il fut épuré dans le creuset des tribulations, rassasié d'opprobres, voué à la misère, chassé de son asile, traîné de prison en prison jusqu'au 9 thermidor, époque à laquelle on l'envoya dans une maison de réclusion. Ses amis obtinrent sa liberté. Il erra de château en château dans le Gâtinais, et finit par se retirer à Mugron au sein de sa famille. Plus tard il écrivit le récit de ses malheurs. Il y a là une belle page de l'histoire révolutionnaire de Montargis et pays circonvoisins.

Darbo, Pierre, frère cadet (Mugron, 20 novembre 1753), fit ses études à Aire jusqu'à la philosophie inclusivement. Il passa à Lescar, et fut reçu barnabite en 1778. Ordonné diacre par Mgr de Laneuville, prêtre par Mgr de St-Sauveur, évêque de Bazas, fort jeune il professa la philosophie et dirigea les Ursulines de cette ville; puis il fut dix ans professeur aux collèges de Guéret et de Bourg-St-Andéol. Mgr de Savines, évêque de Viviers, ayant prêté le serment avec la presque universalité de ses prêtres :

Je ne me rendis à ses sollicitations, dit Darbo, qu'en lui observant ainsi qu'à la municipalité que je n'obéissois à la Loi qu'en qualité de fonctionnaire civil. Cette distinction me valut bientôt la persécution la plus vive. Je n'échappai qu'en me réfugiant dans les montagnes du Vivarais. Un charbonnier, brave homme, bon chrétien, me reçut dans sa famille; je devins son berger, je gardai son troupeau dix-huit mois. Quoique dans un désert des plus affreux, on vint à soupçonner quelle étoit ma retraite. Mon hôte perdit courage. J'eus recours à un nouvel expédient. Déguisé en postillon, me disant conducteur d'une malle pour le Représentant du Peuple Dartigoeyte, je traversai tout le Languedoc. Dartigoeyte avoit été mon condisciple. Il est parent par alliance d'un de mes frères. C'est ce qui m'enhardit à user plus tard de cette supercherie. Elle me réussit. Arrivé à Toulouse, où il exerçoit son autorité souveraine, je fus passablement accueilli, et, par un sentiment d'humanité, il me fournit tous les moyens pour arriver et rester tranquillement dans ma famille. C'étoit la seconde année de la République. Mes premiers soins furent de me procurer une entrevue avec M. Lamarque. Il me reçut avec cette bonté qui lui est ordinaire, et depuis cette heureuse époque j'ai mené la vie la plus laborieuse. J'ai utilisé tous mes moments, malgré toute la force des persécutions. Mugron, Nerbis, Campagne, Mont-de-Marsan, le territoire de Tartas, enfin Gaujacq sont les lieux où j'ai rempli les devoirs de mon ministère, n'ayant jamais eu aucune liaison ni correspondance avec les intrus et les schismatiques.

L'ABBÉ DE BEAUFORT.

Il vint de Paris à St-Sever le 23 août 1792. Dénoncé par Coye à la municipalité, il eut à souffrir toutes sortes de mauvais traitements de la part de cet homme qui alla jusqu'à lui faire enlever ses malles. Le jeune abbé courut tout le pays sous la Terreur. C'est lui qui disait plus tard avec M. Deyris, mort curé de Laurède, que les campagnes de St-Sever, durant la persécution, étaient véritablement peuplées de saints.

LES DUCOURNAU-PLACIAT A MONSÉGUR.

Le Placiat, domaine à Monségur, sur un site enchanteur, d'où l'œil embrasse à la fois presque toutes les paroisses du Louvigny, appartenait de temps immémorial aux Ducournau qui, à toutes les époques, avaient donné des prêtres à l'Eglise. Au moment de la Révolution, on comptait quatre frères prêtres. Ils appelèrent près d'eux le vicaire de Serres, Dupin de Juncarot, et le curé de Bélis, Dutournier, de qui le frère avait épousé une de leurs sœurs; tantôt réunis et tantôt séparés, ils ne cessèrent de parcourir les paroisses méridionales des cantons de Geaune et de Hagetmau, bravant tous les dangers pour courir près des malades.

MATIGNON.

Ordonné prêtre en Espagne le 3 mars 1792, Matignon exerça le saint ministère à Buanes, Classun, Esperon et paroisses limitrophes. Dans ses courses, Matignon ne suivait jamais les routes, mais il allait toujours en droite ligne, à travers les champs, les haies et les ruisseaux, portant sur lui tout ce qui était nécessaire pour offrir les saints mystères.

JOURDAN.

Ce prêtre qui est mort en 1831 avec le titre de Recteur de l'Académie de Pau, qu'il devait à la reconnaissance de M. Laîné, ministre, son ancien élève à Bordeaux, et de qui M. Laurentie, son autre élève reconnaissant, a fait le plus bel éloge dans l'*Union*, rendit sous la Terreur de grands services aux paroisses de Miramont, St-Agnet, Latrille, Bahus, Duhort et Cazères. Errant une nuit sur la lande du Mas, par un froid terrible, il tomba entre les mains d'un homme de Latrille, qui le reconnut enfin, l'emmena chez lui presque mort d'inanition et le fit entrer dans un lit bien chaud d'où étaient sortis quelques membres de la famille.

Quel bonheur pour nous, disait Arnaud Destenave, lorsqu'après avoir couru tout une nuit d'hiver pour confesser ou échapper aux poursuites, nous pouvions rendre le mouvement et la vie à nos membres en occupant dans un triste réduit la couche toute chaude que nous abandonnaient de bons paysans!

LABROUCHE, CURÉ DE BACHEN.

Labrouche dit Méton, curé de Bachen et Cournet, sortit de sa paroisse le 12 juillet 1792, se retira à Ségos, y résida un mois et revint à Bachen où il se cacha un an dans le grenier du presbytère, tandis que Ménine St-Blancard sa cuisinière était dite gardienne de ses meubles et effets. Il n'osa point faire de fonctions. Lorsque Batbedat lui eut enlevé son linge, Labrouche se jeta dans le bois de Cazamont près d'Aire, et s'y creusa une fosse dans le quartier du Crabot.

DUFOSSÉ, VICAIRE DE CASTANDET.

Ce jeune prêtre, d'un caractère entreprenant et vif que Mgr de Caux avait dû souvent modérer en 1791, autrefois prébendier à la cathédrale, vint de nuit à Aire en 1793, et pénétrant dans l'église par des ouvertures bien connues de lui, il était arrivé jusqu'au lieu où l'on avait déposé les riches ornements de Mgr de Caux, renommés par leur magnificence. Il fait choix de deux ornements épiscopaux, les charge, avec d'autres objets précieux, sur ses robustes épaules, arrive chez *Agnouline*, et dépose là son fardeau. Un de ces ornements se trouve aujourd'hui à la sacristie de St-Sever, l'autre en celle d'Aire.

Toujours poussé en avant par son esprit aventureux, il voulut un jour voir ce qui se passait à Mont-de-Marsan; il visita d'abord le dépôt des cloches destinées à la fonte des canons à Bayonne et à Tarbes; puis, il se mêla aux assistants qui écoutaient les débats d'une affaire au directoire du District. A peine est-il sorti de Mont-de-Marsan pour regagner les hauteurs de St-Pierre, qu'il entend les roulements du tambour. Soupçonnant alors qu'il a été reconnu, et qu'on a pris des mesures pour le poursuivre, il fuit, et bientôt fatigué, ne pouvant plus éviter deux gendarmes qui arrivaient sur lui à bride abattue, il se retourne, appuie un pied sur le tertre, l'autre sur la route elle-même, et attend armé d'un gros bâton. Les gendarmes pleins de compassion pour le sort du fils de leur ancien capitaine à la maréchaussée, le saluèrent en courant et en lui criant : Gagnez bien vite les champs! La garde nationale arrive! Si Dufossé eût été pris alors, il aurait certainement payé de sa tête et son imprudence et l'éclat des affaires de Castandet.

AGNOUTINE.

Agnoutine ou Anne Danglade « la garfoulère, marchande de gâteaux », était à vingt ans, d'une beauté éclatante et d'une piété plus belle encore. De nuit et de jour, elle allait partout, distribuant aux pauvres les aumônes que la ville entière de St-Sever plaçait entre ses mains, inspirant au libertin effronté le respect et aux terroristes une constante admiration. Sa petite demeure était habituellement remplie de prêtres; les chercheurs le savaient bien, mais il était convenu que cela ne pouvait pas être, et on passait outre en riant de son fanatisme. Un jour cependant, quelques révolutionnaires entrent, et leur chef demande à la jeune fille si elle cache des prêtres dans sa maison. Agnoutine était placée entre le danger de faire un mensonge et celui de trahir les réfugiés par un aveu. — Oui, j'ai des prêtres chez moi, dit-elle avec fermeté et avec un léger ricanement. Cherchez bien et vous les trouverez. — Ah! la coquine! dit le chef. La voyez-vous comme elle se f.... de nous! Tu voulais nous faire chercher, drôlesse, et puis rire à nos dépens! — Ils se retirent, en menaçant Agnoutine d'une visite prochaine.

Cette sainte fille, tenue en haute estime par le général Lamarque, de qui elle obtenait tout pour les pauvres, a eu le prix Montyon quelques années avant sa mort. Jamais un habitant de St-Sever n'a été honoré de funérailles, de regrets et de larmes comme le fut la pauvre Garfoulère. Sera t-elle canonisée un jour?

UN TERRORISTE A ST-SEVER.

La mère d'un trop fameux terroriste à St-Sever était mourante, et demanda à cet égaré un prêtre insermenté pour recevoir les derniers sacrements; le révolutionnaire s'adresse à une femme pieuse, amie de sa mère, et apprend où se cache Arnaud Destenave. Bien vite, il va chercher un détachement de la garde nationale, recommande au chef de placer tous ses hommes sur un tel point du *Turon*, de les y maintenir jusqu'à ce qu'un réfractaire qu'on lui a signalé passe là vers minuit; puis, il entre chez Arnaud Destenave et lui explique sa supercherie. La maison de la malade était sur le point opposé du *Turon*. Conduit par le terroriste, Destenave administre les derniers sacrements, et toujours sous même garde, il revient à sa cachette; puis, étonné de voir que la garde ne lui amenait pas le prêtre insermenté, le terroriste va droit à elle. On lui dit avec assez mauvaise humeur que personne n'était passé.

LES RÉFRACTAIRES A ST-PIERRE DU MONT.

Les prêtres du diocèse d'Aire se réunissaient en lieux sûrs pour trouver une consolation commune, pour se nourrir ensemble, si cela était possible, du Pain des Forts, et s'entendre sur la direction générale des travaux de leur apostolat. Ces réunions se tenaient à Samadet chez les Lamarque de Sort ou chez madame de Portets; à St-Aubin, chez Madame de St-Germain; à St-Sever, chez Agnoutine, et à la *Maï de Diu*, petite ferme sur le plateau qui domine l'Adour; à Goudosse chez le chanoine Laborde du Blanc, près de l'église; mais surtout à St-Pierre du Mont dans une métairie appelée encore de nos jours *Lahitte*, située vis-à-vis de la troisième pierre kilométrique de la route de Mont-de-Marsan à St-Sever, et à 150 mètres à peu près de cette route. En général, les prêtres fugitifs préféraient ce dernier asile, comme réellement plus sûr, parce qu'il était moins soupçonné. Puis, de là, il était facile de recueillir toutes les nouvelles politiques, tous les bruits qui pouvaient intéresser la religion et la sécurité des prêtres.

Or, un jour, 1 ou 2 floréal, près de la maison Lahitte, à Mont-de-Marsan, il y avait grand tumulte. Dartigoeyte, venant du Gers, arrivait en cette ville et recevait les félicitations générales. Le lendemain, au moment du départ du Représentant pour St-Sever, les prêtres réunis, voulant, eux aussi, prendre part à la joie publique, se déguisent de leur mieux, vont se placer sur un tertre le long de la route, et au moment du passage de la voiture, se mettent à crier : *Vive Dartigoeyte! Vive Dartigoeyte!* Voulaient-ils ainsi remercier leur compatriote qui avait sauvé la vie à Darbo quelques jours auparavant, et Darbo lui-même se trouvait-il en ce moment au milieu d'eux? Voulaient-ils par cette démonstration disposer l'esprit de ce terrible proconsul à prendre pitié de leur sort, lui faire comprendre qu'on le tenait pour plus vaniteux que méchant? Oui, telle est notre opinion. Dartigoeyte dut certainement reconnaître parmi eux quelques uns de ses anciens condisciples du collège d'Aire, se sentir ému, et au milieu de maux si cruels, plaindre ceux qui les souffraient.

LES PRÊTRES AU CHATEAU DE CLASSUN.

A l'angle septentrional du vieux manoir de Classun est une tour encore très haute, quoique en partie détruite, d'où la vue se porte sur la vallée que traverse le Bahus. Longtemps elle servit de refuge à quelques prêtres et surtout à Matignon de Samadet. Durant le jour, les prêtres étaient renfermés dans une cachette haute de 1^m 20^c entre un plafond et le plancher supérieur près de la tour. Au crépuscule du soir, les prisonniers, longtemps courbés sous cette voûte basse, venaient par une trappe au sommet de la tour donner quelque mouvement à leurs membres raidis, respirer l'air et prier en commun.

La chapelle où les proscrits osaient parfois célébrer les saints mystères existe encore aujourd'hui au second pallier de l'escalier en pierre, dans l'épaisseur du mur. Tout est là comme en 1793 au moment du sacrifice.

Six couples d'époux étaient venus au château pour recevoir la bénédiction nuptiale, et se trouvaient réunis près de l'autel. Un coup résonne à la porte du manoir. Vite on enlève les ornements sacrés, et M. de Classun, entouré de sa famille, va ouvrir le château et introduit les gendarmes. Ceux-ci expliquent le but de leur venue. — Bien volontiers, dit M. de Classun, mais avant tout, mes amis, il faut boire la goutte. — On allume un grand feu au salon; le vin pétille dans les verres, une joie bruyante anime et entretient la conversation. Le châtelain apporte sur table tant de vin et de si bon vin que les pauvres gendarmes perdirent la tête. On les fit entrer dans des chambres; on les ferma sous bonnes clés. Pendant que les gendarmes dormaient d'un profond sommeil, le prêtre longtemps effrayé, reprit courage et continua la cérémonie. Les nombreux époux dirent adieu à leurs hôtes. Quelques heures après, M. de Classun réveilla les gendarmes, les invita poliment à faire leurs recherches dans le château, mais ces braves gens ne voulurent en rien faire et se retirèrent enchantés de l'accueil si grâcieux qu'ils avaient reçu.

ARRESTATION ET DÉLIVRANCE DE DUCOURNAU CURÉ DE SAMADET (1).

« L'abbé Ducournau, vulgairement appelé Ninet, toujours poursuivi par les Jacobins, fut enfin surpris et arrêté. La nouvelle s'en répandit avec une extrême rapidité. On répéta dans tous les quartiers de la commune : l'abbé Ninet est pris, et on va le conduire à la guillotine!! Les sans-culottes traînaient leur prisonnier sur un cheval chargé aussi de provisions pour la route. Pour éviter les populations, ils avaient pris quelques détours. Arrivés sur les hauteurs d'Urgons entre cette paroisse et celle de Bats, les patriotes aperçurent sur le chemin un groupe de femmes. En approchant, ils remarquèrent que les quenouilles étaient des gourdins et que ces gens étaient des gaillards qui n'avaient de la femme que la cornette et le cotillon. Au même instant, un hurrah formidable au milieu des tourbillons de poussière soulevée à dessein : Sus aux Patriotes!! Ceux-ci prennent la fuite, abandonnant cheval, provisions et prisonnier.

Après des remerciements et des félicitations, tous se dispersèrent, rentrèrent chacun chez soi, riant de la belle peur des patriotes. Le provocateur de la délivrance et organisateur de l'expédition en jupe et cornette fut un nommé Lucat, surnommé Foumbre, domestique chez M. de Juncarot, et type d'une fidélité, d'un dévouement que l'on rencontrerait très difficilement aujourd'hui. » (*Duviella, vic.-gén.*)

« Dans une autre circonstance, ce même Ducournau, poursuivi de près par les gendarmes, arrive tout essoufflé dans

---

(1) L'abbé Ninet fut pris au bourg d'Urgons. Une méchante femme, morte il y a peu de temps, et qui portait sur sa figure toute la noirceur de son âme, avait crié après Ducournau, l'avait arrêté au moment où il sautait par dessus une palissade. — Ah! laissez-moi! dit le prêtre. — Non! répondit la mégère, et Ducournau fut conduit chez le maire qui, avant de dresser procès-verbal, donna aux jeunes gens dévoués le temps et d'apprendre l'événement et de se concerter. (*Notes prises par l'auteur à Urgons.*)

la basse-cour de la maison appelée au Petit-Perre, sa résidence habituelle lorsqu'il n'était pas en fuite. En ce moment, un petit garçon de 13 à 14 ans, muni d'un bâton crochu (en patois, picohe), arrachait de la paille d'une grande meule en forme de cône. — Vite, monsieur le curé, ici, sous la paille! — Celui-ci se couche à ses pieds. L'enfant le couvre, continue le travail et amoncelle de plus en plus la paille sur le corps étendu. Les gendarmes se présentent, tournant les yeux de tous côtés. — Où est le curé? — Cela ne me regarde pas. Je ne fais pas le métier de poursuivre les prêtres. — Insolent! où est-il passé?— Je n'en sais rien. Après tout, il n'y a d'autre issue que par là (il montre une barrière), courez!!! Les gendarmes s'élancent et s'éloignent de leur proie. Bientôt l'enfant s'écrie: Monsieur le curé, levez-vous, ils sont loin. Le prêtre se lève et embrasse le petit sauveur en le félicitant» (*Duciella, vicaire-général*).

UNE TRAHISON A LACAJUNTE.

Inspirés par le démon, un homme et son indigne compagne voulaient absolument gagner la prime en arrêtant un prêtre poursuivi à outrance. L'homme se met au lit, jette des cris de douleur. La femme désespérée court chez une voisine, bonne chrétienne, et bien connue par son dévouement. On cherche le prêtre. Celui-ci arrive le soir. Tout est prêt dans la maison de Judas!!: un malade en proie à une vive douleur, une femme qui se désole, des gendarmes cachés derrière une toile épaisse. Le ministre du Dieu vendu par un traître, adresse des encouragements à la désespérée, puis se présente à l'alcôve devenue tout à coup silencieuse. — Vous avez bien raison de vous plaindre, ma pauvre femme! Votre mari est mort!! — Le ciel, en effet, venait de frapper cet infâme.

A ces mots, les gendarmes lèvent la toile, s'assurent du fait, et puis tombent aux genoux du prêtre en le priant d'entendre leurs confessions. La femme coupable imita cet exemple.

Dès lors, ces gendarmes eurent tous les dehors d'hommes furieux et d'ennemis implacables des prêtres, mais ils n'en prirent jamais aucun, ayant toujours soin de donner avis de leur visite prochaine.

Tous ces gendarmes n'avaient pas la férocité dont ils faisaient parade. Dans le temps, on a cité les noms de plusieurs de ces braves gens qui, pleins d'horreur pour certaines missions, mirent toute leur étude à les faire échouer. On avait une plus grande peur des volontaires de la Gironde et des dragons du 18ème.

Il suffisait d'une ou de deux mauvaises têtes dans une paroisse pour troubler le repos et mettre sur pied la force publique. Les dévastations des églises, les pilleries et vols, les sacrilèges étaient le fait de quelques mauvais drôles sans foi ni loi; disons à l'honneur de nos populations qu'elles avaient en horreur toutes ces sortes de crimes.

UNE SCÈNE AU PLAN.

Une foule considérable était réunie dans l'église du Plan. Durant la cérémonie, un malheureux monte sur l'autel, ouvre le tabernacle, et enlève le ciboire avec les saintes espèces qu'il va jeter dans les fonts baptismaux. Douze ans après, déplorant l'énormité de sa faute, il vint demander à haute voix grâce à l'abbé Casteyde, curé du Plan.

LES LAMARQUE DE SORT, A ST-SEVER ET A SAMADET.

Ils se tenaient habituellement cachés dans leur maison de campagne dite de Sort. Près de là, les deux frères, l'un vicaire de Doazit, l'autre diacre, avaient pratiqué un souterrain, où le diacre, habile mécanicien, dressa une imprimerie au moyen de caractères en bois faits à la main, et plus tard, de clichés en étain. C'est de cette presse que sortaient les instructions au clergé, de J.-J. Lamarque, et les prières particulières à l'usage du peuple.

A Samadet, les Lamarque de Sort furent un jour dénoncés. Les révolutionnaires se présentent, bouleversent tout et se retirent fatigués de leurs recherches inutiles. Alors, mais trop tôt, les captifs sortent de la cachette; ils se mettent à table. Les visiteurs reviennent. On se précipite vers la cachette. — Ah! les voilà! les voilà! dit un patriote. Il avait vu au-dessus d'un mur la tête d'un fugitif. Les autres chercheurs arrivent, et dans ce court intervalle, nos pauvres prêtres s'étaient cachés, mais si bien, que toutes les tentatives pour les retrouver furent infructueuses.

LES CACHETTES DES RÉFRACTAIRES.

Comment serait-il possible de retenir ses larmes en revoyant de nos jours ces affreuses cachettes des confesseurs de la Foi? Celle de Gentillet à Duhort existe encore. En 1840, le vénérable Arnaud Destenave, supérieur de Dax, avait réuni à table dans sa maison natale une foule de prêtres. On voulut voir la cachette de Gentillet. Arnaud Destenave fut saisi d'une telle horreur au souvenir des maux qu'il y avait autrefois soufferts qu'il arrosa la terre de ses larmes et qu'on dut l'emporter.

Les plus jeunes des prêtres fugitifs à travers le diocèse d'Aire, cherchaient un refuge dans les bois, dans les fosses profondes recouvertes de gazon, dans les haies touffues, sur les troncs élevés des arbres. Du moins, au milieu de leurs angoisses de chaque jour, ils avaient un bien précieux, la vue des champs et du ciel, l'air, cet air si bon qui gonfle la poitrine et donne la vie. Moins heureux encore que leurs compagnons traqués par les dogues, nos prêtres vieux, infirmes, ou d'un tempérament relativement faible, incapables de coucher à la belle étoile ou dans les meules de paille, avaient un cachot, et quel cachot!! Ici, le cœur se serre, les sentiments deviennent plus poignants; on ne sait ce qu'il faut plaindre le plus, ou le malheur de ces victimes, ou celui des hommes qui se sont faits leurs persécuteurs. Lorsque la tempête révolutionnaire vient à gronder plus fort sur cette mer toujours agitée, lorsque des évènements malheureux au dehors ou au dedans apportent une activité nouvelle au feu de la persécution contre les prêtres, ils sont là, ces infortunés proscrits, couchés à plat ventre sous un plancher, ou debout au milieu de deux cloisons étroites, sans un souffle d'air, sans un rayon de lumière, ou accroupis des journées entières dans un trou qui peut à peine les recevoir.

PIERRE DUVIGNAU ET LE BARON DE BACRE.

Ces deux amis ont laissé au Mas et à Aire une réputation légendaire de courage et d'un dévouement à toute épreuve.

Né au Mas le 29 décembre 1761, Duvignau dit Baron, fut d'abord moine à la Castelle, où il professa la théologie, puis chanoine à Sarrance. Ami et condisciple de Dartigoeyte, il joua à ce procureur-syndic un joli tour qui fit rire tout le pays. Dartigoeyte, en février 1791, lui avait écrit pour lui dire qu'il tenait à sa disposition une cure constitutionnelle à son choix dans le district. Le moine vint à St-Sever et dit à son ami : J'accepte la cure, mais avant tout, rends-moi un service. J'ai besoin d'argent. Voici un mandat que je ne puis me faire payer, fais moi payer. — Dartigoeyte lui donne une lettre de recommandation. Quand il a palpé l'argent, Duvignau court à toute bride vers Samadet où il avait emprunté un cheval à M. de Lataulade et envoie un billet à Dartigoeyte : Merci, j'ai l'argent, je n'ai que faire de tes cures constitutionnelles.

Depuis le mois d'octobre 1792, cet excellent prêtre, jeune, ardent et doué d'une grande force, portait sur tous les points du Mas, de Duhort et de Bachen son zèle et son dévouement. Dans ses courses nocturnes, il avait pour compagnon et défenseur Ducousso, baron de Baure, à Latrille, qui depuis les décrets contre les nobles, se tenait habituellement caché au Mas, maison de l'Arroudé. (*Déclaration de Baure*).

Quelques jours seulement après la chûte de Robespierre, Pierre Duvignau fut arrêté au Mas le 15 fructidor de l'an II, dans la maison de M. Manadé qui avait épousé une sœur de Paul Cadroy.

Le baron de Baure avait voulu absolument suivre son ami; mais celui-ci refusa et il était parti seul. La cérémonie d'un mariage, célébré en cette maison à minuit, était près de sa fin; par malheur, on avait oublié de fermer une lucarne qui donnait sur la route de Pau placée à vingt pas de là. Deux gendarmes d'Aire aperçurent la lumière, eurent des soupçons et entrèrent. Duvignau n'avait pas eu le temps de se bien cacher; il fut découvert. D'un coup de poing, il renverse le gendarme Lartigau et se prépare à traiter vigoureusement le second. Celui-ci, au nom de la loi, fait appel au maître de la maison et requiert mainforte. Pour ne pas compromettre son hôte, le prêtre s'avoue vaincu et se livre aux gendarmes qui le mènent à la prison d'Aire.

Baure est averti. Aussitôt, les instruments résonnent dans les quartiers de Pourin, au Mas, et de l'Arnabère, à Duhort. Un mot d'ordre se communique, et vers trois heures du matin, 98 paysans, armés de bâtons, de faux et de mauvais fusils, se trouvent réunis à Aire, au pied du côteau de Lasserre, devant la maison *Prat*. Le baron de Baure et les frères Collonges font une revue générale de leurs hommes et demandent si tout le monde est prêt à faire son devoir pour délivrer Baron, et, dans ce but, à braver la mort. Une acclamation enthousiaste répond à cet appel. Baure exige plus et veut qu'on fasse feu non seulement contre tout patriote d'Aire qui ne reculerait pas après trois sommations, mais encore contre ceux d'entre eux qui refuseraient d'exécuter cet ordre et reviendraient en arrière. Deux paysans du Mas, avouant qu'ils n'auraient pas ce courage, se retirèrent, et les 96, sur deux rangs, firent irruption dans la ville.

Les patriotes d'Aire voulurent se montrer aux fenêtres. On les invita poliment à se fermer chez eux. Pour tenir mieux tout en respect, 90 paysans occupèrent la ville, prêts à tirer sur les patriotes s'ils faisaient mine de résistance.

Toutes les dispositions étant prises, le geôlier est prié d'ouvrir les portes; mais esclave de son devoir, il refuse. On s'attendait à ce refus. Avec une poutre en guise de bélier, on bat les portes, et comme elles résistaient, un charpentier donne le conseil de monter sur la maison pour enlever la toiture. On s'arrêta à un expédient qui paraissait plus facile. Une échelle est appliquée contre le mur, et on essaie, mais en vain, de ployer les barres de fer à la fenêtre. En ce moment, le geôlier monte sur le toit et appelle au secours. — C'est bien! tu as fait ton devoir; maintenant descends, sinon tu es mort! — Il rentra et attendit la fin. On redoubla d'efforts. Le fer est ployé, Duvignau passe la tête et se trouve pris comme dans un étau. Une légère inflexion est encore donnée au fer, et le prisonnier sort avec un corps tout meurtri et ruisselant de sang.

Baure donne le signal du départ et confie à deux jeunes gens le soin de mettre Duvignau en lieu sûr. Ceux-ci, pour donner le change aux patriotes d'Aire, se présentèrent au maître du bac (1) et atteignirent la rive droite. En face de Bachen, ils repassèrent le fleuve, portant Duvignau sur leur dos et allèrent le déposer au *Capon du bas*, métairie près du Broussau. Après un repos de quelques heures, Duvignau revoyait ses amis pour reprendre au milieu d'eux ses courses apostoliques.

Ce baron de Baure qui, après la restauration du culte, reçut le surnom glorieux de *Sauveur des prêtres*, avait été proscrit nommément par Pinet et Cavaignac. On a vu son nom dans les jugements de St-Sever. Durant plusieurs mois, il sut échapper aux poursuites de cinq à six cents gardes nationaux lancés contre lui, déjouer toutes les ruses et en même temps rendre mille services à ses nombreux amis. Un jour, ne pouvant plus supporter l'odeur de la terre dans le trou de la haie de St-Lézer, il sortit, le fusil sur l'épaule, et à l'angle étroit du sentier, il se trouva face à face avec un gendarme. Baure braque son arme contre le gendarme, menace de le tuer s'il fait un geste ou un seul pas en avant ; il recule en même temps, et puis il se jette à travers les bois.

DUVIGNAU, JEAN-PIERRE

Né à Aire en 1765, non parent du précédent et vicaire de Poydesseaux en 1789, il rendit, quoique faible de constitution, des services éminents aux paroisses qui avoisinent Grenade. En 1794, il fut arrêté, malade, chez la veuve Dénard, en cette ville, et conduit aux prisons de Mont-de-Marsan, d'où il s'évada en sautant sur un char de foin placé sous sa fenêtre, et dans lequel il se cacha pour sortir de la ville.

LES PRÊTRES DU DIOCÈSE DE DAX

Nous avons déjà vu que deux réfractaires, Badets, vicaire de Souston, et Lacouture, aumônier de l'hôpital du St-Esprit à Dax, restèrent seuls dans le pays en 1792, lorsque tous les autres partaient pour l'exil. Ces deux héros firent des prodiges de valeur. Lacouture prenait tous les déguisements

(1) Le pont en pierre sur l'Adour de sept arches, construit par d'Etigny, était tombé le dimanche 17 février 1793, vers trois heures de l'après-midi. « Voir à ce sujet les délibérations du département. »

et habituellement celui de marchande d'huîtres. D'après les conventions faites, il s'arrêtait devant certaines portes, débattait le prix de la marchandise, ou plutôt les graves affaires de conscience, donnait l'absolution en remettant les huîtres, et passait ainsi de l'un à l'autre. Ce généreux prêtre, appelé de nuit pour un malade, fit une chûte de cheval et mourut sans que l'on sache où son corps a été caché.

Turon, après sa rétractation du 3 mai 1793, rendit des services précieux au pays de Montfort, ayant à côté de lui le jeune Luc Castaignos et Arnaud Farthoat, ancien religieux capucin, bien connu encore de nos jours sous le nom du Père Joseph de Caupenne.

Le Père de Caupenne était au port de Hinx, donnant les derniers sacrements à une personne malade, lorsqu'on l'avertit que la garde était aux environs. Soudain, il s'adresse à un des nombreux bouviers qui déchargeaient sur des bâteaux les vins qu'ils avaient apportés, et le prie de lui prêter sa charrette et ses bœufs. Il monte et aiguillonne les bêtes, les laisse se diriger elles-mêmes et arrive dans la maison d'où elles étaient parties. La course avait été si précipitée que les bœufs tombèrent en arrivant et périrent. Après la restauration du culte, le Père capucin put se procurer la valeur de cet attelage pour le payer; mais le dévouement avait porté bonheur à la famille du bouvier. Elle était à son aise. La Providence avait réparé le dommage causé. Elle refusa toute espèce d'indemnité.

Castaignos, Jean-Luc, diacre en 1791, ordonné prêtre en Espagne dans le mois d'août de cette même année, était rentré en novembre, et avait travaillé six mois à Mugron. Au moment de la persécution, il se cacha et se tint chez des paysans sous la Terreur, ne sortant que la nuit pour remplir les devoirs de la religion auprès des malades et de ceux qui l'honoraient de leur confiance. Pour aller d'un lieu à un autre, il se faisait souvent porter dans une barrique vide, ce qui lui avait fait donner le surnom de: *Lou Barriqué*.

Nous espérons que la lecture de ces légendes engagera les prêtres de nos diocèses d'Aire et de Dax à recueillir fidèlement et à inscrire sur leurs registres paroissiaux les souvenirs que la tradition a conservés jusqu'à nos jours.

CHAPITRE III.

Des partis politiques après le 9 thermidor. — Proclamation de Chaumont. — Départ de Pinet et Cavaignac. — De la Liberté des cultes. — Délivrance des Prisonniers de Ste-Claire. — La Réaction politique. — Désarmement des Terroristes. — Les membres de la Commission Extraordinaire jugés. — Amnistie. — Appréciations sur Pinet et Cavaignac, etc. — Progrès de la Réaction. — Décret sur l'exercice du culte catholique. — Rétractation des prêtres ordonnés par Saurine. — Progrès du Royalisme. — Edits nouveaux.

Le 9 thermidor ouvre une ère nouvelle. On suspendit le tribunal révolutionnaire à Paris jusqu'à ce qu'il fût réorganisé et composé d'autres hommes; on épura les commissions populaires, on rendit la liberté aux détenus, et la loi du 22 germinal sur l'appel au tribunal de Paris de toutes les causes pendantes aux tribunaux des départements fut rapportée. La conscience publique s'indigna contre les agents de la Terreur, elle réclama leur arrestation, puis l'épuration de toutes les autorités locales. Ces réformes se firent du 1er au 15 fructidor.

———

Citoyens. Il est passé le règne des méchants, des ambitieux, des intrigants et des fripons, dit en ce moment J.-B. Chaumont, d'Aire, il est passé et puisse-t-il ne jamais revenir! Qu'ils tremblent à leur tour, les féroces terroristes! Ils vont être démasqués. Le jour de la vérité et de la justice est enfin arrivé. . . . .

O mémorable journée du 9 thermidor! C'est toi qui as assuré notre félicité. Tu nous l'as rendue au milieu des éclats de la foudre qui frappa le monstre qui nous comprimoit par la terreur. Réjouissons-nous, citoyens, la tête du tyran Robespierre est tombée sous la hache de la loy; la justice a repris ses droits, elle triomphe, et l'on ne verra plus le crime traîner la vertu à l'échafaud.

Cependant, que cette douce et consolante idée n'aille pas nous plonger dans le sommeil d'une présomptueuse sécurité. Si le moderne Catilina ne vit plus, il n'en est pas de même de son infernal génie; il plane avec son système de terreur sur le sol de la République; il voudroit l'ensanglanter encore et le couvrir des ombres de la mort.

Entendez-vous ces infernales vociférations? — *La patrie est en péril! Les aristocrates, les modérés lèvent insolemment la tête; ils oppriment les patriotes! La Liberté est perdue!* —

Citoyens, ne vous y méprenez pas. La Convention vous a dit que c'est le cri de ralliement des Robespierristes; ils voyent échapper de leurs mains le pouvoir odieux dont ils s'étoient emparés; ils sentent que ce n'est qu'en y ramenant qu'ils peuvent se promettre l'impunité de leurs forfaits, et ils affectent de répandre de fausses alarmes afin d'opérer une révolution qui, en détruisant celle du 9 thermidor, les rétablisse dans leur tyrannique domination.

Mais le voile perfide qui couvre leurs sinistres projets est déchiré; leur scélératesse est dévoilée; l'opinion publique se prononce fortement contre eux; elle se tient en garde contre leurs infernales manœuvres, et elle repoussera avec indignation la pomme de discorde qu'ils voudroient jetter au milieu de nous, pour nous aigrir par des préventions mutuelles, et nous armer les uns contre les autres.

Eh quoy! pendant près d'une année un système affreux d'oppression, de terreur et de sang a régné sur la France. Partout le patriotisme a été persécuté; tous les hommes qui avoient du talent, des lumières, des connaissances, de l'énergie, de la probité, ont été incarcérés, déportés ou guillotinés.

Tous les droits des citoyens ont été anéantis, toutes les loix de l'humanité et de la justice ont été violées;

Les propriétés publiques ont été en proye à la dévastation et au pillage;

La surface de la République a été couverte d'une nuée d'hommes immoraux qui, revêtus d'un pouvoir terrible, ont porté dans toutes les contrées, dans toutes les familles, la désolation et la mort;

Les plaintes des opprimés ont été étouffées par les hurlements des oppresseurs; elles ont été traitées de séditions;

On a fait un crime au fils de réclamer pour son père, à l'épouse pour son mari;

On a rompu tous les liens de l'amitié, de la fraternité; on a remplacé la confiance par la dénonciation; on a substitué les passions aux mœurs, l'esprit de vengeance à l'amour de la patrie, l'atrocité à la sévérité, et la tyrannie aux lois.

C'est Robespierre, c'est sa faction, ce sont ses partisans, ses complices qui ont causé tous ces maux.

Et cet affreux système, on voudroit le rétablir encore aujourd'huy! Non, les bons François, les hommes probes et vertueux, les vrays républicains, en un mot, ne le supporteront jamais.

O vous, qui croyez qu'on ne peut gouverner le peuple qu'avec des mandats d'arrêt, des cachots, des gibets et des loix de sang, disparoissez du sol de la République! Ses habitants vous désavouent pour leurs concitoyens.

C'est en vain que vous faites circuler dans les départements des Adresses rédigées dans vos conciliabules; c'est en vain que vous vous agitez dans les sociétés populaires dont vous dénaturez ainsi la belle et sublime institution; c'est en vain que vous répandez vos émissaires nombreux dans les groupes, sur les places publiques pour prêcher votre doctrine contre-révolutionnaire et machiavélique. Le bon peuple, le peuple artisan, le peuple qui vous fait vivre, le peuple sans lequel vous ne seriez rien, absolument rien, réprouve votre morale sanguinaire; il veut que la justice règne, non pas la justice des aristocrates qui appelle la servitude, qui la ramène, mais cette justice sévère, impartiale, qui frappe tous les ennemis de la liberté et de l'égalité partout où ils se rencontrent, cette justice enfin dont l'effet soit terrible pour le méchant, et rassurant pour le bon.

Il ne veut pas voir reparoître votre tribunal à la Dumas et à la Fouquier, parce qu'il sçait par expérience qu'il y étoit moins ménagé que les aristocrates, et parce qu'il sçait qu'on a plus expédié d'ouvriers que de marquis.

Ne vous flattez donc pas de pouvoir jamais parvenir à reporter la terreur dans l'âme des hommes de bien. Vous avez beau les désigner sous le titre de: *modérés*, de *stipendiés* de Pitt et de Cobourg; vous avez beau les environner d'espions, d'assassins, de calomniateurs, ils n'en feront pas moins leur devoir; ils n'en rappelleront pas moins avec une imperturbable fermeté les principes éternels que vous avez trop longtemps tenus ensevelis; ils veulent avec le peuple que tous les ennemis de la République périssent, mais qu'aucun bon citoyen qui se soumet aux loix établies ne soit persécuté; ils veulent pardonner à l'égarement dans lequel ont pu être entraînés quelques individus par la chaleur même du patriotisme, mais ils ne consentiront jamais à ce qu'on dérobe au glaive de la loy les frippons, les dilapidateurs, les assassins et les égorgeurs; ils réclameront sans cesse, avec énergie, la punition des complices de Robespierre; car tous les bons citoyens s'indignent de voir que tant de scélérats, qui pendant si longtemps ont trempé leurs mains dans le sang du peuple, n'ayent point expié leurs forfaits sur le même échafaud où ils firent conduire tant de victimes.

Oui, tant qu'il restera un ami de l'humanité et de la justice, il en revendiquera avec force les droits sacrés et imprescriptibles; il les revendiquera et il criera anathème contre les infâmes et féroces Robespierristes qui voudroient les étouffer avec leur abominable système de terreur et de sang.

Convention Nationale! dépositaire auguste de l'autorité souveraine, espoir de tous les vrais amis de la patrie, achève d'écraser ces monstres.

Et toy, peuple magnanime, qui, depuis six années, as scellé par tant de sang, par tant de sacrifices ton attachement à la Révolution, ne souffre pas que des hommes qui n'ont rien fait pour elle, viennent renverser le fruit de ton courage, de ta constance et de tes vertus!

Méfie-toy de ces hommes qui, revêtus d'un masque républicain, crient aujourd'huy plus haut que tes vieux amis et voudroient les anéantir pour t'égorger plus sûrement.

La Révolution est ton ouvrage, toy seul dois en profiter.

Tu n'as pas abbatu le trône de Capet pour en élever un à des triumvirs, à des décemvirs.

Tu veux la justice et non la terreur;

Tu veux la tranquillité intérieure et non le trouble, cette agitation continuelle dont les frippons et les intrigants seuls profitent;

Ne t'endors cependant pas lorsque les ennemis veillent;

Oppose le calme et la sagesse à tous leurs mouvements préparés d'avance;

Environne la Convention Nationale de ton estime, de ta confiance et de tes piques;

Rends-toi assiduement dans tes sociétés pour y dénoncer et combattre les malveillants;

Méfie-toy également de l'aristocrate, du modéré, du terroriste et de l'égorgeur;

N'idolâtre personne; car tu as toujours été trompé par ceux à qui tu as accordé une confiance illimitée;

Souviens-toi que les principes sont tout et les hommes rien;

Ne laisse violer aucun de tes droits. Réclame avec force contre tous les usurpateurs, contre tous les ambitieux;

Que ton point de ralliement soit toujours la Convention Nationale. Sois toujours debout prêt à marcher à sa voix;

Que la liberté, l'égalité et la République, une, indivisible, soient tes seuls étendards;

Et bientôt tu verras disparoître devant toi ces vils insectes qui ont un instant arrêté la marche du char révolutionnaire. Dis un mot, et ils seront anéantis.

Peuple, l'intrigue s'agite dans tous les sens autour de toy; elle voudroit surtout te dégoûter du gouvernement révolutionnaire. Je n'en suis pas surpris. Ce gouvernement a donné à ton âme une trempe qui la met à l'épreuve de tous les froissements; il multiplie les moyens de défense; il centuple les forces par la rapidité de l'impulsion qu'il lui communique; il te rend semblable à la foudre qui dans le même instant, tonne, frappe, renverse et pulvérise; il t'assure, en mot, sur tes ennemis une supériorité qui leur ôte jusqu'à l'espoir chimérique de te vaincre. Ils sont donc intéressés à tout tenter, à mettre tout en œuvre pour te faire renoncer à une institution qui fait leur effroy, qui les écrase, et c'est pour cela qu'ils cherchent à te la rendre odieuse; mais ne te laisse pas surprendre à leurs perfides insinuations; rappelle-toi et ne perds jamais de vue tout ce que tu as fait et tout ce que tu fais chaque jour; à qui dois-tu tant de prodiges de magnanimité, de désintéressement, de constance, d'héroïsme et de vertu qui fixent sur toy les regards étonnés de l'Univers? Tu le dois au gouvernement révolutionnaire. C'est lui qui en comprimant les malveillants les met dans l'heureuse impuissance de te nuire. C'est luy qui a arrêté le cours désastreux de ces trahisons journalières qui au commencement de la guerre rendoient inutiles les efforts de ton courage. C'est luy qui par le rétablissement de l'ordre et de la discipline dans les armées a rappelé la victoire sous les drapeaux et l'y a invariablement fixée. C'est luy qui multipliant les subsistances par l'art de les économiser et de les repartir avec une fraternelle égalité, l'a soustrait aux horreurs de la famine, pendant ce mémorable blocus de la France imaginé l'année dernière par l'infâme ministre de George et ses vils stipendiés, pour t'exterminer tout entier. C'est luy qui changeant douze cent mille défenseurs en douze cent mille héros, leur inspire ce courage impétueux, indomptable qui enlève à l'orgueilleuse tactique de tes rivaux l'avantage qu'elle avoit eu jusqu'à ce jour d'enchaîner sur le champ de bataille les destins des empires. C'est luy en un mot qui renversant tous les obstacles, et passant sur toutes les résistances, peut seul te conduire au port du bonheur et de la paix.

Peuple! tu as juré d'être heureux. Jure donc de maintenir le gouvernement révolutionnaire.

———

Deux partis, les Montagnards et les Thermidoriens se trouvaient alors en présence. Il fallut, pour contenir les premiers, reconstituer le tribunal révolutionnaire, mais sur les bases antérieures à celles du 22 germinal; il fallut proclamer que le gouvernement était le même qu'avant le 9 thermidor, sauf les moyens de terreur. Toutefois, les hommes bien connus par leur modération, ayant occupé les administrations diverses, il était clair pour tous que le gouvernement n'aurait de révolutionnaire que le nom.

1793 et 1794 ont laissé un souvenir qui ne s'effacera jamais. Tous les malheurs pesèrent alors sur la France : les guerres au dehors et au dedans, la terreur, la guillotine, la confiscation des biens, la loi des suspects, une épizootie des bêtes à cornes qui rappela celle de 1770 à 1774, une mortalité affreuse et toutes les souffrances de la faim. On dut vivre sans viande de boucherie, sans lait ni beurre; les cuirs, les laines, les objets de première nécessité étaient rares, et quelquefois ils manquèrent totalement dans certaines localités voisines du théâtre de la guerre. L'armée des Pyrénées absorbait tout, comestibles et fourrages. Au nom du salut public, Pinet et Cavaignac avaient écrasé nos campagnes, mis en réquisition pain, vin, viande, vêtements, denrées, le tout avec ou sans indemnité.

On a vu qu'à la date du 4 germinal, ces représentants, soit pour arrêter l'insurrection des Landes, soit pour subvenir aux besoins des soldats près de la frontière, avaient ordonné le versement dans les greniers militaires de tout le blé des quatre districts du département. A peine l'heure de la récolte nouvelle est-elle venue, que Pinet et Cavaignac réclament au district de St-Sever, en date du 5 messidor, 16,133 quintaux de froment, 1,120 quintaux de seigle, et neuf jours après, un surplus de 5,625 quintaux de froment et 270 de seigle.

L'administration du district avait représenté que la totalité du froment et du seigle qui existaient dans le district à l'époque du 4 germinal fut alors versée dans les greniers militaires; que depuis cette époque, les habitants des environs de St-Sever ne subsistaient qu'à la faveur des secours accordés par l'Administration centrale sur les districts voisins; qu'un grand nombre d'entr'eux n'avaient eu pendant plusieurs jours, pour toute nourriture, que des légumes et des fruits de la saison, en sorte que le district ne pouvait remplir le contingent de la réquisition que par les grains de la prochaine récolte; que les habitants du district, habitués aux privations, se feraient un vrai plaisir de donner en cette occasion des preuves de leur empressement à fournir à leurs frères d'armes les secours dont ils auraient besoin pour anéantir les satellites des tyrans.

Après quelques autres observations, notamment sur la grêle qui venait de frapper les cantons, le district arrêta que d'abord après le battage des grains, chaque commune donnerait son contingent.

Privée de toute ressource pour solder les troupes, la République frappait les communes d'impôts énormes; mais on avait soin de ne demander qu'aux riches et de ne pas molester « la classe estimable des sans-culottes. » Ainsi, en thermidor, Pinet et Cavaignac ayant besoin d'une réquisition nouvelle de froment, on réclame à la commune de Duhort 236 quintaux de froment, dont 112 à M. de Caupenne, propriétaire de la Castelle, 84 à Foix de Candale, au château du Lau, et 42 à la dame du Souilh. « Quant aux 36 quintaux de seigle ou orge mentionnés dans l'arrêté du 22 messidor, dit la municipalité, il n'est pas possible que la commune satisfasse, attendu que celui qui y a été récolté est presque consommé, et nous croyons qu'il n'en reste pas assez pour la semence prochaine. »

Ces plaintes étaient communes à tout le district ; elles disent assez les souffrances de l'époque.

Pinet et Cavaignac exercèrent encore quelque temps leur mission dans nos Landes ; elle avait duré plus d'un an. Peu à peu, la Convention rappela tous les amis de Robespierre et mit à leur place des hommes modérés qui se hâtèrent d'ouvrir les prisons par un arrêté du 10 vendémiaire de l'an III (1er octobre 1794,) mais non encore pour les prêtres sexagénaires ou infirmes.

Baudot et Delcher, chargés de remplacer Pinet, Cavaignac et Monestier (du Puy-de-Dôme), arrivèrent le 30 ou le 31 août 1794. Monestier revint tout de suite à Paris. Pinet et Cavaignac, continuant leurs opérations militaires, étaient à Elizondo le 21 fructidor ou 7 septembre, et le 30 fructidor à St-Sébastien, en compagnie de Delcher, Baudot et Garrau. Vers la fin de septembre, Pinet, Cavaignac et Garrau quittèrent notre département des Landes, laissant tous leurs pouvoirs à Monestier (de la Lozère).

Paul Cadroy, député de nos Landes, était alors envoyé à Lyon, Toulon et Marseille.

Samson Batbedat sentit que le moment de la réaction était venu. Sous prétexte de mieux surveiller les intérêts de son domaine de Fleurus, à St-Sever, il sortit du directoire du Département et devint agent national du district de St-Sever. Ce fut une faute dont ses ennemis surent tirer leur profit. « Brumaire an III, octobre 1794. »

Les prêtres détenus à Ste Claire purent voir dès lors l'aurore de jours meilleurs ; l'espoir pénétra sous les verrous, quoique le décret sur la liberté des prêtres eût été modifié. On attendit la délivrance avec calme, avec cette persuasion intime qu'elle arriverait bientôt.

Une loi du 18 thermidor avait déclaré que les ministres du ci-devant culte catholique seraient payés de leur arriéré, faveur réservée, comme on le voit, aux anciens prêtres constitutionnels. L'Etat ne donnait rien aux réfractaires, puisque ceux-ci, d'après les lois, étaient encore des rebelles.

Depuis la mort de Robespierre, les réfractaires, si nombreux dans le diocèse d'Aire, osèrent quitter leurs cachettes et se montrer en public. On vit même dans les communes éloignées où la police avait peu d'action, ces réfractaires officier publiquement, en présence des autorités réunies, et ne prendre plus aucune précaution contre les poursuites.

Il fallait bien, puisque les lois n'avaient pas été rapportées, veiller à leur exécution, au moins par des proclamations menaçantes. Il y a dans ces proclamations quelques idées empruntées au système révolutionnaire, mais personne alors ne s'en émeut, et la réaction croît tous les jours.

Sous forme d'avertissement aux prêtres qui se montrent et célèbrent sans aucune autorisation, Monestier (de la Lozère), envoie une proclamation aux départements des Landes, des Hautes et Basses-Pyrénées.

Le Représentant du Peuple demeure instruit que des hommes mal intentionnés veulent porter atteinte à la Liberté en ressuscitant le Fanatisme, et en provoquant les idées vers le retour de l'exercice d'un culte public.

Le jour où il y auroit un culte et des membres exclusifs, la République seroit en danger. Cette vérité est démontrée, si l'on considère que la Royauté, la tyrannie et la féodalité ont eu constamment, sinon pour origine, du moins pour appui, le sacerdoce. Sans eux, le règne des Rois, des décimateurs et de tous ceux qui ont perçu si longtemps les droits qu'on appeloit seigneuriaux et autres aussi illégitimes que onéreux au peuple, ne se seroit pas établi ou n'auroit pas été de longue durée.

L'épouvante des prêtres méchants qui assimiloient la Divinité à eux-mêmes et imprimoient la Terreur en son nom, soutenoit la puissance des Rois, comme celle-ci protégeoit l'usurpation des prêtres et des hommes qu'on appeloit seigneurs et maîtres d'autres hommes que la vertu comme la nature rendront toujours infiniment plus précieux devant un Gouvernement juste....... tous ceux et notamment les membres des cultes qui provoqueroient l'établissement d'un culte quelconque prohibé par les lois, seront réputés perturbateurs de la tranquillité publique, coupables d'attentat à la liberté contre le Gouvernement républicain, poursuivis comme tels et punis par les Tribunaux des peines portées par les lois. Pau, 11 frimaire an III. (1 décembre 1794.)

Cette proclamation de Monestier, flanquée des tirades habituelles contre les prêtres et les rois, est anodyne, si on la compare à celles du règne de la Terreur. Monestier qui n'était pas méchant, dut rire le premier de ces menaces et laissa les gens en paix. Dieu lui réserve une précieuse récompense.

Ainsi, tous ces fanfarons des temps révolutionnaires, s'ils ne sont pas de profonds scélérats par tempérament ou devenus tels par une descente successive dans le crime, nous doivent apparaître comme de grands enfants émancipés qui s'étonnent eux-mêmes de leur puissance et de la terreur qu'ils inspirent. Plus tard, ils déplorent leurs excès, ils en rougissent au fond de leur âme, parce que tout homme, à moins d'être une monstruosité de la nature, porte en lui des principes indélébiles qui éveillent le remords après la faute et ramènent insensiblement vers le bien.

La Convention, honteuse du mal qui s'était fait en son nom, voulut effacer par quelques mesures généreuses le souvenir des crimes de ses anciens représentants. Elle renvoya les Religieuses dans leurs foyers (8 pluviôse, 27 janvier 1795). On eut même le soin de payer l'arriéré de leur pension, mais toujours en papier, qui ne valait alors que peu de chose. Un mois après (3 ventôse, 21 février), l'Assemblée Nationale proclama la Liberté des cultes, conformément à la déclaration des Droits de l'Homme. Dans une série d'articles, il était dit que la République ne fournissait aucun local ni pour l'exercice du culte, ni pour le logement des ministres ; qu'elle interdisait les cérémonies de tout culte hors de l'enceinte choisie pour leur exercice. Les ministres ne pouvaient paraître en public avec leurs habits, ornements ou costumes affectés à des cérémonies religieuses ; aucun signe particulier à un culte ne devait être placé dans un lieu public, ni extérieurement de quelque manière que ce fût. « Aucune inscription, disait le décret, ne peut désigner le lieu qui lui est affecté ; aucune proclamation ni convocation être faite pour y inviter les citoyens. »

Ce décret parut si hérissé de restrictions qu'il resta sans exécution presque partout. Toutefois, rendons justice à la Convention qui l'avait porté. Combien nous sommes loin des lois cruelles du 26 août 1792, des 18 mars et 21 avril 1793 et du 29 vendémiaire an II !!

Un député de nos Landes, membre de la gauche de 1848 à 1851, de 1871 à 1875, nous recommandait, au mois de juillet 1869, de bien faire comprendre que le rétablissement du culte catholique en France est dû, non à Bonaparte, mais à la Convention. — Sans doute!! mais qu'est-ce donc qu'un bienfait qui devient inutile?

Les dispositions bienveillantes de la Convention furent à peine connues, qu'un cri général s'éleva dans le pays pour obtenir la délivrance des prisonniers de Ste-Claire. Laurans et Lombreignes eurent cette faveur. Un seul homme, Samson Ratbedat, s'opposa au vœu du Département. Il affirmait avec hauteur que ces prêtres, rendus à la liberté, entretiendraient parmi le peuple des idées anti-révolutionnaires, et telle était la terreur que cet homme inspirait encore que l'Administration Centrale n'osait agir d'elle-même et le combattre en face.

Les membres du Distict de Mont-de-Marsan, et quelques membres du Département, donnèrent aux prisonniers le conseil de prendre l'initiative et d'écrire à Monestier par l'intermédiaire de l'Administration Cenatale. Ils le firent et envoyèrent une lettre écrite de la main de Domec.

Il y a plus de deux ans que les prêtres soussignés sont réunis dans la maison commune de Mont-de-Marsan. La plupart de nous sont septuagénaires, octogénaires ou infirmes. Notre situation est d'autant plus pénible que nous ne pouvons plus fournir à nos besoins pressants, soit par rapport à la cherté excessive des comestibles et des autres objets de consommation, soit par rapport à l'eloignement de nos parents et amis qui seroient en état de nous tendre une main secourable. Dans cette situation alarmante, nous avons résolu de recourir à la bonté et à la justice du citoyen Monestier, Représentant du peuple dans ce département, afin de lui demander et d'obtenir notre liberté. Notre espoir est fondé sur notre soumission au gouvernement dont nous avons donné des preuves suffisantes, n'ayant jamais donné aucun sujet de plainte par des actions contraires à l'ordre public.

Citoyens, vous avez été pendant notre détention, les témoins oculaires de notre conduite pacifique. Nous recourons à votre justice. Nous sollicitons votre avis en vous priant de vouloir bien appuyer notre mise en liberté auprès du citoyen Monestier de la Lozère, Représentant du Peuple. — Salut et Fraternité.

Domec prêtre. Castaignos. Baylens. Dufourcet. Dulose. Despériers. Deslons. Vergéz. Soustier. Camiade. Barrière. Baron. Léglise. Papin. Antoine-Darbins. Cabanes. Hippolyte Mora. Chauliaguet. Lagarde. Juncarol. Périer. Lafontan. Junca. Delisle. Marimpoy. Sarran. Papin. Lafosse. Costedoat. Daubaignan. Barry. Simon Mora. Broustet. B. Lubet. Bordenave. Lesbazeilles. Dumas. Fossats. Carenne. St-Genez. Cours. P. Darbins.

On ne retrouve pas dans cette liste : Dutastet, Duviella,

Darmagnac, Glise, Proëres, Arthaud.—Dutastet, Arthaud et Duviella sont morts durant la détention; les autres étaient sortis de Ste-Claire au moment où l'on signait la pétition.

Cette lettre, lue en séance du Conseil Général, fut portée à Monestier par les Administrateurs Laburthe et Sarraute. Ils trouvèrent chez Batbedat, à Fleurus, le représentant qui avait toujours entretenu des rapports familiers avec l'ancien Directeur des Landes et subi son influence. Monestier n'était pas méchant, mais faible. Il reçut avec bonté les Administrateurs. « Laburthe, homme d'esprit et éloquent, dit Domec, présenta la pétition et demanda au représentant de réaliser les espérances qu'il avoit données de renvoyer les prêtres. Batbedat s'y opposa. La dame d'Abidos (1) prit fortement le parti des prêtres reclus. Le faible Monestier trouva un tempérament et donna un arrêté qui les délivroit et leur défendoit d'exercer les fonctions dans les communes où ils avoient résidé. »

Domec rapporte encore que le temps de la mission de Monestier étant expiré, celui-ci antidata l'arrêté signé à

---

(1) Le 11 janvier 1783, Pierre-Laurent Monestier (dit : de la Lozère), avocat, épousa, dans la paroisse de Banassac, Mlle Sophie Rose Evesqué Molinets. Il résidait à Séveral, paroisse de St-Choli, diocèse de Rodez.

Le 13 fructidor an II, il fit sommation à la dame Evesqué sa femme, de comparaître devant l'officier de l'état civil de Banassac, arrondissement de Marvejols, pour entendre prononcer le divorce entre eux, en vertu de la loi du 4 floréal même année, pour *cause d'incompatibilité de leurs caractères et de leurs opinions.* Ce qui fut fait le même jour. Il résidait alors à la Canourque (Lozère).

Le 5 prairial an III, il épousa Marie de Noguèz, épouse d'Abidos, domiciliée à Aurice. Le mariage eut lieu à Vicq, près de Tartas.

Marie de Noguèz, avait épousé, le 21 juin 1783, M. d'Abidos, domicilié à Pau. Le mariage fut célébré à Gabaston.

Le onze thermidor an II, elle fit dresser devant le conseil général de Castéra (St-Loubouer) un acte de notoriété constatant que depuis le 28 août 1793 elle était séparée de fait d'avec son mari, et que depuis cette époque elle avait résidé à St-Loubouer.

Après sommation du 19 thermidor an II à M. d'Abidos de se trouver le 23 devant l'officier de l'état civil de cette dernière commune, le divorce fut prononcé ce même jour entre eux.

Le 15 prairial an III, elle accoucha à Onez, près d'Aurice, d'une fille que Monestier présenta à la mairie comme née de lui et de Marie de Noguèz.

Le 5 brumaire an V, Monestier décéda à Tarbes. La dame Evesqué lui survécut.

Marie de Noguez, sa veuve, mourut le 10 nivose an XI, à Lescar, avant le sieur d'Abidos, son premier mari.

Notes données à l'auteur par son compatriote et ami M. François Emile Labeyrie, officier de la Légion d'Honneur, ancien directeur du Contentieux au Ministère des Finances.

Pau du 11 ventose an III (mars 1795), et que les Administrateurs revinrent le lendemain à Mont-de-Marsan pour faire connaître cet arrêté et les manœuvres de Batbedat. Monestier se rendit lui-même au chef-lieu des Landes, la troisième fête de Pâques. Chacun des prisonniers reçut une copie de l'arrêté, et ils sortirent tous le 9 avril 1795, après deux ans de détention.

« Cet arrêté, dit Domec, répandit la joie partout. Le chanoine Vergèz et moi partîmes le 14 avril, à pied. Il n'y avoit point de fourrage pour les chevaux; la cavalerie des Pyrénées l'avait consommé. Nous arrivâmes à Dax le 15. »

Il est facile de retracer ici le tableau des ruines que les confesseurs de la foi trouvèrent dans les paroisses en sortant des cellules de Ste-Claire. La Révolution a vendu les biens du clergé, converti les églises en magasins de blé, de charbon, de fourrages, en bazars, salles de spectacle, en logement d'animaux immondes comme à Aire et ailleurs. Il ne reste pas un vase sacré, pas un vêtement sacerdotal pour offrir les saints mystères. De plus, sous l'influence de tant de mauvaises doctrines, les populations, déjà perverties en 1789 par les maximes philosophiques et irréligieuses, sont tombées dans un état déplorable; elles ont perdu la foi pratique. De retour au milieu de leurs troupeaux, les réfractaires voient tout changé, les mœurs, les hommes et les rapports de toute espèce. C'était un monde nouveau. Quelques prêtres eurent alors le tort de regarder comme non avenu ce que la Révolution avait fait depuis 1789; de là vint pour eux une longue série de persécutions et de calamités atroces.

Samson Batbelat ne put envisager avec calme la rentrée des prisonniers dans leurs paroisses, ni leurs travaux pour la restauration du culte. Persuadé que la République est par là même en danger, comme le disait Monestier dans sa proclamation, il assemble le directoire du district qu'il menait à son gré, et donne lecture d'un réquisitoire tout farci de sentences philosophiques et religieuses, où, sous quelques dehors de tolérance, il déguise mal sa haine de *diacre impie* contre la religion catholique et ses ministres. On voit en cet écrit mieux que partout ailleurs, le fond de son caractère, l'astuce, l'orgueil, l'arrogance et le mépris des règles élémentaires de toute prudence qui, dans un moment de réaction, lui imposaient le devoir de se taire pour ne pas susciter contre lui de justes récriminations à Dax, à Mont-de-Marsan et même à St-Sever où il avait quelques ennemis (1 germinal).

Le directoire du district de St-Sever vota tous les articles du réquisitoire de Batbedat. La sonnerie des cloches fut défendue, même pour l'*Angelus*. Elles ne devaient servir qu'aux assemblées municipales et communales. Toute cloche employée à une cérémonie religieuse ou à une prière devait être enlevée sur-le-champ.

Ce réquisitoire, d'après les ordres du District, fut imprimé, et on donna la recommandation à toutes les municipalités d'en faire lecture au peuple assemblé, pendant trois décades consécutives.

Dans le reste du département, à Mont-de-Marsan, à Tartas et à Dax, cette même pièce souleva contre Batbedat une vive indignation. Dès le moment, nous disait le chanoine Duplantier, où Samson eut blessé à ce point le sentiment religieux qui se réveillait dans toute sa force, il fut perdu, et sa chûte complète ne devait être qu'une affaire de temps.

Il y eut au sein des directoires du département et des districts une entente générale pour se défaire de cet homme. St-Sever seul lui garda une fidélité inaltérable.

En usant de ses pouvoirs discrétionnaires, Monestier (de la Lozère) avait reconstitué (19 pluviose an III) les autorités départementales et fait rentrer au pouvoir des hommes connus par leur modération. On n'y voyait plus que de rares partisans de l'ancienne Montagne.

DIRECTOIRE DU DÉPARTEMENT, PLUVIOSE AN III.

Dulau-Dubarat. — Durran. — Gillet-Lacaze. — St-Amon. — Cazalis. — Labarthe. — Planter. — Darracq aîné, homme de loi, à Dax.
Suppléants : J.-B. Laurans. — Henri Caupenne aîné.
Secrétaire-général : Dulamon.

1º DIRECTOIRE DU DISTRICT DE MONT-DE-MARSAN.

Fortis Bié. — Papin. — Casto-Bertrand. — Couralet. — Sébastien St-Marc.
Adjoints : Pausader et Cayre.
Agent national : Bordenave.
Secrétaire-général : Broqua.

2° DIRECTOIRE DU DISTRICT DE ST-SEVER.

Tortigue. — Lonné. — Castets. — Bustarret. — Gaüzère, avoué.
Adjoints : Maignes. — Castandet.
Agent national, Louis-Samson Batledat.
Secrétaire-général, Beaulac, fils.

3° DIRECTOIRE DU DISTRICT DE TARTAS.

Fondevielle. — Darribaude fils. — Deshordes. — Geoffroi fils. — Duprat fils.
Adjoints : Viveron. — Dubayle.
Agent national, Gazailhan.
Secrétaire, Cazaux.

4° DIRECTOIRE DU DISTRICT DE DAX.

Hosseloyre. — Molia. — Detchevers. — Hontang. — Seps, à Dax.
Adjoints : Lasalle. — Darrigan, fils cadet.
Agent national, Lahary.
Secrétaire-général, Roch Ducos, à Dax.

Un mois après, en ventose, les administrateurs du département avaient été réduits à cinq : Laburthe, Dulau, Duboscq, Gillet-Lacaze, Darracq, avec Dulamon pour secrétaire-général. Dyzèz, le conventionnel, était procureur-général-syndic; et Chaumont, d'Aire, suppléant de ce procureur.

Le directoire du département venait de se faire installer lorsque la loi du 21 germinal an III arriva au chef-lieu. Elle ordonnait le désarmement général et immédiat des hommes qui avaient participé aux horreurs de la tyrannie avant le 9 thermidor. Dans les départements où il n'y avait plus de représentants du peuple en mission, les administrations de districts devaient procéder au désarmement. En ce moment, Monestier (de la Lozère) fermait ses malles pour se rendre aux eaux de Bagnères, laissant tous les pouvoirs aux autorités départementales.

Impatient dans ses mesures réactionnaires, le Conseil Général des Landes envoya aux districts, à la date du 29 germinal, la loi du 21, avec des instructions particulières et l'ordre formel de répondre sans perdre un instant. La réponse de Dax est une page qui doit être conservée avec soin:

Il n'est que trop vrai qu'il existe dans notre arrondissement des hommes assez dénaturés, assez immoraux pour avoir participé à la tyrannie qui a précédé le 9 thermidor; non-seulement ils ont été les serviles instruments de quelques proconsuls dont l'histoire de ce pays n'oubliera jamais les noms, mais ils ont provoqué et nécessité des mesures les plus atroces, des vexations les plus abominables; par leurs soins et par leurs indications, les propriétés ont été violées, les fortunes dilapidées et les personnes traînées dans les prisons ou conduites à l'échafaud.

Les preuves de tous ces forfaits sont acquises à l'opinion publique; il est peu de citoyens connus par leur vertu et leur probité qui n'ayent été les victimes de leur fureur, de leur atrocité, de leur conduite arbitraire. Habitués à tous les crimes, livrés à tous les excès, ces hommes n'épient que le moment, ne cherchent que l'occasion de reprendre le sceptre de fer que l'époque du 9 thermidor leur a arraché; ils machinent dans l'ombre de nouvelles scélératesses, de nouveaux assassinats sans lesquels ils ne peuvent parvenir à leur but.

C'est dans la commune de Dax, principalement, que quelques-uns de ces hommes ont exercé leur pouvoir tyrannique; c'est du sein de la monstrueuse autorité qu'ils composoient, qu'est sorti le fléau des taxes et des réclusions; c'est de l'antre qui les rassembloit que sont émanées toutes les sodomies politiques qu'ils ont commises, et c'est peut-être encore autour d'elle (sic) qu'ils se rassemblent pour regretter leur sort passé et combiner de nouveaux plans d'anarchie et de carnage. Il est temps enfin de museler ces êtres et de les réduire dans l'impuissance absolue de troubler la tranquillité publique.

Dax, 3 floréal. Roch Drcos.

Dans le jour de la réception de la loi du 21 germinal, chaque municipalité devait faire un tableau des hommes qui s'étaient compromis par leurs excès avant le 9 thermidor, et qui résidaient sur le territoire de la commune. Envoyé sous trois jours au plus tard au directoire du district, ce tableau était arrêté définitivement dans le plus bref délai.

Tous les yeux, en ce département, étaient fixés sur Batbedat, l'ennemi de l'évêque, du chapitre et de la municipalité de Dax, le despote des Landes, le terrible adversaire de tant d'hommes honorables qu'il avait abreuvés d'outrages, et qui, grâce à un revirement politique, sont alors au pouvoir et tiennent fortement les rênes.

Sur la désignation de la municipalité de Mont-de-Marsan, le directoire de ce même district (12 floréal) lance un arrêté contre Batbedat « ex-administrateur du département des Landes, actuellement procureur-syndic du District de St-Sever. »

« Batbedat est atteint par la loi du 21 germinal, et, en conséquence, il sera désarmé. Attendu qu'il n'est pas domicilié dans l'arrondissement du district, le présent arrêté sera adressé tant à l'administration du département qu'au comité de sûreté générale de la Convention qui demeurent invités d'en procurer l'exécution. »

Cet arrêté fut remis le 16 floréal au Département, et sur le réquisitoire de Chaumont, procureur-général-syndic intérimaire pour Dyzez qui s'était abstenu, il fut déclaré que l'arrêté du District, celui du Département et le réquisitoire en question seraient envoyés en copie aux Comités de salut public, de sûreté générale, de législation et des finances, ainsi qu'à la commission des revenus nationaux, afin d'être pris telles mesures ultérieures qui seraient jugées nécessaires.

Le Département, on le voit bien, par sa délibération du 17 floréal, sonne la charge contre Batbedat; il n'oublie aucun chef d'accusation; il dénonce au Comité des finances, à la commission des revenus nationaux, et pour bonnes raisons, un homme qui n'ayant, en 1791, que des dettes à payer, était sorti des affaires, en 1794, possesseur d'un magnifique domaine, valant plus de 100,000 livres en argent et obtenu pour 60,000 livres en assignats alors que le papier était généralement déprécié.

Au milieu de tout ce bruit, Batbedat ne perdit pas la tête. Averti par ses amis de Mont-de-Marsan, il prépara ses moyens de défense avant même que les arrêtés de la municipalité et du district eussent paru. Par une singulière coïncidence, l'envoi au Département de l'arrêté du district de Mont-de-Marsan (16 floréal), et le réquisitoire de Chaumont devant le Département (17 floréal), sont des mêmes dates que le réquisitoire de Batbedat devant le district de St-Sever contre ces attaques, et l'arrêté du même district pris en conséquence le lendemain.

Batbedat dénonçait aux comités de sûreté générale et de législation à Paris les démarches de la municipalité et du district de Mont-de-Marsan, comme attentatoires à la loi du 21 germinal, à l'ordre des juridictions et à l'arrondissement fixé à chaque municipalité et à chaque administration de district; comme destructives de toute espèce d'amitié, de fraternité et d'harmonie qui doivent exister entre tous les corps constitués, et comme injustes et nulles, soit dans la forme, soit au fond, sans préjudice au procureur-syndic de St-Sever et au citoyen Castéra, de se retirer, si bon leur semblait, auprès du comité de sûreté générale, pour en obtenir les réparations convenables, tant en leur faveur que pour le compte de l'administration outragée en la personne d'un de ses membres. En outre, tous les bons citoyens et notamment ceux dont la conscience ne pouvait se refuser à attester les faits de justice, de générosité ou d'humanité qu'ils avaient éprouvés de la part de Batbedat, ou dont ils avaient une connaissance spéciale, étaient invités à les faire parvenir au comité de sûreté générale, ou au directoire du district de St-Sever.

En même temps, Batbedat envoyait à toutes les municipalités du département copie de son réquisitoire, de l'arrêté du district, et une formule de délibération sur laquelle il les invitait à se prononcer.

Il circule une délibération de la municipalité et du district de Mont-de-Marsan, concernant l'entreprise non réfléchie que ces deux corps constitués se sont permis contre le citoyen Batbedat, agent national du district de St-Sever. Ces délibérations calomnieuses ont été ourdies par des esprits exaltés. La loi du 21 germinal ne peut atteindre d'aucune manière le dit Batbedat, puisque toutes les communes du département des Landes se sont félicitées de l'avoir vu dans leur sein, et qu'il n'a pas balancé d'exposer sa vie pour garantir celle de ses concitoyens opprimés. Il a toujours mérité l'estime, l'amitié et la confiance de ses concitoyens, soit durant son administration au département, soit depuis qu'il est agent national du district de St-Sever. On dira même que sans ses lumières soutenues d'un patriotisme reconnu, il auroit coulé beaucoup plus de sang pendant le règne de la Terreur, soit sur la commune de St-Sever, soit sur plusieurs autres du département. Ce fonctionnaire public s'est ouvertement montré pour protéger l'innocent opprimé. Il n'a pas discontinué de donner des preuves non équivoques, soit du zèle qu'il a constamment montré pour protéger les détenus, soit de son pur civisme, puisque le plus grand nombre l'ont publiquement vanté pour leur libérateur et leur défenseur officieux; puisque aussi, trois mois après le 9 thermidor, le peuple, notamment la société populaire de St-Sever, se leva en masse pour réclamer du Représentant alors en mission dans le département la place d'agent national pour le dit Batbedat, afin de le conserver auprès d'eux, leur communiquer ses lumières.

Persuadés que toutes les communes du département verroient avec peine son remplacement, nous arrêtons que les délibérations prises par les municipalité et district de Mont-de-Marsan, seront par nous dénoncées aux comités de sûreté générale et de législation, comme attentatoires à la loi du 21 germinal, comme destructives de toute espèce d'amitié et de fraternité, comme injustes, calomnieuses et nulles, aux fins que le dit Batbedat obtienne les réparations convenables, outragé dans sa personne, calomnié dans sa conduite que nous déclarons être sans reproche, et pour qu'il soit maintenu dans la place qu'il occupe (*Archives de Duhort*).

Cette formule de délibération fut signée par un grand nombre de communes, et sans aucune exception par celles du district de St-Sever. Vivement irritée de ces menées, l'Administration centrale des Landes ne daigna pas répondre à Batbedat et fit parvenir des reproches sévères au substitut du procureur-syndic de St-Sever et au directoire de ce district (29 floréal); elle dénonçait aux comités du Gouvernement le réquisitoire du procureur-syndic et l'arrêté du district de St-Sever. Le procureur-général-syndic intérimaire du Département, Chaumont, envoya à ces comités et à la députation des Landes une expédition de l'arrêté, du réquisitoire qui le précédait, et des pièces relatées, avec prière d'y statuer, pour que le public qui n'attendait plus qu'une décision, fût fixé enfin sur une affaire qui était devenue un sujet de scandale. L'Administration centrale arrêta encore que le district de St-Sever serait invité à suspendre provisoirement la distribution de son arrêté et du réquisitoire de son procureur-syndic, des 16 et 17 floréal.

Tous les moyens employés par Batbedat furent inutiles. Le Comité de sûreté générale à Paris n'était guère disposé à écouter les doléances d'un anti-thermidorien, d'un fonctionnaire si hautement accusé de participation aux excès de la Terreur. En date du 16 prairial, il écrivit à Chaumont pour lui dire que la délibération du district de St-Sever, du 17 floréal, avait paru extrêmement blâmable; qu'il était très extraordinaire que Batbedat, partie intéressée, se fût permis de faire un réquisitoire, d'influencer la délibération du district en cette affaire. Le Comité ordonnait au Département de prendre tout de suite les mesures légales pour maintenir la subordination, d'y rappeler les administrations inférieures, sauf à celles-ci à recourir, si elles le jugeaient convenable, à la première Autorité constituée.

Sur ces entrefaites « 22 prairial an III », la nouvelle administration directoriale du département, formée par suite de l'application de la loi de germinal, entrait en fonctions. Elle se composait de : Vives, Lubet, Lonné, Chaumont, Cazaux, Darribaude fils, Casalis, Joseph Bordenave, procureur-général-syndic. Ce même jour, Chaumont recevait du Comité de Législation des instructions précises sur le rétablissement des administrations du département dans toutes les fonctions qu'elles exerçaient avant le 31 mai 1793, et sur la subordination relative de ces administrations.

Ces pièces en main, Chaumont invita le Département à tenir séance pour délibérer et rédigea, le 14 messidor, une longue suite de considérations où Batbedat est cruellement et justement traité. Chaumont rappelle d'une manière très adroite toutes les injures adressées par Batbedat à la municipalité et au district de Mont-de-Marsan :

> Dans l'étalage des éloges que L. S. Batbedat se prodigue, dans le panégyrique de ses vertus et de ses travaux, l'Administration centrale doit distinguer, pour les réprimer, ces injures que l'indignation propre à la vertu la plus pure ne se permettroit pas, qu'elle désavoueroit même ; ces inculpations mensongères qui caractérisent la haine, la vengeance et l'esprit de domination ; ces suppositions dangereuses que Batbedat s'est permises contre la municipalité et le district de Mont-de-Marsan en attribuant leurs délibérations à la *passion*, au *crime* ou à l'*erreur*, en les qualifiant *entreprise téméraire*, *actes arbitraires*, *envahissement de droits et de pouvoirs*, *violation des lois*, en accusant enfin les membres de la municipalité et du district, *d'ignorance*, *de malice*, *de réaction*, *d'insolence*, *d'audace*, *de mépris des formes*, *de manque de bienséance*, *d'ingratitude*, *d'offense scandaleuse*, *d'injustice*, *de lâcheté*, *de perfidie*, *de trahison*.

Puis, le procureur-général-syndic conclut au désarmement du coupable. Ce désarmement fut prononcé à l'instant même. Le perturbateur de l'ordre au sein du Chapitre de Dax avait donc jeté aussi le trouble dans le département tout entier ! Chassé de Dax, on le chasse encore honteusement du pouvoir ; on fait le tableau de son caractère, de ses menées tracassières, de son orgueil, des maux vrais ou supposés qu'il répand à pleines mains dans tous les lieux où il passe.

Batbedat, désarmé et destitué par l'arrêt du 14 messidor (2 juillet 1795), se déroba aux regards de ses ennemis qui l'accablaient de tout le poids d'une réaction triomphante. Il préparera dans l'ombre ses moyens de vengeance ; il reviendra un jour, il montrera tout ce que peut un homme irrité et qui satisfait toutes ses rancunes.

Cette digression sur Batbedat, d'ailleurs nécessaire pour faire mieux connaître un personnage qui doit, une seconde fois, jouer un rôle si considérable dans l'histoire de ce pays, montre sous son véritable jour la réaction de 1795. Il y a eu au sein de la Convention un cri d'horreur contre les hommes de Robespierre, et tous les échos de la France renvoient à Paris ce cri mille fois plus fort encore. Cette réaction s'agite; elle compte ses ennemis, elle les désigne aux vengeances nationales. On n'attend pas dans le Midi les arrêts de la justice; le sang des Terroristes coule partout. Paul Cadroy, envoyé à Marseille pour châtier les excès de la Terreur, fut accusé par Fréron d'avoir abusé de tous ses pouvoirs, et vint se défendre avec talent et sagesse devant l'Assemblée Nationale.

A Bayonne, Mondutéguy, qui avait d'abord, avant Cossaune, présidé la Commission Extraordinaire, succomba dans une émeute de rue. Bientôt nous verrons avec quelle ardeur les Thermidoriens s'élancent contre les Montagnards à Dax, à Aire, et dans plusieurs municipalités du département.

Mondutéguy est mort. Martin, l'un des juges de la commission, avait disparu dans une attaque d'avant-postes. Restaient encore Cossaune, Dalbarade, Maury, Toussaint.

D'un caractère cruel, Cossaune était devenu un objet de dégoût aux yeux des officiers, et par les horreurs commises à St-Sever, et par celles qu'il ne cessa encore de commettre. Ayant reçu en dépôt un prêtre espagnol prisonnier, il le mutila d'une manière honteuse, et pour ce délit, le tribunal du premier arrondissement de l'armée des Pyrénées l'avait condamné à deux ans de fers (ventose an III). L'opinion publique exigea le châtiment de tous les crimes de ce misérable; comme chef principal d'accusation, elle porta au Comité de législation la cause de Delong, condamné à Auch par la commission avec les plus graves défauts de formes. Le Comité de législation, par arrêté du 3 floréal, avait ordonné d'informer contre les auteurs de cet assassinat juridique du 27 germinal de l'an II. Cossaune fut donc transféré des prisons de Laruns à celles d'Auch, le 21 prairial (9 juin 1795), et comparut le lendemain devant le tribunal criminel.

Balbarade, Maury, Toussaint, arrêtés par ordre de Baudot et Delcher, le 21 germinal, écroués à la citadelle de Bayonne, sortirent à leur tour de prison, et furent cités devant le tribunal criminel à Auch, les 13, 15 et 18 juillet, en cette même salle où, un an auparavant, ils avaient condamné à mort les malheureuses victimes. Ce procès, qui fixa l'attention de tous les départements voisins, traînait en longueur. Les accusés firent appel aux comités de la Convention Nationale; ils durent leur salut aux temporisations de ces comités et à l'amnistie du 4 brumaire suivant qui pardonnait tous les faits révolutionnaires.

A dire vrai, les grands coupables étaient ailleurs, soit dans les administrations qui avaient préparé les procédures, soit parmi les hommes qui remirent à la commission ces pièces toutes prêtes.

Dans ces mois messidor et thermidor an III, les poursuites dirigées contre les membres de la Commission Extraordinaire, successivement présidée par Mondutéguy et Cossaune, portèrent naturellement les esprits à examiner la conduite relative de Pinet et de Cavaignac à St-Sever. La population de cette ville avait gardé cette impression générale que Cavaignac s'était montré moins cruel que son collègue. Le procès-verbal du 16 thermidor, an III, à St-Sever, soulève en effet cette question pour appliquer à chacun des représentants un jugement à part. Il semblerait, d'après quelques dépositions de témoins, que Pinet et Cavaignac avaient eu le même tempérament et la même férocité d'âme; mais cela n'est pas. Lors de la condamnation de Louis XVI, Pinet avait dit brièvement et brutalement, faisant allusion au vote précédent d'un de ses collègues : « comme je n'ai pas deux consciences, je vote pour la mort. » Cavaignac vote aussi pour la mort, mais emploie au moins un langage modéré : « Je n'ai dû écouter, je n'ai écouté réellement que le cri de ma conscience..... Je déclare qu'en conformité de la loi qui porte la peine de mort pour les crimes dont Louis est convaincu, Louis doit subir la mort. Le vœu terrible que je viens d'énoncer ne laisse dans mon âme d'autre amertume que celle qu'éprouve toujours l'homme sensible lorsque son devoir lui impose la cruelle obligation de prononcer la peine de mort contre ses semblables. »

La *Biographie Universelle* de Feller dit : « Cavaignac avait été chargé du rapport de la reddition de Verdun aux Prussiens et avait obtenu un décret d'accusation spécialement dirigé contre ceux qui en étaient les auteurs, en faisant annuler le décret qui déclarait les habitants en masse traîtres à la Patrie. » Feller dit un peu plus loin : « La conduite de Cavaignac en Espagne et notamment à St-Sébastien, se ressentit malheureusement trop de l'influence du furieux Pinet, son collègue. »

Domec donne le nom de *monstres* à Pinet et à Cavaignac au sujet de leur visite à Ste-Claire, en octobre 1793. Plus tard, il dit peu de choses sur Cavaignac, mais il frémit toujours au souvenir du *féroce* Pinet, du *tigre* Pinet. Dans le cours de cette histoire, nous trouverons encore d'autres appréciations sur Pinet. On se taira sur Cavaignac.

La *Biographie des Hommes célèbres encore vivants*, publiée en 1818 par une société de gens de lettres, parle ainsi de Cavaignac : « On l'accusa plusieurs fois d'avoir commis des cruautés inouïes dans la plupart de ses missions ; notamment, si l'on en croit Prudhomme, d'avoir exigé le déshonneur de la fille de Labarrère, prévôt de la maréchaussée de Dax, en lui promettant de sauver son père, qu'il envoya néanmoins à l'échafaud(1). Après le 9 thermidor, la Société populaire de Bayonne provoqua l'examen de sa conduite, et l'accusa d'excès de toute espèce ; mais il avait eu la prudence d'abandonner les jacobins et de se rallier aux thermidoriens qui, maîtres du gouvernement, imposaient silence aux accusateurs de ce genre. Cette première dénonciation fit donc peu d'effet. Lecomte l'ayant renouvelée, Boissy d'Anglas prit la défense de Cavaignac et fit passer à l'ordre du jour. »

La conduite de Pinet et Cavaignac, dit le *Moniteur Uni-*

---

(1) Dompnier, dans ses *Chroniques du diocèse d'Acqs*, dit que c'est là une calomnie atroce. L'éminent président du tribunal de Mont-de-Marsan, M. Dulamon, nous disait, 13 novembre 1874, qu'on n'a jamais ajouté foi à ce récit des ennemis de Cavaignac. Un parent de mademoiselle de Labarrère nous avait écrit que la condition du déshonneur exista réellement et qu'elle fut acceptée par une enfant au désespoir.

versel (an II, 1794, n° 256), avait donné lieu à de si violentes réclamations de la part des habitants de Bayonne, que le conseil général de la commune, afin de mettre un terme à ces dénonciations, écrivit, le 4 juin 1794, à la Convention pour lui faire l'éloge de ces représentants et démentir les calomnies qu'on propageait sur eux.

Après le 9 thermidor, dit encore le même journal, la Société populaire de Bayonne adressa, le 12 nivose an III ou 1ᵉʳ janvier 1795, à la Convention, un exposé de la conduite de Pinet et Cavaignac, signé de 215 citoyens, et les accusa, Cavaignac principalement, d'avoir abusé des pouvoirs qui leur avaient été délégués. La société, dans son exposé, fait l'éloge des sentiments des Bayonnais pour la Révolution; elle rappelle les actes de Monestier (du Puy-de-Dôme), puis ceux de ses successeurs, Pinet et Cavaignac, qu'elle présente comme les agents les plus violents de Robespierre et les auteurs de la condamnation à mort d'une foule de victimes, en énumérant les motifs invoqués pour motiver ces condamnations; les députés sont accusés également d'avoir dépeuplé des villages entiers dans le pays basque (arrêté du 3 mars 1794), et d'avoir causé, par cette déportation, la mort de 1,600 individus enlevés par la misère et le désespoir, etc., etc.

Dans la séance du 9 août 1795, la Convention passa à l'ordre du jour sur la dénonciation de la société populaire de Bayonne (*Moniteur Universel*, an III, n° 327).

Le général Eugène Cavaignac, dictateur en France après les journées de juin 1848, poursuivi par les attaques de certains journalistes, dit bien haut à la Tribune qu'il se glorifiait de la mémoire de son père. L'expression était sans doute un peu forcée. Ce n'est qu'un cri d'amour filial. Il lui valut des outrages dans quelques feuilles ardentes et passionnées.

L'historien ne doit pas aller chercher ses preuves dans ces effervescences politiques.

Cavaignac fut moins cruel que son collègue Pinet. Il aurait pu empêcher bien des excès, et son crime est de ne l'avoir pas fait.

A cette époque de réaction, un homme tel que Dartigoeyte ne pouvait échapper à la vindicte publique. Dans la séance du 9 juin, Pérès accusa notre député de dilapidations, vexations, effusion de sang et dépravation inouïe de mœurs pendant son proconsulat. Il entendit sans s'émouvoir le récit de ses crimes et fut décrété d'arrestation. D'après la *Biographie* de 1818, Dartigoeyte s'était partout attaché à donner aux mœurs un caractère de cynisme et de licence que la fièvre révolutionnaire faisait confondre avec la liberté. Jamais femme honnête ne parut devant lui sans avoir à rougir. Il faisait mettre les mères et les filles en réquisition pour le spectacle dans les villes où il passait, et il y paraissait lui-même de manière à révolter la pudeur.

La révolution du 9 thermidor n'avait pas changé les dispositions d'esprit de Monestier (du Puy-de-Dôme). Cet ancien chanoine de St-Pierre à Clermont, partisan effréné de la Révolution dès son aurore, ou par faiblesse, ou par ambition, continua de faire cause commune avec les terroristes. De retour à Paris, il s'était opposé à la mise en liberté des détenus pour opinions politiques. Assez timide dans la Convention, mais plein d'audace au club des Jacobins où il exerçait une grande influence, il avait, dans la séance de ce club, en date du 8 septembre 1794, appuyé, renouvelé même une motion qui tendait à remettre en activité la loi des suspects et à réincarcérer ceux qu'on avait mis en liberté. Monestier présidait le club lorsqu'à l'époque du procès de Carrier, on prit des mesures pour le fermer et disperser les secrétaires. Le président, la tête coiffée du bonnet rouge, s'agitait sur son fauteuil, disant qu'il était en insurrection, et invitait ses frères à en faire autant et à agir en conséquence. Après avoir vainement défendu Collot d'Herbois, il fut lui-même décrété d'accusation, le 1er juin 1795, comme accusé de s'être entendu avec un agent des fourrages de l'armée pour dilapider en commun (1), pour avoir fait verser le sang des citoyens de concert avec Pinet aîné, enfin pour avoir pris part à la révolte des 1 et 2 prairial.

Un homme se juge par ses actes et par ses paroles. La proclamation suivante, datée du 7 frimaire an II (27 novem-

---

(1) Voir Commission Extraordinaire à Bayonne, floréal an II. Plus tard, on envoya à la Convention Nationale un précis des faits qui avaient motivé la condamnation à mort de Boucher avec un exposé des moyens qui devaient opérer la réhabilitation de sa mémoire.

bre 1793), au camp de Belchénéa, et lue, par Monestier lui-
même, à la société républicaine de Pau, le 10 ventose an II
(8 mars 1794), nous aidera à connaître entièrement ce terrible représentant du peuple et l'affreux langage du temps.

CAMARADES, FRÈRES ET AMIS,

Nous apprenons avec douleur que l'abattement d'une croix a semé quelques germes de division parmi vous et laisse les opinions en équilibre. Je viens, f..... vous parler en frère et vous mettre à la hauteur des principes. Pyron, le bon Pyron, disoit un jour de vieux vendredi-saint, en entendant ronfler le canon céleste, c'est-à-dire gronder le tonnerre: f..... voilà bien du fracas pour une b....... d'omelette au lard; car, il faut que vous sachiez, mes amis, que, du temps de Pyron philosophe, il y avoit des capons et des fanatiques au moins comme aujourd'hui, et ce bon diable de Pyron s'avisoit alors de ne pas se croire obligé de mourir de faim et de se faire mal à la santé pour manger en maigre ou en gras.

Eh bien! f..... mes amis, je prends de là mon thème et je vous dis:

Où diable avez-vous pris d'aller vous quereller pour une croix debout, ou pour une croix couchée, ou pour une croix cassée? Oh! mes amis, n'ayons de haine enragée que contre les Espagnols; guerre à mort au roi catholique, à son inquisition et à ses coquins ou imbéciles satellites. Amitié, Fraternité à tous les Français, catholiques, juifs, protestants, musulmans, pourvu qu'ils défendent l'unité, l'indivisibilité de la République et l'égalité et la liberté. Sacrés philosophes d'hier, comment entendez-vous la liberté des cultes?... que chacun adore l'être suprême en esprit et en vérité, voilà le culte universel; qu'aucun ne fasse à autrui ce qu'il ne voudroit pas qu'on lui fît, voilà la morale de tous les lieux, de tous les temps, de tous les individus; toute autre doctrine, toute autre pratique n'est que charlatanerie des prêtres et superstition des fidèles. La croix est à bas, tant mieux, f..... tant mieux; s'il y a eu quelque légèreté en apparence de la c..... ainsi, le mal n'est pas grand; il y a eu aussi du courage de rompre une bandelette et un emmaillotement de plus; à tout hasard, le jour que le soldat ne se battoit pas contre l'Espagnol, il fit bien de se battre contre le fanatisme; si donc il résulte de cet événement le moindre trouble dans l'armée, ou entre les soldats et les naturels du pays, nous requérons la Société populaire d'Ainhoa de nous dénoncer ceux qui plaideroient pour la croix ou qui entretiendroient le fanatisme sous quelque prétexte que ce fût.

Nos réflexions sur les hommes de la Terreur en ce département des Landes nous ont fait perdre un instant de vue l'impulsion générale donnée aux affaires et les agitations intérieures de l'Assemblée Nationale.

La Convention, dominée par les idées réactionnaires,

avait d'abord puni les séides de Robespierre, puis tous ceux qui s'étaient fait un nom par leurs excès sous la terreur, même quelques auteurs du 9 thermidor, toujours coupables à ses yeux malgré le courage d'un jour et leur triomphe complet sur le tyran. La Montagne voyait en frémissant l'immolation successive de ses membres; elle se décida à reprendre le pouvoir par une tentative désespérée.

En ce moment, la disette était horrible, et, par suite d'un cruel hiver, l'arrivage des blés ne s'effectuait pas depuis deux mois. Les sections jacobines profitèrent avec art des murmures du peuple et répandirent cette insinuation dans les faubourgs que sous Robespierre l'abondance avait toujours régné, qu'on était plus heureux avec lui. Le peuple qui se laisse très souvent conduire avec des mots qu'il ne comprend même pas, s'était jeté sur la rue aux cris : *Du pain et la Constitution de 93!* et avait pillé quelques boulangeries; mais la Convention prit ses mesures. (12 et 20 germinal).

La révolte s'était montrée plus menaçante, au 1er prairial. Peu s'en fallut que l'Assemblée ne disparût devant un hardi coup de main. Heureusement, des secours arrivèrent. Les auteurs de l'insurrection avaient été décrétés d'accusation; quelques-uns périrent sur l'échafaud; d'autres cherchèrent leur salut dans la fuite. Parmi ces derniers était Pinet, d'exécrable mémoire, dont Bourdon (de l'Oise) rappela tous les crimes (1 et 4 prairial), en l'appelant le bourreau de la Biscaye.

Une immense acclamation de joie accueillit dans toute la France le triomphe de l'Assemblée Nationale. Duprat, de Tartas, accusateur public près le Tribunal criminel des Landes, s'écrie alors avec enthousiasme.

Le règne des fripons expire; les journées des 9 thermidor et 12 germinal avoient commencé leur ruine, l'époque à jamais mémorable du 4 prairial doit la consommer. Mais ils se rallieront, citoyens, si vous ne secondez de toutes vos forces les magnanimes efforts de la Convention Nationale; ils se rallieront!! si vous n'avez le courage d'exécuter les lois justes mais sévères qu'elle a portées contre ces hommes de sang qui ont organisé la terreur, le vol et le brigandage dans votre malheureuse Patrie.

Rappelez-vous encore, citoyens, la terrible déclaration qui est échappée à un de ces monstres lorsqu'on le conduisoit à une maison de détention: *On nous fera tomber dix-neuf fois; nous nous relèverons la vingtième, et vous êtes perdus!*

Vous ne voulez point voir accomplir cette affreuse prophétie. Eh bien ! citoyens! partagez le généreux dévouement de la Convention Nationale. Exécutez ses décrets, mettez dans cette exécution la fermeté, l'énergie dont elle vous a donné tant de fois l'exemple. Ayez constamment sous vos yeux la loi du 21 floréal. Poursuivez, dénoncez *tous les individus prévenus d'abus d'autorité, d'usurpation de pouvoirs, de vol, de dilapidations, assassinats, concussions, de tous autres crimes et délits d'oppression.*

Souvenez-vous que toute indulgence de votre part seroit un crime et que le moindre acte de faiblesse pourroit compromettre la République, la sûreté des bons citoyens, votre sûreté individuelle. Les scélérats ont trop longtemps triomphé ! Il est temps que justice leur soit rendue.

Avec de telles proclamations, on peut comprendre toutes les violences exercées par les Thermidoriens contre les Terroristes.

Rendue à elle-même par sa victoire sur les factions jacobines, et délivrée des hommes de sang qui l'avaient si longtemps tenue sous le joug, la Convention reprit le cours de ses mesures réparatrices. Par un décret attendu avec une impatience générale, elle remit aux municipalités les églises pour l'exercice du culte (11 prairial), mais elle laissait encore les prêtres insermentés sous le coup de la loi du 26 août 1792 qui exige le serment, et de celle du 23 avril 1793 qui prononce la déportation. Ces prêtres étaient hors la loi. Peu-à-peu, la Convention s'aperçut qu'elle se couvrait de ridicule en maintenant des mesures atroces qui n'avaient plus de raison d'être, attendu que la Constitution Civile du Clergé n'existait plus elle-même. L'Assemblée déclara donc libres tous les prêtres qui se trouveraient sur le sol de la République, à la seule condition de prêter serment de fidélité aux lois.

Ces décrets firent en France la plus heureuse impression. Les hommes de Foi se présentent devant les municipalités pour demander l'ancienne église paroissiale du lieu. De tous les côtés, prêtres assermentés et prêtres insermentés viennent se soumettre et faire leurs déclarations; tous alors tiennent à honneur de se parer du même titre de *Prêtre de l'Église catholique, apostolique et romaine*; mais les intentions diverses ne paraissent que trop, et ces malheureux jureurs, par leur attachement aux doctrines de 1791, laissent bien voir que ce titre glorieux ne leur appartient pas.

A St-Sever, Méricamp et Bordenave, ce dernier, ex-vicaire épiscopal de Bordeaux et directeur de l'école nationale de cette ville, déclarent (1 messidor, 19 juin) *avoir dans le commencement et le progrès de la Révolution française fait par principe de Société et de Religion, et faire en ce jour, par les mêmes principes, profession publique et constante de soumission aux lois et au Gouvernement français.* Trois jours après, Brun, curé de Castets en Marensin, Lannelongue jacobin, Laborde-Maignos, ex-dominicain, viennent souscrire à peu près la même déclaration. Caplane, Labastugue, Vincent Labeyrie demandent, les deux premiers, les chapelles de la ville, et, Labeyrie, l'église bénédictine pour y célébrer le culte, tel qu'il était en 1792. On voit par là que le malheureux vicaire épiscopal de Saurine ne rétracte rien.

Lorsque l'ivresse de la première joie fut passée, les prêtres non conformistes se trouvèrent en face d'une difficulté grave. Était-il permis de se soumettre à un Gouvernement spoliateur des biens du clergé, de la noblesse, et de toute personne émigrée, alors que ce Gouvernement ne parlait encore ni de restitution ni de compensation? On agita la question à St-Sever devant J.-J. Lamarque, et celui-ci, jetant un défi à toutes les attaques et insinuations des anciens constitutionnels qui appliquaient déjà aux insermentés l'épithète odieuse de rebelles, adressa aux prêtres du diocèse d'Aire une lettre imprimée avec sa signature autographe.

Nous, vicaire-général de Sébastien de Caux, évêque catholique d'Aire, dans le département des Landes.

Aux Prêtres Confesseurs de la Foi et à tous les ministres catholiques de notre Diocèse dans la même Communion. Salut et bénédiction en N.-S.-J.-C.

Le règne de la Terreur est passé, nos très chers Frères; la persécution a fini. Bénissons Dieu de ce que, en éprouvant nos chrétiens, elle a fait éclater la constance de la vraie foi dans tous ceux qui en êtes aujourd'hui les modèles. La loi du 11 prairial est partout en vigueur, et la Convention l'a interprétée de manière à prouver à toute la France que ceux qui la gouvernent, entendent que nous soyons parfaitement libres dans l'exercice du culte dont nous faisons profession. Le dispositif de cette loi et l'usage de cette liberté doivent donc être entendus et pratiqués par nous, N. T. C. F., selon la pureté du dogme catholique que nous suivons.

Il nous est prescrit de nous faire donner dans nos municipalités respectives, acte de soumission aux Lois de la République. Cet acte, dans sa généralité, tient essentiellement à l'ordre public dont Dieu est l'auteur, ainsi qu'au repos de la société dont il est l'appui. La Religion aussi nous en fait un devoir capital, tant elle est amie de la subordination, et éloignée de tout esprit de sédition et de révolte.

C'est pourquoi, N. T. C. F., je n'hésite pas de déclarer ici en votre nom et au mien, que nous sommes entièrement soumis aux Lois, comme le furent toujours de vrais chrétiens. Que la calomnie se taise! Une pareille situation nous honore. Elle est pure, elle est sainte comme la Religion qui l'ordonne et n'a rien de commun avec la perfidie du schisme ni de l'impiété. . . . .
. . . .
. . . .

Le schisme, quoique expirant, ne laisse pas de serpenter encore dans quelques endroits de ce diocèse. Déjà, dans un avertissement public, nous avons tâché de prémunir les fidèles contre la séduction d'une certaine *Lettre* qui disoit qu'entre les constitutionnels et nous il n'y a aucune différence, et que nous sommes tous de même communion, de même Eglise. Nous y avons montré que la chaste unité de l'épouse de J.-C. ne souffre point de division. Nous observerons donc, N. T. C. F., de ne point introduire le peuple catholique dans les temples dont les schismatiques ou quelqu'autre secte seroit en possession, de peur que l'unité du temple ne persuadât aux simples l'unité de communion et d'Eglise. Aujourd'hui, comme du temps de S. Augustin, il faut que l'étranger arrivant parmi nous et demandant où s'assemblent les catholiques, on puisse lui répondre sans ambiguïté: *Ils s'assemblent là!!.*

Nous attendons de la justice, de la bonté de nos Représentants la même faveur dont jouissent Paris, Toulouse, Bordeaux, etc, c'est-à-dire, l'usage exclusif des temples destinés au culte catholique romain. Nous devons l'espérer avec d'autant plus de confiance que la République française étant une et indivisible, parce qu'elle est partout gouvernée par les mêmes lois, les grâces et les faveurs, comme les charges, doivent être aussi partout les mêmes.

Enfin, N. T. C. F, lorsque nous serons requis de nous déclarer bons citoyens et sujets fidèles, voici la forme dans laquelle nous le ferons selon le vœu de la loi et que nous suivrons tous également:

« Aujourd'hui est comparu N.... prêtre du diocèse d'Aire, dans la communion de l'Eglise catholique et de ses Pasteurs légitimes, lequel nous a déclaré qu'il se propose d'exercer le ministère du culte connu sous la dénomination de catholique, apostolique, romain, dans l'étendue de cette commune, et a requis qu'il lui soit décerné acte de sa soumission aux lois de la République, de laquelle déclaration il lui a été donné acte. »

Je prie Dieu le Père de Notre-Seigneur Jésus-Christ, N. T. C. F., que la grâce de Dieu et l'onction de son esprit repose dans nos cœurs.

Donné à St-Sever, le 17 thermidor de l'an III de la République française, une et indivisible.   LAMARQUE, v.-g.

Un mois après, les réfractaires et quelques anciens constitutionnels, font leur soumission dans le sens indiqué par le vicaire-général. Les réfractaires, avant de se soumettre, devaient prouver qu'ils n'avaient pas quitté le territoire de la République depuis le mois de mai 1792. Ils emmènent avec eux une foule de témoins. Voici une déposition : « Tous les mois et presque toutes les décades, nous avons vu le citoyen Bernard Ducournau, curé de Monségur, depuis le mois de mai 1792, par vignes, champs, landes et chemins égarés à Samadet, Mant, Monségur, Morganx, Peyre, Labastide ».

La note sur Brethes-Peyron, l'évadé des prisons de Mont-de-Marsan, est pleine d'intérêt. On apporte la déclaration faite, le 21 pluviose an II, par le père : « Mon fils dénaturé, ayant été obligé de sortir de la paroisse où il vicariait, vint prendre asile dans la maison paternelle. Là, en présence de plusieurs membres de la commune, je mis tout en usage pour le déterminer à obéir à la loi. Mes efforts furent inutiles et il disparut. »

On trouverait les noms des réfractaires qui se cachèrent, sous la Terreur, en visitant les cahiers des délibérations municipales de messidor à fructidor an III. Nous avons pris ces déclarations dans leurs écrits particuliers ou dans les archives des paroisses. Joseph Cadroy, Arnaud Destenave, Labaquère-Vignes, Labeyrie, Lagleire firent leur déclaration à Duhort; J.-J. Lamarque à Doazit; Cazaulx et Pancaut, à Cauna; Jourdan, à Cazères; Candille et Dupérier, à St-Maurice; Lacome, à Dume, etc., etc.

On a vu un peu plus haut, par les demandes à St-Sever de Méricamp, Bordenave, Vincent Labeyrie, etc., que ces orgueilleux, prêtres depuis longues années, et constitutionnels dès les premiers jours de 1791, restent, après la tempête, obstinément attachés à l'erreur ; qu'ils se font gloire sur les registres publics de ne rien rétracter; que pour eux la véritable Église catholique est celle de la Constitution Civile du Clergé. Plus tard, à la restauration du culte, en 1803, ces hommes seront les mêmes, toujours imbus de leurs idées constitutionnelles; ils susciteront à l'évêque de Bayonne mille obstacles et mille embarras; ils l'abreuveront de déboires. Le cataclysme de 1791 fut un grand malheur, mais il était absolument nécessaire pour faire disparaître jusqu'au dernier de tant de malheureux prêtres, soit réguliers, soit séculiers, qui entretenaient au sein de l'Eglise une rébellion permanente.

Jean Jacques Lamarque ne trouva donc en général, parmi les constitutionnels, que des ennemis acharnés. Il eut plus de consolations auprès des prêtres ordonnés par Saurine. Avec cette aménité qui lui gagnait tous les cœurs, Lamarque écrivit à ces prêtres, les fit venir à St-Sever, et les retira presque tous de l'erreur par la force et la douce persuasion de ses raisonnements. Bustarret avait déjà reconnu sa faute en 1794, et publiquement, après le 9 thermidor. « Je serois humilié, disait-il alors, et plus tard en 1802, d'avoir à compter au nombre de mes services ce que j'ai fait avant ma rétractation ». Lalane-Lamathe se rétracta aussi en public le 1ᵉʳ juillet 1795. Lefranc Bernard se mit en communion avec J.-J. Lamarque. « Je reconnus alors mon erreur, ou pour mieux dire, le Père des miséricordes me la fit reconnaître, et je l'abjurai solennellement ». Ce prêtre se retira au sein de sa famille, jeûna un an et un jour au pain et à l'eau (*Archives de St-Julien-en-Born*), et attendit dans sa retraite les ordres de ses supérieurs ecclésiastiques. Pierre, son frère, qui l'avait suivi dans sa faute, le suivit aussi dans son repentir.

Barthélemy Peyraube montra une douleur bien sincère et fut dès ce jour, par sa piété et son obéissance, un ami de J.-J. Lamarque. Daricu, St-Marc, Duguit, Terrade, firent aussi leur soumission. Nous ne savons ce que devint le moine Chadel. Tastet et Lafaille avaient épousé deux sœurs Pinaquy, de Bayonne. Le premier fera légitimer son mariage, en 1817, par le Souverain-Pontife; le second se retira près de Bayonne et y mourut sans enfants.

Tous ces prêtres étaient originaires des diocèses d'Aire et de Dax, où quelques-uns résidaient à l'aurore de la Révolution.

Restaient encore: Calan, Cascaux, Depau, Dours, Hudin, Miqueu, Sahouret, Supervielle, Touret, Trecheyre-Thole, venus de divers diocèses. Les autres prêtres ordonnés par Saurine ne nous sont pas connus.

Depau, Dours, Miqueu, Sahouret, Touret, Thole, Supervielle, sont morts dans la communion de l'Eglise et l'exercice du ministère pastoral.

L'ex-médecin Beaudoin, veuf et père de trois enfants, ordonné diacre par Saurine en 1792, et prêtre le 13 novembre 1793 par l'évêque de Bordeaux, desservit Ichoux sous la Terreur, et devait terminer sa vie, le 28 août 1817, à Sauguinet « avec les sentiments de la piété la plus tendre et la plus édifiante. » *(Lettre de Gerbel, curé de Parentis.)*

Caseaux s'adonna à la sorcellerie près de Gamarde et de Sault-de-Navailles. Hudin avait quitté sa cure de Roquefort avec un cynisme révoltant, pour venir épouser, à Mont-de-Marsan, le 2 pluviose an III, Catherine Fourcade, sa servante née le 17 avril 1769. Greffier du juge de paix à Mont-de-Marsan, il sera, en 1800, accusé d'avoir contrefait 46 pièces, ce qui ne put pas être prouvé.

Calan, vicaire constitutionnel de Mont-de-Marsan, puis curé de St-Médard, entra dans les bureaux du Département de 1794 à 1796, puis dans l'administration des ponts-et-chaussées. Il voulut plus tard (1803), en employant des expressions très humbles, dans une lettre à l'évêque de Bayonne, reprendre une place dans les rangs du clergé et ne réussit pas. « Homme capable, d'une belle tête, réunissant la dignité à la grâce, longtemps chef de division à la préfecture, Calan mourut, après 1830, réconcilié avec l'Eglise. » *(Lettre envoyée à l'auteur par l'honorable M. Vergès, doyen de St-Vincent-de-Tyrosse.)*

En même temps que J.-J. Lamarque mettait tous ses soins à ramener dans la bonne voie ces prêtres égarés, Bats ouvrait une école de théologie pour envoyer des ordinands en Espagne. Mauléon-Labourdette, Lamarque de Sort, allèrent à St-Sébastien et à Pampelune recevoir le sacerdoce.

Dans l'année 1795, après la tempête, le ministère *catholique* en Dax et en Aire, sous la direction de Larrouture et de Lamarque, vicaires-généraux, se trouvait confié, ainsi qu'on le voit : 1° aux anciens reclus de Ste-Claire; 2° aux constitutionnels repentants; 3° aux insermentés non emprisonnés et non émigrés. Ils trouvèrent tous d'assez graves difficultés dans l'exercice de leurs fonctions.

Parmi les anciens prisonniers de Ste-Claire, Domec, curé de Saugnac, le chanoine Vergers, et Laurans, prieur de Divielle, étaient venus, dès le mois d'avril, se fixer à Dax. Ils établirent un autel dans la maison Ducros, ancienne demeure des Représentants du Peuple et de la Commission Extraordinaire, aujourd'hui couvent de la Réunion, et dirent la messe au milieu d'un concours considérable; mais ils furent bientôt tracassés par les ex-barnabites Robin, Mallet et Candau qui s'étaient faits scribes dans les bureaux du District de Dax. Par suite de l'arrêté de Monestier (de la Lozère), les prisonniers de Ste-Claire ne pouvaient exercer le ministère dans les paroisses où ils étaient au moment de leur réclusion. Le sens de l'arrêté était clair; les ex-barnabites soutinrent que cet arrêté allait plus loin encore, et que Domec et Vergers, anciens vicaires de Dax, ne pouvaient exercer en cette ville. Il fallut subir cette injustice et se retirer ailleurs.

Je fus extrêmement surpris, dit Domec, de l'indifférence de nos paroissiens et autres pour les sacrements. Il y avoit deux ans qu'ils n'avoient pas fait Pâques; quelques femmes s'en approchèrent; presque aucun homme. Ils se contentoient d'entendre la messe et d'assister aux vêpres. L'impiété avoit fait de grands ravages; l'esprit de l'athéisme avoit serpenté partout et répandu que la confession étoit inutile, que l'âme mouroit avec le corps. Les habitants ne s'empressoient pas de fournir aux besoins des prêtres. Ce fut partout la même indifférence. On vouloit des prêtres, mais on ne vouloit rien donner.

Quant aux réfractaires non emprisonnés, et dispersés, depuis leur réapparition, dans quelques maisons hospitalières, ils se trouvaient encore, par suite des mesures administratives, dans une position plus précaire que celle des prisonniers de Mont-de-Marsan. Ces réfractaires devaient, au préalable, se soumettre à toutes les exigences de la loi du 11 prairial. Toute contravention aux articles de cette loi était punie d'une amende de deux mille livres, tant contre les ministres que contre les citoyens qui les auraient appelés ou admis. Malgré toutes les difficultés de leur position, les prêtres catholiques se dévouèrent généreusement aux populations, et mirent leur espoir dans la Providence, priant avec ferveur pour obtenir des jours plus sereins.

La Convention avait déclaré libres tous les prêtres réfractaires non émigrés. Ce bienfait, pour être entier, aurait dû alors même s'étendre à tous ceux qui avaient quitté le sol de la République depuis le mois de mai 1792.

Une loi du 22 nivôse an III (11 janvier 1795) avait permis

la rentrée en France aux « ouvriers et laboureurs non nobles ou non prêtres, » sortis depuis le 1ᵉʳ mai 1793. Après la chûte de Robespierre, quelques prêtres et nobles, fatigués des ennuis de l'exil, loin de cette patrie toujours chère, malgré ses crimes, rentrèrent en France, interprétant à leur gré cette loi de nivose. Le Comité de Salut Public, pour qui les émigrés furent toujours des traîtres, écrivit à tous les départements, en date du 2 messidor an III (20 juin 1795), et ordonna de prendre toutes les mesures relatives aux lois déjà portées contre les coupables d'émigration. « Une rumeur sourde, disait le Directoire des Landes (28 messidor), laisse craindre que déjà des émigrés ex-nobles ou prêtres aient souillé le territoire du département. Le civisme connu et éprouvé des administrés du département ne permet pas de penser que ces mêmes administrés, fidèles jusqu'à ce jour à l'exécution des lois et à la Convention Nationale, veuillent aujourd'hui offrir asile et retraite à des émigrés, à des ennemis de la Patrie..... Il seroit douloureux qu'un département, qui s'est conservé pur dans toutes les crises de la révolution, devînt tout-à-coup un foyer de contre-révolutionnaires. » On ordonnait en conséquence de faire les recherches les plus rigoureuses.

C'est ainsi que la Convention, qui aurait pu guérir toutes les plaies, ne fit que les envenimer. Elle ne voulut pas ou elle n'osa pas poursuivre jusqu'au bout ses mesures réparatrices de prairial an III; elle maintint les lois de proscription contre les nobles et les émigrés. Ceux-ci avaient cru que la République était prête à les recevoir, et lorsqu'ils voulurent, cédant à l'espérance et aux plus doux sentiments de leur âme, embrasser le sol natal, on les saisit à l'instant même pour les refouler dans leur exil lointain.

Ce sera l'éternel honneur de la catholique Espagne d'avoir reçu, nourri, consolé ces phalanges épaisses de prêtres français qui, au moment du danger, étaient venus lui demander un asile. A 80 ans de distance, on ne peut lire sans émotion les lettres où l'archevêque d'Auch, dans l'expansion de l'amitié, dit sans affectation toutes les souffrances de la terre étrangère et le dévouement sans bornes de ceux qui lui ont donné l'hospitalité. Pie VI, du haut de son trône, veillait sur chaque exilé et donnait ses ordres aux monastères, en leur rappelant que les biens ecclésiastiques appartenaient aux membres souffrants de Jésus-Christ.

Quelques uns de nos anciens proscrits du diocèse d'Aire aimaient à redire que tous avaient gagné dans ce contact réciproque à l'étranger; les français, en se relâchant de la rigueur de leurs principes théologiques, presque excessive encore jusqu'en 1820 et 1830; les espagnols, en voyant de près la haute convenance, la dignité des mœurs sacerdotales de leurs hôtes. Dieu, qui se sert admirablement des passions de l'homme pour ouvrir les voies à sa providence, montra aux nations de l'Europe les vertus de l'Eglise de France, dépouillée, humiliée et pour ainsi dire anéantie. Les fugitifs pénétrèrent partout, au sein de l'Angleterre, de la Suisse, de l'Allemagne protestante, de la Russie schismatique. Malgré les édits de proscription contre les prêtres catholiques, ils furent accueillis avec ce sentiment de pitié et de respect qui s'attache au malheur; ils ouvrirent des écoles, multiplièrent les œuvres de charité et de dévouement, firent voir aux protestants élevés et entretenus dans la haine du Catholicisme, la véritable image du prêtre de Notre-Seigneur Jésus-Christ. Après Dieu, c'est à eux, plus qu'à toute autre cause, que l'Eglise catholique doit ses progrès en Europe depuis 80 ans, ces mouvements qui remuent l'Angleterre, et feront d'elle un jour avec ses mille vaisseaux la messagère hardie de la bonne nouvelle sur toutes les plages de l'Univers.

Sous la sage direction de Larrouture et de Lamarque, et malgré les anciens terroristes, ardents à dénoncer jusqu'aux paroles les plus inoffensives en chaire des prêtres catholiques, le bien renaissait peu à peu dans les diocèses d'Aire et de Dax. On se livrait à l'espérance, lorsqu'un évènement inattendu vint réveiller les passions politiques et jeter l'Eglise de France dans une crise nouvelle.

Depuis le 9 thermidor, les royalistes avaient osé reprendre publiquement ce titre; ils parlaient déjà de la nécessité d'une restauration, du mérite et des grandes qualités du Prétendant. On noua des relations avec les émigrés d'Angleterre. Ceux-ci, avec cette illusion si naturelle à des proscrits, crurent que le moment était venu et débarquèrent sur la presqu'île de Quiberon. La Convention envoya ses armées contre les émigrés et les fusilla tous jusqu'au dernier.

L'expédition de Quiberon fut un grand malheur pour la cause des royalistes. S'ils avaient su attendre, s'ils avaient favorisé avec art les mouvements anti-révolutionnaires qui, depuis le 9 thermidor, prenaient des proportions si considérables, le principe monarchique triomphait. Il fut écrasé dans ses tentatives, et tous ceux qu'on soupçonnera de les avoir provoquées, subiront les conséquences de l'échec.

Peu de temps après, les Assemblées électorales se réunissaient en vertu de la loi du 1er vendémiaire an IV (23 septembre 1795), et nommaient partout des hommes connus par leurs idées réactionnaires. A Paris, la garde nationale, envahie par les royalistes, juge le moment favorable. Sur 48 sections, 45 s'assemblent en armée délibérante et rejettent les décrets de la Convention. Celle-ci, assez forte pour mépriser une telle protestation publique, proclame la Constitution de l'an III, et renouvelle ses décrets les plus sévères sur la police des cultes (7 vendémiaire, 30 septembre 1795). On demande que les prêtres reconnaissent par serment la souveraineté du peuple; on prononce des peines rigoureuses contre ceux qui exerceraient leurs fonctions sans avoir fait acte de soumission. Dès le lendemain, une assemblée hostile se réunit aux portes de la Convention, et le 13 vendémiaire (6 octobre), le général Bonaparte écrase les sections. Dans cette lutte contre les sections, Cavaignac avait été adjoint à Barras pour diriger la force armée, et contribua au triomphe de la Convention. Son ancien collègue dans les Landes, Monestier, profitait alors de l'ammistie générale, et devenait président du tribunal criminel du Puy-de-Dôme dont il remplit les fonctions plusieurs années.

Tous les prêtres du département des Landes faisaient alors la déclaration suivante qui fut affichée sur les portes des églises : *Je reconnais que l'universalité des citoyens français est le Souverain et je promets soumission et obéissance aux lois de la République.* Ils croyaient, par cet acte de soumission, être libres et sûrs de l'avenir, et ils se virent, en cet instant même, cruellement désabusés. Frémissante de colère contre les signes de mépris et de haine qui lui viennent de toutes parts, exaspérée par les proclamations des départements, la Convention se venge sans pitié; elle écrase les innocents avec les coupables, et le 3 brumaire an IV (25 octobre 1795), au moment où le clergé catholique se soumet partout et reconnaît la Souveraineté du peuple, apparaît le décret qui ordonne la réclusion ou la déportation des prêtres condamnés par les lois des 26 août 1792, 18 mars et 21 avril 1793; puis, par une injustice révoltante, l'Assemblée amnistie ce même jour tous les délits révolutionnaires; elle jette sur des pontons affreux les martyrs de la foi qui avaient donné tout pour leurs peuples et rend à la liberté les juges et bourreaux des anciennes Commissions. C'était perdre, en un moment, les éloges que l'on avait su mériter depuis thermidor.

La Convention avait proclamé la République; elle veut conserver son œuvre contre les réactionnaires qui se croient sûrs du triomphe avec le scrutin; elle arrête que les deux tiers de l'Assemblée de 1792 entreront dans la composition de l'Assemblée nouvelle; pour effacer ses propres souillures de sang, elle proclame l'abolition de la peine de mort en matière politique, et se sépare après la séance du 4 brumaire an IV (26 octobre 1795) (1).

Cette Assemblée Nationale a commis des crimes énormes. Elle a immolé Louis XVI en haine de la royauté et du catholicisme. Au nom du Salut Public qui devient, en certains cas, la loi unique et suprême, la loi seule possible, elle s'est crue autorisée à lancer des décrets barbares, à inonder la terre de sang, à proscrire, à piller. En face de dangers graves à l'extérieur, elle a eu quelques inspirations sublimes ou de courage ou de désespoir; mais son règne, depuis le 31 mai 1793 jusqu'au 9 thermidor an II (27 juillet 1794), a

---

(1) En cette année 1794, les hommes ont tremblé. On m'a fait bailler un pair de mules pour la République pour 4000 livres en assignats qui ne valoient pas 50 livres en argent. Un louis d'or valoit 8000 livres. En juillet 1793, la résine se vend 12 livres la barrique. En août, 50. En 1794, les ateliers se fermèrent et les marchandises n'avoient pas de cours. Le 1ᵉʳ avril 1795, la barrique se vend 165. Le 1ᵉʳ juin, 200. Le 16, 386. Le 23, 487. Le 30, 600. Le 23 août, 1500. Le 12 septembre, 1800. Le plus haut prix fut de 800 l. le quintal. Le quintal d'huile de résine se vendit 3000 francs en assignats. Le millas, 400 f. la livre. Le seigle, 400. Le vin, 80 la pinte. Un pair de sabots, 30. Une livre de tabac, 590. La livre du pain blanc à Dax, 250. Le sel, 400 la mesure. Un pair de bœufs, 70,000 l. Un cheval, 60,000 l.

Quelques jours après, la résine reprit son cours d'autrefois, 23 livres en argent la barrique. *Livre commercial de Jocqs, dit Bonne, à Linxe.*

été, à l'intérieur, une dure et longue oppression. Après avoir renversé les hommes de sang qui déchiraient son propre sein, elle aurait dû réparer tout le mal qu'elle avait fait ou qu'elle avait laissé faire. Son crime nouveau fut de n'avoir pas amené cette grande réparation. Sans rendre même justice au bien qu'elle avait essayé depuis le 9 thermidor, l'opinion publique ne voulait voir dans la Convention que des hommes cruels et leur envoya de tous les points de la France un adieu plein de mépris.

Nous touchons enfin, disait alors le procureur-syndic de Dax, à ce temps si longtemps et si impatiemment désiré. Il va donc s'écrouler avec l'échafaudage de ses institutions révoltantes, il va disparaître enfin pour jamais, cet horrible gouvernement révolutionnaire pour faire place à une nouvelle Constitution, présage de notre bonheur, qui en supprimant les administrations de district, va simplifier les rouages des administrations municipales.

CHAPITRE IV.

Le Directoire. — Élections dans les Landes. — Persécutions nouvelles. — Rapport de Dyzez. — Proclamation du Département. — L'émigré Bidalon. — Rapport de Dutchevers sur Batbedat. — Délivrance des prisonniers de Ste-Claire. — Proclamation du Département.

La Convention Nationale, convaincue par l'expérience, qu'une Assemblée sans contrôle ni pondération de pouvoirs, peut tomber dans tous les excès de la tyrannie, avait donné l'autorité à deux Chambres, aux Cinq-Cents et aux Anciens. Le gouvernement des affaires fût confié à un Directoire où entrèrent Rewbell, Laréveillère-Lépaux, Letourneur, Barras et Carnot.

En vertu de la réserve faite par la Convention Nationale, Cadroy, Saurine et Roger-Ducos restèrent au pouvoir. Les élections départementales envoyèrent à Paris Jacques Lefranc, général de brigade, et parent du conventionnel de même nom, Darracq, Duprat, Chaumont, Papin et Turgan.

Lefranc, Cadroy, Saurine, Darracq, Duprat, Chaumont passèrent aux Cinq-Cents; Roger-Ducos, Papin et Turgan au Conseil des Anciens.

Daracq avait dirigé tous les mouvements réactionnaires à Dax. Duprat, avocat à Tartas, est celui-là même que nous avons vu lancer une proclamation au sujet des évènements de prairial à Paris. Jean-Baptiste Chaumont, d'Aire, d'abord procureur au tribunal du district de St-Sever, puis juge au tribunal criminel de Dax, est l'auteur du réquisitoire contre Batbedat au sujet du désarmement; Papin, d'Aire, et Turgan, de Branne, en Gironde, domicilié à Parentis, hommes nouveaux, sortaient des administrations civiles et judiciaires à Mont-de-Marsan et à Tartas.

On voit que la ville d'Aire est représentée par trois de ses enfants, Cadroy, Chaumont et Papin; Dax par Roger-Ducos et Darracq; Mont-de-Marsan par Lefranc. St-Sever ni Tartas n'ont pu envoyer aucun de leurs concitoyens. L'Assemblée Nationale et le Département ont rejeté Dartigoeyte et Dyzèz comme trop compromis devant l'opinion publique. Dartigoeyte se tint caché à Lahosse où il résida jusqu'à sa mort dans l'obscurité la plus complète. Jacques Pinet, de sinistre mémoire, envoyé par la Dordogne à la Législative et à la Convention, s'était montré assez criminel pour ne pas mériter une fois de plus les honneurs de la députation. Son collègue Cavaignac fut nommé aux Cinq-Cents, d'où il devait sortir en mai 1797 pour être employé aux barrières, et ensuite dans la loterie nationale.

Les mêmes élections de vendémiaire avaient amené au directoire du département des Landes Detchevers, Laburthe, Chaumont, Couralet et Larreyre, avec Dulamon comme secrétaire-général.

Detchevers était un jeune avocat de Dax, doué d'une intelligence et d'une grande force d'âme qui vont l'appeler à jouer bientôt un rôle important dans les affaires du pays. Laburthe, de Grenade, ancien employé à la Monnaie de Toulouse, est déjà connu. Larreyre, ex-constituant, reparaît sur la scène. On l'a choisi en haine de Dartigoeyte, son voisin à Lahosse. Couralet, de Roquefort, était un homme simple et bon. Dominique Chaumont, frère du député aux Cinq-Cents, devait sans doute à l'influence de ce dernier son élévation à des fonctions si honorables.

La Constitution de l'an III, proclamée par l'ancienne Convention, supprimait les administrations de districts. Chaque département eut un directoire composé de cinq membres, renouvelables par cinquième tous les ans. Les communes, dont la population avait plus de 5000 âmes, jouissaient d'une administration municipale distincte et séparée; les autres communes, d'une population inférieure à 5000 âmes, n'avaient pas d'administration particulière, et étaient représentées par deux agents à l'administration municipale du canton, composée des agents de toutes les communes de ce canton.

Les administrations municipales, tant des villes d'une

population de 5000 âmes, que des cantons, étaient subordonnées au Département, et ce dernier aux ministres.

Le Directoire exécutif, à Paris, nommait un commissaire auprès de chaque administration départementale et communale, soit de ville, soit de canton, pour veiller à l'exécution des lois. Le commissaire près de l'administration centrale des Landes fut Laurans, qui céda bientôt la place à l'ex-conventionnel Dyzèz.

Cette Constitution avait été élaborée par Syeyèz. Plein d'admiration pour son œuvre, il l'appelait une des formules les plus simples et les plus parfaites de gouvernement.

La situation du Directoire à Paris, en 1795, était singulièrement difficile. Au dehors, les peuples de l'Europe, humiliés par leurs défaites, plus jaloux encore de l'état prospère de la France, voulaient une revanche. Au dedans, les factions étaient vaincues, mais les partis restaient; le Directoire devait en même temps calmer les esprits, remplacer la dictature par le régime constitutionnel, mettre de l'ordre dans la perception des impôts, refaire le crédit. La planche des assignats ayant été brisée, les capitalistes consentirent à prêter de l'argent contre des garanties spéciales. Pour payer les dettes, arriérés de pensions, etc., on vendit une quantité de biens dits nationaux qui, après un long séquestre, se trouvaient appartenir à des émigrés (1); on vendit aussi en grand nombre les presbytères des paroisses rurales, occupés jusque là par les prêtres constitutionnels, puis par les régents et les cabaretiers; mais le gouffre était toujours béant, les dépenses devenaient énormes par suite de la guerre en Italie.

Nous avons entendu (9 brumaire an IV (31 octobre 1795), le procureur-syndic, encore en fonctions à Dax, s'écrie avec

---

(1) La vente des biens des émigrés se fit ainsi : Si le patrimoine liquidé excédait 20,000 francs de capital, l'État prélevait d'abord cette somme pour l'ascendant, etc., etc., etc., et devenait copartageant pour le reste.
Le citoyen Pinsun déclare que ses biens valent 123,118 fr., qu'ils sont hypothéqués pour 15000 fr. représentant la dot de la citoyenne Faurie, son épouse, et pour 1,500 fr. de dettes. Sur les 96,045 fr., qui restent après les prélèvements, la République eut pour sa part 21,272 fr. Sur la liquidation des biens de Jean-Jacques Docros, estimés 31,179 livres, il revint à l'État 622 livres. Sur celle des biens de la citoyenne Sabercazaux, veuve Duclerc, mère d'émigré, et estimés 73,306 livres, et le prélèvement de 20,000 fr. étant fait, il resta 52,306 livres, dont moitié pour la République, et moitié pour le fils unique de la veuve Duclerc.

enthousiasme : *Il va disparître enfin pour jamais cet horrible gouvernement révolutionnaire !!* Notre procureur avait trop présumé de la bonté ou de la force du nouveau Pouvoir. Celui-ci, en prenant la direction des affaires, avoua qu'il serait imprudent, vu la réaction presque victorieuse au 13 vendémiaire, de retirer les édits de proscription du 3 brumaire an IV, et leur laissa un libre cours. Ce même procureur est donc obligé de changer de ton cinq jours après, sa première circulaire. Il a reçu la loi du 3 brumaire qui ordonne l'exécution, dans les 24 heures, des peines portées contre les prêtres, et le 14 de ce même mois brumaire (5 novembre 1795), il écrit aux municipalités de l'arrondissement de Dax que, d'après les décrets des 21 et 23 avril 1793, tous les ecclésiastiques séculiers et réguliers qui n'avaient pas prêté le serment conformément à la loi du 26 août 1792, devaient être embarqués et tranférés à la Guyane française; les vieillards âgés de plus de soixante ans, les infirmes et caducs, enfermés sous une huitaine dans une maison particulière au chef-lieu du département; que ces décrets étaient applicables non-seulement aux prêtres insermentés de 1793, mais encore à ceux qui, ayant prêté serment, l'avaient rétracté depuis cette époque, vérité d'autant plus constante que, sans elle, les décrets deviendraient illusoires, puisqu'ils n'atteindraient pas ces caméléons politiques et ces parjures à circonstances.

Le procureur ajoute qu'il est des hommes, dans l'arrondissement de Dax, marqués au coin de cette versatilité de principes : Sentex et Deyres entre autres, le premier à Pontonx, le second à Mézos, qui seront dénoncés à l'administration, comme ayant rétracté leur serment, et qui, par conséquent, seront atteints par les lois. La rétractation de Sentex et de Deyres avait été publique et solennelle. L'Administration ne pouvait donc feindre l'ignorance. Quant aux autres jureurs rétractés, on ne chercha pas à les inquiéter, quoique leur rétraction fût généralement connue, pour cette raison qu'il n'était pas permis de les poursuivre sans preuves très claires de leur culpabilité. Rendons cette justice au Département, composé alors d'hommes très modérés, qu'il aurait bien voulu laisser en paix les confesseurs de la foi, et qu'il usa envers eux de ménagements délicats.

Dans l'exécution des décrets contre les insermentés, l'Administration centrale des Landes eut soin de rappeler les droits sacrés de l'humanité; elle consentit à ce que les prêtres qui avaient légalement prouvé leur état d'infirmité et le danger de leur translation et réclusion, fussent mis en état d'arrestation dans leur domicile sous la surveillance des autorités constituées. Les administrations municipales devaient constater par les agents des communes si les insermentés qui demeuraient chez eux, en arrestation provisoire, étaient rétablis et en état d'être transportés dans la maison de réclusion, sans danger pour leur vie. Hélas! les infirmités de ces pauvres prêtres brisés par tant de souffrances, n'étaient que trop réelles, comme on peut le voir d'après les attestations envoyées au Département par une foule de médecins.

A la première sommation, Domeo, Soustrar, Dufourcet, Despériers, Turon et Lesbazeilles se rendirent à Mont-de-Marsan. Le chanoine Vergers se cacha à Labatut; Beylenx, à Laurède. Camiade fut exempt de prison pour cause de maladie.

Les prêtres d'Aire se montrèrent plus avisés. Au moyen de pétitions et de certificats de santé, ils obtinrent facilement de ne pas quitter leur domicile. D'ailleurs, on ne fit de recherche contre personne.

L'Administration centrale des Landes est fatiguée de toutes ces persécutions contre les prêtres insermentés. Ne sachant guère comment se tirer d'embarras devant le gouvernement, elle dit dans une proclamation qu'elle va mettre à exécution les lois de 92 et 93, mais que la maison n'est pas prête pour recevoir les insermentés sexagénaires ou infirmes, et qu'en attendant, ceux-ci resteront en réclusion dans leurs domiciles actuels. A cette catégorie appartenaient: Camiade, Baron, Larrouture, Vidart, Mérignac, Maurian, les deux Papin, oncles du député, Delisle, Léglise, Barrière, Glize, Portets, Broustet.

Quelques prêtres d'Aire, de nouveau atteints par la loi, se décidèrent peu à peu à rentrer en prison à Mont-de-Marsan. Ce furent : Sarran, Chauliaguet, Lafontan, Desbons, Laurans, les deux Mora, Lubet Barthélemy, Daubaignan, Darmaignac, Périer, Costedoat, Antoine Darbins, Lombreignes, Taillandier, St-Genèz, Dumas.

Ces incarcérations diverses eurent lieu de brumaire à pluviôse de l'an IV. Les insermentés de 25 à 60 ans et quelques sexagénaires refusèrent de se livrer à la discrétion des autorités.

De toutes les communes, on avait envoyé au Département la liste des prêtres avec le domicile de chacun d'eux. Quand ces communes furent requises de mettre la loi à exécution, elles répondirent toutes à peu près dans les mêmes termes : *Nous avons fait des recherches aux domiciles de N... et de N... Ils nous ont dit que les citoyens prêtres étaient partis la veille.*

Le 15 brumaire, à Souprosse, on fait une visite chez Catherine Lalaste, veuve Lagieu, et chez la citoyenne Tournier-Chauton, pour trouver Lafosse, curé d'Artiguebaude, et Sarragousse, vicaire de Souprosse. Ces dames se plaignent de tant de hardiesse et répondent brusquement que les prêtres sont partis depuis 24 heures. Même déception à Mugron. Là, Fossats, Marsan, Lafaurie, Laborde, Dupérier Raymond, Castaignos, vivent en paix près de Dartigoeyte, alors président du canton. Dartigoeyte écrivit au Département que tous ces prêtres avaient disparu, et qu'il n'était pas possible de transporter encore Mora et Baron ; que d'ailleurs, ces prêtres n'inspiraient aucune crainte par leurs rapports ni par leur conduite. De Tartas, on envoya la même déclaration pour Vidart, Larrouture et Darbins.

A la date du 21 brumaire, le président du canton d'Aire écrit que les deux Papin, Delisle, Costedoat, Lanavère, Sousbie, Larrieu et Duvignau dit Baron seront arrêtés au plus tôt. Ces quatre derniers, ne voulant pas du tout aller en prison, sortirent de la ville pour se cacher à Duhort. Pierre Lalanne et Dufossé restèrent dans la campagne de St-Sever.

Parmi les noms qui précèdent, on a remarqué ceux des émigrés Lanavère et Marsan, vicaires du Mas et de Mugron. Ils étaient rentrés d'Espagne avant tout rapport de loi dirigée contre les déportés à l'étranger, et furent bientôt suivis par quelques autres : l'archidiacre Basquiat-Mugriet; Dupoy, curé de Bostenx; Lafargue, archiprêtre d'Aruc; Lagarde, vicaire de Mugron; Dupin, vicaire de Pouillon; Dupont, curé de Tarnos; St-Guirons, curé de Maillas; Thomas, de Meilhan, curé de St-Pé-de-Léren. Affre, bénédictin de Ste-Croix, à Bordeaux, vint à St-Sever, muni d'un certificat de catholicité de M. Boyer, vicaire-général de Mgr de Cicé. Duplantier-Bilhau, de Coudures, ordonné prêtre en Espagne au mois de mai 1792, rentra dans sa paroisse natale, après 4 ans d'exil, avec un Lamarque de Sort, et Mauléon-Labourdette, qui venaient de passer la frontière pour se faire ordonner à St-Sébastien et à Pampelune.

Ces prêtres, ou rentrèrent de leur propre mouvement, ou furent envoyés dans les Landes par les évêques d'Aire et de Dax avec le titre de missionnaires munis de tous pouvoirs.

Dans le diocèse d'Aire, il y avait une entente générale pour protéger les prêtres réfractaires ou catholiques, et au sein du Conseil Général, une convention tacite de ne rien faire contre eux. Si quelque dénonciation de sans-culotte arrivait à Mont-de-Marsan, on n'en tenait pas compte. Quelquefois le patriote venait lui-même au chef-lieu, dans les bureaux du Département; on le renvoyait de l'un à l'autre, et s'il insistait, on le jetait dehors, en lui disant qu'il usait d'un sans-façon grossier et malhonnête.

Batbedat était furieux. En qualité de procureur-syndic de St-Sever, il avait fait prendre, le 18 brumaire, l'avant-veille du jour où les administrations nouvelles devaient entrer en fonctions, une délibération très longuement motivée qui invitait le directoire du Département à se montrer sévère contre les insermentés, à rapporter les dispenses de réclusion, à rejeter toutes les demandes de cette nature; puis, devenu président du canton de St-Sever, il prouva, par les procès-verbaux des municipalités, que la loi du 3 brumaire contre les insermentés était illusoire, attendu que ces prêtres avaient extorqué partout des dispenses de réclusion, et envoya son rapport au Directoire, à Paris, en donnant avis au Ministre de l'Intérieur. Il écrivit ensuite au Département pour que ce dernier indiquât les mesures à prendre. Le Département garda un silence complet.

Au sein du Conseil Général des Landes, un autre homme restait fidèle à ses principes républicains et aux dogmes de 1793. C'était Dyzèz, commissaire du Directoire Exécutif près le département des Landes. Dyzèz, au mois floréal de l'an III, avait refusé de poursuivre Batbedat. A la fin de cette même année 1795, il surveille attentivement les prêtres insermentés et va bientôt les poursuivre sans pitié. Le 25 brumaire an IV (16 novembre), il écrit au directoire des Landes une lettre toute pleine d'intérêt pour notre histoire locale.

Le 27 vendémiaire, le commissaire d'Amou m'écrivit à l'occasion des prêtres réfractaires pour demander les moyens propres à arrêter les progrès naissants de la morale anti-républicaine, qu'ils débitent clandestinement dans un recoin de son canton. Un nommé Loustau, ci-devant capucin, se rendoit les jours de fêtes au ci-devant château de Gaujac pour y dire la messe. Des volontaires avec l'agent s'y transportèrent pour faire régner la police. 150 ou 200 personnes s'élancèrent de cette maison pour repousser ces inspecteurs. On fut sur le point de se battre. Les volontaires durent se retirer.

Les agents n'osent donner leurs déclarations. Ce sentiment de crainte est général. Du côté de Samadet et de St-Sever, on trouve des prêtres partout. Les prêtres réfractaires forment des rassemblements dans un grand nombre de cantons pour l'exercice du culte. On court en procession chez le prêtre Camiade, dans le canton de Montfort. Chez le citoyen Decèz à Caupenne, on diroit que c'est un conclave. A Momuy, un prêtre exerce. On y vole en troupes. A Samadet, un même prêtre y dit deux messes. A Montaut, deux chaque jour de fête. Aire semble avoir conservé son ancien Chapitre, et la présence du chanoine Taillandier a inspiré une nouvelle audace. A St-Sever, les choses ont été au point que l'on ne peut se dispenser de dénoncer aux Tribunaux. Dans le canton de Villeneuve, trois ou quatre prêtres se signalent, entre autres un certain Ducor, et on leur a donné pour renfort l'ancien curé de Pimbo, Broustet. Enfin, pourquoi aller chercher si loin ce que vous avez sous les yeux? A votre côté, l'ex-curé de St-Pierre, Lalaste, officioit publiquement ces jours derniers dans un pressoir à peu de distance de la ville sur la commune de St-Pierre, parmi une multitude de personnes qui m'en ont parlé. Je cite les citoyens Blousson et Costarramon qui sont dans vos bureaux. Le lieu où le pressoir est situé s'appelle : *au Béarnais*.

Ces faits en général sont connus de tout le monde. J'ay ouy dire au citoyen Etchevers lui-même que Dartigoeyte cachoit dans sa maison un prêtre réfractaire et qu'on y disoit la messe.

Au reste, je n'ai rien fait publier à Paris. Si j'avois eu cette intention, je n'aurois pas détaché un trait du tableau pour l'offrir isolément. J'aurois exposé aux yeux le tableau tout entier. Je ne fais ici que l'ébaucher. Je l'aurois revêtu de toutes les couleurs. — Salut et Fraternité.

Il ne faut pas vouloir trop de mal à Dyzèz, si, harcelé par les commissaires cantonaux qui n'envoient que des plaintes sur les *deux partis* formés, il adresse au Département cette lettre un peu menaçante. Armé de la loi, et les rapports des commissaires en main, il aurait pu tout bouleverser, et il ne le fit pas. Nous regrettons qu'il n'ait pas revêtu le tableau de toutes ses couleurs. Nous y perdons une page intéressante.

A la fin de sa lettre, Dyzèz demandait que l'on dénonçât aux tribunaux l'ex-curé de St-Pierre, ainsi que les rassemblements formés au *Béarnais*; que Broustet et Taillandier fussent rappelés à Mont-de-Marsan; que sur les autres faits, on délibérât pour déterminer s'il convenait de les dénoncer tous ensemble.

Le Conseil Général des Landes, forcé d'agir, ordonna de rechercher et de faire traduire, dans les 24 heures, à Mont-de-Marsan, tous les prêtres atteints par la loi du 3 brumaire. Faute de ce faire, et le délai de 24 heures passé, les fonctionnaires convaincus de négligence étaient condamnés à deux mois de détention (6 frimaire, 27 novembre). Cet arrêté était signé par Larreyre, Detchevers, Chaumont, Laburthe et Laurans, hommes très bons, qui tous, sauf Detchevers, avaient des frères dans le sacerdoce. Dès lors, on peut comprendre que les menaces du 6 frimaire ne sont que pour la forme. De plus, ces Administrateurs tenaient un œil attentif sur les anciens terroristes. Laburthe, Chaumont et Detchevers étaient les ennemis personnels de Batbedat. Larreyre, depuis son emprisonnement par Dartigoeyte, 24 heures avant l'adjudication du presbytère de Lahosse, conservait à cet homme de 1794 une haine profonde.

Malgré la proclamation du 6 frimaire, les poursuites contre les réfractaires sont très molles. « La plupart de ces prêtres restent cachés, écrit Dartigoeyte (27 frimaire), et sans doute, ils continuent leur culte sans que les Autorités constituées soient en mesure de s'y opposer ni de les surveiller parce qu'ils trouvent une protection officieuse dans leurs sectateurs. » *(Arch. de Mugron)*. En même temps, Dartigoeyte faisait prendre à Baigts des renseignements très précis sur Napias qui, devenu fou sous la Terreur, avait recouvré la raison après le 9 thermidor pour la perdre encore au 3 brumaire. Une seconde fois, il fut déclaré fou. Décidément, le bon curé de Rion méritait sans appel ce titre de caméléon à toutes couleurs.

Le trait suivant est bien propre à faire connaître l'état des choses à la fin de 1795. Raymond Dupérier, ordonné prêtre en Espagne, avait fixé son domicile à Nerbis. Cédant à un entraînement de jeunesse et de zèle qu'il aurait dû certainement réprimer, vu la gravité des circonstances, il voulut jouer un tour à son compatriote et voisin, le terrible Dartigoeyte. Après avoir donné ses avis secrets à la population, Dupérier fait sonner à toute volée dans la nuit de Noël et chante une messe solennelle. Dartigoeyte n'y tient pas. Dès le lendemain, 5 nivose, il écrit aux conseillers municipaux de Nerbis pour leur dire que la responsabilité du fait pèse tout entière sur eux. Le même jour, il envoie au Département une copie de sa lettre, il ajoute que Dupérier est le premier auteur de ce rassemblement; qu'il a disparu après la messe; que la gendarmerie s'est transportée à Nerbis; qu'il y est allé lui même, mais que toutes les recherches ont été inutiles ; « vos arrêtés, citoyens, nous soulageront d'avoir vu les premiers essais du fanatisme qui tente de faire égorger les républicains pour relever le trône.»*(Arch. de Mugron)*. Menaces, prières, tout fut inutile auprès des habitants de Nerbis pour les pousser à trahir le jeune et courageux prêtre catholique. Dartigoeyte, qui n'avait probablement aucun désir de le prendre, ordonna aux agents de la commune de fermer les portes de l'église et d'apporter les clés à Mugron.

La lettre de Dartigoeyte au Département est très significative et nous fait voir où en sont les esprits. Il y a dans le département, au point de vue politique et religieux, deux partis bien formés. Les passions révolutionnaires, irritées d'une défaite à peu près complète, veulent une revanche et la préparent; l'oreille est toujours au guet, une plume toujours prête, pour recueillir, pour dénoncer au Gouvernement toute parole, tout acte qui trahirait une trop grande compassion des Administrateurs du département envers les malheureux. Batbedat, il est vrai, ne se trouve plus à Mont-de-Marsan, pour effrayer de là toutes les administrations, les tribunaux, les prêtres et les nobles; mais depuis l'amnistie générale du 25 octobre 1795, et son retour de Paris à Fleurus, il attend le moment favorable, il sème des inquiétudes, il forme des intrigues, et d'accord avec ses amis, il crie partout : *à la trahison de la République!* et proclame qu'une révolution est nécessaire.

Cette révolution, en effet, on la pressentait dès l'ouverture du Directoire. Le Gouvernement était représenté par deux partis, ou si l'on veut, par deux camps. Barras, Laréveillère-Lepeaux, Rewbell, voyaient se placer autour d'eux tous les anciens conventionnels, tous les hommes à idées avancées. Les modérés marchaient à la suite de Carnot et de Letourneur. Cette division de sentiments politiques se trouvait dans tous les rangs de la société et des administrations départementales. Les deux partis s'accusaient l'un l'autre soit de modérantisme, soit de connivence avec la réaction; de là, à chaque instant, des bruits perfides, des dénonciations calomnieuses, venaient harceler, fatiguer le Conseil Général des Landes. Sur une lettre envoyée de St-Sever, il ordonna, vers la fin de 1795, de rechercher les prêtres réfractaires qu'on disait cachés dans les maisons de Laborde-Lasalle, Lamarque de Sort, Lacome, St-Félix et Bayle chirurgien. On ne trouva pas de prêtres. N'ayant plus la patience de supporter tant d'indignes tracasseries, le Département saisit cette occasion pour jeter dans le public une proclamation, pour se défendre et en même temps signaler ses ennemis acharnés.

A nos concitoyens, 7 nivose, 23 décembre. Le besoin de toutes les vérités nous presse, il nous fait rompre un silence que nous aurions voulu rendre éternel. Il nous fait développer notre pensée. C'est celle du bien public.....

Quand des factieux altérés de sang, de troubles et de richesses ne cessent de semer le germe affreux de nouvelles discordes; quand ils ne cessent de répandre les défiances, les soupçons et la farouche terreur qui seconda tant de fois si heureusement leurs âmes cannibales; quand ils ont juré de replonger leur pays dans le gouffre de l'horrible anarchie; quand enfin leur audace criminelle s'accroît et se fortifie de la faiblesse des uns, de la crédulité des autres, de l'irrésolution de tous, nous vous devons des conseils :

Eh bien ! écoutez !!!

Au règne hideux du crime qui pesa si longtemps sur la patrie désolée, vous vîtes succéder des jours de justice. Au 9 thermidor, disparurent les échafauds et les bastilles avec le tyran qui les dissémina sur tous les points de la République; l'innocence fut vengée; les nombreux bourreaux furent signalés, réduits à l'impuissance; les vertus et les talents quittèrent les sombres demeures où les poussa le Vandalisme. On ne craignit plus d'être homme de de bien, etc., etc.

Et cependant on empoisonne vos plus douces jouissances.

Des hommes affermis dans le vice s'irritent du spectacle de la tranquillité publique. Il leur importe de la troubler; l'exagération, la calomnie et le soupçon perfidement répandus, deviennent leurs armes. Ils n'oseroient attaquer ouvertement la Liberté. C'est par le dégoût, le découragement et le désordre qu'ils ont conçu l'espoir homicide de vous conduire à l'esclavage, de renouveler du moins ces scènes d'horreur dont le souvenir trop récent fait frissonner encore.

Ils vous disent, les misérables, et leurs échos le répètent au loin: « la Constitution ne peut ni ne veut marcher. Le gouvernement est sans nerf. Les administrations sont composées de *Chouans*. Une grande épuration est nécessaire et se prépare. Les *patriotissimes* reprendront bientôt les rênes de l'Etat... Une insurrection suffit... elle s'organise... »

Et vous, trop timides, trop confiants, vous les croyez sur parole. Leurs espérances sinistres, vous les prenez pour des réalités. Déjà la terreur vous comprime. L'imagination égarée ne vous laisse plus voir que le retour certain des proscriptions, des comités révolutionnaires, de l'échafaud..... Et vous caressez les monstres dont vous craignez la dent meurtrière!! et vous ne rougissez pas de briguer leur appui!!

Quelle lâcheté et quelle dégradation!

Cette proclamation était principalement dirigée contre Batbedat. Il répondit par des injures gossières, et profita de la fête en l'honneur de la juste punition de *Capet* pour donner un libre essor à ses colères. Son discours à St-Sever fut celui d'un vrai jacobin. Le Département ordonna qu'il serait fait une information contre l'orateur accusé d'avoir énoncé des maximes anti-révolutionnaires. A la suite de l'information, Batbedat fut destitué de ses fonctions de président du canton. Sur-le-champ, il partit pour la capitale, se plaignit de la réaction dans les Landes, et obtint de Laréveillère le rapport de la suspension en des termes qui renfermaient un blâme de la conduite du Département.

Dès lors, on le conçoit, il ne peut y avoir qu'une haine mortelle entre Batbedat et le Conseil Général des Landes, et, plus tard, des représailles, si l'occasion se présente de les exercer.

Quelques jours après ces discussions, un fait malheureux, une scène sanglante vint surexciter dans notre pays les passions politiques; il servira plus tard de thème à toutes les invectives de Batbedat contre l'administration des Landes.

Bidalon, de Candresse, ex-noble, émigré, et cousin de Laurent Dusouilh, à Aire, s'était caché en cette ville et à

Duhort depuis sa rentrée d'Espagne. Atteint par la loi du 22 nivose de l'an III, il tomba entre les mains des gendarmes dans la nuit du 9 ventose. Le lendemain, sous bonne escorte, on le conduisait à Mont-de-Marsan; mais déjà le signal d'alarme était donné dans la campagne du Mas et sur les hauteurs du Souilh à Duhort. Trente hommes d'élite, masqués et armés de fusils, traversent l'Adour à Bachen près de la digue du moulin de la Castelle, et vont attendre les gendarmes au point de bifurcation de la route vers Cazères et Villeneuve. Dès que le cortège paraît, les conjurés barrent le passage sur la route de Villeneuve, à 50 mètres du poteau, et réclament Bidalon. Une lutte s'engage. Plusieurs de côté et d'autre reçoivent des blessures; le gendarme Larmandieu a la poitrine percée d'une balle, tombe et meurt. Bidalon est emmené au Souilh, et le cadavre de Larmandieu porté à Cazères.

Dans la matinée du 11 ventose, Detchevers, administrateur délégué par arrêté de ce jour, se rend à Aire avec un bataillon de militaires pour faire une enquête administrative « et arriver à la découverte des auteurs et fauteurs de l'attroupement qui s'était porté sur la commune de Cazères. » Aucun témoin ne se présenta et il ne fut pas possible d'arracher un aveu.

Detchevers, en se rendant à Aire, avait reçu du Département plusieurs missions; celles de rechercher les auteurs et fauteurs de l'assassinat, les déserteurs et fauteurs de désertion dans les cantons de Geaune et d'Aire; d'éclairer d'une lumière entière la grande affaire des vols commis en 1793, à l'évêché, au séminaire, à l'église du Mas et chez plusieurs particuliers de la ville. On réclamait à grands cris la punition de ces vols dans la personne de Balbedat qui alors même obtenait à Paris le rapport de suspension prononcée contre lui à la date du 13 pluviose.

Pour ne pas briser le récit, pour offrir tous les détails de ce drame sous un même coup d'œil, nous avions averti qu'il serait fait à part et en son temps un exposé complet des voyages et pilleries de Batbedat à Aire en 1793. Il faut donc reprendre les choses de plus haut.

Nommé commissaire le 21 février 1793 pour constater l'état des biens meubles des émigrés de la ville d'Aire et du canton, ainsi que des dilapidations qui pouvaient y avoir été commises, Batbedat était parti sans retard pour commencer le jour même ses opérations délicates. Il visita tour à tour l'évêché, le collége, l'église du Mas et le séminaire, et n'y trouva qu'un reste de misérables effets qui ne lui parurent pas dignes d'inventaire. Après avoir parcouru plusieurs maisons, il se dirigea vers celle de Dartigues-Dossaux, émigré. C'est là que l'évêque, avant son départ, avait fait transporter ses meubles les plus précieux, et ils y étaient restés en dépôt et intacts. Telle en était même l'immensité, que Batbedat en fut étonné, et il dût l'être bien agréablement.

Le décret du 2 janvier 1793 avait tracé aux commissaires de vente toute leur ligne de conduite, mais Batbedat ne se gêne pas pour si peu. Il ne fait pas d'inventaire, vu le prix insignifiant des objets, surtout chez Dossaux, ce qui, d'après son propre rapport, eût été trop long et même impossible, parce que les meubles se trouvaient en trop grande quantité, entassés les uns sur les autres, dans une maison (1) petite, mal assurée, située dans une rue écartée, et que d'ailleurs il a trouvé un moyen excellent dans les circonstances et même préférable à l'inventaire et aux procès-verbaux en s'emparant des clefs pour les tenir entre ses mains.

On devine les intentions de Batbedat. Il veut faire main basse sur tant de richesses et s'en réserver une large part.

Mais quel moyen prendre ? La municipalité tient les yeux fixés sur lui et les habitants de cette ville ne sont tous que « des royalistes, des fanatiques, des contre-révolutionnaires. » Cette municipalité, il faut donc la briser ; ces habitants, les réduire au silence par la terreur. Il se transporte à la municipalité, il la gourmande, il la querelle dans toutes les parties de son administration. Dans toutes, il lui impute, il lui suppose des torts graves, des torts qu'elle n'a jamais eus ; il lui fait subir des interrogatoires, il la censure, il la menace pour lui inspirer des dégoûts, des inquiétudes et des craintes qui la réduisent à se démettre, et c'est par cette ruse qu'il parvient à lui arracher sa démission.

(1) Cette maison est la seconde à droite en entrant à Aire par Mestade. Elle est en face de l'ancien cimetière supprimé en 1769 pour l'ouverture de la route vers Tarbes par Madiran.

On dit : à lui arracher sa démission. Car ce n'est pas ainsi qu'il le raconte lui-même. Il prétend que la municipalité voulut se démettre, et qu'elle se démit volontairement; mais ce récit est faux; il est formellement démenti par des citoyens qui déclarent que les officiers municipaux furent arbitrairement destitués par Batbedat qui leur enjoignit de lui remettre les écharpes qu'ils avaient reçues du peuple.

Cette opération terminée, Batbedat nomme une commission de huit membres présidée par Laborde qui lui est entièrement dévoué, et remet à ce dernier les clefs de la maison Dossaux, de l'évêché, du séminaire, etc.; puis, il annonce son retour prochain à Mont-de-Marsan. Il n'a plus que quelques heures à rester, et pour montrer ce zèle qui le dévore, il entreprend un cours de visites domiciliaires dans les maisons des citoyens Fossé-Castéra, Lafaille, Capdeville, et enfin dans la maison de la citoyenne Dartigues, femme, mère, belle-sœur et tante d'émigrés.

Batbedat ne permit à personne d'entrer avec lui dans la maison de la citoyenne Dartigues. Il sortit peu de temps après, en disant qu'il n'avait pas trouvé chez la citoyenne Dartigues les meubles de l'émigré Dossaux, quoiqu'ils y fussent réellement. Dossaux était frère de l'émigré Dartigues, mari de la citoyenne Dartigues, les trois, proches parents de Batbedat lui-même.

Restait encore la maison Papin où était mort en juin 1791 l'abbé de la Castelle. Cette maison était remplie de meubles scellés et inventoriés par le juge de paix et la municipalité. N'importe! Batbedat place le tout sous la sauvegarde des nouveaux commissaires. Il a tout réglé, tout arrangé, tout disposé; il part le 3 mars 1793 pour Mont-de-Marsan, et le même jour, il fait rendre un arrêté qui, sans aucun examen, approuve sa conduite, qui sanctionne aussi l'établissement de la commission nommée par lui à Aire; et cet arrêté, il l'arrache, il le surprend à la religion de l'Administration.

Fidèle aux instructions qu'elle a reçues de Batbedat, la commission nouvelle, composée de sans-culottes obscurs, se met à l'œuvre, et sans inventaire, sans état ni compte d'aucune espèce, elle entasse dans les grandes salles de l'évêché tous les objets de la maison Dossaux, et les confond pêle-mêle avec ceux des autres émigrés, dans le but, dit-elle, de mettre le tout à l'abri du pillage.

De Mont-de-Marsan, Batbedat suivait avec attention les mouvements de la nouvelle commission d'Aire. Les 5 et 6 mars, il se fit expédier deux autres arrêtés qui, en ajoutant de nouveaux témoignages de satisfaction aux premiers qui lui avaient été prostitués, consacraient toutes ses opérations et l'invitaient à en reprendre le cours, à la faveur d'une prorogation de sa commission.

Or, du 3 au 9 mars, la commune d'Aire, mal contenue par les 8 commissaires en permanence, vexée, tourmentée par Batbedat, jurait tout haut de se venger. L'ancienne municipalité, cassée par arrêté du 3, comme « incivique et coupable, » toujours conduite par Valette, Lafitte, Dupoy de Tartas, etc., soufflait partout l'esprit de rébellion. Le Département, à qui Batbedat dictait ses lois, donna aux huit commissaires la recommandation d'agir avec vigueur et écrivit aux habitants d'Aire une lettre pleine de menaces.

C'est alors, dans la nuit du 7 au 8 mars 1793, qu'eut lieu l'arrestation de Costedoat, curé du Mas, en son presbytère, arrestation suivie aussitôt d'une levée en masse des habitants du Mas et de Duhort, et de la terrible dénonciation portée contre les habitants d'Aire par Méricamp et Laborde.

Ces troubles de la cité aturine servirent à merveille les intérêts de Batbedat. Dès le lendemain, 9 mars, il obtint de l'Administration un arrêté nouveau qui lui donnait le droit de continuer les recherches, de se transporter sur les lieux pour remplir sa mission de la manière que sa prudence et son zèle le lui inspireraient; de prendre dans le sein de la municipalité provisoire d'Aire le nombre qu'il jugerait à propos pour faire l'inventaire des effets qu'il avait déjà mis sous la main de la Nation par le premier procès-verbal et de ceux qu'il viendrait à découvrir.

Pour l'exécution de ces mesures et de toutes celles dont on le chargeait, Batbedat devait avoir sous ses ordres trois compagnies du troisième bataillon des Landes et trois brigades de la gendarmerie nationale. Ainsi escorté, Batbedat se met en route le 10 mars, et arrive à Aire le même jour, un peu trop tard, dit-il en son rapport, pour commencer ses opérations. Il avait reçu ordre de faire l'inventaire de tous les objets, mais trop cupide pour s'y soumettre, assez audacieux pour tout braver, il ne fait aucune vérification, pas même pour constater les vols commis en son absence ; il se contente de visiter les divers dépôts et ordonne de transporter à l'évêché les objets de l'abbé de la Castelle.

A la faveur de ce déplacement et de ce transport, il se fit un pillage ou plutôt un véritable brigandage des richesses appartenant aux émigrés. Logé chez Laborde, son cher et féal commissaire, à la côte du Mas, Batbedat confisque à son profit « les vins délicieux du caveau de l'abbé du St-Jean, » il donne aux volontaires du bataillon une barrique de vin rouge ; à Laborde, un superbe bureau de l'émigré Dossaux avec des encoignures de cheminée ; il partage avec lui une partie considérable de porcelaine découverte sous l'escalier de l'évêché.

De concert avec une servante, Laborde trouve le moyen de s'introduire furtivement dans le magasin des meubles, de les voler à son gré. Ce pillage se répète de mille manières ; les volontaires eux-mêmes de l'escorte s'y livrent sans mesure au point qu'on les voit prendre publiquement du linge, des livres, et les vendre à qui veut en acheter.

Après avoir organisé le pillage des meubles, Batbedat se livre à de nouvelles recherches. Sur des renseignements particuliers, il ordonne une battue générale dans les environs du Mas, et il découvre sous la cabane de la vigne du *Brigaillon* les quatre barriques enfouies qui renfermaient, d'après son rapport à Mont-de-Marsan, une partie du linge de table de l'évêque d'Aire ; il en retire 1204 serviettes, 73 nappes et 55 paires de draps de lit, de toute finesse, de toute beauté ; 53 rideaux en coton, gaze et mousseline, tous assortis de leurs anneaux.

Dans trois autres barriques enlevées à la maison Cloche-Cadrieu, il compte 165 serviettes, 3 nappes et 9 paires de draps de lit. Il s'empare d'une charrette chargée de meubles que les citoyennes Nautery envoyaient à la campagne, et parmi ces meubles, de 120 serviettes, de 7 nappes, de 19 paires de draps de lit.

Le mobilier de l'abbé du St-Jean lui donne 312 serviettes, 40 nappes, 25 paires de draps de lit d'une qualité peu commune. C'est un total de 1801 serviettes, 133 nappes, 100 paires de draps de lit, sans compter le linge du curé de Bachen.

Batbedat avait entassé les meubles à l'évêché ; il eut aussi le soin de les envoyer pêle-mêle au Département sans faire mention de la bibliothèque du séminaire qui fut vendue, gaspillée ou donnée à peu près pour rien.

Toutes ces ventes se firent arbitrairement, sans estimation ni affiches préalables, sans inventaire même ni procès-verbal. Batbedat envoya au Département ce qu'il jugea convenable ; il laissa le reste aux commissaires de police pour être vendu, ce qui eut lieu sans autre formalité que celle d'annoncer l'enchère un moment auparavant et de présenter les effets en demandant ce qu'on voulait en donner, c'est-à-dire, peu de chose. Ainsi, le nommé Minvielle obtint un parquet, une porte vitrée, une grande porte à deux vantaux (1), et deux fers maillés pour la somme qu'il voulut en offrir. Un autre jour, on vendit à Lartigué, ex-baron de Sorbets, une grande armoire de bois de noyer à six portes, de seize pieds de largeur sur onze de hauteur, avec des fiches de haut en bas et des bascules dans les deux portes, pour une chétive somme de deux cents francs, mais avec tant de précipitation que le dit Minvielle, qui était chargé de la porter jusques à 1200 francs, n'eut pas le temps d'arriver pour enchérir.

Batbedat passa neuf jours entiers à entasser, à piller, et revint à Mont-de-Marsan le 18 mars. Il se hâta de remettre au Département 1204 serviettes, puis celles de Cadrieu. Du 18 au 23, il envoya les effets de campement qui devaient servir aux besoins de l'armée ; mais il laissa dans la maison de son ami Laborde une commode pleine de linge qui ne fut expédié sur Mont-de-Marsan que dans les premiers jours d'avril.

Pour bien faire connaître au pays sa délicate mission à Aire et son honnêteté à la remplir, Batbedat n'oublia pas de se faire délivrer une attestation en règle.

« Nous avons vu avec plaisir, lui écrivait le Département

---

(1) De 1793 à 1812, cette porte servit de cloison dans une maison d'Aire. M. Larrieu, principal du collége du Mas, l'acheta et la fit porter au collége. Peu de jours après, Mgr Lannéluc étant venu, témoigna le désir de la posséder. M. Larrieu la donna à l'évêque et celui-ci l'envoya à Toulouse pour réparation complète. Elle a été remise en sa place première, au haut de l'escalier, à l'entrée du corridor.

le 11 mars, que les résultats de vos démarches, bien loin d'être grèveux à la République, vont au contraire servir à la faire prospérer d'une ressource cachée et obstruée par l'aristocratie de la ville d'Aire ».

La lettre renfermait encore les recommandations de connaître et de punir par la bourse les auteurs de l'attroupement du 9 au sujet de Costedoat, curé du Mas.

Batbedat, peu soucieux de cette affaire de l'attroupement, et tout entier à ses opérations des meubles, interrogea ou fit semblant d'interroger, et ne trouva pas de coupable.

Depuis ces pillages de mars 1793, la malle envoyée en avril à Mont-de-Marsan par Laborde était devenue une véritable légende. On se demandait ce qu'elle renfermait et où elle était passée.

Lorsque Batbedat tomba du pouvoir et fut désarmé, on n'avait pas encore osé soulever la question, tant cet homme, quoique simple procureur-syndic au district de St-Sever, inspirait encore de vraie terreur; mais en 1796, alors que l'ancien despote a été suspendu de toutes fonctions par le Département, et qu'on ignore son succès à Paris, et le rapport de suspension prononcé par Laréveillère-Lepeaux, toutes les voix du pays se réunissent pour rappeler la question de la malle, et Detchevers envoyé à Aire dans la matinée du 11 ventose de l'an IV pour faire une enquête administrative sur l'affaire Larmandieu, reçoit du Département la recommandation d'étudier la conduite de Batbedat au Mas et à Aire en mars 1793.

Tous les esprits sont en suspens. On compte sur l'activité de Detchevers. Les ennemis de Batbedat espèrent que pour le coup il restera écrasé sous le poids du deshonneur.

Detchevers prend tous les renseignements nécessaires à Aire et revient à Mont-de-Marsan pour dresser un acte d'accusation. Il y a là des révélations curieuses. Ce que nous venons de dire est tiré de ce rapport, quelquefois mot pour mot. L'Administrateur démontre que Batbedat, à son retour d'Aire (18 mars 1793), ne donna que des effets de campement d'une valeur insignifiante au Commissaire des guerres Thory; que tous les effets remis au dit Thory ne provenaient pas des émigrés d'Aire, et que d'ailleurs, des linges fins, ouvrés et damassés, n'avaient pu être remis au commissariat de la guerre, puisque les arrêtés du comité de Salut Public et les instructions du Gouvernement n'ont jamais compris ces sortes d'effets parmi ceux qui sont destinés au service des armées et des hôpitaux, les effets de luxe ne devant pas subir une pareille destination.

« Or, dit Detchevers, c'étaient des effets de luxe, des effets précieux, que les 551 serviettes, les 81 nappes et les 33 paires de draps de lit qui constituent le déficit dont j'ai établi l'existence..... les témoins de l'enquête administrative ont dit que la commode ou malle fut garnie du plus beau linge de l'évêque, d'une nappe entre autres, de cinquante à soixante couverts, travaillée à l'aiguille, et de serviettes ouvrées et damassées, si fines, qu'elles auraient pu passer dans un anneau ».

Ces opérations audacieuses de Batbedat ne se comprendraient pas sans la participation tacite d'un ou de plusieurs membres de l'Administration centrale des Landes en 1793. Detchevers fait là dessus quelques insinuations assez fortes; il donne le nom du commissaire administrateur chargé de procéder au récolement des objets transportés, à la vérification et séparation des objets de campement, et encore de diriger, surveiller, inspecter les opérations de la Municipalité de Mont-de-Marsan dans la vente aux enchères du mobilier dit national.

Detchevers jette alors ce cri: BATBEDAT NOMMÉ COMMISSAIRE POUR LE RÉCOLEMENT DE L'INVENTAIRE DES MEUBLES! puis, il passe à la question de vente et soulève des accusations vraiment accablantes.

Dans tout le Département, on ne parlait que de la malle d'Aire ou commode de Batbedat, et d'une cassette qui avait autrefois fait beaucoup de bruit à Bordeaux. On porta l'affaire à Paris devant le Directoire exécutif. L'Accusateur public préparait un réquisitoire. La sécurité de Batbedat, l'honneur de son nom, tout se trouvait compromis à la fois. Un caractère moins ferme que le sien aurait succombé, mais toujours plein d'audace, Batbedat résiste; il parle avec mépris de l'*enquête aérienne*. Les esprits s'irritent de part et d'autre. On cite Batbedat, on lance contre lui un mandat d'arrêt. Averti à temps, Batbedat s'enfuit de nouveau à Paris; il fait si bien auprès des membres du Directoire exécutif que le Tribunal criminel reçoit l'invitation de ne pas agir, attendu que la Loi n'accordait que l'action civile pour la restitution.

C'est ainsi qu'on étouffa cette pénible affaire!

St-Sever triomphait, mais l'indignation fut très grande à Aire, à Mont-de-Marsan et à Dax.

Detchevers paiera cher un jour ses attaques contre Batbedat. L'Administrateur chargé d'une mission n'a écouté que la voix impérieuse du devoir. Ses ennemis, un instant humiliés, plus tard revenus au pouvoir, se laisseront aller au courant tout entier des haines et de la vengeance.

Le lecteur nous saura gré d'avoir conservé le souvenir des épisodes aturins; ils servent à donner une définition exacte de cette époque où les principes les plus élémentaires de l'honnêteté et du droit semblent tombés dans une confusion générale.

Revenons aux prêtres renfermés dans les cellules de Ste Claire.

Trois mois après leur incarcération, quelques-uns de ces prisonniers avaient écrit au Département pour obtenir de la viande et du pain. Il leur fut répondu qu'il était certainement de l'humanité comme de la justice de pourvoir à leur subsistance, mais que les Administrateurs n'ayant à leur disposition ni pain ni viande, ni fournitures, ni fournisseurs, ne pouvaient donner à chacun des pétitionnaires que vingt sols par jour en numéraire, payables néanmoins en assignats de cours (25 pluviose).

Le Département, comme on le voit, se tire facilement d'affaire. Il n'a pas de provisions, et il envoie du papier qui ne valait rien.

La première détention des prisonniers de Ste Claire avait été longue, assez dure, agitée par des craintes diverses. En 1796, « l'entrée de la maison était presque entièrement libre; il n'était presque plus question de billets d'entrée. On s'en rapportait au portier. Grand nombre de personnes venaient tous les jours entendre la messe. Enfin les portes furent entièrement ouvertes. Le concours de la ville fut immense jusqu'à midi pour entendre la messe les fêtes et les dimanches. » *Domec.*

Quant aux prêtres réfractaires, l'histoire de cette année 1796 se résume en quelques mots : ils sont cachés dans des maisons particulières sans que la police départementale se donne la peine de les rechercher. A Duhort, l'ex-prémontré Labaquère-Vignes et Arnaud Destenave faisaient la chasse aux petits oiseaux sur les hauteurs de la Castelle avec filets et sifflet. Les deux amis Joseph Cadroy et Dubosc-Taret chantaient des messes de *Requiem* au milieu des bois dans une grange de Ronsac. Dupoy, curé de Vielle, se montrait à découvert, connu de tous, réunissant les enfants pour le catéchisme, toujours averti à temps par son condisciple et ami Dartigoeyte, si quelque danger menaçait. Le vicaire de Castandet, Dufossé, était à Aire, à St-Sever, un peu partout, sans cesse emporté par sa fougue juvénile. Les Ducournau avaient repris leur domicile enchanteur du Placiat à Monségur, et de là, parcouraient toute la contrée.

Vu la proscription officielle, ces prêtres avaient encore beaucoup à souffrir, mais leurs souffrances étaient adoucies par le dévouement, les soins et la profonde affection que leur prodiguaient les peuples.

Dans ce nouvel état de choses que sont devenus les prêtres constitutionnels ? Ne recevant plus rien de l'Etat et obligés de combattre à leurs propres dépens au milieu de populations qui ne peuvent se façonner à leur ministère, surtout à leur singulière vie ecclésiastique, ils abandonnent les églises pour rentrer dans la vie privée et gagner péniblement leur pain de chaque jour. Nous avons déjà dit que quelques-uns d'entre eux, instruits par le malheur, ouvrirent les yeux et reconnurent leur faute ; d'autres, plus nombreux, s'obstinent dans l'erreur, et ne reconnaîtront qu'à la dernière heure leur crime d'avoir trahi les Lettres d'Ordre et prêté tous les serments exigés par la Révolution.

Les derniers mois de 1796 s'écoulèrent paisiblement, sans mouvements politiques. Au dehors et au dedans, tout reprenait une marche régulière ; l'apaisement se faisait dans les esprits. Quelques terroristes incorrigibles, furieux de leur défaite et de leur impuissance, ont seuls un avantage à troubler cet ordre, et pour obtenir le but, tous les moyens sont bons.

Après treize mois de captivité, les sexagénaires de Ste-Claire, en vertu de la loi du 14 frimaire an V ou 4 décembre 1796, eurent enfin la permission de rentrer dans leur domicile.

« Nous fumes mis en liberté, dit Domec, le 29 décembre 1796. J'arrivai à Dax le 5 janvier 1797. Je me logeai chez Darjou à St-Vincent pour être plus à portée de dire la messe à cette église, comme j'en étois convenu avec M. Laurans, prieur de Divielle, qui se rendit à Dax. Nous voulions éviter de communiquer avec Larrabure, prébendier du Chapitre, jureur qui célébroit à la cathédrale. La nouvelle de notre arrivée se répandit bientôt. J'annonçai la première messe à St-Vincent pour le lendemain, jour des Rois, à 7 heures. L'église ne put contenir le monde de la ville et des environs. Il en fut de même à la seconde messe de Laurans. »

Quelques jours avant la délivrance des prisonniers de Ste-Claire, un homme qui, dans le cours de sa mission de représentant du peuple, avait eu pour eux des sentiments de bienveillance, Monestier (de la Lozère), venait de recevoir de Dieu une douce récompense. Affaibli par les travaux, il était allé demander la santé aux eaux de Bagnères. Ne l'y retrouvant pas, il s'était décidé à rentrer dans son pays. De passage à Tarbes, il ne put aller plus loin. Comme la mort approchait, il demanda les secours de la Religion, mais seulement des mains d'un prêtre qui n'eût pas prêté serment. Le Département des Hautes-Pyrénées lui envoya de la prison de Tarbes un insermenté, et Monestier repentant mourut entre ses bras (5 brumaire an V).

1797.

Cette année 1797 apparut à la France sous les meilleurs auspices. En Italie, la victoire s'attachait aux pas de nos armées; les gouvernements s'empressaient de renouer des relations politiques avec un peuple autrefois en délire, revenu alors à des sentiments honnêtes. Il y eut en 1797, après les terribles épreuves de 1793 et 1794, après les dernières victoires de 1795 et 1796 sur l'anarchie intérieure, il y eut une soif ardente de calme, de paix et de jouissances. Par une transition subite, on s'était jeté partout avec frénésie dans les plaisirs sensuels, raffinés comme ceux de la Grèce antique, brutaux, sans pudeur comme ceux de l'Empire sous les Césars. Quand la Terreur fut oubliée, ce fut un vrai dévergondage de mœurs. Les femmes du grand monde qui avaient perdu dans les orages sociaux presque tous leurs sentiments chrétiens, ne se montrèrent plus en un salon brillant de lumières sans une certaine coupe à la grecque de leurs vêtements. Nous tenons d'un vénérable prêtre la connaissance d'un fait qui paraîtrait tout à fait incroyable si Pierre Lalanne, principal du collège d'Aire, ne l'eût affirmé plus d'une fois. Dans une circonstance, à Mont-de-Marsan, Dartigoeyte *sese præbuit nudum calui virorum et mulierum quin illæ nimium paterentur scandalum.*

Toujours fidèles à leur vocation, les humbles religieuses de nos anciens couvents, chassées de leurs demeures au 2 octobre 1792, emprisonnées par Pinet et Cavaignac au mois floréal de l'an II, et que le décret du 27 janvier 1795 avait rendues à leurs familles, reprirent, autant qu'il leur fut possible, l'antique règle dans des maisons particulières.

On les vit aussi en grand nombre se répandre à travers les municipalités pour demander la permission d'ouvrir des écoles. C'est alors que trois ursulines de St-Sever, Marie-Louise Marsan, Magdeleine Cazaux et Marie Lamarque de Sort, sœur du typographe, fondèrent une école au Mas sous la protection de J.-J. Lamarque, et posèrent ainsi dans une humble maison que leur donna le chanoine Taillandier les bases d'un couvent appelé à jeter dans tout le pays un si vif éclat.

Les prêtres se mettent partout à l'œuvre, recevant, pour des fatigues inouïes, une modique rétribution d'argent ou de blé qui leur donne à peine de quoi vivre; ils portent le poids de la chaleur et du jour, et ils manquent souvent du nécessaire, bel argument pour ces enthousiastes qui voudraient à tout prix séparer l'Eglise de l'Etat, sans restituer à la première ce qu'on lui a pris ni lui accorder le droit d'acquérir!

Malgré tant de difficultés inséparables de cet état de choses, le bien prenait chaque jour des proportions rapides, grâce au dévouement des prêtres et de personnes généreuses qui fournirent tout, argent, habitations, ornements d'église, vases sacrés. Le dénûment est absolu et il faut penser à tout. Alors aussi, dans le calme de la pensée, on commence à juger impartialement les faits de cette révolution profonde, à remonter aux causes, à reconnaître des fautes graves et leur terrible châtiment. Tout esprit sérieux qui a su voir dans les évènements une leçon de la Providence, se soumet et avoue que le doigt de Dieu était là, préparant au catholicisme une position nouvelle, libre, indépendante, que les agitations politiques n'auront pas le droit de troubler. Des jours meilleurs ont lui pour l'Eglise de France !

Le pays jouissait à l'intérieur de toutes les douceurs de la paix; toutefois, dans le silence, chaque parti comptait ses forces, espérant le triomphe pour un avenir prochain. Le moment des élections partielles dans toutes les administrations approchait. A ces élections, d'après l'opinion commune, se rattachait le sort de la France. De part et d'autre, on employa tous les moyens pour s'assurer du succès. Les Administrateurs du département des Landes adressèrent à leurs concitoyens une proclamation qui est restée longtemps fameuse, expression vivante et hardie des sentiments de l'époque.

Citoyens : Le moment s'avance où il vous faut exercer vos droits les plus précieux. Elire vos premiers magistrats, nommer des électeurs, et par ceux-ci, vos représentants au Corps Législatif, vos juges et vos administrateurs, telle est l'importante fonction que vous allez remplir.

Pénétrez-vous bien, hommes honnêtes, que du choix que vous ferez, dépendent essentiellement les destinées de la République, la conservation de vos propriétés, de vos vies, de vos libertés, et avec elles votre bonheur. Vous vous empresserez donc de vous rendre aux assemblées primaires. Vous ne méconnoîtrez pas un devoir si sacré. Vous profiterez de cet instant propre à consolider à jamais le règne des lois; cet instant est, peut-être, le dernier qui vous sera offert. Est-il d'intérêt plus pressant pour le citoyen ?

Et cependant les vrais amis de leur pays, ceux-là qui ont profondément médité sur les causes de tant de maux dont vous avez été la proie, se montrent alarmés. Le souvenir du passé, le sentiment du présent, la désolante incertitude de l'avenir, tout les effraie.

C'est d'un côté cette ligue impie de perturbateurs actifs, soutenus de tous ceux pour qui la misère, la dépravation, le fanatisme politique, rendent le désordre nécessaire, et qui aspirent, sous leurs chefs, à de nouvelles catastrophes. C'est ensuite cette masse inerte de propriétaires dont l'égoïsme a détruit la force, ne s'occupant que de leurs jouissances, sans prévoyance aucune. Timides par instinct et plus encore par habitude, il n'y a pour eux que le danger d'un seul jour. Continuellement distraits, divisés d'opinions, mutuellement rivaux et jaloux, ils se consolent du mal d'autrui par la douce persuasion que, si leur voisin est attaqué, égorgé, ils resteront invulnérables.

Insensés! quand vous désabuserez-vous d'une illusion si grossière?

Eh! rappelez-vous plutôt ce temps de terreur et de mort qui pesa trop longtemps sur la patrie malheureuse; ce temps où tout ce qui n'étoit pas crime étoit suspect, précipité dans les cachots, dans les tombeaux; ce temps où la délation et la scélératesse obtenoient les honneurs du triomphe, où le mérite personnel et la fortune étoient un double titre de proscription; ce temps enfin où l'extrême vieillesse et la tendre jeunesse tomboient sous la hache aveugle des bourreaux, où l'amour et l'amitié ne purent essuyer quelques larmes, où l'humanité en souffrance n'eut pas même le droit d'en répandre!

Ce spectacle fut épouvantable, sans doute, mais, dites-nous, hommes insouciants et pusillanimes, ne fut-ce pas là votre ouvrage? Votre faiblesse ne fit-elle pas tous les succès du crime?

Cette manie funeste de vous isoler, quand il falloit vous resserrer, prépara vos longues tribulations. L'indifférentisme prit partout la place de l'esprit public. Vous vous éloignâtes des assemblées politiques, comme si vos intérêts se discutoient dans la Chine ou dans le Mogol! Vous dédaignâtes les fonctions publiques. Les postes les plus importants furent abandonnés; et des hommes sans foi, sans honneur, sans morale et sans principes, s'en emparèrent. De là, l'arbitraire substitué aux lois; de là, la guerre de ceux qui n'avoient rien contre ceux qui possédoient; de là, l'athéisme et l'impiété devenus la religion dominante; de là, tous les genres d'oppression, les persécutions de toute espèce. Vous tremblâtes bientôt, mais trop tard, et dans la terreur dont vous fûtes saisis, l'on vous vit, stupides, recourir à vos assassins, chercher à les désarmer par des bassesses. Qu'en avez-vous retiré? honte et opprobre. Vous n'en fûtes pas moins embastillés, dépouillés de vos biens, torturés dans tous les sens. Il fallut être patient ou devenir bourreau.

Et, ne vous y trompez pas! Cette suite d'horreurs et de calamités dont vous avez été victimes ou coupables, on s'efforce de les reproduire avec un degré de fureur de plus.

Ne voyez-vous pas ces champions de la hideuse anarchie se grouper à l'envi, aiguiser leurs poignards, préparer de nouveaux poisons, pour ressaisir, s'il est possible, l'autorité dont ils firent un si horrible usage? Et vous, vous demeurez épars, immobiles! Et dans la plus honteuse apathie, vous préférez le repos décevant d'un seul jour au retour de la prospérité, à l'affermissement de la Constitution, dont l'absence vous replongeroit dans les horreurs de la plus complète dissolution.

Ne voyez-vous pas ces ennemis-nés de tout ordre, se rallier sur tous les points, calculer froidement les moyens de vous asservir, de déchirer encore une fois le sein de la patrie et fonder le succès de leurs infernales conceptions sur la dissipation, la lâcheté, l'irrésolution et ce défaut de caractère qui vous dégradent? Et vous, cependant, vous dormez ou vous dansez sur le bord de l'abîme qu'ils creusent sous vos pas! L'énergie n'est-elle donc propre qu'au vice? et la vertu ne seroit-elle qu'une abstraction métaphysique?

Ne voyez-vous pas les royalistes et les anarchistes se coaliser, se tenir comme par la main, et, dans l'excès de leur délire et de leur rage commune, tenter la destruction du gouvernement républicain pour vous livrer aux fureurs du Despotisme? Et le sang qui coule à Toulouse, et l'affreux complot du royalisme, que le Directoire exécutif vient de découvrir heureusement, ne seront-ils à vos yeux qu'une insignifiance absolue?

Hommes de bien! Républicains francs et désintéressés, serrez vous! C'est lorsqu'on essaie de renverser toutes les bases de la félicité publique et particulière, que votre courage doit se roidir également contre tous les genres de périls et de perversités, contre les crimes du désespoir et les artifices de la scélératesse. Le dépôt de l'incorruptible morale vous appartient. Vous seuls, dans ce déluge de maux qui nous menacent, pouvez vous montrer comme un signe éclatant de l'éternelle Providence. Remplissez donc votre tâche ou la mort vous frappe, et nous n'aurons légué à nos neveux que misères et forfaits!

..... Réunissez vos suffrages sur les amis de l'ordre, sur ceux dans lesquels vous aurez reconnu de fait et d'action une bonne foi constante, des mœurs douces et pures, de la religion sans hypocrisie, de la fortune sans ostentation, de l'autorité sans arrogance, du patriotisme sans jactance, de la fermeté sans rudesse, mais surtout un désir bien prononcé pour la paix au dehors et pour la justice dans l'intérieur.

LABARTHE, président. CHARNOST, DETCHETERS, LUBET-BARBON, MOSEY, administrateurs. DIEZ, commissaire du Directoire exécutif, DELANOY, secrétaire en chef.

Mont-de-Marsan, 1er ventose an V.

Quatre jours après cette proclamation apparaissait la loi sur les assemblées primaires.

La Proclamation était à peine connue dans le département, que le *Moniteur universel* apporta une nouvelle inattendue, bien propre à jeter le trouble au milieu de la population landaise. On apprit que le Directoire et le Conseil des Cinq Cents, à Paris, s'occupaient activement de certaines lettres venues d'Aire et de Bahus, la première adressée au Directoire et signée : *J. P. Ofre*, officier de santé à Aire, la seconde signée : *Lagarde*, homme de loi à Aire, avec même destination; la troisième, signée : *Durignau*, officier municipal d'Aire, au Ministre de la Justice; la quatrième, signée : *Lafargue*, officier municipal de Bahus-Soubiran, au Ministre de la police générale.

Ces lettres furent lues au Conseil des Cinq-Cents; elles contenaient les accusations suivantes : Le Conseil des Cinq-Cents a plongé le pays dans les plus grands malheurs en ne rendant point des lois pour le purger des monstres qui le couvrent, qui sont les prêtres réfractaires, et il doit se reprocher son insouciance à cet égard; les lois ne sont pas observées dans le département des Landes; il n'est personne qui ne désire le retour de l'ancien régime; il ne faut pas venir chercher des volontaires dans ce département; il est convenu qu'on tirera sur les gendarmes, qu'on empoisonnera les troupes ; les prêtres réfractaires annoncent prochainement un roi sur le trône et les seigneurs dans leur premier état; et récemment dans l'église de Miramont, un prêtre réfractaire parlant au peuple, lui disait qu'il fallait refuser le paiement des contributions, ne reconnaître aucune loi, etc., etc., etc.

Toutes ces lettres étaient arrivées à Paris, du 6 au 28 nivose, du 26 décembre 1796 au 18 janvier 1797. La députation des Landes en avait donné connaissance secrète aux administrateurs du département, et c'est d'après cette communication que les administrateurs avaient préparé la proclamation du 1er ventose.

Lorsque le Gouvernement eut publié les pièces d'Aire et de Bahus, l'Administration des Landes, sur indice de circonstances aussi extraordinaires, prit un arrêté en date du 6 ventose, 24 février 1797, qui chargeait Dyzèz de se transporter sur les lieux pour procéder à la vérification des faits et user de toutes mesures de police et de sûreté générale autorisées par les lois. Dyzèz vint à Geaune le 10 ventose. Là, en présence de l'administration municipale, le citoyen Guillaume St-Orens, agent de la commune de Bahus, déclara que la dénonciation adressée au Ministre de la police générale, signée *Lafargue*, n'était pas de lui; qu'il n'en avait aucune connaissance, non plus que des faits et des circonstances qui y étaient portés; qu'il ne connaissait aucun habitant de Bahus du nom de Lafargue; que tout cela était un effet de la malveillance. Lafitte, adjoint municipal de la commune d'Aire, déclara, le 12 ventose, qu'il n'existait dans la commune ni dans le canton d'Aire aucun citoyen nommé J.-P. Offre. L'avocat Lagarde soutint que son nom, mis au bas de la dénonciation du 6 nivose, adressée au Directoire, n'avait pas été écrit de sa main. La déclaration de Davignau fut la même que celle de Lagarde. Cette enquête prouva de plus qu'il n'avait été fait dans l'église de Miramont aucune prédication semblable à celle qui a été rapportée plus haut.

L'enquête de Dyzèz étant achevée, le Conseil des Landes s'assembla le 16 ventose an V (6 mars 1797) pour délibérer sur ces lettres supposées et sur le rapport du commissaire. Ce Conseil trouvait ainsi une occasion toute naturelle de se défendre devant le pays d'autres dénonciations aussi atroces dirigées contre lui auprès du Gouvernement. On l'accusait notamment d'avoir permis qu'il se dit des messes dans la maison de réclusion; d'avoir mis en liberté les prisonniers de Ste-Claire malgré l'opposition du commissaire du Directoire exécutif; d'avoir, avant la loi du 16 frimaire dernier, donné la liberté aux chefs de ces prêtres, lesquels, transportés dans les cantons d'Aire et de Villeneuve, étaient devenus la cause de troubles permanents; d'avoir répandu la terreur dans l'âme des acquéreurs de domaines nationaux au point qu'ils tremblaient tous pour leurs propriétés et pour leur vie; d'avoir laissé impunis les brigands masqués qui avaient enlevé l'émigré Bidalon et tué le gendarme Larmandieu; d'avoir laissé également impuni l'outrage fait aux écharpes municipales dans la commune de Geaune, etc.

Le Conseil Général expose que fort du jugement de sa conscience, fort du patriotisme qui régnait dans l'universalité du département, il avait dû se reposer sur la justice et l'impartialité de l'autorité supérieure contre les menées sourdes et les projets criminels de quatre ou cinq individus sans appui, impatients et haletants sous le joug des lois; qui jugés eux-mêmes cruellement par l'opinion publique et par les traces encore existantes de leurs vexations et de leurs dilapidations, et mêlant la flexibilité des serpents à la férocité des tigres, voudraient de nouveau, par des moyens obliques et tortueux, supposer des troubles pour causer la fermentation et le désordre sans lesquels ils voient bien qu'il leur sera impossible de ressaisir de leurs mains rapaces et sanglantes l'autorité qu'ils ont déjà si cruellement exercée; il expose que de la vérification des faits contenus dans les lettres précitées, il résulte la preuve de délits très graves : 1° en ce qu'ils tendent à provoquer l'avilissement du Conseil des Cinq-Cents; 2° en ce qu'ils renferment des faux, tels que les signatures supposées des délégués du peuple. L'ordre public, ajoute le Conseil, est essentiellement intéressé à ce que les auteurs de pareils crimes soient recherchés et punis selon toute la sévérité des lois; c'est avec de pareilles manœuvres et par un écrit supposé que le féroce Pinet trouva le prétexte dont il se servit pour faire couler les flots de sang innocent qui fume encore dans les villes de St-Sever et de Dax;

Il arrête en conséquence :

« Les crimes de faux commis par la supposition des écrits et des signatures des citoyens et des fonctionnaires publics dont la désignation et les noms sont portés dans le présent arrêté, seront dénoncés à l'accusateur public du Département. »

Chose étrange! l'Administration désigne à peu près nommément l'auteur de la lettre de 1791, signée *Dumarlin*, et ne fait pas contre lui un appel à la justice, comme si l'amnistie de brumaire an IV pour les faits révolutionnaires pouvait couvrir de pareilles horreurs! Était-ce impossibilité de prouver le fait? Était-ce crainte de soulever d'autres questions incidentes? Quoi qu'il en soit, nous n'en avons pas fini dans nos Landes avec ce genre d'écrits.

Quels étaient ces quatre ou cinq individus sans appui, impatients et haletants sous le joug des lois? Nous les retrouverons bientôt avec leur flexibilité de serpents, et leur férocité de tigres; nous les retrouverons avec tous les moyens dont Pinet s'était servi pour inonder l'échafaud de sang à Dax, à St-Sever et ailleurs.

Le Conseil Général des Landes profita de ces évènements divers pour exciter les esprits et préparer les élections de germinal an V. On maintint partout au pouvoir les hommes d'ordre; tous ceux qui se rattachaient par un lien quelconque aux principes de l'an II furent écartés avec un sentiment d'horreur. La réaction obtenait un triomphe complet. Au sein du Directoire exécutif, Barthélemy remplaça Letourneur; toutes les administrations départementales se trouvèrent composées d'hommes connus par leurs opinions modérées. Quant au Conseil des Cinq-Cents, cette élection de germinal l'avait presque renouvelé. Encore quelques jours, le royalisme dira que tous ces mouvements s'étaient faits pour lui seul.

C'est une curieuse étude que de suivre à cette époque la marche et les progrès des idées politiques en France. Les terroristes, vaincus et méprisés, guettent le moment favorable; la classe encore nombreuse des avocats rêveurs, des utopistes de 89 et de 91, se berce toujours des mêmes espérances. Du fond de son exil, le Prétendant encourage ses fidèles, leur communique son impatience, dirige les mouvements; chacun se croit à la veille d'une victoire complète.

L'histoire de nos Landes, en cette année réactionnaire 1797, offre des détails très intéressants, mais nous ne pourrons tout dire et il faut savoir se borner. Il y eut des mouvements à peu près sur tous les points.

St-Sever ne bougea pas, contenu par Batbedat, et d'ailleurs toujours effrayé par la vision de l'échafaud sur la place du Tour du Sol. Mont-de-Marsan avait tout intérêt à ne désirer aucune innovation. N'étant presque rien avant 1789, il avait, depuis cette époque, tout absorbé à son profit. Aire et Dax frémissaient de colère au souvenir de leurs pertes nombreuses. Aire qui, depuis deux mille ans, a vu se former et grandir autour d'elle tous les bourgs et villes du diocèse, Aire, autrefois le siège des proconsuls de Rome et des rois wisigoths, la clé du Béarn et de la Gascogne, a été si maltraitée qu'elle est devenue un simple chef-lieu de canton; même on a voulu lui enlever ce reste d'honneur et l'annexer au canton de Geaune. Il ne faut donc pas s'étonner si cette ville se plaint, si, dans les crises révolutionnaires, elle murmure et se tient prête à employer les armes.

En général, nous l'avons déjà dit, ces mécontentements d'individus ou de communes trouvent souvent une cause et une explication dans quelques froissements d'intérêts.

Les sentiments hostiles d'Aire et de Dax firent explosion au milieu de l'année 1797, lors des cérémonies du 9 thermidor. Dans toutes les communes de France, l'anniversaire de ce jour était célébré avec une pompe et une magnificence inouïes. Le peuple, en habits de fête, se livrait à toutes les démonstrations de la joie. Une main appuyée sur l'autel, l'agent national de la commune, maudissant les hommes et les excès de la Terreur, jetait l'anathème au *parricide*, au *scélérat* Robespierre. Des agapes toutes fraternelles réunissaient les citoyens sur la place de la Liberté. Le chant des hymnes patriotiques, la danse et les jeux couronnaient cette heureuse journée. Dans les villes de quelque importance, des acteurs, souvent improvisés, jouaient nos tragédies du style le plus ampoulé, surtout la *Mort de César*, où chaque allusion était frénétiquement applaudie. On proscrivait ainsi à la fois les cruautés de Robespierre, et les prétentions du « frère de Capet. »

De leur côté, les royalistes faisaient chanter partout le *Réveil du Peuple* et jouer un drame bien propre à exciter les passions, intitulé : *L'intérieur d'un comité révolutionnaire*. Il paraîtrait assez en étudiant la coïncidence des évènements réactionnaires à Dax, à Aire et ailleurs, que les royalistes, pour se compter, avaient reçu de haut, comme un mot d'ordre, quelques dates de grande mémoire.

Pour n'avoir pas à tomber dans des redites, le récit de ces évènements d'Aire et de Dax doit nécessairement être renvoyé un peu plus loin.

Les menées réactionnaires se montraient partout. Une révolution était dans l'air, disait-on généralement, en messidor et thermidor de l'an V. Tout-à-coup, le 18 fructidor (4 septembre 1797), on apprend que cette révolution est faite. Dans la matinée de ce jour, Carnot et Barthélemy, membres du Directoire, et deux cents membres réactionnaires de l'Assemblée, avaient été saisis, puis condamnés à la déportation en Guyane; mais tous, excepté treize, parvinrent à s'échapper.

L'an 4 et l'an 5, dit Roger Ducos, furent les deux périodes les plus mortifères de toute la Révolution. Jamais Assemblée Nationale ne fut infectée d'éléments plus audacieusement contre-révolutionnaires que durant ces deux années.

Quelle étoit notre situation avant le 18 fructidor? La République accablée de mépris; la Constitution invoquée pour l'étouffer; le titre de citoyen rejeté avec dédain, banni des sociétés, des théâtres et des lieux publics, désavoué dans les administrations, les tribunaux, jusque dans les bureaux du Gouvernement; les républicains les plus purs, les plus ardents osant à peine fouler d'un pas silencieux le sol de la patrie; les frontières ouvertes aux émigrés, aux prêtres rebelles; les acquéreurs de domaines nationaux persécutés, impitoyablement dépouillés; l'autorité du Pouvoir exécutif morcelée et toujours paralysée; la Tribune du Corps Législatif souillée par les factieux; des royalistes, des traîtres partout, à la tête de la police et jusque dans le Directoire; l'œil modeste du patriote en opposition à l'œil menaçant et farouche du contre-révolutionnaire; celui-ci prenant déjà avec hardiesse son glaive étincelant; les chants meurtriers entonnés avec férocité; la révolte placardée sur les murs, proclamée dans les journaux et dans les discours; enfin le royalisme se cachant sous toutes les formes; telle étoit notre pénible et affligeante situation! . . . .

Je ne finirois pas si je voulois parcourir l'immense tableau de notre situation politique d'avant le 18 fructidor. Il me suffit de dire, en un mot, que la mort de la République paraissoit si certaine que le Mannequin-roi faisoit les préparatifs de son voyage, se disposoit à venir s'asseoir sur un trône teint du sang des républicains et élevé sur leurs cadavres. Tout étoit à son comble. . . . .

. . . . On se couche à Paris dans le calme, la nuit du 17, et le matin du 18, Paris offre un camp protecteur de la sûreté publique, et l'effroi des factieux qui si fiers et si puissants restent livrés à eux-mêmes, et où ? Dans le palais du Corps Législatif où ils s'étoient retranchés; mais ils y sont cernés, et comme au 10 août, ce palais est encore une fois purgé du méphitisme de la royauté.

CHAPITRE V.

Rentrée de Batbedat au Pouvoir. — Rapports sur l'état des Landes. — Persécutions contre les prêtres. — Les élections de germinal à Mont-de-Marsan. — Latbedat renversé du Pouvoir.

Dès le lendemain de son triomphe, la Révolution imposait aux ecclésiastiques une formule nouvelle de serment et rappelait au pouvoir les vaincus du 9 thermidor. Tous les prêtres autorisés par les décrets antérieurs à rester sur le territoire de la République pouvaient jouir de cette faveur, pourvu qu'ils fissent le serment de haine à la royauté, à l'anarchie, de soumission à la loi et à la Constitution de l'an III (19 fructidor).

Depuis quelques mois, on attendait avec impatience dans nos Landes le moment de l'humiliation définitive des *patriotes*. Les évènements du 18 fructidor, dès qu'ils furent connus, surexcitèrent les passions. Sur plusieurs points, à Cazères, à Mant, à Caupenne, à Geaune, à Aire, il se fit de grands rassemblements. On disait qu'il fallait enfin réduire à l'impuissance tous les hommes de sang, et au besoin, les égorger. Aire donna un libre cours à ses fureurs. Les 24 et 25 fructidor, de toutes les paroisses voisines, des gens armés marchent sur Aire, se joignent aux anti-fructidoriens de la ville, occupent les rues, envahissent plusieurs maisons, et forcent les patriotes à chercher un refuge dans la campagne. Dupoy, juge de paix à Geaune, accourt avec une escorte, et au lieu de frapper les agitateurs, il condamne les fructidoriens à la prison ou à l'amende, comme seuls coupables d'avoir soulevé ces troubles. Le Ministre, informé des mouvements de la cité aturine, ordonna une enquête.

En ce moment, le Conseil des Landes, destitué par arrêté du 16 fructidor, abandonnait les affaires, et Batbedat en reprenait la direction (28 fructidor). Le voyez-vous cherchant d'un œil inquiet et irrité ses nombreux ennemis? Ce fut, dit Domec, un tigre lâché sur sa proie. Nous allons suivre de nouveau les machinations de cet esprit méchant, fourbe, ami du mal, que ne peuvent alors émouvoir ni la religion des souvenirs, ni l'âge, ni la profondeur de malheurs immérités, ni la force du droit qu'il foule aux pieds avec mépris.

Dans ses *Chroniques de la cité et du diocèse d'Acqs*, M. Dompnier, en copiant Domec, rapporte les circonstances de l'intrusion au pouvoir de Samson Batbedat après le 18 fructidor. On pourrait croire, d'après leur récit, que cette intrusion fut complète et la position envahie sans que le Directoire, à Paris, eût trouvé quelque chose à dire. La rentrée de Batbedat ne se fit pas ainsi.

Les auteurs du coup d'État du 18 fructidor avaient tout préparé dans le silence. Dès le 16, comme on l'a vu ci-dessus, la nomination des membres du nouveau Conseil Général des Landes se trouvait déjà faite. Batbedat était du nombre. Trois d'entre eux refusèrent. Le Directoire, à Paris, avait seul le droit de les remplacer, mais, dans une crise révolutionnaire, les détails passent inaperçus, et la fortune seconde l'audace. Que fit Batbedat? Se mettant avec son collègue acceptant, en lieu et place du Directoire exécutif, il nomma trois autres administrateurs et composa ainsi le Conseil des Landes d'hommes qui lui étaient complètement dévoués : Bonnat, Durran, Durrieu, Casalis. Dyzèz, l'ami fidèle de Batbedat, conservait toujours les fonctions de commissaire du Directoire exécutif près le Département. Batbedat écrivit d'abord au Corps Législatif et au Directoire pour les féliciter de leur triomphe qui était le sien, et les remercier de l'honneur qu'ils venaient de lui faire en le rappelant au pouvoir. Il affirma que dans le département des Landes, les élections de germinal dernier avaient été entièrement dirigées par une foule de prêtres et de ci-devant seigneurs; que les Tribunaux, les Justices de paix étaient occupés par des ennemis irréconciliables de la Révolution.

Aire et Dax, cruellement maltraités par ce despote, de 1790 à 1791, lui avaient depuis longtemps voué une haine profonde. Il se vengea sans pitié. A peine installé, Batbedat envoya au Ministre de la police générale l'arrêté qu'il avait pris relativement à la commune d'Aire où « des brigands s'étaient attroupés et avaient mis en fuite plusieurs citoyens qualifiés de terroristes. » Cinq jours après (4 vendémiaire an VI), dans une lettre au Ministre de l'Intérieur, il fait le tableau du département des Landes. D'après Batbedat, ce département qui servait jadis d'exemple à tous les autres par son attachement à la République, par sa haine à la royauté, par son mépris pour les prêtres fanatiques, est devenu méconnaissable par la faute de ses administrateurs. Sauf quelques communes où les républicains ont su contenir leurs ennemis, partout le fanatisme a arboré ses signes; les cloches, les croix et l'affluence du peuple annoncent l'empire absolu d'une religion dominante. Dans les campagnes principalement, les prêtres réfractaires ont asservi le pauvre cultivateur ; et en entendant celui-ci raisonner sur l'état des choses, on aperçoit aisément la source du poison qui a éteint dans son cœur le feu sacré de l'Egalité et de la Liberté dont il était naguère enflammé. Le royalisme, de son côté, a fait de grands ravages. Calomnies, persécutions, assassinats, il a tout mis en œuvre pour préparer un dernier triomphe.

La gangrène est au cœur dans le département des Landes. Le fanatisme et le royalisme, maîtres des élections, ont organisé toutes les autorités constituées, et le principal malheur, à ce sujet, consiste dans la composition des tribunaux civil et criminel. C'est au Directoire exécutif seul, à rétablir le régime républicain dans un département d'où il a presque entièrement disparu, jusqu'au point que les mots de *Liberté* et d'*Egalité*, les emblèmes, les timbres et les frontispices républicains ne se gravaient plus sur le papier servant aux lettres et aux expéditions administratives. Il faut ajouter que le tableau représentant la Liberté, et placé au secrétariat, avait été relégué dans un coin, pour ne pas offusquer sans doute les yeux et les opinions de ceux qui fréquentaient presque exclusivement l'administration précédente. Le mot *citoyen* était pareillement proscrit ou inusité, et il ne restait que peu de chose à faire pour réintrôniser l'ancien régime dans toute sa splendeur, dans toute sa dureté. Seul, le commissaire du Directoire exécutif demeurait inébranlable et pur au milieu de ce bouleversement.

Le centre se trouvant ainsi corrompu, les parties de la circonférence tombaient en dissolution et dans l'anarchie.

Batbedat démontre que par le mépris des lois, il n'y a plus dans le département qu'une confusion générale. De là, des révoltes à Coudures, à Cazères, à Grenade, à Mant et à Aire, pour enlever des mains de la gendarmerie les émigrés arrêtés et autres, crimes laissés impunis, parce que les Corps judiciaires, gangrenés par le royalisme, n'ont que des peines à infliger aux républicains. Ainsi, le sang du gendarme Larmandieu crie encore vengeance. Plusieurs assassinats commis en ce département n'ont pas été poursuivis. Les prédications incendiaires des prêtres fanatiques ont trouvé protection ou tolérance auprès des tribunaux; le pillage, la violation de l'asile des citoyens et les autres crimes qui viennent de se commettre à Aire demeureront peut-être impunis. Quoi qu'il arrive, Batbedat, tant qu'il restera au pouvoir, exercera ses fonctions avec justice et courage. Il remplira tous ses devoirs sans crainte et sans passion.

Quelques uns de ces reproches adressés par Batbedat aux hommes de l'administration précédente, pouvaient être vrais, au point de vue politique; ils étaient par dessus tout un moyen adroit pour avertir le pays des mesures sévères qui se préparaient. Les prêtres réfractaires et les administrateurs d'avant le 18 fructidor ne méritent pas de pitié. Batbedat veut qu'on le sache bien, et il prélude ainsi aux scènes révolutionnaires dont nous allons être les témoins.

Le rapport du 4 vendémiaire au Ministre de l'Intérieur fut suivi de l'arrêté du 13 de ce mois contre les prêtres réfractaires, arrêté qui violait la loi et toutes les règles de la justice. Il souleva dans le département contre Batbedat un cri général et des réclamations violentes, mais rien n'arrêtera le despote; il est bien décidé à marcher en avant. Le 25 vendémiaire, il écrit au Ministre de la police et demande l'approbation de son arrêté, rendu nécessaire par la situation affreuse du pays, telle que l'avaient faite les prêtres insoumis et perturbateurs, les émigrés rentrés et les ci-devant nobles; il rappelle au Ministre le tableau effrayant qui a été envoyé le 4; et, revenant à la charge contre l'administration précédente, il l'accuse d'avoir, en vingt mois, porté à la République un préjudice de plus de six cent mille livres en numéraire; d'avoir perverti le département, de l'avoir familiarisé avec les révoltes, les attroupements et les assassinats; et les hommes qui ont fait tout cela, ajoute Batbedat, chercheront à circonvenir le Ministre, à le tromper sur les intentions et sur les démarches de l'administration qui leur a succédé. « Cette franchise et cette fermeté, citoyen Ministre, doivent vous plaire, et le représentant du peuple, Ducos, qui nous connaît et nous estime assez pour nous accorder toute son amitié, vous dira qu'aucun de nous n'est fait pour être flétri par les autres députés de ce département, auxquels nous savons très bien que notre énergie et notre républicanisme ne conviennent nullement.»

Les paroles de Batbedat sont une révélation entière. Il est donc prouvé que le despote n'a plus que Ducos pour ami au sein de la députation. Autour de lui, les gens de bien font le vide, étudient ses démarches, ses actes, et envoient des rapports à Paris. C'est d'abord une résistance passive, puis une lutte ouverte qui prendra des proportions énormes, jusqu'au point de fixer sur elle l'attention du Gouvernement et de la France, pour trouver une fin déplorable dans l'émeute de la rue.

On reste stupéfait devant la prodigieuse activité de Batbedat à écrire partout, devant son audace à entasser des mensonges. On voit que sa haine l'aveugle et que, si les attaques qu'il dirige contre ses adversaires, plaisent un instant par certaines coquetteries de style, cette haine et ces attaques finiront par le perdre à Paris dans l'esprit de ses plus chauds partisans.

Nous avons déjà dit un mot des troubles qui eurent lieu à Aire et à Dax, dans les mois de messidor et thermidor. Lors de sa rentrée au pouvoir, Batbedat fit poursuivre l'enquête ordonnée par le Ministre, et envoya au Directoire sur chacune de ces villes, un tableau orné des couleurs qui lui étaient le plus familières. Dans une lettre au Ministre de la Police (9 brumaire), sur l'enquête relative aux troubles ultérieurs du 24 fructidor et jours suivants à Aire, Batbedat insiste sur toutes les circonstances, et n'en oublie aucune. Telle qu'elle est, avec ses exagérations de toute espèce, cette longue lettre n'en reste pas moins comme une des pièces les plus curieuses de l'époque; elle renferme des documents précieux pour l'histoire du pays.

Citoyen Ministre. Ce monument éternel du délire de quelques chefs, et de l'ignorance des pauvres cultivateurs, ne vous permettra pas de douter des intelligences secrètes qui existoient entre les conspirateurs royaux de Paris et les correspondants disséminés dans chaque département, peut-être même dans chaque canton.

Il est impossible, sans cette idée, quelque obstacle que la raison lui oppose, pour un département, comme le nôtre, d'expliquer un attroupement formé à l'époque du 24 fructidor, et évidemment médité, puisque les préparatifs indiqués dans l'enquête ne laissent aucun doute à ce sujet.

Mais ce que nous avions annoncé dans notre lettre du 4 dernier s'est vérifié. Il est constant maintenant que les Républicains dont les propriétés ont été saccagées, dont le domicile a été violé, dont la liberté et les personnes ont éprouvé les plus violentes atteintes, doivent supporter la peine que la justice ne réservoit qu'aux coupables; tandis que les preuves les plus concluantes contre cinq ou six chefs de l'attroupement ont été recueillies par notre commissaire, le juge de paix du canton de Geaune, emprunté par le directeur du Jury de l'arrondissement de St-Sever, a fabriqué une information judiciaire, à laquelle il a appelé pour témoins, ceux là précisément qui avoient provoqué l'attroupement, ceux qui le dirigeoient et conduisoient dans ces expéditions atroces, et ceux enfin que la voix publique lui indiquoit comme les auteurs, fauteurs et complices des crimes commis.

Ainsi, pendant que notre commissaire qui ne cherchoit que la vérité, l'a trouvée et consignée dans son procès-verbal; pendant qu'une foule de témoins pris en même temps, et sur les lieux et dans les cantons voisins, même dans les deux départements environnants, attestent que les républicains ont été persécutés et assaillis; pendant que la consonnance des témoignages avec les procès-verbaux de la municipalité qui se seroit bien gardée de donner une narration à son préjudice, ne permet pas de douter du plan qu'avoient évidemment formé les royalistes, d'assassiner les patriotes, le juge de paix du canton de Geaune a lancé des mandats d'amener et d'arrêt contre les citoyens précisément dont les personnes et les propriétés ont été attaquées par l'attroupement armé.

Par l'effet des contraires, il a laissé de côté ou absous sans nulle difficulté les chefs de l'attroupement, ceux qui l'avoient provoqué, ceux qui le conduisoient et dirigeoient dans ses expéditions. Ainsi, ce que nous avions prévu dans notre lettre du 4 vendémiaire dernier est arrivé, et pour nous servir des expressions que nous avions employées : « les crimes qui viennent de se commettre à Aire, demeureront peut-être impunis, et par un renversement de principes déjà commun, les citoyens fugitifs, dont les propriétés ont été saccagées, sont mis à la place des coupables, et seront punis du crime de leurs oppresseurs et de leurs assassins.»

Oui, Citoyen Ministre, si la marche du juge de paix du canton de Geaune n'est entravée ou arrêtée, les innocents, les victimes supporteront la peine dûe aux coupables, et l'agent municipal, l'adjoint, le commissaire du Directoire exécutif, le fils du président de l'Administration, le receveur de l'enregistrement, un surnuméraire de la régie, et plusieurs autres qui ont conduit l'attroupement à Aire; qui sont entrés, à force ouverte, dans le domicile des républicains avec les révoltés; qui ont présidé et sans doute coopéré à la dévastation des maisons des patriotes; qui ont passé et repassé la rivière avec ces révoltés dans les chaloupes, et qui, sous le prétexte criminel de n'avoir pu engager les attroupés à se retirer chez eux, les ont établis en sentinelle et en corps de garde dans la ville pour maintenir la tranquillité, pour faire respecter les personnes et pour protéger les propriétés, seront innocentés.

C'est-à-dire, que les scélérats qui étoient en révolte ouverte, qui venoient de violer toutes les lois et les droits les plus sacrés des citoyens, ont été admis à leur conservation! et cette infâme conduite résulte même des procès-verbaux de la municipalité! Ainsi, le crime et le brigandage ont été érigés en vertu, et sont devenus un principe de salut public entre les mains de quelques fonctionnaires perfides! La raison ne permet pas de croire à tant de noirceurs! et cependant, voilà des faits consignés dans des procès-verbaux dressés par les coupables mêmes, et attestés par cent témoins administrativement entendus. Vous avez, Citoyen Ministre, toutes ces preuves sous vos yeux.

Malgré cela, un juge de paix qui a affecté d'appeler à son information les attroupés, les auteurs de la rébellion, frappe les assassinés et sauve les assassins! Il absout les brigands, après les avoir entendus dans leur propre cause, et réfléchit leurs forfaits sur les innocents.

Ce renversement, Citoyen Ministre, qui n'est dû qu'aux opinions bien connues de ce magistrat indigne, ne peut être toléré. Les royalistes ont assez triomphé! Le temps des crimes et de la plus barbare impunité a dû disparaître avec les représentants infidèles, avec les directeurs perfides, avec les fonctionnaires vendus au Prétendant.

Il faut maintenant que la Constitution et les lois règnent sans obstacle et sans nuage. Il faut que la République qu'on veut détruire avec les républicains, dévore ses ennemis irréconciliables, puisque l'expérience démontre qu'ils ne veulent ni l'aimer, ni lui obéir, ni se corriger.

Mais ce succès est impossible sans le changement et la punition des juges qui sont les plus chauds partisans et les fauteurs impunis de la contre-révolution. Il faut que le Gouvernement indigné de la conduite criminelle des tribunaux et de tous les membres de l'ordre judiciaire, s'empresse de faire cesser ces persécutions inouies qu'on exerce dans toutes les affaires qui peuvent directement ou indirectement intéresser les républicains, les acquéreurs des domaines nationaux et tous les citoyens qui ont exercé des fonctions au choix du peuple ou par réquisition, avant le 9 thermidor de l'an II; car l'an dace de ces persécutions est telle, que dans une cause récemment jugée au tribunal criminel, par appel du tribunal de la police correctionnelle de Tartas, l'accusateur public a eu l'impudeur de faire demander aux témoins par le président, s'ils n'avoient pas été membres de quelque comité de surveillance; et il faisoit de l'affirmative un sujet de reproche, pour écarter leurs dépositions, en se permettant des sarcasmes les plus virulens contre les témoins et les accusés; en les qualifiant de *terroristes*, de *brigands*, etc.

Voilà, Citoyen Ministre, un trait qui caractérise l'esprit de vos juges; et tous, principalement celui du canton de Geaune, marchent dans le même sens. Ce juge de paix, au surplus, dans une réponse que nous vous envoyons, s'est dévoilé en condamnant d'avance les républicains d'Aire, quoiqu'il n'eût pu, à cette époque, connaître le résultat de ses informations, ni savoir par conséquent quels étoient les aggresseurs et les aggressés; et un autre fait démenti par sa lettre, mais démontré par notre enquête et par des citoyens étrangers au canton d'Aire, même à notre département, fait ressortir sa partialité révoltante.

Il ose, en effet, nous marquer que les attroupés étoient sans armes « il est bien étonnant qu'il n'ait pas nié l'attroupement », et cependant, tous les témoins de l'enquête, ceux notamment du Gers et des Basses-Pyrénées, déclarent avoir rencontré, le 21 et le 23 fructidor, des gens attroupés et munis de toute sorte d'armes, marchant sur Aire; et cependant, notre commissaire chargé de désarmer les attroupés, principalement les chefs, a effectué ce désarmement et a rassemblé des fusils, des sabres, des pistolets et des piques, même des fusils de munition; et cependant, les chefs de l'attroupement : Lafitte, agent municipal; Laurel, adjoint municipal; Beaulac, commissaire du Directoire exécutif; son frère; le fils du président de l'Administration; Dupoy, receveur de l'enregistrement; St-Félix, surnuméraire; Dartigues fils, et plusieurs autres, se sont enfuis.

Ainsi, il est évident qu'ils se sont rendus coupables, et mille juges de paix n'effaceront jamais de l'esprit juste et impartial la conviction que prouve une évasion volontaire. Ainsi, il est d'avance démontré que le juge de paix du canton de Geaune a déguisé dans sa lettre la vérité qu'il ne pouvoit contester, et qu'il n'a nié ce qui étoit malgré lui incontestable, et contre les attroupés, et en faveur des républicains, que parce qu'il vouloit faire plier les dépositions à sa volonté, sauver les coupables, et faire judiciairement égorger les patriotes, parce que les brigands n'ont pu les assassiner, ou que le 18 fructidor a arrêté les plans des royalistes.

D'après toutes ces considérations, Citoyen Ministre, que nous puisons dans l'enquête et autres pièces; d'après la situation politique du canton d'Aire et de celui de Geaune dans lesquels il y a près de trente prêtres réfractaires cachés et plusieurs déserteurs; d'après les évènements fâcheux qui ont eu lieu à Aire depuis la Révolution, toutes les fois que des fonctionnaires, amis des lois et de l'ordre, y ont voulu faire exécuter ce qui déplaisoit aux prêtres ou aux royalistes; d'après les assassinats partiels et à force ouverte, qui ont été commis dans ce malheureux canton et les environnants, et qui s'y commettent fréquemment, car nous avons un patriote de plus à regretter, et qu'on a assassiné depuis trois jours; enfin, d'après l'exemple que tant de crimes impunis, par la faute des juges, peuvent inspirer; d'après surtout le danger que cette impunité va causer de la part même des Républicains qui ne peuvent plus supporter l'oppression et les vexations judiciaires dont ils sont le jouet et les victimes, il est instant, Citoyen Ministre, que le gouvernement prenne un parti décisif.

Nous ne vous indiquons cependant aucune mesure, mais nous devons vous observer que le renvoi au tribunal criminel, des attroupés et des chefs, n'aboutira qu'à les faire absoudre, si le changement des juges n'est opéré. Le recours à la justice dans ce Département est désormais inutile ou dangereux. La force des circonstances nous oblige de vous dire cette vérité. En tout événement nous vous demandons la destitution des fonctionnaires publics désignés par les procès-verbaux, et le remplacement du citoyen Beaulac, commissaire du Directoire Exécutif près l'Administration du canton d'Aire, ainsi que celui du citoyen Dupoy, receveur de l'enregistrement. Il est, nous le pensons, impossible de souffrir en place des hommes aussi pernicieux à la chose publique, et nous sommes trop convaincus des intentions du gouvernement pour douter de l'accueil de notre réclamation sur ces destitutions indispensables.

Nous espérons aussi de la sagesse et de l'énergie du Directoire Exécutif, qu'il prendra les moyens convenables pour assurer, dans ce Département, l'exécution des lois, et pour empêcher la persécution des républicains, suivie avec un acharnement incroyable, malgré le 18 fructidor. Salut et fraternité.

Il y a une chose monstrueuse dans ce rapport. Batbedat, en niant l'esprit de justice dans le département des Landes, semble en appeler aux tribunaux des départements voisins, ou plutôt à une autre Commission Extraordinaire, semblable à celle de l'an II.

Les ennemis de Batbedat étaient clairement avertis, notamment l'accusateur public près le tribunal criminel, Detchevers, membre de l'Administration avant le 18 fructidor, le rapporteur de l'enquête sur le pillage des meubles à Aire.

En effet, quelques heures après, dans une lettre du 21 brumaire, au Directoire exécutif, Batbedat déclare qu'il ne peut garder un plus long silence sur tant de vexations dont ce fonctionnaire public a depuis longtemps accablé le pays. De vendémiaire an IV, jusqu'en germinal dernier, ce mauvais citoyen a donné des preuves non équivoques de son caractère entreprenant, audacieux et de sa haine contre la

République. A Tartas, il cerna avec la force armée l'Assemblée communale afin d'arracher d'elle des élections favorables au prétendant. Dans la dernière assemblée électorale à Mont-de-Marsan, il usurpa les fonctions de la police municipale pour dominer les électeurs et les porter « à des nominations dignes d'un vœu de Louis XVIII. » Devenu accusateur public par l'effet de semblables manœuvres, en germinal dernier, il s'est déchaîné contre le Gouvernement, contre les Républicains, employant ses expressions chéries « de *brigand*, de *terroriste*, de *sanguinaire*, » contre tout citoyen honnête qui avait exercé des fonctions publiques avant le 9 thermidor, et cela, en audience publique du Tribunal Criminel.

Reprenons ici les choses d'un peu plus haut. Au mois thermidor an V, après les troubles réactionnaires de Dax, l'agent national de cette commune, sur les ordres venus de Mont-de-Marsan et de Paris, avait dressé une enquête et nommé les coupables. Detchevers, accusateur public, fit une contre-enquête, et voulut prouver que tout le mal venait de la méchanceté des patriotes, toujours inquiets, toujours prêts à susciter aux honnêtes gens de misérables querelles. Les deux rapports contradictoires étaient arrivés à Paris, mais le Directoire, tout entier aux soins de préparer en secret le coup d'Etat du 18 fructidor, n'avait pas donné de suite à ces affaires, sauf à les reprendre dans un moment favorable. Ce travail délicat où Batbedat trouvait une occasion d'assouvir sa haine invétérée, revint de plein droit à l'administration nouvelle du département. Vers la fin de brumaire an VI, Batbedat envoya un commissaire à Dax. 151 témoins furent appelés à déposer contre les royalistes, et ces dépositions, d'après un rapport de Lescala, juge de paix, ne furent qu'un tissu de mensonges grossiers, plus atroces les uns que les autres. Tout ce que la ville de Dax avait d'honnêtes gens se réunit pour rendre témoignage près du Directoire à Paris en faveur de Detchevers et de ses coaccusés. On fit une dénonciation selon toutes les formes contre Batbedat. Emu de tant de plaintes, le Directoire envoya, le 8 frimaire, à son commissaire près le département des Landes une lettre relative à l'enquête administrative ordonnée à Dax par Batbedat, avec quelques observations contre ce dernier. Batbedat, effrayé, répondit le même jour, 18 frimaire, au Ministre de la Justice, au Ministre de la Police générale, au Directoire exécutif. Dans ses lettres au Directoire et au Ministre de la Police, il se plaint de la note mortifiante qu'il a reçue du Ministre de la Justice; il les supplie d'éclairer la religion de ce fonctionnaire indignement trompée par des hommes qui craignent la régénération de l'esprit public, parce qu'ils sont la cause de sa corruption.

La position de Batbedat près du Ministre de la Justice était devenue difficile. C'est donc à ce Ministre qu'il faut envoyer les pièces pour une justification complète. Cette correspondance n'est pas seulement faite pour la question d'un homme. On y trouve l'histoire du pays à cette époque.

Citoyen Ministre. Nous ne sommes nullement surpris de la dénonciation qui vous a été faite et que nous devons naturellement attribuer au tribunal et à ses protecteurs à Paris; mais, vous le serez certainement de ce qu'ils ont osé surprendre votre religion. Voici en abrégé le compte exact de notre conduite.

Nous avons été nommé aux fonctions que nous exerçons par le Directoire exécutif, et nous administrons ce département depuis les derniers jours de fructidor. En arrivant ici, nous avons tout trouvé dans le désordre et la contre-révolution organisée dans plusieurs cantons. A Dax, notamment, les royalistes avoient fait, à plusieurs époques, des orgies et des attroupements infiniment alarmants.

Ces délits furent dénoncés au ministre de la police générale avant notre entrée en fonctions, et même au Directoire exécutif, par quelques administrations municipales, que la crainte de la contagion du mal qui existoit à Dax, avoit saisies.

Les événements du 18 fructidor empêchèrent sans doute le gouvernement de s'occuper de suite de ces troubles, et ce retard enhardit tellement les royalistes que vers la fin de thermidor, ils armèrent leur garde nationale, se réunirent à un banquet nombreux, où ils s'enivrèrent pour mieux s'endurcir aux crimes, parcourant la ville tous armés en chantant le *Réveil du Peuple*, et affectèrent de se rendre devant les maisons du Représentant du peuple *Ducos*, membre du Conseil des Anciens, et du citoyen *Rimonbordes*, commissaire du Directoire exécutif près les tribunaux. Là, ils hurlèrent avec plus de force et de rage cet hymne infâme, dédié aux anthropophages, en se permettant les propos les plus injurieux, et entr'autres, ils tinrent ce discours impie qu'ils adressoient à l'épouse du Représentant :

Va, va, nous t'en f....... de la République.

Après cette promenade horrible qui obligea les républicains, en bien moindre nombre que les royalistes, ou à fuir, ou à se cacher, plusieurs membres de cet attroupement, à la tête duquel étoient sept à huit juges des tribunaux, et en particulier l'accusateur public et le directeur du jury, ainsi que d'autres fonctionnaires publics, civils et militaires, se mirent à la poursuite de quelques républicains qui étoient sortis de la ville, et les forcèrent de passer la rivière à la nage. Mais pendant qu'ils la traversoient, et s'ils ne prenoient la précaution de nager entre deux eaux, on leur lâchoit des coups de fusils chargés à balle.

Dans le même temps, le reste de l'attroupement continuoit sa course triomphale dans toutes les rues de la ville, en chantant constamment le *Réveil du Peuple*. Alors les patriotes, qui devoient croire d'après ces préludes, que leur assassinat étoit résolu, et voyant la nuit approcher, sortirent de leurs maisons pour n'y être pas égorgés et se rendirent aux pieds de l'arbre de la Liberté, où ils se prosternèrent à genoux, et y chantèrent l'hymne des Marseillais.

Mais l'agent municipal qui craignit que cet acte civique ne fût travesti par les royalistes en attroupement séditieux et en provocations au désordre, invita les républicains à se retirer chez eux, et ils le firent sur le champ.

Diriez-vous, citoyen Ministre, que cette conduite sage fut interprétée comme l'agent municipal l'avoit prévu, et que dans la nuit même, les juges de paix de la commune de Dax et du canton, qui avoient assisté aux orgies, qui avoient fait partie de l'attroupement dans les rues, qui avoient chanté le *Réveil du Peuple*, lancèrent environ quarante mandats d'arrêt contre les républicains, plus particulièrement proscrits, et qu'ils firent exécuter ces mandats dans la nuit même, en jetant la désolation dans plusieurs familles et la consternation dans toute la ville?

Voilà pourtant ce qui eut lieu, avec des informations clandestines qui furent inopinément construites, et qui jetèrent plusieurs patriotes dans les cachots pendant que d'autres s'évadèrent. Mais le 18 fructidor, arrivé sur ces entrefaites, a rompu le fil de tant de forfaits; l'assassinat n'a pu être consommé, et le jury d'accusation, rassemblé pour prononcer sur cette manœuvre exécrable, a innocenté les républicains. Nous avons rendu compte au ministre de la police générale de cet événement.

Nous l'attendions pour en informer le Gouvernement, et nous nous étions interdit toute démarche relativement aux troubles de Dax, parce que nous ne voulions pas entraver la marche de la justice, lorsque nous reçumes la lettre ci-jointe, du ministre de la police, à la date du 10 vendémiaire dernier.

Alors, déférant à cette lettre, et voyant que le gouvernement ne pouvoit plus être trompé sur les véritables provocateurs, sur les royalistes, puisque les républicains étoient solennellement absous; voulant au surplus constater que les juges mêmes qui avoient fait la procédure, décerné les mandats d'arrêt, et participé à l'instruction de ce procès infâme, étoient les auteurs de l'attroupement et des crimes qui en furent la suite; devant en outre faire veiller à la conservation des familles du Représentant du peuple Roger Ducos, et du commissaire du Directoire exécutif, comme le ministre nous l'ordonnoit formellement; étant enfin obligés de veiller à la sûreté d'une commune importante et à la tranquillité publique du département troublée à la fois dans plusieurs cantons, nous avons dû, citoyen ministre, charger un commissaire pris hors de notre sein, de recueillir tous les renseignements possibles sur cette affaire, par voie d'enquête administrative, parce qu'il ne nous restoit pas d'autres moyens de transmettre au gouvernement la situation d'un département livré au fanatisme royal et religieux.

C'est cependant ces mêmes renseignements que nous avons eu ordre de prendre et que nous avons en notre pouvoir dans un recueil composé de 151 témoins qu'on vous a dénoncés comme un attentat à l'ordre judiciaire. Oui, citoyen ministre, on vous les a dénoncés, et on a dû le faire, parce que ces scélérats, ces royalistes, ces contre-révolutionnaires, ces juges qui ont commis toute sorte de forfaits contre la République et son gouvernement, contre la Liberté et les patriotes, ont dû désirer que leurs crimes fussent ignorés et demeurassent impunis; ils ont dû désirer qu'on les chargeât eux-mêmes d'informer sur les attentats de toute espèce dont ils étoient coupables.

Ils n'ont pas osé attaquer de front le ministre de la police générale dont nous avons exécuté les ordres, relativement à Dax, et qui a approuvé nos opérations soit à Aire, soit ailleurs, parce que leurs protecteurs n'ont pas voulu se perdre en cherchant à nous perdre; mais ils ont espéré vous tromper par l'idée d'un bouleversement de principes dont nous sommes incapables, quand eux et leurs protecteurs n'ont rien de sacré, s'il s'agit de calomnier, de persécuter les républicains dont ils ont raison de redouter la franchise et l'énergie.

Ici, citoyen ministre, notre avantage sur nos détracteurs, quels qu'ils soient (et nous sommes bien sûrs que le Représentant du peuple Roger Ducos n'est pas de ce nombre), est immense. Les républicains sont absous, et 151 témoins déclarent que les tribunaux de Dax et presque tous les autres fonctionnaires publics de ce canton ont organisé la contre-révolution dans cette malheureuse commune.

Eh! citoyen ministre, si on peut douter de la malveillance des tribunaux en général dans toute la République, peut-on se dissimuler, peut-on pallier les forfaits de ceux de notre département? Le cultivateur assassiné par l'ex-baron *Decès-Caupenne*, l'ex-curé d'Argelos tué par le fanatisme (voir *Cralos aux biographies*), le gendarme Larmanlieu, égorgé par les brigands masqués, qui ont enlevé un émigré, sont-ils encore vengés? L'enlèvement des prêtres émigrés des prisons de Dax, les jugements rendus en faveur de tous les fanatiques, sont-ils encore punis? Et ceux prononcés contre les républicains qui n'ont pas voulu se rendre au royalisme, sont-ils encore annulés? Sans nul doute, les juges des tribunaux de ce département, élus par la conspiration de vendémiaire an IV et par les réacteurs royaux de germinal an V, trouvent étrange que nous ayons constaté leurs crimes. Sans doute, ils auroient voulu que leur persécution contre les républicains en thermidor dernier, persécution qui correspondoit merveilleusement avec la conspiration de fructidor dont ils étoient l'écho, les correspondants et les agents, eût été oubliée et assoupie; ils auroient voulu, en conséquence, être eux-mêmes les artisans, les instrumentateurs de la preuve des crimes qu'ils avoient commis, et qu'ils avoient glorieusement transformés en actes de vertu; mais le salut public peut-il s'accorder de ces arrangements horribles qui travestissent les coupables en juges, et les innocents en criminels?

Citoyen Ministre, quelques hommes trop connus pour leur compte, peuvent assiéger vos bureaux, et chercher à vous circonvenir pendant quelques instants, mais leur triomphe momentané va devenir leur opprobre. La lettre du ministre de la police générale, en vertu de laquelle nous avons agi, l'enquête effrayante que nous faisons passer à ce ministre, parce que nous lui devons compte de l'exécution de ses ordres, l'absolution solennelle des républicains, que ces juges royaux avoient emprisonnés, et la situation incontestable tant du canton de Dax que de plusieurs autres justifient trop fortement notre conduite.

Il n'est pas aimable, à la vérité, pour un tribunal, d'être convaincu du crime dont il a accusé des citoyens qu'il n'a pas pu égorger à cause du 18 fructidor; mais est-il agréable, pour la République, de salarier grassement les bourreaux de ses enfants, de ses amis? Avons-nous créé les forfaits établis par une enquête de 151 témoins? Avons-nous prié les juges des tribunaux de Dax d'assister aux orgies des royalistes, de les accompagner dans leurs promenades criminelles, de chanter le *Réveil du Peuple*, d'insulter grièvement la famille d'un Représentant vertueux, d'un commissaire digne de la confiance du Gouvernement?

Ils disent maintenant, citoyen Ministre, que nous avons fait faire des informations judiciaires, parce que nos enquêtes les écrasent et vont les livrer à une autre justice que celle des hécatombes et des proscriptions royales? Mais pourquoi sont-ils conspirateurs? Pourquoi trompent-ils la République?

Ils disent encore que nous avons appelé la force armée auprès d'eux. Mais faut-il donc livrer les républicains à leur fureur? Faut-il les laisser régner? Faut-il leur laisser réorganiser le système des assassinats? Faut-il laisser entièrement périr l'esprit public? Faut-il laisser préparer les assemblées prochaines aux séductions et aux intrigues qui ont rendu le 18 fructidor inévitable?

Qu'ils crient, citoyen Ministre, tant qu'ils voudront! Qu'ils nous dénoncent autant qu'il leur plaira; que leurs protecteurs, après leur avoir promis l'impunité pendant deux ans, après les avoir ainsi habitués aux attentats contre la République et les républicains, contre le gouvernement et les lois, s'épuisent aujourd'hui en calomnies pour les sauver, peu nous importe. La vérité est que les juges de nos tribunaux sont des royalistes. La vérité est que leurs crimes sont prouvés. La vérité est que nous avons obéi aux ordres du gouvernement. La vérité est qu'avant notre entrée en fonctions, ces juges étoient connus, dénoncés de toutes parts, comme des conspirateurs éloignés par *Duprat* et par d'autres dont nous tairons ici les noms par respect pour le Corps Législatif auquel ils appartiennent. La vérité est enfin qu'avec de tels tribunaux, s'ils sont plus longtemps soufferts en place, Louis XVIII n'a point de conspiration à méditer pour opérer la contre-révolution.

Voilà les réflexions que des administrateurs courageux devoient à un Ministre habilement trompé. Ils joignent à ces réflexions le relevé imprimé des forfaits du royalisme à Dax; il était fait et publié avant leur entrée en fonctions; il a donc été indépendant de leur volonté, de leur influence. Ils vous invitent et vous prient en même temps, citoyen Ministre, de consulter les preuves innombrables qu'ils ont adressées à la police générale, pour convaincre le royalisme toujours condamné et toujours plus impudent. Mais nous ne nous bornons pas, Citoyen Ministre, à vous demander de nous juger par les pièces dont votre collègue est nanti. Nous nous ferons au contraire un devoir de vous les adresser, et leur nombre, comme leur importance, vous effrayera.

Si avec ces pièces, vous désirez, citoyen Ministre, connaître ce que nous sommes et ce que sont nos ennemis, les ennemis du gouvernement qu'ils poignarderoient en disant qu'ils l'aiment, veuillez consulter le Représentant du peuple *Roger Ducos*. Il vous sera sans doute agréable de nous voir invoquer un tel témoignage en notre faveur. Il est au surplus parfaitement instruit de ce qui s'est passé à Dax.

Salut et fraternité.

Le tribunal de Dax, par l'organe de Detchevers, écrivit à Paris pour dire que le rapport de Batbedat ne renfermait que des mensonges, et que les scènes épouvantables de messidor s'étaient bornées à une promenade dans les rues de Dax. On voit que de part et d'autre, le Tribunal et le Conseil des Landes font tout pour déguiser la vérité ou ne la dire qu'à demi.

Depuis le 28 fructidor, Batbedat a employé une activité dévorante dans ses moyens d'attaque ou de défense contre ses ennemis. Plus tard, il aura quelque raison de rappeler le nombre prodigieux de rapports, de lettres administratives qui sortirent alors des bureaux du Département.

En ces jours de surexcitation révolutionnaire, les évènements se multiplient, se croisent dans tous les sens, et il est assez difficile de mener tout de front ou d'unir les récits par des liens étroitement serrés. On nous pardonnera donc si, pour faire connaître les persécutions nouvelles dirigées contre l'Église catholique après le 18 fructidor, nous laissons un instant interrompue ici la lutte de Batbedat contre Detchevers et ses coaccusés. D'ailleurs la fin de cette lutte se trouve nécessairement unie à des évènements postérieurs, mais un peu trop éloignés pour être présentés sur la même ligne avec ce qui précède.

Une ère de persécutions contre l'Eglise s'était ouverte avec le 18 fructidor. Dès le 19, le Gouvernement avait imposé aux ecclésiastiques une autre formule de serment, c'est-à-dire, la soumission à la loi, à la Constitution de l'an III, et le serment de haine à la royauté.

Pour se tenir prêts à toutes les éventualités, quelques prêtres insermentés voulurent sonder et connaître à fond les dispositions du Département à leur égard. Le curé d'Eyres, Arnaud Lalanne, et son frère Pierre, directeur au collège du Mas, écrivirent dans ce but à Batbedat une lettre en date du 8 vendémiaire an VI (29 septembre 1797.)

<small>Arnaud et Pierre Lalanne insermentés demandent s'ils sont obligés par le décret du 18 fructidor à quitter le territoire de la République. Ils avoient été à Bordeaux et à Rochefort pour être déportés. Après vingt mois de prison, ils obtinrent du Comité de Sûreté générale un arrêté du 8 germinal an III qui les mit en liberté. L'article X de la loi du 3 brumaire an IV rapporta tous les arrêtés de mise en liberté; mais cet article X ayant été rapporté il y a dix mois, Arnaud et Pierre se retrouvèrent dans le même état qu'avant la loi brumaire. La loi du 18 fructidor n'a pas remis en vigueur l'article X, mais seulement les six premiers. Arnaud et Pierre conservent donc leur état; l'arrêté qui les mit en liberté conserve sa force, tout comme les arrêtés qui ouvrirent aux sexagénaires les portes de la réclusion. En outre, Pierre expose qu'il est infirme, comme il conste par le certificat de maladie d'une hernie. A Bordeaux et à Blaye, les prêtres atteints de cette infirmité furent rayés de la liste des déportés et renvoyés dans le département.</small>

<small>ARNAUD ET PIERRE LALANNE.</small>

Les administrateurs répondirent sèchement qu'il n'y avait pas lieu à délibérer. Cette réponse, bien vite connue dans la campagne de St-Sever, devint pour les prêtres insermentés le signal d'une déroute générale. Le Département ne veut pas délibérer, parce que son parti est pris, et que, pour lui, tout atermoiement est une faute.

La loi du 19 fructidor était claire. Dans ses dispositions sévères contre la double classe des prêtres déportés et des réfractaires, elle épargnait les sexagénaires et les infirmes; elle renouvelait pour eux les faveurs de la loi du 7 vendémiaire an IV (29 septembre 1795), qui exigeait le serment de fidélité sans définir la peine d'un refus. Batbedat, après le

28 fructidor, fut donc obligé de laisser en repos les sexagénaires, mais ce repos n'eut que peu de durée. Le 13 vendémiaire an VI (4 octobre 1797), il prit un arrêté où il était dit que la loi du 19 fructidor an V ayant rapporté celle du 7 vendémiaire an IV, tous les prêtres sexagénaires ou infirmes devaient être jetés en prison.

Cet arrêté du 13 vendémiaire est une véritable monstruosité. Dans les départements voisins, on laisse en effet aux prêtres sexagénaires le bénéfice de la loi du 7 vendémiaire an IV, et le 18 vendémiaire an VI (9 octobre 1797), Batbedat affirme sans pudeur que partout on les met en prison. Il fait signer un arrêt de proscription contre les prêtres sexagénaires par deux de ses collègues, hommes nuls. Les deux autres membres de l'administration des Landes, indignés de tant de perversité, refusèrent leur signature.

Sur un ordre de Batbedat, les gendarmes et les gardes nationaux s'étaient jetés dans tout le département. On crut, à la violence de la persécution nouvelle, que la Terreur allait reparaître avec l'échafaud sur la place publique. Larrouture, vicaire-général de Dax, fut arrêté à Tartas et conduit à Mont-de-Marsan sur une charrette, comme un vil criminel. Brisé par l'âge, il avait obtenu, en 1793, la permission de sortir de Ste-Claire et de rester en réclusion dans son domicile à Tartas; mais, après fructidor, on ne garda plus de ménagement. « Ce procédé est une barbarie, s'écrie le vieillard, je demande la liberté ». Il ne l'obtint qu'après treize mois de la plus dure captivité.

Camiade vint sans contrainte. On prit Dufourcet à Mimbaste; Despériers à Orthevielle. Laurans, prieur de Divielle, échappa quelque temps aux poursuites; le chanoine Vergers traversa le Gave à la nage pour se réfugier dans les Basses-Pyrénées où les sexagénaires avaient toute liberté. Turon et Baylenx se cachèrent. La stupeur était générale. Un seul homme, ayant soif de vengeances, tenait le département des Landes courbé sous un joug de fer.

Les sexagénaires renfermés dans la prison de Mont-de-Marsan se trouvèrent, dès le premier jour, au nombre de 15. C'étaient: Larrouture, Dufourcet, Despériers, Camiade, Sarran, Desbons, Lombreignes, Laurans, Fr. Lubet, Darmaignac, Baron, Domec, Lafontan, Chauliaguet, Lesbaseilles.

Goffre, cordelier de Dax, rentré d'Espagne avant le 18 fructidor, et atteint d'une maladie pédiculaire, resta à l'hôpital de Dax. Dans le but de soustraire ce malheureux aux fureurs de Batbedat, le Tribunal criminel soutint, contre les prétentions des Administrateurs du Département, que lui seul avait tout droit de le juger; que l'Administration centrale, depuis le 28 fructidor, s'arrogeait tout, jusqu'aux attributions de la justice, et que le moment était venu de s'opposer à un tel envahissement.

Quelques prêtres du diocèse d'Aire obtinrent la permission de rester en leur domicile privé: Cours, au Vignau; les deux frères Mora, à St-Sever; les deux frères Darbins de Larrigade, à Momuy; Léglise, à Castandet; Marimpoy, à Serreslous; Barrière, Daubaignan, B. Lubet et Glize, à Grenade; Fr. Lagarde et Dubosc, à Cazères; Michel Portets, à Samadet; Laporterie à St-Sever. Nous sommes heureux d'inscrire en cette liste le nom de Laporterie. Cet ancien constituant a donc rétracté le serment!

Batbedat fit surveiller avec soin les démarches de ces infirmes et ferma l'oreille à toutes leurs supplications. Ainsi, Cours, du Vignau, malade, âgé de 68 ans, demanda très humblement la permission de se rendre aux eaux de St-Loubouer et ne put l'obtenir. Au fur et à mesure que ces prêtres recouvraient assez de force pour être portés sans trop de danger à Mont-de-Marsan, Batbedat les faisait passer en prison. Ils s'y trouvèrent, à certaines époques, jusqu'au nombre de trente, tous sexagénaires. Dans la première persécution contre les prêtres, le despote de ce département s'était montré dur; en cette troisième, il fut plus cupide et plus barbare. Les gendarmes, stimulés par sa fureur, ne connaissaient plus la pitié en exerçant leur cruelle mission. Quelques prêtres qui s'étaient tenus cachés sous la Terreur à travers la Chalosse, passèrent alors en Espagne; plusieurs déportés, revenus secrètement de l'exil avant fructidor, reprirent bien vite le chemin de l'exil. Toutefois, cinq à six parmi ces déportés rentrés, se décidèrent à braver sur le sol natal les fureurs de la tempête nouvelle.

D'après les rapports envoyés au Département par les commissaires cantonaux, on voit qu'à l'ouverture de la persécution, le chanoine Vergers se tenait habituellement chez M. Borda, à Labatut; l'ex-capucin Larhède, dit le Père Bruno, chez la citoyenne Sansoube, à Estibeaux; Turon, à Montfort; Bustarret, à Poyartin; Candau-Miredé, Ducournau-Brassenx, Dizé, Farbos, les deux Lagarde frères, à Grenade; un autre Lagarde, à Cazères; un Darbins, à Momuy; un Lamaignère, Joseph Dulin, le chanoine Lacouture et son frère le sulpicien, à Aire; Duguit, à Villeneuve; Raymond Labeyrie, à Horsarrieu; Labayle, à Hagetmau, avec Dusouilh abbé de St-Girons et le chanoine Melet.

Barthélemy Labeyrie (1), disait le commissaire, n'avait cessé de jeter le trouble dans le canton de Hagetmau, de corrompre l'esprit public par ses prédications incendiaires, d'user d'astuce pour se faire replacer dans ses fonctions dont il était éloigné par la loi du 3 brumaire an IV, pour cause de l'émigration de ses deux frères réfractaires; le citoyen Camguilhem, de Hagetmau, a souffert la présence des prêtres Candille, Ducournau-Ninet, Lahitte (Dumas), Matignon, Duplantier, Lacome, tous recelés par les citoyennes Bidalon, St-Christau et Lalane. Ces prêtres ont fait les fonctions de leur culte et Camguilhem n'a pas demandé les serments. Même désordre à Horsarrieu, où Baffoigne, Duplantier, Decès-Caupenne ont exercé les fonctions ecclésiastiques; ils auraient tout-à-fait corrompu l'esprit public, si la journée du 18 fructidor n'avait enfin paru. Castaignos, ci-devant curé de Coudures, et Lacoste, de Mant, étaient à Ste Colombe; le trop perfide Juncarot, à Peyre, sans qu'on se fût préalablement assuré de sa résidence habituelle, sans qu'on eût pris à son égard les précautions que le seul nom de ce prêtre commandait. Ailleurs, on a rayé, raturé, ou bien on n'a rien mis sur les registres municipaux, comme à Labastide, à Monget, à Aubaignan, à Lacrabe. Deux aventuriers, nommés Sedeau et Thibaut Dumaré (Desmarets), avaient aussi célébré à Hagetmau, avant le 18 fructidor, mais ils sont partis après un an de séjour.

En 1797, Mugron, au moment de fructidor, était l'asile

---

(1) On ne doit pas oublier que Labayle, vicaire de Hagetmau, est toujours désigné par le nom de Labeyrie, et qu'il n'avait pas de frères.

d'un nombre considérable de prêtres, parmi lesquels, Marsan, Lafaurie, les trois frères Darbo, Napias, Larhède, Baron, le capucin Farthoat, Lestage, Luc Castaignos, les deux frères Dupérier, Lacoste, curé de Larbey, l'archiprêtre Mora, le bénédictin Affre, de Ste-Croix de Bordeaux, muni d'un certificat de catholicité de M. Boyer vicaire-général de Mgr de Cicé. Dans son rapport, le commissaire ajoutait que ces prêtres étaient devenus invisibles depuis le 13 vendémiaire; qu'on avait recherché, mais inutilement, Marsan, Lafaurie, Dupérier l'aîné, Lacoste, sujets à la déportation, et que Napias était fou.

Batbedat donna ordre de saisir Mérignac à Carcarés. Maurian fut laissé en repos à Audon, attendu qu'il ne partageait pas « les principes fanatiques de Larroature, soi-disant vicaire-général du nommé Laneuville, ci-devant évêque de Dax, émigré. »

En ce moment, on recevait le Bref de Pie VI qui condamnait le serment de haine à la royauté, exigé par la loi du 19 fructidor, serment impolitique, s'il en fut jamais. Le principe monarchique était-il donc mauvais par essence, et fallait-il du même coup déclarer les rois ennemis du bien public? Les démagogues, irrités du danger qu'avait couru la République, puis les peureux, troupe toujours fort nombreuse, trouvèrent ces raisonnements très bons et se soumirent. Une âme fortement trempée devait rejeter le serment comme injuste et odieux.

Assoupli à tous les genres de servitude, le prêtre constitutionnel jura haine à la royauté. Les réfractaires restèrent fermes et dignes d'eux-mêmes, excepté un seul. Joseph Nautery, le prébendé, vint à la mairie de Castandet, et donna par écrit, sans restriction, le serment de haine à la royauté. Cette faiblesse ne le sauva pas. Le Département fit dresser procès-verbal contre la municipalité pour avoir reçu le serment d'un prêtre porté sur la liste des émigrés; il y eut même une amende prononcée contre elle.

Dufourcet, curé de Mimbaste, se présenta devant le maire Deslous et accepta la loi du 19 fructidor. Il écrivit son serment sur les registres de la commune, mais avec de telles restrictions, que la formule n'était plus qu'une moquerie.

Le maire Deslous effaça le tout, et Dufourcet protesta par

écrit sur le même registre qu'il ne prêterait pas d'autre serment.

La première victime de la persécution nouvelle fut le vicaire de Capbreton, Philippe Deyres qui, pour des « motifs de conscience » avait en 1794 rétracté son serment de 1791. Arrêté à Donzac le 6 brumaire, il fut déporté six jours après à Bayonne, et de là en Espagne.

L'infatigable gendarme Lartigau écrivait d'Aire, à la date du 21 brumaire, au commissaire du Directoire près le Département des Landes que six gendarmes lui amenaient à Mont-de-Marsan le ci-devant *curé de Bazas*, prêtre réfractaire et des plus dangereux (Lagleyre); qu'ils l'avaient saisi revenant de Geaune déguisé en chasseur, avec un fusil à deux coups et une paire de pistolets.

« Je suis sur les traces du vicaire-général Lamarque; il serait déjà pris si votre arrêté pouvait recevoir son exécution dans le département du Gers; mais il fait ici de fréquents voyages; j'ai une mouche qui suit tous ses pas, et j'espère vous l'amener moi-même sous deux jours.

« Si vous persistez, j'arrêterai Delisle et Taillandier, et vous les enverrai avec Lamarque. »

Dyzez ne répondit rien à ce fonctionnaire trop zélé, et Lamarque put continuer ses voyages. D'ailleurs, c'est l'opinion commune que le vicaire-général, protégé par le nom de son neveu, brave et brillant officier, éprouva beaucoup moins que d'autres, les effets de la persécution de fructidor.

Une affaire qui fit alors du bruit fut celle de Boulin et Goffre, ex-religieux, rentrés en France le cinquième jour complémentaire de l'an V. Ces malheureux, en proie au dénûment le plus complet, avaient été accueillis à l'hôpital de Dax. Goffre, accablé par les ans, n'aurait pu supporter la fatigue d'une marche nouvelle, mais Boulin était jeune. Batbedat le fit condamner à Mont-de-Marsan, et le réclama par une lettre du même jour, 15 frimaire. Il demandait son transfert immédiat sur les frontières d'Espagne.

Ces cruautés contre des hommes inoffensifs soulevèrent une indignation générale. A Dax, la résistance fut ouverte et dirigée par le tribunal criminel lui-même. Le président et l'accusateur public retinrent Boulin à l'hôpital et répondirent au despote qu'ils ne lâcheraient pas prise.

Batbedat était furieux. Le 15 pluviose, il écrit au Directoire à Paris et dénonce les démarches du tribunal criminel. Dans une autre lettre du même jour aux Ministres de la justice et de la police, il éclate en invectives.

> Jamais nous ne parviendrons à maintenir l'ordre, si les tribunaux entravent notre marche et se font un jeu de nous contrarier. Nous vous adressons à l'appui de cette courte réflexion l'arrêté que nous venons de rendre sur la demande du président du tribunal criminel de ce département. Ce fonctionnaire, oubliant les différentes dispositions de la loi du 19 fructidor, s'est fait remettre par le président de l'administration municipale du canton de Dax un prêtre déporté, rentré avant le 18 fructidor, mais qui à cause de maladie grave et constatée, avait été mis à l'hôpital de Dax. Le tribunal prétend que cet individu lui appartient parce qu'il avait lancé, dit-il, un mandat d'arrêt contre lui (ce que toutefois il ne prouve pas), et le revendique sous ce misérable prétexte, comme si la loi du 19 fructidor n'avait pas changé la législation qui était suivie auparavant.

Le lendemain, 16 pluviose, Batbedat fait savoir au président du tribunal criminel à Dax, que, bien loin de rapporter l'arrêté du 15 frimaire, il y persiste plus fortement, et qu'il va le ramener à exécution. On ne s'effraya pas à Dax de ces menaces. Le tribunal criminel garda Goffre et Boulin à l'hôpital et attendit de pied ferme les nouvelles attaques de Batbedat.

Dans les mois frimaire, nivose, pluviose an VI, les poursuites contre les prêtres atteints par la loi furent incessantes, cruelles. Daurensan, vicaire de St-Cricq-Laballe, tombé entre les mains des gendarmes, fut mis dans les prisons de Mont-de-Marsan, mais il parvint à s'évader. Deux jours après, 25 décembre 1797, le vieux Labrouche, curé de Bachen et Cornet, était pris à Renung, chez son ami le charpentier Regedoux. Cette époque de l'an VI peut être comparée aux époques les plus désastreuses de 93 et 94. Pour surcroît de malheur, les prêtres constitutionnels disaient bien haut que leur triomphe était à jamais assuré sur les réfractaires, et trouvèrent, il faut le dire, un trop facile accès dans certaines paroisses fatiguées de tant de commotions. Celles-ci ne pouvant se résigner à la privation absolue de tout ministère ecclésiastique, accueillirent les constitutionnels qui voulurent se donner à elles et les protégèrent avec un zèle qui, d'après une lettre pastorale de Mgr de Laneuville, datée de Haro, rappelait en partie celui qu'on avait autrefois déployé en faveur des réfractaires. Il faut ajouter encore que l'enthousiasme de 1791 n'était plus. Une grande partie de la population, surtout la jeunesse, élevée dans les principes grossiers du sans-culottisme, vivait sans règle, sans religion. Ceux-là seuls qui, à l'aurore de la Révolution, avaient combattu pour la justice, comprenaient toute la pureté du dogme catholique et se tenaient prêts à le défendre dans de nouvelles luttes.

Batbedat, directeur suprême de l'Administration départementale, ne se contenta pas de poursuivre les prêtres, il mit la main sur leurs biens. Dans la séance du 21 nivose, il exposa que Dupoy, curé de Bats, Terrade, prêtre à Payros, les Darbins de Larrigade à Samadet, Matignon, vicaire de Buanes, Duvignau, curé de Buanes, Dupoy-Camau de Geaune, vicaire à Banos, Dupiellet, curé de Sensac, les Carenne de Geaune, chanoine de Pimbo et vicaire de Banos, Bordenave, vicaire à St-Sever, Dunogué prêtre à Mont-de-Marsan, Buros, vicaire à Samadet, Dizé, curé de Bascons, Basquiat, théologal à Aire, etc., étaient des prêtres réfractaires; que certains d'entre eux étaient inscrits sur la liste des émigrés; que certains autres avaient rétracté leurs serments, et que la plupart étaient rentrés en France après avoir quitté le territoire de la République. Batbedat ajoutait que les cantons d'Aire et de Geaune se trouvaient farcis de prêtres réfractaires.

Les biens de ces individus, disait l'Administration Centrale, sont acquis à la République. Néanmoins, leurs parents en ont joui et en jouissent encore à la faveur des lois des 22 fructidor an III et 26 fructidor an IV. Ces lois sont sans effet depuis la loi du 19 fructidor dernier. Le Conseil des Landes doit s'empresser de faire remettre sous la main de la Nation les biens qui lui avaient été enlevés.

Nous avons eu raison de dire que Batbedat, en cette persécution où il apporte toutes ses rancunes, est vraiment barbare. La terreur était partout. Sans doute, la guillotine de 1791 ne fonctionnait plus dans nos Landes; après tout, mieux valait ce genre de supplice que celui des pontons à Rochefort et à l'île de Rhé, où les malheureux prêtres privés d'air et d'espace, mouraient presque tous, dévorés par la vermine, en proie aux accès de l'aliénation mentale provoquée par les mauvais traitements des gardiens ou bêtes féroces (1). La République fusillait ou décapitait encore çà et là quelques prêtres. Soit que les grandes immolations de 1794 fussent pour le peuple un objet de dégoût, soit que les passions révolutionnaires de la Convention ne servissent plus de règle aux fructidoriens du Directoire, on ne voyait plus la charrette fatale porter de la prison à l'échafaud une multitude de prêtres; mais, au fond, la cruauté restait la même. Ces malheureux tombaient par milliers dans la mer. « J'ai passé, disait Pierre Lalanne, j'ai passé vingt mois dans les prisons où 800 prêtres sont morts à mes côtés, et il faudrait être fou pour s'exposer à devenir une seconde fois la victime de telles horreurs. » *(Archives de la Préfec.)*

Dans nos Landes, la situation des prêtres réfractaires était alors critique, affreuse. On les poursuivait comme des bêtes fauves. Des légions de gendarmes, semant l'épouvante et l'effroi, pénétraient de nuit et de jour dans les maisons de paisibles citoyens pour y chercher, les armes à la main, quelque prêtre errant et fugitif, « et il serait ordonné, disait Marsan, vicaire de Mugron, qui nous donne ces détails, à ces mêmes prêtres échappés par miracle aux fureurs même de Robespierre, de venir aujourd'hui se mettre d'eux-mêmes entre les mains de ceux qui sont spécialement chargés de les poursuivre, de les traduire, et de les martyriser!! Voilà, Citoyens Administrateurs du département, ce qui ne peut être. Fouillez les histoires, consultez les législations les plus barbares. Vous ne trouverez rien de pareil. »

Dans sa lettre au Département, Marsan ajoute que le rédacteur de l'arrêté cruel du 13 vendémiaire a oublié la loi du 14 frimaire an V qui, rapportant la loi du 3 brumaire dans son article X, remettait par là même en vigueur toutes les lois et l'arrêté du comité de Législation du 22 thermidor an III en faveur des prêtres. « A Paris, où on ne l'a point oubliée, cette loi, les prêtres y jouissent de la liberté sous les yeux du Gouvernement. »

(1) Lire opuscule imprimé à Paris en 1795. Archives du Séminaire d'Aire.

Toutes les raisons de Marsan étaient très bonnes; mais, si à Paris on a rendu toute vigueur à des lois favorables aux prêtres, le bon vicaire de Mugron ne connaît pas sans doute le caractère de Batbedat, sa soif de vengeances et de richesses, son audace, sa vaste ambition et son mépris pour les hommes.

Marsan avait écrit sa lettre au Département le 28 nivose, et le même jour, peut-être à la même heure, les Administrateurs ordonnaient à Dubroca-Lacoste, commissaire du département, de faire à St-Sever cette perquisition fameuse qui a eu jusqu'à nos jours un si grand retentissement.

On fit arriver à St-Sever plusieurs escadrons de gendarmerie et de gardes nationaux, et dès le lendemain, 29 nivose, Dubroca se mit à l'œuvre.

Instruit que les portes des maisons de Castaing, apothicaire, et de Brethoux-Duris frère du prêtre émigré, neveu de la veuve Mora émigrée et ci-devant seigneur cavier de Peyron, s'ouvraient pendant la nuit, et qu'on voyait entrer et sortir du monde, le commissaire fait le guet. Bientôt arrive un homme vêtu d'une chamarre avec son *capitol*, et portant de grosses bottes. Sans retard, on place les brigades de Tartas, de Tilh, Hagetmau et St-Sever autour des maisons de Bordenave veuve, de Castaing, de Brethoux-Duris, de Danga, de Gravier, de Tauzin, de Ladoue, de Laborde-Lasalle, et les recherches commencent chez Bordenave, puis chez Brethoux, malgré la résistance et les propos fort durs de ce dernier. Dubroca trouve à table la femme de Brethoux et l'archiprêtre Mora bien coiffé, bien habillé; il demande à Mora s'il a permission de rester en cette maison et reçoit une réponse affirmative. Sur le toit de cette demeure, Dubroca découvre plusieurs passages qui communiquent avec une vingtaine de maisons. Il redescend, il somme l'archiprêtre de se rendre à la maison de réclusion. D'un ton très haut, la femme Brethoux demande pourquoi le Département veut lui enlever ce prêtre son parent : — « J'ai le droit de le garder chez moi, de faire dire la messe. Les lois actuelles sont des lois de Robespierre, mais cela ne durera pas. » Le commissaire fait une seconde sommation à l'archiprêtre Mora.

Chez Castaing, on trouve le jacobin Mora, frère de l'archiprêtre. Chez Laborde-Lasalle, domicile ordinaire et public de Lalanne, ci-devant directeur à Aire, les inquisiteurs remarquent deux ouvertures donnant sur le toit, d'où l'on peut aller dans neuf ou dix maisons. « Chez Gravier, où l'on disait que se tenait le prêtre Lacome, » les recherches furent inutiles. De là, les gendarmes « se rendent chez Tauzin, où l'on avait vu entrer la veille; vers les neuf heures du soir, un individu déguisé, et dont la taille et la démarche faisaient soupçonner que c'était le prêtre Pancaut. » La dite maison Tauzin était habitée en partie par la femme de l'émigré Basquiat fils. On découvre dans les commodités une porte masquée qui communique dans la maison de Ladoue, ci-devant gentilhomme et juge au tribunal depuis germinal dernier. Cette porte communiquait par le toit avec plusieurs maisons.

De là, on entre chez Brethous-Duris qui a fait bâtir dans son jardin une échoppe où le prêtre Lalanne résidait bientôt après sa rentrée en France, et où il a été vu depuis le 18 fructidor. Cette échoppe est composée de deux chambres; il y a un carré d'environ cinq pieds, fermé, dont il a été impossible de deviner l'entrée. Dans l'une de ces deux chambres se trouvent : un beau lit garni avec des linceuls très fins, un grand crucifix au chevet du lit, et des images sur tous les murs. Derrière la porte de cette chambre, on découvre une petite entrée pour le susdit réduit, de la largeur de dix pouces.

La demoiselle Moreau était soupçonnée de recevoir le prêtre Caillé. On ne trouva rien.

Chez Despeaux, maréchal-ferrant, était une communication pour aller dans la maison des demoiselles Lalanne. Dans cette dernière maison, refuge habituel du prêtre Baffoigne, on voyait des issues qui communiquaient à un ancien mur de la ville vers les échalassières, etc., etc. *(Archives de la Préfecture).*

Ces visites domiciliaires se firent partout dans la Chalosse, et donnèrent le même résultat. Les murs percés de part en part, les armoires à double fond, les solides et vastes ciels de lit, les cachettes entre deux cloisons, les trappes habilement déguisées jouèrent un grand rôle dans le sauvetage des fugitifs.

Tous les moyens étaient bons pour saisir les prêtres ou pour échapper à la police. Gendarmes et prêtres réfractaires se déguisaient en contrebandiers, charretiers, chasseurs et courtiers de commerce. Les faux passeports étaient communs. Muni d'un de ces papiers, Lagleire *avait pu parcourir impunément les différentes localités des Landes pour les fanatiser.* Ce fut avec le même stratagème que Diris, curé de Momuy, rentré le 13 septembre 1792 par Louhossoa, et Bergoignan, curé de Montaut, également rentré par Canterets, le 17 septembre 1793, avaient pu, eux aussi, traverser le département et pervertir les populations. Ils furent arrêtés, puis adressés le 11 ventose au commandant de la XIe division militaire à Bayonne pour être procédé suivant les lois du 25 brumaire an III et 19 fructidor an V. Grâce à la haute intervention du jeune Maximien Lamarque, le curé de Montaut obtint la faveur de n'être pas déporté.

Gaube, ancien prémontré, ne fut pas si heureux. Jureur rétracté, il fut pris et condamné à la déportation par sentence du 29 pluviose. Deux des quatre frères Ducournau-Placiat, éprouvèrent le même sort. Le Département écrivait sur tous les points pour qu'on mît toute célérité à diriger les sexagénaires ou infirmes sur la prison de Mont-de-Marsan(1).

En même temps qu'il poursuivait les prêtres, Batbedat, dont l'audace allait toujours croissant, préparait sa candidature et celle de ses amis aux élections prochaines de germinal. Pour disposer des votes dans plusieurs cantons, il changea les circonscriptions établies par la loi; il remplaça les hommes indécis par des agents soumis à sa volonté, il fit répandre partout des calomnies contre la députation des Landes, réactionnaire et royaliste, et proclamer que les citoyens seuls dignes en la circonstance de représenter le pays étaient : Roger-Ducos, Dyzèz, l'amant de la Liberté, et l'Administrateur Samson Batbedat.

En s'unissant à Roger-Ducos et à Dyzèz, redevenus puissants par le 18 fructidor, Batbedat croyait trouver le moyen

---

(1) Vous trouverez ci-joint la pétition de Drabaiznan, prêtre, avec notre avis et les pièces y jointes parmi lesquelles se trouve un extrait de naissance. Quant aux autres, Gèze et Birrose, nous nous dispensons de vous en causer, puisqu'ils sont, l'un mort, l'autre mourant. (*Lacroix, président de la municipalité de Grenade, au Département*).

sûr d'arriver à la députation. Toutefois, il lui restait à vaincre, à écraser tout-à-fait des ennemis nombreux qui surveillaient ses démarches, qui le suivaient dans toutes ses machinations, ennemis toujours prêts à le dénoncer au pays et aux autorités de la capitale. Leur chef était Detchevers.

Nous rentrons dans cette lutte dont nous avions dû nécessairement interrompre le récit. On a vu plus haut les dénonciations envoyées par Batbedat au Directoire, aux Ministres de la police et de la justice contre le tribunal criminel. Les Tribunaux criminel et civil si rudement malmenés par Batbedat, avaient donné à Paris les explications convenables; puis prenant à partie le despote, ils disent au Ministre qu'ils doivent à la justice de ne pas imputer à tous les Administrateurs les excès dont ils se plaignent; qu'un seul d'entre eux en est l'artisan, ses collègues n'étant pour lui que des instruments. Usurpateur des fonctions qu'il exerce, on doit au plus tôt annuler cette usurpation pour soustraire le département aux maux qui l'affligent et lui rendre la tranquillité qu'il a perdue depuis que Louis-Samson Batbedat l'agite et le tourmente dans tous les sens. Le département s'indigne de voir cet homme, flétri depuis longtemps par l'opinion publique, occuper une place qui exige de la probité et du talent, cet homme qui fut deux fois traduit au ci-devant parlement de Bordeaux, et toujours pour fait d'escroquerie; qui n'ayant que des crimes à expier et des dettes à payer, arriva en 1792 à l'Administration centrale des Landes; qui en sortit après le 9 thermidor, possesseur d'un domaine considérable où il étale un luxe asiatique, se faisant servir en vermeil les jours de grand gala, au milieu des ci-devant comtes et barons qu'il appelle familièrement ses *pigeonneaux*.

Encouragé par Roger Ducos qui lui recommandait d'agir avec force, Batbedat voulut déshonorer ses ennemis devant e public pour les rendre incapables d'arriver à la députation; il fit publier dans ce but et répandre partout, jusqu'à Paris, le compte-rendu des évènements de messidor et thermidor à Dax, tel qu'il avait été arrêté en séance du Conseil des Landes le 18 pluviose an VI.

Bonnat, Casalis, Durrieu, Durran, collègues ou plutôt

serviteurs de Batbedat, demandèrent qu'avant de sévir contre les coupables, on envoyât sans retard à Paris un exposé de la *situation affreuse* des Landes. Cette démarche devait régénérer l'esprit public, venger la Constitution outragée, la République méprisée, le Gouvernement avili, les lois violées, les républicains persécutés, et la ville de Dax déshonorée. (*Voir Archives du Séminaire*).

Au surplus, il suffisait que le royalisme dût en frémir, et le fanatisme s'éplorer pour qu'on prît tous les moyens capables de les mortifier, de les anéantir dans la personne de leurs infâmes suppôts et de leurs sicaires atroces. Sur les conclusions du commissaire, le Département arrête :

Les individus Detchevers, accusateur public; Fèches, directeur du jury; Bordenave, Darrigan aîné, Ducamp, Salles, Castaignède, Cassanne, Deléon, juges; Siest, juge de paix de la commune de Dax; Lescala, juge de paix du canton; Darrigan puîné, ex-commissaire du Directoire Exécutif près le tribunal de la police correctionnelle; Gerlole, commandant du château; Delass, ingénieur d'artillerie; Badeigts, commissaire des classes; Loyer, capitaine de la gendarmerie; Duran, receveur de l'enregistrement; Nourisse, commandant de la garde nationale; Vincensan, officier; Lonné, id.; Félix Vergés, id.; Sallenave, ex-receveur; Lasserre; Lacouture; Naguès; le Basque de Durosier; Lalet cadet; St-Marc et ses deux fils; Planter; Pourcier; Patarin fils cadet; La'ane; Teutonas; Fagés; Dubaquier; Herran; Sintaxe; Giraud; Fontaine; Discareaux, de Peyrehorade; Camiale, de Gaas; Denis; Marcadieu; Lamorene; Jacoulet; Lasserre; Pidalon, de Cardresse; Lacausse; Tonla; Sorlé; Maisonnave; Lalet; Duchardion; Cabiro; Loustalot; Laurède; Darasse; Darrieq fils, du Sablar; Augustin Durracq; Vergés; Fauché; Maleton; Parent; Despaux Laurens Hercular et tous autres indiqués par les 151 citoyens qui ont été entendus, sont officiellement dénoncés au tribunal criminel, par la voie du commissaire du gouvernement près le tribunal de Dax, comme prévenus de délits graves.

Cette dénonciation sera envoyée dans toutes les communes du département pour que le peuple soit enfin convaincu combien ont été perfides et scélérats les hommes qui lui ont extorqué les suffrages dans les dernières élections et combien il doit apporter de soin et de sévérité dans les nouveaux choix qu'il va faire de ses fonctionnaires.

Batbedat veut arriver au Corps Législatif, et pour vaincre ses compétiteurs, il propose de les jeter en prison. Celui que le despote cherchait à proscrire en première ligne, Detchevers, était de mœurs honnêtes: il avait l'estime de tout le pays de Dax et d'Aire, une force de caractère capable de mener au but les plus généreuses entreprises. Nous allons donc assister, dans le mois de germinal, à une lutte solennelle.

A Paris, on vit bien quel était le plan de Batbedat contre ses adversaires. On ne consentit pas à donner suite au réquisitoire du Conseil Général des Landes contre les tribunaux de Dax. La députation landaise apportait aux divers bureaux des ministères les renseignements nécessaires.

Tout fut mis en œuvre de la manière la plus déloyale par Batbedat dans le but d'assurer son élection. D'abord, il fallait faire croire au pays que les royalistes, les réactionnaires étaient la cause de tous les maux. A la fin de pluviose, le Conseil Général écrit donc aux municipalités :

Les vols, les brigandages et les assassinats se sont manifestés dans ce département malgré les efforts constants et soutenus que l'administration a pu faire et les secours extraordinaires qu'elle a réclamés pour en arrêter le cours. De toutes parts, les propriétés sont attaquées, la sûreté des personnes menacée, les domiciles violés, plusieurs assassinats commis ; les monuments publics insultés, dégradés, détruits ; les arbres de la liberté abattus ; les lois foulées aux pieds ; l'autorité publique méconnue ; la Constitution méprisée ; le gouvernement aboli. De toutes parts, le vagabondage, la mendicité, le fanatisme et le royalisme se réunissent pour porter au loin leurs funestes ravages ; de toutes parts, un système de désordre et de dissolution sociale annoncent le plan combiné de la contre-révolution et le retour de la monarchie prête à se baigner dans le sang des républicains.

A la suite de la proclamation, les Administrateurs impriment une lettre du Ministre de la police générale sur l'état du territoire de la République traversé dans tous les sens par de vils ramas de brigands et de voleurs de grands chemins.

Le fanatisme et le royalisme étant la cause de tout le mal, on doit les écraser. Pour le fanatisme, Batbedat le tient sous une pression entière, grâce à des mesures sévères contre les sexagénaires et contre les réfractaires. Le royalisme, il va le combattre, non par la force ouverte, puisqu'il ne peut ni n'ose encore l'employer, mais par des moyens nouveaux, dignes tout à fait des inventions de son génie. Sachant la vénalité de quelques âmes qui l'ont déjà servi près du Directoire Exécutif à Paris, il s'adresse à elles pour préparer et obtenir le succès de son plan. Il forme de son propre mouvement la fameuse liste du 6 ventose de l'an VI, 25 février 1798, et l'envoie sur-le-champ dans toutes les municipalités. Sur cette liste, il a l'impudeur d'insérer comme émigrés ou prévenus d'émigration, une foule de séculiers très riches et quelques prêtres qui n'avaient jamais quitté le territoire de la République, dont quelques-uns même, au su de tout le département, étaient sous les verrous à Mont-de-Marsan, tels que Despériers, Lulet, Baron, Desbons. Ces derniers protestèrent avec énergie contre ce mensonge. On savait même que Desbons, ne sachant où aller, avait demandé lui-même la permission de rentrer en prison pour continuer ses traitements.

L'indignation fut générale lorsque Batbedat fit paraître sa liste du 6 ventose, suivie bientôt de quelques suppléments; mais par une prompte et énergique exécution de ses moyens, le despote du département, en se jouant des hommes et de toute vérité, espérait arriver à son but.

Or ce but était : 1° de rayer un grand nombre de personnes sur les listes électorales en les portant comme parents d'émigrés; 2° de placer sous le séquestre, pour être vendus, les biens des émigrés déportés munis de passeports, en les assimilant aux émigrés par une inscription frauduleuse sur cette liste de l'an VI. C'était là un moyen facile de battre monnaie, de faire argent de tout. Dans la circonstance actuelle, Batbedat avait promis de faire ainsi rentrer aux Finances un surcroît de quatre millions, tentation dangereuse pour un Gouvernement qui manquait de ressources, excellent moyen de se mettre soi-même à couvert contre des imputations assez graves dans l'art d'extorquer de l'argent (*Voir Domec, la tabatière et le rouleau*).

Avec ces moyens et autres encore empruntés au système de la Terreur, Batbedat, toujours évincé de la députation, voulait y arriver à coup sûr.

Après avoir brisé tous les obstacles dans le département, mis partout ses créatures, prodigué les menaces et les caresses, changé quelques circonscriptions électorales, dressé la liste inique du 6 ventose, il fit paraître sa longue et trop fameuse *Adresse aux Citoyens du département des Landes*.

Batbedat rappelle avec un ton irrité les efforts des réactionnaires dans les Assemblées de l'an IV et de l'an V, les dangers que la République a courus, les menées perfides, factieuses et coupables des prêtres et des nobles.

Citoyens. Le moment des élections approche. Les républicains comprimés, persécutés, avilis pendant deux ans de réaction royale, voient venir ce jour décisif pour la liberté, avec quelque sollicitude . . . .

Le Prétendant, ses suppôts, ses émissaires ont tout fait. Depuis le Corps Législatif jusqu'à l'adjoint municipal, tout a été élu, formé et organisé par l'influence maligne du royalisme, sous les regards pieusement empoisonnés du fanatisme.

Dans ce département, voyez quels députés, quels juges, quels administrateurs vous avez eus! Voyez ce qui s'est passé pendant deux ans de honte et de forfaits.... Les traces des prévarications et des crimes commis par vos fonctionnaires existent encore.... Quel tableau horrible! Les arbres de la Liberté abattus; les croix d'un culte dominant et exclusif, redressées; la sonnerie des cloches, rétablie; les prêtres séditieux, réintrônisés; les prédications sur les dîmes, contre les acquisitions nationales, contre la République et le Gouvernement, tolérées, protégées; la loi du 7 vendémiaire an IV, méprisée; les monuments de nos victoires, renversés; les pillages organisés; les assassinats impunis; les attroupements armés des égorgeurs, formés, conduits et dirigés par les autorités préposées pour les dissoudre et les punir; les contributions arbitrairement réparties; l'emprunt forcé distribué exclusivement entre les patriotes et les acquéreurs de domaines nationaux; les actes vertueux ou innocents des républicains transformés en délits; les forfaits des royalistes, des chouans, des réacteurs, travestis en vertus; tous les fonctionnaires publics, tous les citoyens qui avaient servi la République, qualifiés de *brigands*, de *terroristes*, de *voleurs*; le mot *citoyen* banni du vocabulaire français; l'ancien style reprenant tout son empire; les costumes royaux, le grand deuil, les cadenettes, les habits quarrés, les collets verts et noirs, généralement adoptés; la cocarde tricolore, méprisée; les décades oubliées; les fêtes nationales désertes; les chants républicains proscrits; le *Réveil du peuple* sortant de toutes les bouches, ornant tous les concerts, admis dans toutes les orgies, proféré dans toutes les cérémonies; les emblèmes de la Liberté, de l'Egalité effacés des registres publics, des actes administratifs; l'habit national avili; les défenseurs de la patrie rebutés, calomniés, persécutés; l'instruction républicaine négligée et abhorrée; toutes les institutions abandonnées ou corrompues; le peuple trahi par ses mandataires, enchaîné par ses gouverneurs, opprimé par ses administrateurs, sacrifié par ses juges; la France enfin royalisée et la République détruite au nom du peuple même;

Voilà, citoyens, ce que vous avez vu, et ce qui allait se consommer sans la journée mémorable du 18 fructidor!

Batbedat supplie les électeurs de se mettre en garde contre « les prêtres cachés, déportés ou émigrés rentrés » qui

parcourront les villages dans la nuit, qui insinueront le poison dans les consciences; contre les nobles, contre les juges de paix et contre les administrations diverses.

Les ennemis de Batbedat sont donc partout! Sauf quelques rares exceptions, cet homme ne compte plus que des oppositions puissantes, implacables, prêtes à tout faire pour le jeter hors de la scène politique et punir ainsi une longue suite d'actes audacieux et coupables. Roger Ducos seul lui reste fidèle. Les autres députés ont fait une ligue contre le despote qui les a percés de ses traits.

A Dax, sous l'influence de Detchevers, de Lescala, de Neurisse, etc., la haine est au comble. La cité aturine frémit toujours au souvenir des pillages honteux de 1793 et de la sévère menace qu'on lui a envoyée : « Quant à Aire, avait dit Batbedat, une lumière forte a éclairé la marche ténébreuse des réacteurs qui peuvent bien s'étourdir de loin pendant quelque temps et dépêcher des diatribes bien plates, bien ordurières, à ce qu'ils appellent leurs *amis* et *honnêtes gens*; mais tôt ou tard, ils seront punis de leur insolence. »

Habitué depuis vingt ans à tous les genres de luttes, Batbedat prend plaisir à braver ses ennemis, à provoquer leur exaspération. D'après lui, les hommes irréprochables doivent savoir mépriser les sarcasmes et les diatribes que leur vigilance, leur exactitude et leur énergie leur attirent. Ils ne doivent jamais se souvenir des mauvais procédés ou des injustices qui souvent sont la récompense unique de leur vertu et de leur courage. Ils ne doivent jamais « perdre de vue cette grande et consolante maxime qu'*il serait infiniment déshonorant pour un homme public de n'avoir pas des ennemis ou de plaire à tout le monde*. »

Batbedat écrit à tous les coins du département; il met une ardeur fiévreuse à préparer sa candidature et le triomphe des idées républicaines; il demande avec hauteur où sont les actes qu'on peut lui reprocher depuis sa rentrée au pouvoir. « Depuis six mois, vos administrateurs ont employé le jour et la nuit à réparer les maux de leurs prédécesseurs. Puissent-ils avoir mérité votre estime! Ils bornent là leur ambition; car leurs vœux ne tendent qu'à vous voir mettre à leur place ces républicains vertueux qui vous sont connus. »

Le moment solennel des élections est arrivé ! Réactionnaires, Républicains, tous apportent à la lutte le même acharnement, ou pour mieux dire, les mêmes colères.

Detchevers avait pour auxiliaires dévoués, Geoffroy de Neufchâteau, juge de paix à Poyanne, Dupoy, de Tartas, receveur de l'Enregistrement à Aire, et François Batbedat, de Vicq, originaire de Bayonne (1), qui, au mois de nivose dernier, sans prendre aucun passe-port, et par des chemins détournés, avaient osé aller à Paris pour se défendre auprès de la députation landaise des calomnies de Samson Batbedat, et porter contre lui une accusation en règle. Dupoy passa par Toulouse ; François Batbedat était allé à Bayonne prendre la voiture de Cabarrus, de Capbreton, son parent, ambassadeur de France en Espagne, qui revenait alors à Paris.

De retour dans nos Landes, ils avaient soufflé, dans les environs de Dax et de Tartas, l'esprit de résistance au despote du département et rapporté les noms secrètement choisis à Paris pour les opposer à ceux de Batbedat, Ducos et Dyzèz. Ces noms étaient ceux de Tallien, des généraux Napoléon Bonaparte et Boudet des Ardennes.

L'ouverture des élections dans les Landes avait été fixée au 19 germinal (8 avril, jour de Pâques), dans l'église paroissiale de Mont-de-Marsan. Pour assurer le repos de la ville, ou plutôt, pour répandre une terreur favorable à ses projets ambitieux, Batbedat fit rassembler au chef-lieu toute la gendarmerie du département sous prétexte de revue.

« Le jour de Pâques, dit Domec, toute la garde nationale, les quarante soldats de Ste-Claire, la gendarmerie, les municipaux allèrent sur la route de Tartas au devant d'une troupe d'électeurs dont l'arrivée avait été préméditée et annoncée d'avance. L'agent Darnaudéry harangua la troupe. Ramonbordes, de Dax, intime ami de Batbedat, répondit au compliment. Tout le cortège rentra en ville en triomphe, précédé des tambours et de la musique guerrière. Il s'arrêta

---

(1) D'après une lettre adressée à l'auteur par M. Victor Lefranc, petit-fils par sa mère de François Batbedat, ce dernier n'avait aucun lien de parenté avec son homonyme Samson Batbedat de St-Geours. Un médaillon du Frontispice des *Fables Caousides*, par l'abbé Lesca, porte les initiales de François Batbedat.

aux allées et revint sur ses pas à l'église, lieu de l'Assemblée. »

Domec ajoute que Detchevers arriva le lundi de Pâques, premier jour de l'Assemblée, avec une vingtaine d'électeurs pris dans les environs de Dax. Une lettre de Batbedat, écrite deux jours après au Ministre de la Police, affirme que cette entrée à Mont-de-Marsan eut lieu dans la nuit du lundi au mardi; qu'une réunion de 50 à 60 individus s'était tenue à Souprosse dans la maison Chauton, et que là, cette cohue de royalistes, de nobles et parents d'émigrés, avait décidé qu'après avoir fait irruption dans la ville par pelotons, un coup de main serait tenté le lendemain pour dissoudre l'Assemblée Electorale; que dans le cas d'un échec, on se réunirait à Barcelonne, près d'Aire « où la République est méconnue, et où le royalisme et le fanatisme dominent en entier. »

Qu'y avait-il de vrai dans ces assertions? Si réellement ces dispositions avaient été prises, comme le dit Batbedat au Ministre, il faut croire qu'elles étaient dues à l'initiative de Dupoy, receveur de l'Enregistrement, esprit actif, qui depuis longtemps dirigeait à son gré le canton d'Aire tout entier.

Les hommes de bien sont las du joug de Samson Batbedat; il s'agit de le briser, d'empêcher cet orgueilleux de monter plus haut, lui qui jusqu'alors avait fait tant gémir l'honneur et la vertu. Tel est le cri de ses ennemis! Alors, plus que jamais, on refait le tableau de la vie de Batbedat, sans oublier aucun trait, aucune couleur, ses hontes de séminariste et de prébendier, son impiété à Dax, à Mont-de-Marsan, le stygmate de terroriste attaché à son front, ses vols à Bordeaux, à Aire, son luxe effréné dans un domaine qu'il avait acquis presque pour rien avec du papier, etc.

Ces reproches avaient été reproduits tant de fois qu'ils n'opéraient plus rien sur l'opinion publique.

Rompu depuis longtemps aux affaires et aux agitations de la vie politique, Batbedat ne se laissa pas émouvoir pour si peu; il rendit injure pour injure; il profita de quelques imprudences de langage, de paroles peu précises de ses adversaires; il demandait quels étaient ces *êtres* qui n'avaient acquis des honneurs ou des dignités dans la République que *par la noirceur* de leurs forfaits.

Domec nous a laissé, au sujet de ces élections de germinal an VI, quelques détails fort intéressants. Lorsque les électeurs conduits par Detchevers se présentèrent aux portes de l'Assemblée, « une foule de canaille s'opposa à leur entrée, les chargea d'injures, les taxa de royalistes, de chouans. On lança des pierres sur Detchevers, et déjà on était à même de l'atteindre et de l'assommer, lorsque le jeune militaire Cazaulx, de la ville, se plaça derrière Detchevers, le couvrit de son corps et le conduisit dans sa maison. Sept des électeurs furent conduits avec Detchevers. Les autres prirent la fuite. L'agent Darnaudéry se rend chez Cazaulx avec les gendarmes. Ils conduisent les réfugiés à la maison commune. Darnaudéry fait une information sur la déposition de quelques coquins. Les détenus sont conduits chez le juge de paix Lubet qui les envoie en prison. Un gendarme serre fortement d'un mouchoir le poignet de Detchevers. Deux jours après, les détenus sont renvoyés absous. Pendant ce temps, le Département, l'Assemblée et le commissaire Dyzèz, témoins de ce trouble, gardent un profond silence.

« Cependant, l'Assemblée réunie en grande majorité à l'église, avait presque unanimement nommé députés à Paris Batbedat, Roger-Ducos et Dyzèz, commissaire au Département.

» Detchevers et les autres prisonniers nommèrent de leur côté, en prison, le général Bonaparte, Tallien et Boudet. »

Quant aux fuyards, ils s'étaient donné rendez-vous sur la lande de Meillan pour tenir conseil. Ils dressèrent procès-verbal de leurs opérations. (*Arch. de la Préf.*)

Ils étaient, disaient-ils, 21 sur le nombre de 86 nommés conformément aux Lois. La violence des armes et des actes arbitraires de l'Administration centrale les avaient forcés à prendre la fuite. Ne pouvant plus rester à Mont-de-Marsan, sans courir risque de la vie, ils s'étaient rendus à Tartas en pleine lande où ils avaient délibéré.

Ces électeurs étaient : Dubosc aîné, Bergeron aîné, Lauron, Dehèz, Cazenave, Cazaux, Darrieau, Lafitte de Poyanne; Boulart, Teychoires, Laborde, Laurède, Lafitte de Souston; Dufau, Fosses, Laborde, Herran. A l'unanimité, ils portèrent au Conseil des Cinq-Cents Bonaparte, Tallien et Boudet. Les quatre autres fuyards s'étaient réunis à Vicq dans un grenier chez François Batbedat, et portèrent à la députation les mêmes noms.

Après leur sortie de prison, « Detchevers et ses compagnons, aussi indignés qu'offensés des insultes qu'ils avaient reçues, font informer de leur côté. Il est prouvé que les commis du Département ont provoqué le tumulte. Detchevers part pour Dax le dimanche de Quasimodo. Les autres l'avaient précédé. Le secrétaire-général, l'agent Darnaudéry et Petit-Jean, secrétaire de la commune, et Farbos sont cités à Dax et se retirent le lendemain. Un homme nommé Pelon et sa femme, qui avaient tiré sur Detchevers, sont emprisonnés et sortent sous caution. » (*Domec.*)

Batbedat, Roger Ducos et Dyzèz avaient déjà pris sur les registres du Conseil Général le titre de *Représentants du Peuple*.

L'indignation fut générale dans les Landes lorsqu'on eut une connaissance exacte des évènements de Mont-de-Marsan. Quatre jours après la cloture de l'Assemblée, le jeune Henri Cazaulx se rendit à Paris. Son premier soin fut de remettre au général Bonaparte l'acte de sa nomination au Conseil des Cinq-Cents par les électeurs de Tartas et de Vicq, puis de faire à la députation landaise un exposé rapide et précis de tout ce qui s'était passé, en attendant que Detchevers et autres apportassent à Paris les pièces nécessaires.

Detchevers, Geoffroy, les deux Dupoy, d'Aire et de Geaune, François Batbedat, mirent toute activité à recueillir les témoignages; ils chargèrent le dossier autant que possible. On envoya le tout à Chaumont, et Detchevers lui-même partit pour la capitale dans les premiers jours de floréal. C'était le seul moyen de venir à bout de cette pénible affaire, d'éclairer enfin les Cinq-Cents indignement trompés par la correspondance de Batbedat, de faire tomber cet homme sous le poids de ses fautes et de le jeter dehors pour une bonne fois.

Le départ subit de Detchevers avait déconcerté Batbedat. Ce despote qui, dans les élections, semble avoir perdu toute réflexion d'un homme sage et tout sens moral, comprit alors la gravité de sa position et resta longtemps indécis.

« Il était effrayé, dit Domec, par l'idée de ses excès pour se faire nommer député, et il était convaincu que Detchevers, bien instruit de toute sa conduite, ne manquerait pas de la dévoiler dans tout son jour aux yeux du gouvernement. Il se décida enfin et prit la route de Paris par Toulouse, 16 floréal, (6 mai), en compagnie de sa prétendue femme. Son ami intime, Dyzèz, s'y rendit par Bordeaux. »

Detchevers avait tout remis à Bonaparte et à Chaumont. Ce dernier connaissait à fond Batbedat depuis son réquisitoire de messidor an III. Le réquisitoire nouveau fut encore plus écrasant. Muni de toutes les pièces et entouré des Landais qui étaient venus à Paris, Chaumont se rendit près de tous les ministères, et enfin près du Directoire Exécutif. Il exposa les fautes de Batbedat, les plaintes du pays et demanda justice.

De plus, Chaumont se fit près du Directoire Exécutif l'organe des plaintes portées contre le même Samson Batbedat par les citoyens actifs du canton de Geaune.

Citoyens Directeurs : Parmi les mille et une prévarications pratiquées par l'Administration Centrale des Landes pour porter au Corps Législatif l'un de ses membres que vous n'avez pas nommé Administrateur, le citoyen Louis-Samson Batbedat, le despote et le fléau de notre département, nous venons vous en dénoncer deux en particulier qui vous prouveront que les abus d'autorité, les actes les plus arbitraires et les plus attentatoires aux lois ne coûtent rien à cet intrigant audacieux, quand ils peuvent tourner au profit de son ambition.

Par la circonscription constitutionnelle du territoire français, la commune de Geaune est établie chef-lieu du canton du même nom, et comme canton, elle possédait la section la plus importante de l'Assemblée primaire.

Malheureusement pour elle, la commune de Geaune avait dans tous les temps repoussé les insinuations perfides du citoyen L.-S. Batbedat et de ses agents désorganisateurs. C'était un crime irrémissible. Déjà aussi elle en avait été punie. Le 19 brumaire dernier, un arrêté foudroyant de l'Administration Centrale, un arrêté provoqué et rédigé par la colère du citoyen L.-S. Batbedat, l'avait frappée comme royaliste, fanatique et contre-révolutionnaire. Cet arrêté avait suspendu tous les membres de l'ancienne Administration municipale. Il les avait remplacés par d'autres, tous dévoués autant qu'on peut l'être au citoyen L.-S. Batbedat ; car, c'était lui qui les avait choisis.

Malgré cela, la commune de Geaune ne craignait pas de s'expliquer franchement sur le compte du citoyen L.-S. Batbedat ; elle lui conservait toujours les sentiments de mépris et d'indignation inséparables des dilapidations, des vols et des malversations dont il avait été publiquement accusé par la précédente Administration Centrale, ce dont il ne s'était justifié que par les efforts qu'il avait faits pour n'être pas livré à l'action des tribunaux criminels. Elle osait dire, elle osait publier qu'elle ne voulait pas pour Législateur ni pour magistrat un homme indigne de l'être, un faux républicain, un amateur éprouvé, un partisan énergumène du code anarchique de 1793.

Il fallait donc, dans l'insuffisance du premier moyen, recourir à un moyen plus puissant, à un moyen qui fût capable, sinon de ramener au citoyen L.-S. Batbedat cette commune indocile et rebelle, d'atténuer au moins et d'annuler la résistance qu'elle voulait opposer à l'ambition qui le tourmentait de s'introduire dans le sanctuaire des lois.

Que fait alors le citoyen L.-S. Batbedat? Il imagine de déplacer l'Administration municipale du canton de Geaune et de transporter le chef-lieu de ce canton, du centre du territoire et de la population où il est placé, dans la commune de Samadet, située sur la circonférence, à l'extrémité du rayon le plus allongé. Bientôt après, par suite de cette première mesure qui en amènera tout naturellement une seconde non moins efficace, il opérera dans la section de Geaune les changements et les innovations qui importent au succès de ses vues. Il serait peut-être imprudent de la supprimer tout de suite, ce serait trop ouvertement se démasquer, il la laissera subsister aussi, mais il en retranchera plusieurs communes; il l'affaiblira, il l'esténuera au point qu'elle ne sera plus composée que de 123 votants. En même temps, il en augmentera considérablement le nombre dans la section de Samadet, en les portant à 875 dans cette dernière section, parce qu'il est bien sûr d'y exercer son influence, toute son influence.

Mais comment amener des mesures aussi inconstitutionnelles? Comment les pallier surtout? l'audace rend tout possible. Oser, disait dans un de ses rapports, le farouche St-Just, oser, c'est là toute la politique. Cette maxime, le citoyen L.-S. Batbedat l'a profondément empreinte dans son âme. Il en a toujours fait la règle de sa conduite. Il n'est pas embarrassé; il sera servi à merveille par le citoyen Dubroca-Moison fils, qu'il a nommé agent municipal de la commune de Pimbo, et par le citoyen Costedoat, de Samadet, pour qui il a sollicité et obtenu la place de commissaire du Directoire exécutif. Ces deux personnages lui doivent leur importance politique. Il peut tout exiger d'eux, et ils en sont capables; car l'opinion publique leur attribue la fameuse lettre qui fit tomber, l'an II, quarante têtes innocentes sous la hâche de la commission militaire établie à St-Sever et à Dax par le proconsul Pinet. Ils possèdent l'art de fabriquer des conspirations. Ils en ont fabriqué une première; ils en fabriqueront une seconde. Le citoyen Costedoat l'adressera toute ourdie à l'Administration Centrale. Il lui écrira que ses fonctions l'avaient appelé à Geaune; qu'à son retour, il a été arrêté, assassiné par un homme qui lui a tiré un coup de pistolet en lui remettant une lettre anonyme remplie de menaces pour lui faire abdiquer sa place. Cet assassinat, on le mettra sur le compte du Royalisme et du fanatisme aiguisant sans cesse les poignards de la contre-Révolution et les dirigeant contre les fonctionnaires publics dont on a résolu le massacre. On l'entourera de toutes les circonstances propres à démontrer le danger de laisser plus longtemps le chef-lieu du canton dans la commune de Geaune, et sur-le-champ, on le transportera à Samadet.

Tout s'arrange et s'exécute en effet d'après cette combinaison. Le 23 ventose dernier, le citoyen Léonard Costedouat écrit à l'Administration Centrale qu'« il se retirait la veille de la commune de Geaune; qu'arrivé vers les six heures du soir sur le territoire de la commune d'Urgons, il rencontre un inconnu qui l'arrête sous prétexte de lui montrer un certificat de résidence, et de lui remettre une lettre dans laquelle on le prévient qu'il doit se démettre et le faire de bonne grâce, parce qu'on a des moyens pour l'y contraindre, et qu'on ne veut d'autre commissaire que celui qu'il a remplacé; que cet inconnu, costumé en pantalon vert et en chapeau à haute forme avec les ailes abattues qui lui couvraient la figure, lui a tiré un coup de pistolet dont les balles ont percé sa roupe, et dont le feu a brûlé sa veste; mais qu'heureusement il n'a éprouvé d'autre blessure que celle résultant naturellement de la commotion occasionnée par une arme à feu; qu'au surplus, l'éclat a effaré son cheval, et l'a sauvé d'un danger imminent. »

Le danger était imminent sans doute, s'il n'est pas supposé. Mais les moyens d'y croire!! C'est Costedouat qui l'atteste et il l'atteste seul. Personne n'a vu l'inconnu si remarquable cependant par son costume en pantalon vert et un chapeau à haute forme dont les ailes lui couvraient la figure. Personne n'a même entendu le coup de pistolet, mais à une très petite distance du lieu de l'assassinat, on a parfaitement bien observé que Costedouat se retirait tranquillement et qu'il n'avait pas plus l'air effaré que son cheval.

Pour l'exactitude des faits, nous devons ajouter encore que le citoyen Costedouat était parti le matin de l'Administration Centrale, qu'il y avait laissé le citoyen Dubroca-Moison, agent municipal de Pimbo, et qu'il ne s'était tant pressé de venir à Geaune que pour y viser un rôle d'imposition qu'on ne retira pas d'abord. Toutes ces circonstances, en effet, sont précieuses à recueillir; leur singularité et leur coïncidence avec l'assassinat les rend très remarquables.

Le premier soin de l'heureux assassiné, en rentrant à Samadet, fut de faire constater sa mésaventure pour lui donner de la vraisemblance. Il eut aussi la présence d'esprit d'en faire dresser procès-verbal par l'adjoint municipal qui n'avait rien vu; mais, on ne sait pourquoi, il vient de faire également constater par l'officier de santé, la *blessure résultant si naturellement de la commotion occasionnée par l'arme à feu.*

Quoi qu'il en soit de cette omission, la lettre, comme on l'a déjà dit, et le procès-verbal partirent en toute diligence de Samadet, le 23 ventose.

Le même jour, ils arrivèrent à l'Administration Centrale où le citoyen Dubroca-Moison, agent municipal de Pimbo, était resté, sans doute pour les attendre.

Et le même jour, à la vue de cette lettre et de ce procès-verbal également invraisemblables, dénués de preuves et insignifiants, l'Administration Centrale prend un arrêté qui en lève le chef-lieu du canton à Geaune, qui le transfère provisoirement à Samadet et qui ordonne sans délai l'apport des papiers et des registres administratifs dans cette dernière commune, en autorisant le président et le commissaire du canton à les faire escorter par la gendarmerie qu'on met à leur disposition.

Les considérants de l'arrêté qui ne sont pas puisés ni dans la lettre ni dans le procès-verbal, mais que l'intérêt personnel inventa pour les adapter à ses vues, supposent que le fanatisme et le royalisme exercent leurs affreux ravages dans le canton de Geaune; qu'ils y mettent en œuvre les moyens de l'assassinat des fonctionnaires attachés au Gouvernement; que ces forfaits tiennent à un système de renversement de l'ordre établi, à un complot d'extermination dirigé contre les magistrats qui se livrent aux soins pénibles de l'administration; qu'on veut les forcer de quitter leurs postes; que dans peu de jours ainsi l'administration du canton de Geaune et peut-être celles des autres cantons seraient désertes, abandonnées, si on ne se hâtait de prévenir ce désastre; que les circonstances sont des plus impérieuses; qu'elles exigent qu'on ne s'assujettisse pas servilement aux règles et qu'on s'élève au-delà du cercle étroit des lois; que le seul moyen de protéger efficacement les jours des administrateurs nouveaux et du citoyen Léonard Costedoat principalement, c'est de transférer à Samadet, où ce dernier habite, où il a sa famille, sa fortune, c'est de transférer de Geaune à Samadet le chef-lieu du canton. Pour établir de plus en plus l'urgente nécessité de cette translation, on suppose ensuite que déjà les papiers de l'administration municipale ont été brûlés à Geaune et que les écharpes municipales y ont été coupées en petits morceaux.

Quel tissu maladroit de faits dénaturés, controuvés et envenimés dans ces considérants! Il suffit aussi de les lire pour en sentir l'invraisemblance et la fausseté.

On conviendra bien cependant que dans l'an II, quelques lâches réquisitionnaires déserteurs de leurs drapeaux, pour se venger du zèle et de l'activité infatigables que l'administration municipale mettait à les poursuivre, s'introduisirent de nuit et avec effraction dans le lieu des séances où ils outragèrent les registres et les écharpes municipales, sans les brûler ni couper en morceaux, comme on l'a prétendu; mais ces excès ne tardèrent pas à être sévèrement réprimés et réparés par l'action de la justice criminelle sur ceux qui les avaient commis. Et n'est-ce pas le comble de la mauvaise foi d'en prendre prétexte de déverser l'opprobre et l'infamie sur les habitants de toute une commune, de tout un canton, comme si les délits n'étaient pas personnels, comme si les crimes des uns enlevaient aux autres leurs vertus!

Les considérants de l'arrêté ne vous en imposeront pas ainsi, Citoyens Directeurs. C'est l'imagination du citoyen L.-S. Batbedat qui les a enfantés; c'est sa main qui les a rédigés pour pallier un acte arbitraire devenu nécessaire à son ambition courroucée des obstacles que lui opposait le bon esprit, l'esprit vraiment républicain de la commune de Geaune.

Une preuve bien incontestable que la translation du chef-lieu de ce canton n'a pas d'autre motif, d'autre but, c'est qu'elle était arrêtée *in petto*, et que les agents de Balledat en faisaient circuler la nouvelle dans la commune de Dax, à douze lieues de la commune de Mont-de-Marsan, avant le prétendu assassinat de Léonard Costedouat. La preuve de ce fait est facile; on l'offre;

C'est que Léonard Costedouat, qui certainement n'a été assassiné nulle part, ne prétend pas même l'avoir été dans la commune de Geaune, ni dans la section de Geaune, mais bien dans la commune d'Urgons attachée à la section de Samadet et limitrophe de Samadet;

C'est que l'arrêté ne dénonce pas l'assassinat aux tribunaux pour en faire rechercher l'auteur et les complices;

C'est que Léonard Costedouat ne fait aucune démarche pour le faire poursuivre judiciairement.

Quoi! C'est dans un territoire étranger à la commune et à la section de Geaune, dans un territoire limitrophe de Samadet, que Léonard Costedouat se prétend assassiné par un homme qu'il ne connaît pas, par un homme dont il ne signale pas les traits, par un homme par conséquent qu'on ne peut pas plus supposer de Geaune que de Samadet, et cependant l'Administration Centrale, qui n'a aucune preuve de cet assassinat invraisemblable, aucune raison au moins de l'attribuer plutôt à un homme de Geaune qu'à un homme de Samadet, qui annonce même qu'elle n'y croit pas, puisqu'elle n'arrête pas de le dénoncer aux tribunaux, et cependant l'Administration Centrale le met sur le compte de la commune de Geaune, et elle en prend prétexte de transférer le chef-lieu du canton dans la commune de Samadet;!

Et cela, dit-elle, pour protéger efficacement la vie et les travaux des Administrateurs!

Mais aucun administrateur n'a été assassiné, ni insulté, ni menacé dans la commune de Geaune, aucun même n'y a été troublé, interrompu dans l'exercice de ses fonctions. Il est faux aussi que le royalisme et le fanatisme aiguisent leurs poignards dans cette commune, ils s'émousseraient, ils se briseraient contre le républicanisme de ses habitants; car, ils veulent tous la Constitution de l'an III; ils n'en veulent pas d'autre, et ils défient leurs calomniateurs, tous leurs calomniateurs, de leur faire de reproche fondé. La mesure n'était donc pas commandée par les circonstances.

Mais cette mesure allait-elle directement au but qu'on lui prêtait?

Sans doute, elle était bien propre à ménager les jours et la santé de Léonard Costedouat qui n'avait plus besoin de se déplacer, de voyager, de fatiguer pour se rendre à son poste, mais n'exposait-elle pas tous les autres membres de l'Administration aux inconvénients et aux dangers dont elle feignait de mettre à l'abri Léonard Costedouat? Et les jours de la santé de Léonard Costedouat étaient-ils plus précieux que ceux de tout un Corps d'administrateurs, et si précieux, qu'il fallût, sans en avoir le droit, déranger pour lui et intervertir l'ordre constitutionnel du placement des chefs-lieux des cantons?

Nous ne nous appesantirons pas davantage sur la réfutation des faits et des motifs supposés de l'arrêté.

Mais comme l'intention qui produit les actes s'explique et se décèle toujours par leurs suites, nous vous prierons, Citoyens Directeurs, de remarquer celles qui ont accompagné la translation du chef-lieu de canton. Elles achèveront de vous en découvrir tout le mystère.

Par l'arrêté de l'an V, la distribution des assemblées primaires du département des Landes avait été réglée en conformité de la loi du 19 vendémiaire an IV; mais elle contrariait les vues du citoyen L.-S. Barbedat; elle les avait déjouées l'année dernière; il craignait qu'elle les déjouât encore cette année. Il en fabriqua une nouvelle mieux combinée avec son intérêt qui seul en dirigea les innovations; il la présenta à l'Administration centrale qu'il maîtrisait par l'ascendant qu'il exerçait sur elle. L'administration l'adopta par arrêté du 11 pluviôse, et elle s'est obstinée depuis à la maintenir malgré l'improbation du Ministre qui lui a inutilement enjoint de la rapporter.

Au moyen de cette répartition entièrement subversive de la première et dans laquelle les convenances, les localités et toutes les considérations de la loi ont été sacrifiées aux caprices et à l'arbitraire de son auteur, plusieurs communes dépendantes de la section de Geaune en ont été distraites, pour être incorporées à la section de Samadet, en sorte que la section de Geaune a été réduite à 423 votants seulement, tandis que la section de Samadet en a vu grossir le nombre jusqu'à 875.

C'était attenter tout à la fois à l'instruction et à la loi du 5 ventôse an V et à la Constitution;

A l'instruction et à la loi du 5 ventôse an V, parce qu'elles défendaient de faire aucun changement dans les sections jusqu'à l'an VII, et l'instruction de la loi du 18 ventôse dernier a renouvelé la même défense;

A la Constitution, parce que l'article XIX porte : « il y a au moins une assemblée primaire dans chaque canton; lorsqu'il y en a plusieurs, chacune est composée de 450 citoyens au moins. »

On pouvait d'autant moins se dispenser de laisser le nombre des votants à la section de Geaune, qu'elle en avait eu toujours beaucoup plus, et que le canton en offrait près de douze cents pour les deux sections qui en composaient l'assemblée primaire.

Mais à quelque prix que ce fût, le citoyen L.-S. Barbedat voulait être Législateur; il fallait qu'il le fût « de gré ou de force, » suivant l'expression de ses agents. Il lui importait pour cela de réduire la section de Geaune au-dessous des proportions légales et de grossir au mépris de ces proportions la section de Samadet. Par cette opération et à l'aide des citoyens *Dubroca-Noison* et *Léonard Costedoual* qui devaient disposer des suffrages et les faire tomber sur eux et sur des amis communs, il pouvait compter infailliblement sur quatre électeurs affidés dans la section de Samadet, et alors il n'avait rien à redouter des deux que lui opposerait la section de Geaune.

Voilà, Citoyens Directeurs, l'explication de l'arrêté du 23 ventôse qui a transféré à Samadet le chef-lieu du canton de Geaune et des changements extraordinaires, inconcevables, que l'arrêté du 11 pluviose a ensuite opérés dans la section de cette dernière commune.

Nous vous dénonçons ces deux arrêtés comme des monuments odieux de l'ambition du citoyen L.-S. Batbedat et du mépris qu'il a fait de la Constitution et des lois, pour forcer l'entrée du sanctuaire des lois par ses manœuvres, par l'intrigue, par la force, les excès et la violence. Il est parvenu aussi à se faire nommer Législateur. Le Corps Législatif appréciera sa nomination à la vue des réclamations qui partent de tous les points du département pour en établir la fraude et la nullité. Mais la Constitution vous attribue spécialement le droit de réformer les actes administratifs illégaux, et en fut-il jamais de plus scandaleusement attentatoires aux lois que ceux sur lesquels nous appelons votre justice et votre indignation?

Citoyens Directeurs, ne voyez dans notre dénonciation que l'expression d'un sentiment que nous inspirent l'amour de l'ordre et le respect des lois. Également ennemis de la royauté et de l'anarchie, nous avons fait le serment de vivre ou de mourir pour la République une et indivisible et la Constitution de l'an III. Il les anime, il les réjouit, il en est ineffaçable. Nous vous le renouvelons; recevez-le.

Mais vous avez terrassé la royauté le 18 fructidor, et l'anarchie s'efforce de la remplacer. Ecrasez le monstre qui vient d'exercer de si affreux ravages dans les Assemblées primaires et électorales, ce monstre qui rugit, qui menace de tout désorganiser, de tout dévorer, et cette seconde victoire que nous célébrerons comme la première, par nos chants d'allégresse, consolidera la République et l'affermira sur ses bases éternelles.

Le Directoire fut étonné, même effrayé de tant d'audace chez Batbedat et communiqua ses réflexions au Corps Législatif. Au vu des pièces, et sur plainte du Directoire, le Conseil des Cinq-Cents annula les élections du département des Landes. On destitua le secrétaire-général, l'agent Darnaudéry et Petit-Jean. On cassa six gendarmes, et l'information de tous les faits fut envoyée au tribunal.

Batbedat arrivait alors à Paris, mais trop tard. Il trouva tous ses plans déjoués. Roger Ducos vint à Dax reprendre le siège de président au tribunal criminel; Dyzèz, l'amant pur de la République, resta commissaire près le Conseil Général des Landes. Pour Batbedat, humilié à Paris et à Mont-de-Marsan par sa destitution, on le siffla, on le chansonna comme Législateur *in partibus*.

Après son élection comme député, Batbedat, en la séance du 24 germinal, avait donné sa démission d'administrateur sous prétexte d'affaires particulières, et mis à sa place un de ses amis intimes, Gazaithan, de Parentis.

Démissionnaire comme administrateur, destitué de sa qualité de législateur, le despote des Landes se trouva ainsi privé de tout pouvoir. Il n'était plus rien. La risée fut générale devant cette cruelle mystification.

Quelques jours après, un arrêté du Directoire Exécutif, en date du 6 prairial, nommait administrateurs des Landes: Lefranc, Durrieu, Dutournier et Bonnat. Dyzèz était encore commissaire. Bonnat ayant donné sa démission, on mit à sa place Turgan.

Batbedat se retira dans sa terre de Fleurus à St-Sever et se fit maintenir président de la municipalité. Là viendra le chercher une condamnation publique.

Cet homme ne paraîtra plus dans notre Histoire des Landes que d'une manière incidentelle.

Toutes ces digressions, d'ailleurs nécessaires pour donner une connaissance exacte de l'époque, nous ont fait perdre un instant de vue les prêtres renfermés dans la prison de Mont-de-Marsan.

Ils eurent à gémir après fructidor sous un joug de fer. Durant la seconde réclusion, le Directoire des Landes avait laissé les entrées libres, à ce point qu'on accusa le concierge d'avoir ouvert les portes pour des baptêmes et des mariages; il avait donné à chaque prisonnier une livre et demie de pain par jour. Dans la troisième, les infortunés ne reçoivent absolument rien. Dès les premiers jours, ils avaient écrit au Ministre de la police générale à Paris pour se plaindre de l'arbitraire de Batbedat qui les retenait malgré l'article 25 de la loi du 19 fructidor. Le Ministre envoya aux directeurs une lettre pleine de reproches, et ordonna la mise en liberté des prêtres sexagénaires. Tout ce qu'il y avait d'honnête à Mont-de-Marsan était venu apporter des félicitations; chacun avait fait ses préparatifs de départ. Batbedat, absent au moment de la réception de la lettre ministérielle, était entré dans une grande colère à la nouvelle de ce qui avait eu lieu. « Ils ne sortiront pas! Les lettres des ministres ne sont pas des décrets!! »; puis il avait écrit au Ministre une lettre pleine d'imputations calomnieuses contre les prêtres, ajoutant qu'on n'ouvrirait pas les portes de la prison.

Lorsque le tyran des Landes eut disparu, on reprit quelque espoir à Ste-Claire. Au commencement du mois d'août 1798, Domec, interprète de ses compagnons d'infortune, fit arriver au Ministre de la Police par les députés Darracq, Dupoy, Turgan et Chaumont, un mémoire contenant l'analyse de l'arrêté de Batbedat au 13 vendémiaire an VI. Le ministre accueillit favorablement ses raisons; mais par malheur, ce ministre fut changé. Trois autres passèrent après lui au ministère de la Police qui échut enfin à Fouché, ex-oratorien, ancien terroriste, alors grand seigneur, surtout grand ennemi du sacerdoce et de la Liberté.

C'est en vain que les prisonniers prouvent leur droit par l'article 25 de la loi du 19 fructidor. Fouché fait la sourde oreille. N'espérant rien des hommes, les prisonniers de Ste Claire se résignent et n'attendent plus que du ciel la consolation et la fin de leurs maux.

En même temps, la persécution redouble dans toute la France contre les prêtres réfractaires.

Cette année 1798 n'a été au dedans et au dehors qu'une suite d'attentats contre la Religion et ses ministres. Le 11 janvier, on arrête à Paris le Légat du Pape; le 2 février, l'armée française occupe Rome. Treize jours après, un protestant vient au nom de la République annoncer à Pie VI sur son trône pontifical que son pouvoir temporel est aboli. Le 19 de ce mois, le Pape est enlevé de Rome dans la nuit. Du fond de sa prison, le vieillard, affaibli mais non abattu par les épreuves, condamne le serment de haine à la Royauté. Le jeune héros qui aurait pu arrêter ces mesures odieuses contre le clergé de France, était au loin, engagé par la jalousie de ses ennemis dans une expédition aventureuse d'où ils espéraient bien qu'il ne reviendrait jamais (19 mai 1798 au 9 octobre 1799).

1799-1800.

L'histoire de ces deux années 1799 et 1800 offre peu d'incidents. Nous n'avons à y glaner qu'un petit nombre de faits.

Au mois de mars 1799, le Directoire prit un arrêté qui destituait Batbedat de sa présidence à la municipalité de St-Sever, comme contre-révolutionnaire, méditant le renversement de la Constitution et de tout ordre. Quatre mois après, Dyzèz reçut une semblable destitution en sa qualité de commissaire et fut remplacé par Targan.

Il semblerait que nos Landes, délivrées enfin de ces deux hommes unis par une amitié trop étroite, vont retrouver le calme et voir partout s'ouvrir les portes des prisons. Il n'en fut pas ainsi. Fouché était maître à Paris et laissa toute leur force aux lois de proscription telles que les avaient faites quelques petits tyrans des départements.

L'année 1799 s'écoula presque tout entière sans évènement grave dans les Landes. Aux derniers mois, se rattachent les arrestations de Joseph Cadroy, curé de Campet; de Dubosc-Taret, curé du Leuy; de Pierre Lalanne, directeur à Aire; de Sentets, l'ancien barnabite de Dax, pro-secrétaire de l'évêché national, et de Lafargue archiprêtre d'Arue.

Tout-à-coup, Paris a retenti de ce bruit que le vainqueur de l'Italie et de l'Egypte est dans ses murs (16 octobre). La France, lasse des orgies du Directoire, fixa les yeux sur le jeune guerrier, et sembla l'inviter à frapper un grand coup comme si déjà il eût été le véritable maître. Bonaparte était venu pour cela. Il mit tout dehors, Conseil des Anciens et Conseil des Cinq Cents et ferma les portes (9 novembre 1799. — 18 brumaire an VIII).

Quelques jours après ce coup d'Etat, la nouvelle Constitution de l'an VIII était faite et généralement acceptée (22 frimaire. — 13 décembre).

Tourmenté par le désir d'être quelque chose, Batbedat lui-même brûle un encens très pur en l'honneur du *héros* Bonaparte. Le républicain se fait courtisan. Bonaparte qui cherchait les moyens d'attacher tous les partis à son char, parut oublier les procédés malhonnêtes que Batbedat avait employés pour combattre sa candidature dans les Landes, et le nomma commissaire du Gouvernement à St-Sever (29 frimaire an VIII).

Certes, à tous les points de vue, il était temps que le système révolutionnaire disparût de nos Landes. Pour juger cette appréciation offerte ici sous une forme très modérée, on n'aurait qu'à lire avec soin un opuscule imprimé à Toulouse, chez Morand, et intitulé : *Du mode d'exécution des loix sur l'emprunt de 100 millions, dans le département des Landes, et de la conscience du premier jury.* (Arc. du s. d'Aire.

On voit là tout entière la triste position de notre département, un des plus malheureux de France, au milieu des épreuves révolutionnaires.

CHAPITRE VI.

Constitution de l'an VIII. — Méchin, préfet des Landes. — Délivrance des prisonniers de Ste-Claire. — Discussions sur le serment de fidélité à la Constitution de l'an VIII. — Batbedat et ses ennemis. — Les hommes célèbres de nos Landes de 1789 à 1802. — Le Concordat.— Entrée de Mgr Loison à Roquefort, à Mont-de-Marsan, à Dax, à St-Geours, à Bayonne.

Bonaparte, au 18 brumaire, avait pris tous les pouvoirs de l'Etat sous le titre de premier Consul. Syeyèz et Roger Ducos, deuxième et troisième Consuls, n'étaient là que pour tromper l'opinion publique et faire croire encore à la forme républicaine; mais ces deux hommes eurent assez de sens pour comprendre que Bonaparte se jouait d'eux, assez de fermeté pour donner et maintenir une démission absolue. Roger Ducos entra au Sénat dont il fut président à deux reprises; son ami Dyzèz s'assit à côté de lui.

Bonaparte oubliait donc les élections du lundi de Pâques à Mont-de-Marsan. Malgré sa bonne volonté, il ne put rien faire de Batbedat ni de Dartigoeyte, complètement déshonorés dans les Landes.

Darracq, Papin, Turgan et Lefranc entrèrent au Corps Législatif.

On formait à cette époque la préfecture de Mont-de-Marsan avec les sous-préfectures de St-Sever et de Dax.

Reprenons l'histoire religieuse de notre pays. Dès ce moment, elle offre encore le plus vif intérêt.

Bonaparte, contenu et guidé par une mère chrétienne, fatigué lui-même des orgies révolutionnaires, et cédant aux inspirations d'une sage politique, s'était hâté de porter quelque remède aux maux de la Religion, aux souffrances de ses ministres. Par un arrêté du 7 nivôse (28 décembre 1799), il demanda aux prêtres catholiques la déclaration suivante :

Je promets d'être fidèle à la Constitution.

Le 11 nivose, 1ᵉʳ janvier 1800, les Chambres s'assemblèrent, et le 21 de ce mois, une loi du Corps Législatif adoptait l'arrêté du premier Consul, en ajoutant que toutes les autres formules de serment étaient abrogées.

Si Fouché, par sa direction au Ministère de la police, ne se fût rendu à peu près nécessaire, même au nouveau Gouvernement, il est certain, qu'après les déclarations solennelles du Consul et du Corps Législatif, les prêtres auraient à l'instant recouvré leur liberté pour continuer les fonctions ecclésiastiques; mais l'ex-oratorien, toujours plein de haine, éluda, autant que possible, toute exécution de la loi du 21 nivose, et n'ouvrit la porte des prisons qu'à fort peu de prêtres. Fouché ne se tenait pas pour battu par les actes des 7 et 21 nivose; il n'envoya ni l'un ni l'autre. Les quatre députés des Landes allèrent trouver le Ministre pour réclamer l'exécution de la loi en faveur des prisonniers de Mont-de-Marsan. Fouché promit tout et ne tint rien. De plus, ce misérable écrivit en secret au Département des Landes qu'on devait rendre à la liberté les prêtres seuls qui auraient fait tous les serments. Muni de cette pièce comme d'une défense contre les colères du pays, Gazailhan la fit imprimer. Pour combler la mesure de sa bévue, il en envoya une copie à Darracq qui la remit à Fouché. Celui-ci, confus et irrité, devait se mettre à couvert; il donna des promesses nouvelles de délivrer les prisonniers, mais il agit secrètement et les portes restèrent fermées.

C'est ainsi que se passèrent les mois de février et de mars 1800.

L'étonnement des prêtres détenus alors à Mont-de-Marsan au nombre de 24 était grand, et leur indignation bien légitime contre l'administration du Département, après les déclarations si formelles des 7 et 21 nivose. Dès lors, ils crurent avoir le droit d'user de tous les moyens pour recouvrer leur liberté.

Dans la nuit du 29 au 30 pluviose, Cadroy, Dubosc-Taret, Lafargue et Pierre Lalanne sortirent par une croisée. Avant de partir, ils avaient laissé un dernier adieu aux administrateurs, déposé sur les tables de leurs cellules (*Voir biographies*).

En général, les autres prêtres étaient trop brisés par les ans et les souffrances pour tenter leur évasion au moyen d'une corde appendue à la fenêtre. Ils attendaient leur mise en liberté. D'ailleurs, il ne faut pas l'oublier, toutes les rigueurs de la loi étaient appliquées sans pitié aux réfractaires déportés ou non déportés, pris sur le sol de la République, mais non aux sexagénaires qu'on mettait simplement en réclusion.

ETAT DES PRÊTRES DÉPORTÉS APRÈS FRUCTIDOR.

Deyres, Philippe.	En Espagne.	28 brum. an VI.	ayant rétracté.
Boulin.	id.	15 frimaire.	loi du 19 fructidor.
Gaube.	id.	29 pluviose.	ayant rétracté.
Labrouche, J.-B.	id.	id.	loi du 19 fructidor.
Ducournau, Bern.	Ile de Rhé.	25 germ. an V.	n'ayant pas prêté les serments de 90 et 91.
Ducournau, Bert.	id.	id.	
Lafargue, Jos.	id.	19 vend. an VIII.	id.
Cadroy, Joseph.	id.	15 nivose.	loi du 26 août 1792.
Dubosc-Tarel.	id.	id.	id.
Lalanne, Pierre.	Ile d'Oloron.	27 frimaire.	n'a prêté aucun serment.
Sentets.	Ile de Rhé.	19 nivose.	ayant rétracté, est parti le 2

Sur ces entrefaites, Alexandre Méchin, nommé Préfet des Landes depuis le 11 ventose an VIII (2 mars 1800), arrivait à Mont-de-Marsan et prenait possession de son poste le 12 germinal.(1) C'était un jeune homme de trente ans, jeté autrefois dans la tourmente révolutionnaire, greffier du tribunal sous Fouquier-Tinville, adjoint au commissaire en chef de l'armée du Nord, ayant rempli des fonctions honorables à l'armée d'Italie, juste et honnête, plein d'horreur pour le sang depuis ce moment où une cruelle nécessité l'avait, comme le notaire Depeton en nos Landes, attaché en qualité de greffier à un horrible tribunal.

Dès le lendemain de son arrivée, Méchin fit une visite aux prêtres dans leur prison et s'occupa du soin de les mettre en liberté. Il s'en expliqua en pleine assemblée au moment de son installation. Gazailhan exhiba la lettre de Fouché. Le préfet s'étonna, mais ne se laissa pas trop émou-

---

(1) Dès lors il n'y eut plus de directoire du Département.

voir. Deux jours après, 14 germinal, il renvoya les prêtres, sous deux cautions prises dans leurs communes.

La réclusion de ces infortunés avait duré deux ans et demi. Enfermés une première fois de avril 1793 à avril 1795, une seconde fois de novembre 1795 à décembre 1796, et enfin de novembre 1797 à avril 1800, ils ont passé près de six ans dans les prisons. Sans la fermeté de Méchin, leur captivité aurait duré encore, car Fouché n'envoyait pas la loi du 21 nivose.

Il fallut des plaintes nombreuses, parties de tous les points de la France vers Paris, pour que le Ministre se décidât enfin (16 juin 1800). Cet homme, ennemi cruel des prêtres, les avait, cinq mois encore après la loi, retenus en prison.

On ne doit pas s'étonner si, dans cette année 1800, les prêtres déportés en Espagne depuis 1792, hésitent à rentrer dans leur patrie. Ils écrivent du fond de leur exil que rien n'est encore propre à les rappeler; qu'un mouvement politique peut emporter l'état des choses; qu'au jugement de tous, on doit s'attendre encore en France à de nouvelles surprises. Mais le premier Consul, déjà seul maître depuis le 18 brumaire, eut le temps d'affermir sa domination, de ramener le calme à l'intérieur, d'apaiser les passions. Nos prêtres exilés se décidèrent peu à peu à rentrer en France.

Tous les ecclésiastiques, jureurs ou non jureurs, les non déportés et les déportés rentrés, devaient avant tout prêter serment de fidélité à la Constitution de l'an VIII. Ce serment : *Je promets d'être fidèle à la Constitution*, était, comme celui de 1790, sous une forme encore plus simple, un véritable piége, puisqu'il impliquait la reconnaissance absolue de tout ce qui s'était fait du 5 mai 1789 au 21 nivose de l'an VIII.

Pour un bien de paix, plusieurs archevêques et évêques de France l'acceptèrent purement et simplement. Nosseigneurs d'Aire et de Dax écrivirent à leurs vicaires-généraux Lamarque et Larrouture pour leur annoncer le rejet formel du serment, qui, à leur avis, exigeait une fidélité active à des lois injustes contre les nobles et les émigrés, non encore rapportées, et ne faisait aucune réserve de la Religion catholique.

Lamarque et Laurans prenaient des informations près

des hommes du Gouvernement, adressèrent à leurs évêques une longue correspondance pour les rassurer et donner toute preuve que la fidélité exigée par le serment était purement passive. Impatients de voir la fin de tant de maux, de Laneuville et de Caux permirent aux prêtres le serment à la Constitution de l'an VIII, mais avec la réserve : *Sauf la Religion catholique.*

Méchin ne se montra pas difficile pour accepter en principe cette réserve, fidèle à suivre dans son administration les conseils des proscrits d'autrefois, tels que Dufau, Cazaulx, François Batbedat de Vicq, etc.

C'est là que l'attendaient tous les anciens révolutionnaires des Landes. Ils virent dans les actes du préfet une condamnation de leur passé et dressèrent leurs batteries. On commença par de fades plaisanteries sur l'entrée de Méchin dans le département, dans quelques paroisses en particulier qui l'avaient reçu au son des cloches ; sur son escadron des *Titus* et des *Caracalla*, composé de royalistes, même de nobles, autrefois protecteurs de la fuite de Mgr de Laneuville vers les Granges et Labontan. Peu à peu, la voix des mécontents prit un ton rogue et passa aux injures.

Méchin s'irrita. Dans son rapport sur la situation générale des Landes, il écrivit au Ministre de la Police Générale :

Dans ce département qu'on représente comme livré aux horreurs d'une réaction nouvelle, il est bon que le gouvernement sache que sous prétexte d'alarmes chimériques, on s'assemble, on se réunit pour conspirer contre lui.

Cette association est composée des mécontents de l'ordre actuel qui leur enlève et leur domination et leurs moyens de pillage. Leurs députés ont tenu, le mois dernier, une assemblée générale. J'enverrai incessamment des renseignements certains sur cette affaire.

Dans ce département, il est des individus, qui ont le plus provoqué de vengeances, qui vivent dans la plus parfaite sécurité. Il en est un entre autres qui a fait couler dans un département voisin le sang de dix-sept pères de famille, et cet homme vit paisiblement !

Il en est un autre, que l'on connaît, qui fut l'auteur des signatures contrefaites au bas d'une lettre qui fit périr à St-Sever vingt-deux personnes, et cet être odieux vit ici paisiblement !

Je n'entreprendrai point de peindre les excès auxquels, peu de jours avant mon arrivée, on se portait sous prétexte de poursuivre des prêtres. Des commissaires avaient été nommés par l'Administration centrale pour les rechercher et les arrêter ; l'asile des citoyens, au milieu de la nuit, était indignement violé. Tout ce qui était soupçonné leur appartenir, et même les effets des personnes accusées de les recéler, étaient indignement enlevés. J'ai fait rendre déjà un grand nombre d'objets qui ont été réclamés. Si la loi autorisait la police à s'assurer de la personne des prêtres, elle n'ordonnait point l'enlèvement de ce qui leur appartenait personnellement; elle ne permettait pas qu'on livrât à la merci d'agents subalternes la propriété des citoyens. Entre mille exemples que je pourrais citer de l'horrible confusion qui régnait dans ce pays où le tiers de la population était emprisonné et les propriétés livrées au pillage le plus affreux, je me contenterai de celui-là.

Le libelle auquel j'ai été condamné de répondre, Monsieur le Ministre, vous aura prouvé ce que j'ai eu tant de fois l'honneur de vous écrire sur le compte de ce département. Tout ce que la tyrannie a de plus insupportable, tout ce que peut entreprendre la stupidité féroce, tout ce que le crime peut avoir d'audacieux, toutes les calamités ont successivement opprimé, ravagé cette contrée si pauvre, si malheureuse, si patiente et si digne de protection. Trop heureux toutes les fois qu'ils trouvaient l'occasion de calomnier leur propre pays pour justifier leurs mesures arbitraires, d'environner le gouvernement de terreur pour égarer la justice, et d'accuser les citoyens pour avoir le droit de les perdre. Il semblait que la paix et le bonheur étaient pour jamais bannis de toutes ces régions. En vain le 18 brumaire avait lui pour la France. Il n'était pour ce département des Landes qu'une de ces époques qu'on lit avec plaisir dans les Annales de l'Histoire. Les concerts de bénédiction qui s'élèvent de toutes parts pour le gouvernement jettent dans la convulsion de la rage les factieux qui avaient pris à tâche de le représenter sans cesse en état de révolte et de contre-révolution permanente.

Et comment s'étonner que des gens qui ne craignaient pas de dire que les titres de fripons, de maratistes et de septembriseurs étaient tellement honorables pour eux qu'ils renfermaient à eux seuls tous les éloges qu'ils pouvaient désirer dans la circonstance, comment, dis-je, s'étonner que ces hommes aient osé accumuler mensonges sur mensonges, calomnies sur calomnies contre le magistrat qui n'a point la complaisance de légaliser leurs friponneries, qui n'a jamais eu le courage d'encenser les autels de Marat et qui ne dissimule pas sa profonde horreur pour les septembriseurs!

Ce n'est point un fanatique qui a écrit ces lignes infâmes, et qui, je n'en doute pas, a rédigé le libelle. En vain aurait-il eu la lâcheté de ne pas le signer; le style, les phrases, les expressions le trahissent à chaque page. C'est un homme à tête froide, à qui l'âge a donné de l'expérience; qui a su mettre à profit pour sa fortune la ruine et le deuil des familles; qui, déshonoré avant la Révolution, s'est efforcé de deshonorer la Révolution elle-même. C'est un homme qui, traduit devant les tribunaux pour vols et infidélités, n'a échappé à la rigueur des lois qu'à la faveur de ces temps d'anarchie et à l'aide de protecteurs immoraux. C'est un homme destitué en l'an VII comme chef des ennemis de tout ordre et de tout gouvernement, et l'un de ceux que la voix publique accuse d'avoir tenté d'opposer une résistance à la révolution mémorable du 18 brumaire. C'est la bande de Catilina, tous hommes perdus de mœurs et de réputation, etc., etc.

On reconnaît sans effort les personnages de ce tableau : Dartigoeyte ; Dubroca-Moïson, le fabricateur de la lettre à l'abbé de Juncarot ; les hommes de l'Administration de fructidor, et par dessus tous, Batbedat. On ne pouvait mieux peindre cet homme.

Batbedat, sentant bien, qu'au lendemain du 18 brumaire, un éclat trop violent serait capable de le perdre, se tut ; il eut la prudence d'attendre. On dit même qu'en proie au besoin d'argent, il essaya de se rapprocher du Préfet et du Gouvernement. Ce fut en vain. On ne voulait pas de lui ; son nom était trop odieux à une grande partie des Landes. Ces avances vers le Pouvoir lui valurent certaines critiques sur *la constance de ses principes*. Sa cause était perdue. Bientôt, il voudra de nouveau employer son genre d'injures et trouvera dans cette grave imprudence une ruine totale.

Revenons aux discussions sur le serment de fidélité à la Constitution de l'an VIII.

En ouvrant les portes de Ste-Claire, Méchin avait exigé de chaque prêtre pour caution deux citoyens propriétaires et domiciliés dans la commune choisie comme domicile. Cet acte de justice reçut les éloges du Ministre de la Police Générale ; il remplit de joie et d'espérance tous les citoyens amis de l'ordre.

Bientôt, Méchin apprit que, dans les campagnes et les lieux les plus retirés du département, il se faisait des rassemblements nombreux, aux jours conservés par le calendrier romain et prescrivant aux catholiques d'assister à la messe ; que des prêtres cachés célébraient au milieu des Landes et des immenses forêts de pins. Prévoyant bien que tous les moyens de rigueur aigriraient de plus en plus les esprits contre le Gouvernement, il commença par faire offrir indirectement la surveillance à quelques-uns de ces prêtres ; ils acceptèrent. Le bruit s'en répandit promptement, et bientôt après, ils accoururent tous vers lui.

Il parvint ainsi sans obstacle et en faisant combler le Gouvernement de bénédictions, à placer sous la surveillance des Autorités ces hommes qui jusque là étaient toujours parvenus à s'y soustraire, et les deux cautions, qu'il avait soin d'exiger de chacun d'eux, lui garantissaient leur bonne conduite, et le mettaient à même d'exercer facilement vis-à-vis d'eux, les ordres qui auraient pu lui être transmis dans la suite à leur égard.

On était ainsi arrivé jusqu'au mois d'août 1800. Après la déclaration des évêques d'Aire et de Dax, les prêtres du département, guidés par ceux de Mont-de-Marsan, qui avaient pris l'initiative à la préfecture, prêtèrent le serment. On le trouve ainsi conçu sur les registres des communes.

Je soussigné, voulant obéir à la loi et attendu que le gouvernement a déclaré dans son journal officiel et aux prêtres des départements de l'Ouest que la promesse qu'il exige des ministres du Culte n'est qu'une garantie purement civile et qu'il n'entend porter en rien atteinte à la religion catholique que je professe et dont je suis ministre, promets fidélité à la Constitution de l'an VIII.

Cette formule de serment avait été arrêtée après des discussions nombreuses par les prisonniers de Ste-Claire au moment de leur départ en avril 1800.

Le vicaire-général, J.-J. Lamarque, à qui Mgr de Caux avait envoyé des recommandations très fortes, proposa une autre formule :

Sauf la religion catholique, je promets fidélité à la Constitution de l'an VIII.

Méchin, homme de bien, qui avait eu de fréquentes entrevues avec Laurans et Lamarque, accepta la formule de Ste-Claire, et ne se montra pas opposé à la seconde, c'est-à-dire, à celle des évêques. Par sa noble fierté, par sa réserve pleine d'une véritable grandeur, elle convenait au caractère du préfet; mais celui-ci avait compté sans l'opposition systématique de quelques révolutionnaires des Landes. Le plus singulier d'entre eux, Ramonbordes, accusateur public à Dax, jeta les hauts cris, comme s'il était question du salut de l'Etat. Dans son passage à Tartas, 8 messidor, jour de la fête patronale de St-Jacques, il menaça de faire fermer l'église si on n'acceptait pas le serment, en tenant compte de la loi du 7 vendémiaire an IV renouvelée par celle du 21 nivose an VIII. Méchin dut se rendre devant cette menace; car la loi du 7 vendémiaire an IV remise en vigueur par celle du 19 fructidor an VI, prononçait une amende de 500 francs contre tout maire qui recevrait le serment d'un prêtre avec réserve, et de deux ans de prison contre le prêtre qui ferait le serment.

La difficulté était grande pour tous. Malgré sa bonne volonté, le préfet ne pouvait s'empêcher de tenir la main à l'exécution de la loi. De leur côté, les prêtres avaient reçu un ordre formel de leurs évêques. Dans cette circonstance, un préfet, méchant et tracassier, aurait pu facilement tourmenter les prêtres, faire un grand mal à la religion et suspendre tout service. Méchin, qui était bon, ne se laissa pas longtemps arrêter par la tourbe des révolutionnaires qui voulaient l'intimider au nom de la loi. On répondit à ces hommes que les mesures, même de l'an IV, n'étaient plus de l'époque, et de son propre mouvement, le préfet maintint la réserve sous une nouvelle formule de serment qu'il combina avec quelques prêtres de Mont-de-Marsan, semblable à celle des prisonniers de Ste-Claire.

Par un arrêté préfectoral encore plus hardi, toute surveillance devait cesser envers les ministres du culte. Ils rentraient dans la jouissance de leurs droits et libertés, communs au reste des citoyens; l'exercice du culte aurait lieu seulement dans l'intérieur de l'église; tout signe extérieur, comme son des cloches, processions et autres cérémonies, était formellement interdit.

En apprenant ce qui se faisait dans les Landes, Fouché devint furieux, et le 29 vendémiaire an IX, il écrivit au préfet une lettre pleine de menaces contre les insermentés.

Méchin dut se soumettre, exiger le serment sans réserve, et rappeler toute la sévérité des lois en cas de refus. Il fit dire aux maires que la dignité du Gouvernement et la sûreté de l'Etat exigeaient, qu'à l'exception des sexagénaires ou infirmes, tout ecclésiastique prêtât le serment sous peine d'être expulsé de la République dans un délai de dix jours. Pour faire cesser les rassemblements nombreux auxquels donnait lieu la célébration du culte dans les retraites écartées, le préfet ordonnait aux prêtres, condamnés précédemment à la déportation et qui s'y étaient soustraits par la fuite, de rentrer dans les communes et d'y résider sous l'œil de la police. Il les admit ainsi à prêter le serment. Puis, Méchin demandait aux maires la liste :

1° des prêtres séxagénaires ou infirmes;

2° des prêtres déportés rentrés sans permission;

3° des prêtres insoumis qui s'étaient soustraits à la déportation en se retirant dans les Landes ou ailleurs;

4° des prêtres non sujets à la déportation;

5° des prêtres dits constitutionnels.

Les termes sévères de l'arrêté n'empêchèrent pas Méchin de poursuivre avec ardeur l'œuvre de pacification. Il s'appliqua toujours à lever les difficultés qui provenaient de la réserve : *Sauf la religion catholique.* D'un côté, était la loi civile; de l'autre, une défense expresse des évêques. Dans quelques réunions à la Préfecture où Méchin appelait tout ce qu'il y avait de prêtres influents par leur caractère et leur savoir, il fut convenu qu'on userait de part et d'autre d'une grande tolérance, que, sans porter aucun changement à la forme sévère des prescriptions civiles et religieuses, on chercherait autant que possible à se tenir dans un juste milieu.

Durant ces discussions, le cardinal Spina arrivait à Paris pour entamer des négociations dans le but d'un arrangement spirituel.

Au fur et à mesure que le pouvoir de Bonaparte se consolide, les prêtres viennent prêter serment à la Constitution de l'an VIII. Réfractaires ou déportés, ceux-là mêmes qui avaient touché le sol de la Patrie après un long exil, se soumettent à la Constitution, occupent les églises et commencent l'œuvre de restauration générale.

On passait alors, d'un profond chaos, à l'ordre en politique et en religion. Mais quelle transition difficile! Des hommes couverts de sang, engraissés de la substance d'autrui, vivent près de leurs victimes qui s'indignent de tant de succès dans le crime et doivent les subir. Le prêtre trois ou quatre fois parjure ne veut pas avouer ses torts et conserve toute son affection à la Constitution Civile du Clergé; il appelle à son tour intrus et rebelles aux lois les réfractaires martyrs; il les harcelle, il les agace par de méchants petits procédés, il est toujours prêt à leur susciter un embarras. Dans tous les rangs de la société, ce sont de vieilles haines, des projets de vengeance pour l'avenir. Telle est cette base mobile, ébranlée par des passions si fortes, qui doit porter la société que l'on cherche à fonder !

Dans l'apaisement général que le Gouvernement d'alors poursuivait par tous les moyens possibles, Batbedat aurait dû comprendre que son rôle était fini, se donner au repos, à l'étude privée, aux jouissances de la position que la crise révolutionnaire lui avait faite. Il ne sut pas maintenir la fougue de son caractère et se jeta dans de nouvelles aventures au bout desquelles il trouva la proscription et de cruelles angoisses.

Batbedat a été la principale figure de la Révolution dans nos Landes. Il est nécessaire de dire comment cette figure disparaît (1)

Les 9, 10 et 11 nivose an IX, plusieurs acquéreurs de biens nationaux reçurent à St-Sever des lettres menaçantes et manuscrites au bas desquelles se trouvaient les noms de quelques amnistiés. Trois de ces lettres furent remises au commissaire de police. On soupçonna Samson Batbedat. L'affaire parut tellement grave à Méchin qu'il fit aussitôt apposer les scellés chez Batbedat par H. Cazaulx, le courageux défenseur de Detchevers. Batbedat devait être gardé à vue jusqu'à l'enquête ; mais il s'évada, et du fond de sa retraite, il publia une lettre sur le manque d'égards dont son épouse aurait été la victime en demandant la permission d'entrer dans une alcove pour prendre une jupe. Cette jupe devint une véritable légende dans le département. Cazaulx, après avoir fait reconnaître par déclaration de police les manières honnêtes qu'il avait employées, prend à partie Batbedat.

Eh quoi ! j'ai insulté votre épouse, devant vous, et vous avez été assez lâche pour ne pas demander vengeance !

J'ai insulté votre épouse, et, un instant après, vous m'avez proposé de m'asseoir à sa table même, avec elle !

J'ai insulté votre épouse !! Que tout le monde sache que vous êtes un imposteur !

Vous me traitez de royaliste !... On sait réduire à leur juste valeur ces

---

(1) Pour ne pas embarrasser le récit, nous renvoyons aux biographies tout ce qui appartient à chacun des personnages de notre Histoire

sortes d'accusations nauséabondes, et l'on admire, à juste titre, l'impudence de ces gens qui ne savent qu'accuser et qui n'ont été braves que dans des libelles et dans les comités révolutionnaires.

Oui, je suis royaliste, car pendant trois ans, à l'avant-garde de l'armée des Pyrénées Occidentales, j'ai défendu cette Liberté au nom de laquelle vous avez commis tant de crimes.

Oui, je suis royaliste, car pendant deux ans, j'ai combattu les armées royales sur les côtes de l'Océan.

Oui, je suis royaliste, car mon nom a une place sur le registre des braves qui ont couvert de l'immensité de leur gloire les honteux égarements d'une poignée de forcenés, indignes du nom français et plus encore de celui de républicain.

Oui, je suis royaliste, car le 20 germinal an VI, j'ai eu le courage d'arracher aux furieux, excités par vous, l'accusateur public de ce département, qui allait être précipité dans la rivière et que vos dévoués ont eu l'infamie de faire conduire, les mains garrotées derrière le dos, par devant le juge de paix de cette ville sous prétexte qu' « étant sans passeport, il devait être considéré comme vagabond. »

Est-il royaliste aussi cet estimable citoyen, pour s'être opposé avec une énergie véritablement patriotique à ce qu'un misérable tel que vous, L.-S. Batledat, aussi flétri sous l'ancien régime que sous le nouveau, déshonorât le département des Landes par sa présence au Corps Législatif?

Oui, je suis royaliste, car, à cette même époque, je fus choisi pour porter à Paris, au général Bonaparte, sa nomination au Conseil des Cinq-Cents. C'est bien là le plus grand de mes crimes, à vos yeux !

Oui, je suis royaliste; car j'ai eu l'audace de faire imprimer dans un journal le récit des horreurs dont le chef-lieu du département venait d'être le théâtre.

Oui, je suis royaliste; car, lorsque j'étais secrétaire-général du département, je fis jeter à la voierie l'effigie du sanguinaire Marat et j'y substituai celle d'un médecin célèbre.

Oui, je suis royaliste, car vous m'avez toujours connu assez pour être bien persuadé que je n'aurais jamais consenti à me ranger soit parmi vos sujets soumis, soit parmi vos complices éhontés.

Vous dites que j'ai été chassé du secrétariat du Département en l'an VI. Vous en avez menti! Prévenu qu'un de vos amis devait vous faire installer en qualité d'administrateur, et que par des manœuvres auxquelles je ne devais pas, je ne pouvais pas me prêter comme secrétaire-général, vous deviez vous introduire, sans titres légaux, dans l'administration, je m'empressai de donner ma démission sur le plumitif des délibérations à la date du 27 fructidor an VI, etc., etc.

Durant les mois de nivose et pluviose de l'an IX, le Département eut les yeux fixés sur la lutte engagée entre

Batbedat et ses ennemis. Ceux-ci vinrent tous à la fois pour lui jeter un dernier trait.

Blessé avec raison par quelques uns, à tort par beaucoup d'autres, Batbedat exhale ses plaintes et sa colère.

Il s'adresse à Dufau :

Arrêtez !! ne parlez pas en mal des comités révolutionnaires; car, vous vivez, et soixante de vos concitoyens, aussi injustes, aussi ingrats, aussi méchants que vous, peut-être, vivent, parce que je me suis exposé à périr pour eux et pour vous. Deux cent quarante mille voix s'élèvent pour vous dire que vous êtes extraordinairement méchant, et votre estimable épouse a dû vous apprendre dans le temps que j'ai été doublement généreux envers vous, car elle s'adressa à moi pour solliciter votre liberté que vous obtintes, et elle savait que vous étiez mon ennemi. Oui, encore une fois, vous vivez, mais vous vivez de manière à faire naître des regrets dans une âme sensible, si ce n'était pas aujourd'hui la mode de payer les plus grands services par l'ingratitude et la calomnie.....

Il y avait dans la réponse de Batbedat beaucoup trop de paroles irritées et irritantes.

Dufau lui envoie sa justification par l'organe du *Journal des Landes*.

L.-S. Batbedat me reproche surtout l'oubli du service qu'il m'a rendu en exposant ses jours pour sauver les miens et ceux d'une foule d'ingrats.

Je ne relèverai pas les injures qu'il me prodigue ; elles partent de trop bas.

Je me suis expliqué sur le compte de cet individu.

Aujourd'hui qu'il s'agite dans la fange, sans pouvoir nuire, il n'inspire plus que le sentiment du mépris.

Les brigands qui se contentent d'enlever la bourse aux passants se vantent aussi d'être humains envers ceux qu'ils pourraient assassiner ; mais L.-S. Batbedat n'a pas même ce singulier mérite à mon égard. S'il n'a pas profité du moment où il lui eût été facile de m'immoler à sa rage, je le dois au danger qu'il courut lui-même d'éprouver le sort qu'il me destinait.

Enivré du pouvoir tyrannique qu'il exerçait dans ce malheureux département, il osa trouver mauvais que le féroce Pinet y poursuivit des conspirations dont il ne lui laissait pas toute la gloire de l'invention; il en témoigna de l'humeur à Pinet, et ce monstre donna ordre au citoyen Cavalerie, lieutenant de gendarmerie à Mont-de-Marsan de le traduire à la commission qui fit couler à St-Sever tant de larmes et tant de sang innocent. Ce sang retombe tout entier sur celui qui, par son rapport du 13 octobre 1793, provoqua tous les genres de soupçons contre les bons citoyens du département, et semblait appeler, légitimer même toutes les fureurs. Ce militaire estimable, craignant que L.-S. Batbedat n'entraînât d'autres victimes à l'échafaud, n'hésita pas de solliciter sa grâce, afin d'éloigner le fer homicide de quelques têtes qu'il savait apprécier. Batbedat, justement effrayé, oublia un instant sa haine et ses projets de vengeance pour ne s'occuper que de sa sûreté personnelle. Tel est le mot de l'énigme qu'il s'efforce aujourd'hui de dénaturer! Voilà la vérité!

Je ne connais les bienfaits de cet homme que par une détention d'une année entière, que par le glaive qu'il tint si longtemps suspendu sur ma tête en sa qualité de président de l'Administration et du comité révolutionnaire. Je ne dois ma liberté et ma vie qu'à l'heureuse journée du 9 thermidor. Je ne l'obtins cependant, grâce à la générosité de L.-S. Batbedat, que trois mois après cette époque, par arrêté de Monestier (de la Lozère).

Après Cazaulx et Dufau, J.-B. Dulau-Dubarat, maire de Horsarrieu, ex-administrateur du district de St-Sever, arrive pour demander compte à Batbedat d'une voiture enlevée au dépôt de Ste-Claire, voiture qui fut prêtée à madame Monestier pour un voyage à Lescar, qui servit à aller chercher le citoyen Caupenne au château de Lourdes, qui fut remise à Batbedat, et qui enfin, recherchée par l'Administration centrale des Landes, fut retrouvée dans l'église de St-Sever dont le dit Batbedat avait les clés (*Voir Journal des Landes*).

Au moment où toutes ces attaques de l'an IX étaient dirigées contre Batbedat, les journaux annoncèrent que des voleurs étaient entrés dans la maison de Fleurus, et avaient emporté une grande quantité de linge très fin.

On rit beaucoup de ce vol; on rappelait avec malignité un autre vol de linge très fin qui s'était fait en 1793 à Aire, aux dépens de l'évêché, du séminaire, de l'abbé de la Castelle, du curé de Bachen, des demoiselles Nautéry, du chevalier d'Artigues d'Ossaux et de bien d'autres encore.

Poursuivi par le mépris public, Batbedat se renferma dans ses appartements de Fleurus. Il n'en sortait que pour voir ses amis intimes, les républicains les plus avancés de St-Sever. Dans le mois de prairial an IX, il eut l'impudence de se rendre à Mont-de-Marsan, avec Galatoire et autres *citoyens*, lors du passage de Duhem, médecin de l'armée, ex-conventionnel et régicide. Ces démonstrations furent très remarquées. Batbedat, surveillé de près par la police, mais toujours hautain, tomba dans un isolement complet. Il devra se retirer plus tard, vaincu par la misère, et chercher un refuge à Bordeaux.

Alors apparaissaient ou brillaient depuis quelque temps à l'horizon politique, dans les carrières civiles et militaires, dans les arts, dans les sciences, une foule d'hommes de notre pays, qui ont attaché quelque gloire à leurs noms. Outre les personnages de notre Histoire, de 1789 à 1802, dont plusieurs furent des hommes d'un vrai mérite, nous pouvons citer encore le célèbre chimiste Darcet, de Doazit, élève du collège d'Aire, et son fils; le pharmacien Dizé, d'Aire, qui, de concert avec Darcet, découvrit les principes de la volatilisation de l'or; Maximien Lamarque, général et futur orateur; les généraux : Darricau, de Tartas; Durrieu, de Larivière; Ducos, Dargoubet et Lagardère, de Dax; Lanusse, de Habas; Monet, d'Ozourt; Cardenau, de Tilh.

Le jeune Camescasse, de Brassempouy, jeune homme que ses talents appelaient au plus brillant avenir, périt en Autriche sur un champ de bataille. Caunègre, de Messanges, en tombant glorieusement les armes à la main, a donné son nom à un village d'Italie près de Turin.

Le sculpteur Floché, de Mont-de-Marsan, travailla à plusieurs des belles productions de Pigalle.

Borda, de l'Académie des Sciences et du bureau des longitudes, Borda, d'Oro, minéralogiste, président de l'ancien présidial de Dax, ont un nom connu de tout le monde savant, etc., etc.

1801.

L'année 1801, signalée par des incidents nombreux et très intéressants pour l'histoire religieuse de notre patrie, s'ouvrit sous une impression générale de crainte et d'espérance. Déjà, les évêques constitutionnels avaient jeté le cri d'alarme, en voyant les prêtres déportés rendus à la France; ils exprimaient tout haut leur désir de voir ces transfuges de 1792 reconduits à la frontière, leur présence n'étant bonne, disaient-ils, qu'à troubler l'ordre dans plusieurs paroisses de France.

Dirigée par Saurine et Lecoz, l'ancienne Église constitutionnelle fit alors beaucoup de bruit pour donner à croire qu'elle avait une existence réelle, solide, un épiscopat avec lequel il fallait compter. On ne prit pas au sérieux les proclamations passionnées de ces hommes qui sentaient bien que toute puissance allait finir pour eux. Les négociations entre Rome et le gouvernement français se poursuivaient avec activité. Par une de ces ruses familières à tout négociateur, et dans le but d'arracher des concessions à Rome en flattant le parti constitutionnel, Fouché suscitait par dessous main des embarras aux cardinaux; il leur faisait entrevoir les conséquences désastreuses d'une rupture, et en même temps il indiquait les mesures à prendre pour le service religieux, tant des prêtres dits catholiques que des prêtres constitutionnels.

Si un prêtre, disait Fouché, exerce les fonctions du culte constitutionnel dans une église destinée à cet usage, et si un prêtre ayant fait la soumission à la Constitution est ensuite autorisé à résider dans la même commune, l'église doit rester à la seule disposition du premier. Si le second veut exercer ses fonctions, il doit indiquer un autre local.

Or, à cette époque, les églises des Landes étaient ou fermées, ou occupées par les constitutionnels.

Enfin, le 15 juillet 1801, le Pape et le premier Consul arrêtèrent, pour les matières religieuses, les bases d'une convention qui fut connue à Paris le 13 août suivant.

Réunis alors en Concile sous la direction de Lecoz et Saurine, les évêques constitutionnels s'étaient flattés qu'on leur soumettrait la discussion de cet acte. Tout se fit sans eux et contre eux. De plus, sans avertissement préalable, tant la volonté du maître s'imposait déjà inflexible et sans contradiction, ces pauvres évêques virent dans le *Moniteur* une formule de rétractation et de soumission envers le Pape, présentée de manière à faire croire au pays qu'ils l'avaient reconnue et signée dans sa teneur entière. Ils s'en défendirent avec une certaine force; mais comme le Gouvernement ne voulait pas d'agitation, on leur demanda une démission en règle, ce qui se fit à l'instant par les cinquante-neuf évêques constitutionnels, dont trente avaient été élus d'après la Constitution Civile du Clergé, et vingt-neuf dans les assemblées dites de *presbyterium*, formées par les évêques depuis que l'Etat ne reconnaissait plus de culte.

Les prêtres d'Aire et de Dax se décidèrent alors presque tous à rentrer en France. Mgr de Laneuville était à Haro, en Espagne. Mgr de Caux, tour-à-tour fugitif à travers l'Espagne, le Portugal, l'Angleterre, l'Allemagne, avait enfin fixé son séjour à Paderborn. Peu à peu, il se vit abandonné par ses compagnons d'exil, à qui il recommandait, au moment du départ, de s'adresser à M. Lamarque qui avait toute sa confiance et ses pouvoirs, et non à autre, en ajoutant qu'il avait condamné et qu'il condamnait le serment de fidélité à la Constitution de l'an VIII.

Nonobstant toutes ces recommandations des évêques, le Pape ratifiait la convention du 15 juillet, et par un bref du 15 août, il demanda aux anciens prélats de France la démission de leurs siéges.

1802.

LE CONCORDAT.

Sur 131 évêques de l'Eglise de France, qui avaient donné en 1791 un si bel exemple de fidélité à la Religion, 81 restaient encore dispersés en Espagne, en Angleterre, en Allemagne, etc. Parmi ces généreux confesseurs de la Foi, on comptait des hommes du plus grand mérite; l'Eglise était donc loin de s'attendre à ce que de nouvelles épreuves lui viendraient précisément de ces pontifes savants, pieux, qui avaient livré tant de combats pour sa gloire. Leçon terrible, bien propre à faire voir au prêtre catholique l'abîme où il se jette en ne s'attachant pas à la pierre angulaire par un embrassement étroit! Sur ces 81 évêques, quarante-cinq donnèrent leur démission pure et simple. De ce nombre était Mgr de Laneuville. Les 36 autres, conduits par l'archevêque de Narbonne, exprimèrent au Pape leur regret de ne pouvoir suivre cet exemple; ils s'appuyaient sur ces raisons qu'il n'était pas permis au Souverain Pontife de consacrer la spoliation de l'Eglise en reconnaissant la vente des biens dits nationaux, ni de supprimer un titre épiscopal que chacun tenait de la grâce du Saint-Siége, il est vrai, mais aussi de la grâce de Dieu. Nous avons la douleur de dire que Mgr de Caux, évêque d'Aire, fut un des plus chauds partisans de cette révolte contre l'Autorité suprême qui, pour le bien de l'Eglise et de la société, avait demandé une révocation en règle sous peine, pour les récalcitrants, de se voir dépouillés de leurs titres.

Quelque temps après, 18 germinal an X (5 avril 1802), la convention du 15 juillet, connue sous le nom de Concordat, fut présentée par le Ministre Portalis au Corps Législatif et adoptée comme loi de l'Etat. Le 18 avril, la cérémonie du rétablissement du culte catholique eut lieu à Paris dans l'église Notre-Dame avec la plus grande solennité. En France, les protestants, qui avaient tout fait pour éloigner Bonaparte de toute réconciliation avec le Pape, frémirent de colère; les Jansénistes purent voir que leur Constitution Civile du Clergé était tombée sous le poids du ridicule; les matérialistes, les sceptiques, les impies tels que les avait faits le philosophisme, les sans-culottes grossiers de 93 et 94, osèrent se moquer de la cérémonie de Notre-Dame, même sous les yeux du premier Consul. C'est assez dire la profondeur énorme du mal et la reconnaissance que tout catholique doit au jeune héros. S'il ne fut pas, même alors, exempt de fautes graves envers l'Eglise à qui il voulut lier les mains, si plus tard il devint persécuteur, seul contre tous en 1802, il accordait à la France un bienfait inestimable que, malgré des restrictions sacriléges, certains esprits s'obstinent encore à ne pas voir dans sa véritable grandeur.

Alors, comme si une grande voix eût commandé à l'orage, il se fit un calme entier et profond. Pour juger l'acte du Concordat, que le lecteur se souvienne bien de tout ce qu'il a vu depuis 1789. Cette Eglise de France que les Jansénistes et les philosophes ont poursuivie de leur haine, a reçu le coup terrible de la Constitution Civile qui lui a fait un mal immense, beaucoup plus grand qu'on ne pense à première vue. Sans doute, la presque unanimité du clergé séculier a tenu bon, mais il y a eu quelquefois des défections bien honteuses, et parmi certains corps religieux une déroute à peu près générale. Il ne faut pas oublier que les quatre évêques jureurs de 1791, donnèrent le scandale d'une apostasie complète; que les évêques constitutionnels étonnèrent le monde par leur audace, quelques-uns par un vrai cynisme; que plusieurs affreux représentants du peuple, en mission dans les départements, étaient sortis des rangs de cet étrange sacerdoce. Il ne faut pas oublier que le souffle révolutionnaire a renversé tout à la fois, temples et institutions religieuses, qu'il a desséché les âmes, que le flot de l'impiété, grossi par les eaux infectes des mœurs païennes du Directoire, menace de tout engloutir; que c'en est fait peut-être du catholicisme en France, si une main puissante, dirigée par une volonté de fer, ne vient soutenir le Vieillard Auguste qui a le courage de mettre le salut de l'Eglise au-dessus de quelques susceptibilités froissées et des mesquines passions des hommes.

C'est ainsi de nos jours, il nous semble, que l'on juge impartialement l'action commune de Pie VI et de Bonaparte. Il n'en fut pas de même en 1802. Les évêques et les prêtres qui ne voulurent pas comprendre cette leçon terrible donnée par une providence justement irritée, ne maintinrent pas jusqu'au bout leur grandeur par un acte de prompte obéissance à l'autorité. Ils firent les mutins, ils jetèrent le trouble dans certaines âmes, et eurent le triste courage d'appeler Discordat une œuvre faite uniquement pour rapprocher les cœurs et guérir les plaies de l'Eglise. Mgr de Laneuville se rendit aux désirs du Pape et donna sa démission. On lui offrit le siége de Poitiers, mais il refusa toute proposition. Dans ses notes écrites d'une main ferme, mais par malheur un peu trop laconiques, et parfois trop mordantes, Domec, qui de 1789 à 1801, paraît avoir joué le rôle principal parmi les prêtres du diocèse de Dax, nous dit sans détour que Mgr de Laneuville, par son refus, cédait à un mouvement de dépit; qu'il s'était repenti de sa démission précipitée en voyant les autres évêques fermes dans leur résolution. Cette réflexion de Domec au sujet du Concordat « qui culbuta tous les évêques, détruisit tous les titres, fit une véritable marmelade de tous les curés, » nous montre les pensées intimes de ces prêtres qui ont tout bravé pour la foi, mais dont l'âme, sans qu'ils s'en aperçoivent, est légèrement altérée par ce levain janséniste que nous retrouvions encore dans le diocèse de Dax à la fin du xviii° siècle. Ils s'indignent de tous ces changements, où ils ne trouvent que des injustices, et ne peuvent accepter la disposition à tout oublier, sacrifice pénible, mais très grand, très glorieux, que la Religion et la Patrie leur ont demandé en commun. La vue d'un prêtre assermenté irrite ces hommes; toute concession à un nouvel ordre de choses leur arrache des cris; ils ne veulent rien voir, rien recevoir de ce qui existe; ils montrent toujours avec orgueil l'ancien clergé de France, les traces de sang que ce clergé a laissées dans l'ornière du char révolutionnaire, et semblent dire : Qu'on rende à chacun ses droits imprescriptibles, encore plus sacrés par le malheur, et nous serons à vous. On veut obéir, mais à la condition, qu'après tant de souffrances, il n'en coûtera plus rien.

Telles étaient les protestations des évêques et des prêtres de la Petite Eglise! Plusieurs d'entre eux, comme l'évêque d'Aire, restèrent malheureusement fidèles à ces protestations jusqu'à la mort, ou du moins, durant un trop grand nombre d'années.

Le Gouvernement offrait alors le siége de Dax à Latour-Dupin, archevêque d'Auch, puis à un autre prêtre, Primat de Toulouse, qui refusèrent.

Saurine, évêque d'Oloron depuis 1800, était nommé à Strasbourg par l'influence de Fouché.

« Enfin, dit Domec, on alla découvrir à Verdun M. Loison,
« oncle d'un général de ce nom, curé de campagne, qui
« ayant prêté le serment l'avait rétracté dans la suite,
« homme de bonnes mœurs, mais simple, sans action ni
« talents. »

Joseph-Jacques Loison, né à Montaubé, dans la Meuse, le 21 février 1744, sacré à Paris le 23 brumaire (14 novembre 1802), arriva dans son diocèse le 20 frimaire, et s'assit à la table de M. Lagarde, curé de Roquefort. Après dîner, sous l'escorte de la brigade de gendarmerie, il partit pour Mont-de-Marsan, où il faisait son entrée à six heures. Salves d'artillerie, brillante illumination, sonnerie des cloches, rien ne manquait à cette réception, qui, d'après les ordres du Gouvernement, devait être splendide. Le préfet Duplantier, successeur de Méchin depuis le 10 messidor an X, harangua Mgr Loison, et l'évêque répondit avec une bonté et une simplicité qui lui gagnèrent les cœurs. Les autorités civiles et presque tous les prêtres des arrondissements de St-Sever et de Mont-de-Marsan étaient venus à cette cérémonie de réception. J.-J. Lamarque attendit là son nouveau maître.

Pour des raisons dont tous reconnaissaient l'opportunité, le séjour de l'évêque à Mont-de-Marsan se prolongea du 20 au 27 frimaire, du 11 au 18 décembre 1802. Il y eut, le 25 frimaire, une grande réception d'ecclésiastiques. Lamarque se chargea du soin de les présenter. Si c'était un prêtre insermenté, le vicaire-général, en l'introduisant près de l'évêque, avait la précaution de dire : Monseigneur! Voici un prêtre catholique; sinon, Lamarque se contentait de dire : Voici un prêtre de votre diocèse.

L'évêque s'aperçut bien vite de la distinction que voulait établir son vicaire-général, et s'adressant à Lamarque et à Honnert : Ils sont tous mes enfants, qu'on me les présente tous également.

Quand tout le monde fut réuni, il se fit devant l'évêque une conférence entre les prêtres divisés d'opinion. De part et d'autre, on apportait les meilleures intentions. Le succès fut complet, et l'évêque, pour célébrer cette réconciliation, décida que le lendemain il serait dit une messe solennelle à laquelle il assisterait avec tous les prêtres. Lamarque chanta la messe, ayant pour diacre et sous-diacre deux ecclésiastiques qui, deux jours auparavant, étaient regardés comme divisés d'opinions; il prononça un discours que l'on peut lire dans son entier, n° 154 du *Journal des Landes*.

L'évêque partit de Mont-de-Marsan le 27 frimaire an XI (18 décembre 1802), et arriva le même jour à Dax.

Les prêtres de la ville, dit Domec, s'assemblèrent dans la nuit chez l'évêque, de même que quelques jureurs et intrus parmi lesquels se trouvaient Massie, curé de Tercis, ancien jureur; Labat, vicaire intrus à Pouillon; Darrigade, d'Orist, curé de St-Pée de Léren, que ses paroissiens avaient chassé après son serment. Il y avait six ans que Darrigade s'était établi à Dax où il exerçait le ministère avec une effronterie et une impudence sans égales, soutenu par un petit parti. Lamarque, grand vicaire et supérieur du séminaire d'Aire, était toujours resté pendant notre réclusion, en correspondance avec nous et dirigeait les ecclésiastiques cachés en grand nombre. L'assemblée de séculiers était nombreuse chez l'évêque, qui appela en particulier les intrus. Il rentra de suite, présenta ces jureurs et dit aux prêtres que ces jureurs lui avaient fait acte d'adhésion, qu'il les invitait à leur donner l'accolade fraternelle et à vivre en bonne union; mais il n'exigea aucune rétractation ni absolution de la suspense encourue. L'intrus Darrigade dit qu'il persévérerait dans ses sentiments. Lamarque, d'Aire, ni les autres ne répondirent rien, mais M. Vignau, chanoine de Dax, s'éleva avec force et répondit qu'il ne communiquerait jamais avec eux s'ils ne rétractaient pas le serment, conformément au Bref de Pie VI en 1791, et s'ils ne recevaient l'absolution de la suspense. Cette fermeté de Vignau lui acquit une grande réputation de fermeté et d'adhésion aux principes.

Les partisans de Darrigade le travaillèrent pendant la nuit et le lendemain il se soumit, mais le lendemain ou le jour même, on vit un grand scandale. Massie, curé de Tercis, dit la messe publiquement qui fut servie par Lamarque et par Darrigade. Lamarque et quelques autres prêtres avaient imaginé une raison sophistique : *l'acte d'union à l'évêque est une rétractation implicite du serment*. Cette raison mettait les jureurs à leur aise, mais le Bref de Pie VI exigeait une rétractation explicite et l'absolution de la suspense *à qua absolvi non poterunt, nisi prius juramentum palam et publicè retractaverint, et scandalum reparaverint*. Lamarque reconnut dans la suite qu'il fallait une rétractation explicite, formelle, et l'absolution de la suspense, dans une conférence qu'il eut avec M. Vignau. Cela n'empêcha pas que sa première lâcheté ne lui fit perdre toute l'estime dont il jouissait à Aire et ailleurs.

Mgr Loison partit de Dax le 29 frimaire à sept heures et demie et descendit à St-Geours de Maremne chez M. de St-Martin. Comme à Mont-de-Marsan et à Dax, il se fit là un grand concours d'ecclésiastiques divisés d'opinions. « Notre vénérable curé, disait un correspondant du *Journal des Landes*, a voulu être, malgré son âge et ses infirmités, témoin d'une réunion qui était depuis longtemps dans son cœur. Que Dieu, a-t-il dit, dispose de moi ! Maintenant je suis satisfait. »

Le vénérable curé qui entonne le cantique de Siméon est Duplantier, le premier prêtre jureur dans le département des Landes, à qui on était venu offrir, en 1791, l'évêché constitutionnel.

Mgr Loison embrassa le prêtre repentant et partit ce même jour, 20 décembre 1802. Vers 6 heures du soir, il arrivait à Bayonne et prenait possession du nouvel évêché qui renfermait dans ses vastes limites les départements des Landes, des Hautes et des Basses-Pyrénées, ou les anciens évêchés de Bayonne, de Lescar, d'Oloron, de Tarbes, de Comminges en sa partie, et enfin ceux d'Aire et de Dax.

CHAPITRE VII.

Organisation du ministère paroissial dans le diocèse de Bayonne. — Ordonnance du 20 fructidor an XI. — La Petite Eglise à St-Sever. — Mort de J.-J. Lamarque, de Dartigoeyte, de Paul Cadroy, de Louis Samson Batbedat, de Saurine, de Cahuzac de Caux. — Rétablissement des évêchés à Aire, à Tarbes. — Dernières mesures prises contre les constitutionnels. — Mort de Vincent Labeyrie, de Robin, de Tastet.

Les diocèses d'Aire et de Dax ont cessé d'être, et partant, notre narration ne serait pas allée plus loin, si on ne nous eût demandé quelques lignes encore pour dire les dernières agitations de la tempête et la fin des personnages qui ont joué les principaux rôles.

A peine arrivé à Bayonne, Mgr Loison appela près de sa personne, avec le titre de vicaires-généraux ou de chanoines de la cathédrale, les anciens dignitaires des diocèses supprimés, et spécialement pour nos contrées, Lallemand, J.-J. Lamarque et d'Alincourt. Ces hommes avaient une connaissance entière de la situation; ils eurent aussi la charge de pourvoir sans retard aux besoins spirituels de toutes les paroisses dans le département des Landes. C'était là une mission délicate, hérissée de difficultés, du moins pour l'ancien diocèse d'Aire. De Laneuville et de Caux vivaient encore, celui-ci formellement opposé à plusieurs clauses du Concordat, celui-là, d'après Domec, presque repentant de les avoir si promptement acceptées, et leurs sentiments bien connus ne durent servir que trop à susciter ou à favoriser chez d'autres une résistance opiniâtre. Du fond de son exil, en Allemagne, l'évêque d'Aire ne cessait de protester, se disant prêt à mourir loin de sa patrie plutôt que d'y venir reconnaître les changements politiques et religieux qui s'y étaient faits. Rentré d'Espagne à Bordeaux sans visiter sa ville épiscopale que cernaient les eaux grossies de l'Adour (avril 1802), de Laneuville avait pris son parti de ce renversement total du passé; lorsqu'il mourut à Cénon, près de Bordeaux, le 27 octobre 1805, il était déjà très humblement soumis à toutes les décisions prises par le Saint-Siége, et les expressions qu'il emploie pour témoigner de sa soumission ne laissent pas une grande valeur aux paroles trop sévères du curé de Saugnac.

Après la formation des pouvoirs principaux dans la ville épiscopale, il fallut penser aux nominations des curés nouvelles ; c'est alors qu'on jeta les yeux autour de soi pour compter les vides que la mort avait faits depuis 1790, en Aire et en Dax, dans les rangs du clergé fidèle ou repentant :

Diocèse d'Aire : Arthaud, brisquetin. Baron Mathieu, prébendier à Aire. Barrière Paul, ex-curé de Montgaillard. Barry Charles, curé de Puyol. Barry, archiprêtre de Mauléon. Basquiat, frère de l'archidiacre. Bordenave, curé de Brassempouy. Brocas, curé d'Eyries. Broqua, curé de Bougue. Buros, vicaire de Coudures. Cabiro, guillotiné. Cadilhon, curé de St-Loubouer. Cadilhon, curé d'Aureilhan. Cadroy, chanoine de St-Loubouer. De Capdeville, curé de Hagetmau. De Capdeville, chanoine à Aire. Capdeville, vicaire de Roquefort. Capdeville, prieur et curé de Bidache. Capdeville, prieur de Sordes. De Cloche-Cadrieu, curé de Fargues. Dabadie-St-Germain, curé démissionnaire de Renung. Darcet, curé de Casalon. Darcet, curé de Labastide-Armaignac. Delisle, chanoine à Aire. Desbons, ex-curé de Grenade. Destenave, dit Lafitte, curé de Geloux. Destephen, curé de St-Vidou. Diris, curé de Lias. Dubayle, guillotiné. Dubosc, curé de Cère. Ducasse, archiprêtre du Plan. Duhart, ex-curé de Montaut. Duhaut, ex-curé de Laglorieuse. Dulin, vicaire de Campagne. Dumas, curé de Garein. Duplantier, abbé de St-Loubouer. Dupoy, curé de Lacajunte. Dupoy-Monicane, curé d'Eyres. Dupoy, curé d'Arthez. Dupoy-Camau, vicaire de Banos. Dutastet. Duviella, curé de Samadet. Fossats, curé de St-Aubin. Garrelon, vicaire de St-Gein. Glize, curé de Corbleu. Joanin, curé de St-Cricq-Segarret. Junca-Tite, mort dans les prisons de Bordeaux. Labat, curé de Ste-Colombe. Labée, guillotiné. Labeyrie, curé de Mont-de-Marsan. Labeyrie, chanoine de St-Girons. Labrouche, curé de Bachen. Laburthe, curé de Montguilhem. Lafosse, curé d'Artiguelaude. Lalanne, curé d'Audignon. Lalanne-Augerin Arnaud. Lamaignère, frères, prémontré et curé d'Aire. Lamarque de Sort, vicaire de Bougue. Lannelongue, guillotiné. Lasalle, curé d'Arouille. Laurans, curé de Retjons. Léglize, directeur à Aire. Léglize, curé de Toujouse. Lubet, prémontré. Lucy, professeur à Aire. Marimpoy, curé de Serreslous. Mauriet, curé de Larée. Maynadé, curé de Lacquy. Monferran, curé de Mugron. Mora, archiprêtre de Doazit. Nautery, guillotiné. Papin, curé d'Estang. Papin, curé de Molès. Pébarthe, curé de St-Sever. Philippon, chanoine à Aire. Pilhac, curé de Maupas. Portets, abbé de Pimbo. Portets neveu, chanoine. Sensaric, brisquetin. St-Genès, frères, curés de Lamolère et de St-Cricq-Maureilban. Taillandier, chanoine à Aire. Tausin de Bourcbé, ex-curé de St-Sever. Tausin, curé de Gaillères. Tauzièdc, vicaire de Miremont. Vios, archiprêtre d'Urgons.

Diocèse de Dax : Dabadie-St-Germain, curé de Gamarde. D'Abesse, chanoine à Dax. Audet, ex-archiprêtre de Montfort. Badets, vicaire de Souston. Badières, curé d'Ygos. Bagieu, ex-curé de Bégaar. Battouilh, vicaire de Laurède. Bergey, curé de Dax. Bergoing, chanoine à Dax. Beyleux, curé de Gamarde. Brocha, curé de Beylongue. Cantin, secrétaire de l'évêque de Dax. Casajoux, curé de Taller. Les deux frères Caubin, prieur de Sindères et vicaire de Villenave. Chabot, curé de Labosse. Darrac, curé de Mées. Dulau, curé de Lesgor, Lacouture, aumônier de l'hôpital. Izorche, curé de Biscarrosse. Chapelain, curé de Luxey. Menou, curé de Messanges, etc.

Dans ce travail de réorganisation du ministère paroissial, l'administration de Bayonne trouva d'assez graves embarras. Voici en effet quelles étaient la situation générale et les dispositions des esprits. En 1796 et 1797, Mgr de Laneuville avait envoyé des prêtres sur plusieurs points de son diocèse en qualité de missionnaires apostoliques, et, plus tard, avec le titre de curés. A leur retour d'Espagne, les déportés s'étaient hâtés de rentrer dans leurs paroisses, où ils se trouvèrent presque partout à côté des intrus. Il était difficile à tous ces hommes dépossédés une première fois, de croire qu'on pût les déclarer une seconde fois privés de leurs droits canoniques. Sans doute, pour rendre plus respectables aux yeux du peuple les prêtres qui avaient tout sacrifié pour la religion, on aurait dû les pousser aux honneurs et aux dignités ecclésiastiques, éloigner comme indignes quelques uns des intrus trop connus par leurs scandales récents; mais telles n'étaient pas les idées de l'Etat qui, pour effacer jusqu'au dernier vestige du passé, avait imposé aux évêchés nouveaux douze évêques anciens constitutionnels, sur soixante, et qui s'était fait même oppresseur pour exiger l'entrée de nombreux jureurs dans les plus hautes dignités. On vit, en frémissant, d'anciens prêtres conformistes occuper encore quelques premières places, remplir les fonctions sacrées en ces lieux qu'ils avaient contristés par l'oubli de toute convenance sacerdotale. Ce n'est pas tout. Lorsque les anciens évêques constitutionnels furent canoniquement élus, en 1802, et Saurine était du nombre, ces évêques avaient annoncé l'intention de ne pas faire de rétractation explicite, comptant sur la faiblesse bien connue du cardinal Caprara qu'ils menaçaient des colères de Bonaparte. Bernier, nommé à Orléans, un des négociateurs, avait cru trouver un moyen de conciliation en présentant une formule conçue dans des termes très généraux, et on avait fait croire au Souverain Pontife que les choses s'étaient passées en règle.

Tout cela, il faut le dire, atténue les torts de J.-J. Lamarque à Mont-de-Marsan et à Dax, et nous fait sonder les motifs de sa conduite, moins coupable que ne l'affirme l'implacable Domec, dans une condescendance qui d'ailleurs n'a rien fait perdre au vicaire-général d'Aire de la gloire dont il est encore couvert à nos yeux.

Domec, lorsqu'il blâme, emploie toujours des expressions très dures. L'ancien curé de Saugnac, jadis syndic du diocèse de Dax, octogénaire en 1803, est un prêtre qui *adhère aux principes*, qui se fait une grande gloire de son adhésion, mais qui ne tolère pas le plus léger écart. On a vu sa boutade contre Lamarque. « C'est d'après cette rétractation implicite, dit-il encore, que le bon évêque continua à recevoir partout les jureurs et les intrus sur l'acte de réunion à l'évêque, et dès lors, afin de les dérober aux yeux du public, on fit cette confusion et cette marmelade de bons curés dépouillés de leurs titres et transplantés ailleurs et remplacés souvent par les jureurs et intrus. »

Le curé de Saugnac a tort de dire qu'il se fit une marmelade de bons curés et de jureurs. Lamarque aurait pu le confondre en lui mettant sous les yeux la liste des curés de canton et celle des succursalistes avec les raisons qui avaient présidé à leur formation. La raison principale qui guida d'abord l'évêque et le préfet pour dresser la liste des curés de canton, puis, les juges de paix et les curés pour dresser la liste des succursalistes, fut qu'il ne fallait pas appeler dans un lieu aux fonctions curiales ceux des ecclésiastiques qui les y avaient concurremment exercées dans le temps où deux opinions partageaient les fidèles.

On n'eut pas beaucoup de peine à former la première liste des curés de canton. Depuis 1789, la mort avait emporté les curés d'Aire, de Grenade, de Mont-de-Marsan, de St-Sever, de Mugron, de Tartas, de Dax, de Labrit, de

St-Etienne, de Hagetmau, de Gabarret, de Sore, de Sabres, de Pissos, de Souston.

La seconde liste souleva plus de récriminations; mais il n'avait pas été possible de faire mieux. On ne pourrait, sans parcourir les documents de l'époque, savoir au juste tout ce qu'il fallut à l'évêque de fermeté pour briser les résistances, ou de prudence pour déjouer les intrigues.

Les prêtres fidèles, formés à tous les genres de dévouement, n'auraient pas remué une paille pour obtenir une faveur quelconque dans cette distribution de bénéfices, ni permis qu'on agît pour eux dans ce but. Ces sentiments de délicatesse manquèrent à la plupart des intrus; ils connaissaient les dispositions du Gouvernement et firent arriver aux bureaux de la préfecture et de l'évêché de longues pétitions chargées de signatures et d'éloges personnels. Les anciens terroristes, les membres des anciens comités de surveillance, exaltaient les vertus des prêtres constitutionnels, leurs efforts pour maintenir dans le pays, l'ordre, la paix et le respect des lois. Ces lettres avaient souvent leur contre-partie où des hommes de foi et d'honneur disaient la vérité entière sur quelques intrus, sur leur conduite pleine d'écarts, sur quelques habitudes déplorables contractées au milieu de tous les vices et de toutes les lâchetés de l'époque révolutionnaire.

LISTE DES COMMUNES DES TROIS ARRONDISSEMENTS QUI COMPOSENT LES SUCCURSALES, ET NOMS DES CURÉS

Ier ARRONDISSEMENT DE MONT-DE-MARSAN.

I° CANTON DE MONT-DE-MARSAN. — Mont-de-Marsan : St-Marc, curé. — St-Pierre : Lataste. — Laglorieuse et Arricau : Philippe Cadroy. — St-Médard et Mazerolles : Broqua. — St-Jean-d'Aout et Nonères : un vicaire de Mont-de-Marsan. — Uchac, Ceseron et Parentis : Dutoya. — Campet, La Molère, Ste-Croix, Martiens : Joseph Cadroy. — Bretaigne : Candau. — Bougue, Beaussiet et Agos : Jean Garrelon. — Campagne : Dutertre. — St-Perdon et St-Orens : Dominique Baffoigne. — St-Martin-d'Oney : Catuhe. — Geloux : N. — Bosteux, Lucbardez et Bargues : J.-B. Glize. — Gaillère et St-Avit : Lacazette.

2° CANTON DE GRENADE. — Grenade : Bats. — Castandet : Joseph Nautery. — Maurrin et Artassenx : Martres. — Bascons et Bostenx : Dizé. — Cazères et Molès : Duboscq aîné. — Vignau, Lamensans, Lussaignet : Laloubère.

3° CANTON DE VILLENEUVE. — Villeneuve : Duboscq cadet. — Perquie, Arthez, Eyres : Ducousso. — Frèche, Goussies, St-Vidou et St-Étienne : Ducournau-Brassenx. — Pujo et le Plan : Cazalets. — St-Cricq et Ste-Foi : Lamarque de Sort. — Lacqui : Lauqué. — Hontaux : Arnaud Destenave. — Bourdalat et Montégut : Cousseillat. — St-Gein : Gayet.

4° CANTON DE GABARRET. — Gabarret : Duberney. — Ste-Meille, St-Martin, Escalans : Durran. — St-Cricq et Laballe : Peybernard. — Sarran et Esperon : Roques. — Bouau, Mura. et Mauras : Manadé. — Estampon, Lussole, Losse, St-hannet, Grauloux : Poymiro. — Lubbon : Louit. — Ar. et Baudignan : Méritenx. — Rimbèz et Baudiets : Terrade. — Créon, Estigarde : Labaquère-Vignes. — St-Julien et Lagrange : Duvignau-Baron. — Betbezer et Arouille : Daubaignan. — Mauvesin : Augé.

5° CANTON DE ROQUEFORT. — Roquefort : Lagarde. — Poydessaux et Corbluc : Affre neveu. — Lugazau et Vialotte : Joseph Sourdois. — Cachen, Guinas, Arue et les Ginx : Dubourdieu. — Lencoac : St-Mont. — St-Justin, Gontaud, Douzevielle : Vincent Labeyrie. — St-Martin-de-Noël, Argelouse, Saubouères : Delhoste. — Bourriot et Bergonce : Ferragut. — Lugaut et Retjons : Sousbie, d'Aire. — Maillas : Joseph Lafargue.

6° CANTON DE LABRIT. — Labrit : Galos aîné. — Vert : le vicaire de Labrit. — Canenx, Réaut : Labrauze. — Cère : St-Martin. — Garein : Marsan. — Brocas : Dutournier. — Maillères et Belis : Pierre Lefranc.

7° CANTON DE SORE. — Sore : Duprat. — Luxey et Callen : Agion.

8° CANTON DE SABRES. — Sabres : Dufilho. — Luglon : Bonnefempne. — Trensac : Lataste, de Cachen. — Labouheyre et Lue : Gerbet. — Commensacq : Badie. — Escource : Loustalet.

9° CANTON DE PISSOS. — Pissos : Castagnède. — Belhade, Mano, Biganon : Jean Dubosc. — Moustey et Richet : Depau. — Saugnac-et-Muret : Seguès.

10° CANTON DE PARENTIS.—Parentis : Benquet d'Arblade.— Biscarrosse : Vincent Tachoires. — Ste-Eulalie et Gastes : Brun. — Ychoux : Mourat. — Sanguinet : Barbé.

11° CANTON DE MIMIZAN. — Mimizan : Léglise. — Mézos : Jumel.—Pontenx et Bouricos : Farbos.—St-Paul : Peyraube.

12° CANTON D'ARJUZAN. — Arjuzan : Lescarret. — Morcenx et Cornalis : le vicaire d'Arjuzan. — Garosse et Sindères : Jacques Lafargue. — Onesse et Laharie : Jean Labat. — Lesperon : Jean Duguit.— Ousse, Suzan, St-Saturnin : Dayries aîné.— Arengosse, Bezaudun : Pélicié. — Ygos : Larqué.

2ᵐᵉ ARRONDISSEMENT DE St-SEVER.

1° CANTON DE ST-SEVER. — St-Sever : Decès Caupenne.— Aurice et Bas Mauco : Destanque.—St-Maurice : Candille.— Larivière, Priam : Bergero. — Eyres et Moncube : Arnaud Lalane. — Cauna : Casaulz. — Montaut : Bergoignan.— Banos et Arcet : Burguerieu. — Mongaillard et Bahus : Ducournau-Poy — Boulin et St-Gilles : Mauléon-Labourdette. — Audignon et Dume : Plantier aîné. — Coudures : Jean Castaignos. — Fargues et Sarrasiet : Sarragousse.

2° CANTON D'AIRE. — Aire : Labeyrie-Hourticat. — Duhort et Bachen : Laborde. — St-Agnet, Sarron et Latrille : Nozeilles. — Bahus, Damoulen : Gigun. — Renung : Serbat.— Buanes : Lacome. — Classun et Esperon : Farthoat. — St-Loubouer : Dulau. — Vielle : Pierre Dupoy.

3° CANTON DE GEAUNE. — Geaune : Bayron, cadet. — Castelnau et Pécorade : Laborde-Larquier. — Clèdes, Payros, Puyol, Casautets : Gigun aîné. — Miremont : Laborde, chanoine d'Aire. — Pimbo, Lauret : Broustet. — Arboucave, Lacajunte : Dominique Juncarot.—Philondenx : Labeyrie, de Nerbis. — Urgons et Bats : St-Guirons. — Samadet : Camon-Nautery.

4° CANTON DE HAGETMAU. — Hagetmau : Labeyrie «Labayle,» d'Aire.— Horsarrieu, Arribaux et Serreslous : Labeyrie-Hourticat. — Ste-Colombe : Lacoste, de Mant.— Serres et Aubaignan : Duplantier-Bilhau. — Mant : Poységur. — Monségur : Ducournau-Placiat, 2ᵐᵉ né.— Morganx, Lacrabe et la Bastide : Falcou. — Momuy et Cazalis : Lacoste, de Montaut. — St-Cricq et Marquevielle : Deyris, de Mugron.— Peyre, Monget, et Burgaux : Dastugue. — Poudenx et Castelner : Desmarais.

5° Canton d'Amou. — Amou : Turon. — Pomarez : Tuquoy. — Castelsarrasin et Arsague : Dominique Lacouture. — Nassiet : Monfeuga. — Castaignos, Argelos, Souslenx : J.-J. Carrère. — Bonnegarde et Marpaps : Lucat — Donzacq : Vivé. — Castelnau : Benzin. — Gaujacq : Laur. — Bastennes : Célières. — Brassempouy : Chaumont. — Bassercles et Beyries : Dominique Dupérier.

6° Canton de Mugron. — Mugron : Marsan. — Nerbis : Laburthe. — Toulouzette : Duséré. — Lahosse : Larreyre. — Baigts : Barber. — Caupenne, St-Laurent et Bergoey : Jourdan. — St-Aubin : Dominique Dupérier. — Larbey : Lacoste. — Maylis : Lanavère. — Hauriet : Domenger-Courau. — Doazit : Nalis.

7° Canton de Tartas. — Tartas : Pancaut. — Rion : Baffoigne. — Carcarèz, Ste-Croix : Mallet-Mérignac. — Ponson et Carcen : Dupont. — Audon : Vios-du-Gay. — Bégaar : Pierre Darbo. — St-Yaguen : Vios-du-Gay. — Pontonx et Lesgor : Solinhac. — Leuy et Lamothe : Dubosc-Taret. — Souprosse : Duplantier, de Boulin. — Gouts : Tomieu. — Meilhan : Ducamp. — Beylongue : Dominique Darbo. — Villenave : Dayries 2me né. — Laluque et Boos : Genoux.

3me ARRONDISSEMENT DE DAX.

1° Canton de Dax. — Dax : Vignau. — Narosse, Izosse, Candresse : Durosier. — Saugnac-et-Cambran : Domec. — St-Vincent : Darjou. — St-Paul et Mées : Lagrace. — Pouy et Thétien : Vaissette. — Herm : Lestage. — Gourbera : Lafont. — Rivière, Saas et Angoumé : Deyres. — Saubusse et Gourby : Borda. — Œyreluy, Tercis, Seyresse : Dubedout-Ducamp. — Heugas et Siest : Montauzié. — St-Pandelon et Benesse : Burguerieu.

2° Canton de Montfort. — Montfort : Danglade. — Poyartin et Gibret : Bustarret. — Gamarde : J.-P. Ricarrère. — Hinx et Goos : Lacassaigne. — Clermont et Ozourt : Camiade. — Sort et Garrey : Soustrar. — Poyanne : Jean-Marie Duvignau. — St-Geours : François Affre. — Laurède : Beylenx. — Lourquen : Domenger-Cahut. — Vicq et Onard : Luc Castaignos. — St-Jean, St-Pierre de Liers et Gousse : Bernard Lasalle. — Préchac : Dejean. — Cassen et Louer : Camy.

3° Canton de Pouillon. — Pouillon : Desbordes. — Gaas, Cagnotte, Cazorditte : Larregieu. — Mimbaste : Lassègue.

— Misson : Dumittier. — Habas : Darrigade. — Estibeaux et Mouscardèz : Duluc. — Ossages : J.-B. Laborde. — Tilh : Bernard Capdevielle. — Labatut : Thomas Lestage.

4° CANTON DE PEYREHORADE. — Peyrehorade : Izaute. — Cauneille : Duruthy. — St-Etienne : Giraud. — Orthevielle : Lartigau. — St-Lon et Belus : Pierre Tachoires. — Pey : Dupoy, premier né. — Orist : Dupoy, deuxième né. — Sordes et St-Cricq : Portatiù. — Hastingues : Despériers. — Lannes : Dupin. — Œyregave : Brethoux.

5° CANTON DE ST-ESPRIT. — St-Esprit : Darricarrère. — Tarnos : Delissetche. — St-Martin : Vidard. — Biaudos et Biarrotte : Bougnères. — St-André et St-Barthélemy : Castencau. — St-Laurent : Senjean.

6° CANTON DE ST-VINCENT. — Saubrigues : Vios-Lasserre. — St-Vincent et Saubion : Bouix. — Capbreton : Anciburu. — Ste-Marie : Louis Vives. — Ondres : Dubosc. — Labenne et Benesse : Noguez. — St-Martin-de-Hinx : Faubau. — St-Jean de Marsacq et Josse : Lagarde, deuxième né.

7° CANTON DE SOUSTON. — Souston : Pelleport. — Angresse et Soorts : Baraille. — Moliets, Maa et Azur : Darros. — Magesc : Sahouret. — Messanges et Vieux-Boucau : Trecheyre-Thole. — Tosse et Seignosse : Blanquefort. — St-Geours : Lanavère.

8° CANTON DE CASTETS. — Castets : Lamaignère. — Léon, Escalus, St-Michel : Miqueu. — St-Julien : Lefranc. — Linxe, Vielle, St-Girons : Baquier. — Lit et Mixe : Bergeret. — Vignac : Gravier.

On voit dans quelles proportions se fit le choix relatif des réfractaires et des assermentés. La part était belle pour ces derniers, pour Darricarrère surtout, ancien prébendier à Tartas, et qui, durant toute la Révolution, avait fidèlement servi le régime constitutionnel. A de longs intervalles, se trouve le nom d'un des anciens directeurs de séminaires. En général, le Gouvernement fit passer avant eux tout prêtre qui avait porté le titre de fonctionnaire public; ils furent donc obligés, pour avoir un moyen d'existence, de se donner comme auxiliaires aux curés des villes, en attendant qu'on leur ouvrît de nouveau quelques maisons d'éducation. Les deux Destenave et Pierre Lalanne se fixèrent à St-Sever près de M. Decès-Caupenne; l'ancien supérieur de Dax, Launefranque-Larrey, à Mugron; le chanoine Laur à Doazit; les deux frères Dusouilh à Aire, etc., etc.

Quelques assermentés, les plus compromis dans les excès de l'époque constitutionnelle, durent se tenir à l'écart, jusqu'à examen approfondi de leur conduite générale.

Lorsque la liste des curés et des succursalistes fut définitivement établie, l'évêque de Bayonne, en vertu d'une ordonnance du 20 fructidor an XI (septembre 1803), prononça l'interdiction de toutes fonctions ecclésiastiques contre tout prêtre qui les exercerait dans un lieu qui ne lui aurait pas été désigné, mesure sévère mais nécessaire. Elle arracha des plaintes et des cris.

« Je demande au moins la permission de dire la messe, écrivait le vieux Lalane, curé de Pujo en Plan, et j'espère que 37 ans de services sans reproche pourront me mériter cette consolation pour mes vieux jours. » Dupérier, curé du Bourdalat, puis en 1789 de St-Aubin où il avait résidé de 1792 à 1800 avec J.-J. Lamarque, n'ayant pas voulu se rendre à Bassercles, encourut la disgrâce du vicaire-général. Ce fut une peine amère pour Lamarque de jeter l'interdit sur un vieil ami; il devait trouver dans sa ville natale, au sujet de ces affaires ecclésiastiques, d'autres déboires qui vinrent troubler les dernières années de sa vie. Ces évènements de St-Sever forment une page à part dans l'histoire du diocèse aturin; ils éclairent d'un jour nouveau les dangers de l'ancienne Constitution Civile; ils nous fournissent une seconde occasion de dire que l'union de notre pays avec Rome disparaissait, peut-être pour jamais, si le cataclysme de 1793 n'était venu engloutir tout à la fois.

Avant de rappeler ces troubles de St-Sever, arrêtons-nous un instant pour contempler, au sein de nos diocèses, les mœurs nouvelles, telles que la tourmente les a faites.

Les commotions de l'époque révolutionnaire avaient trop profondément bouleversé la société tout entière pour qu'il ne se fît pas, même dans les rangs du clergé fidèle, soit pour la tenue générale, soit pour l'obéissance, une altération regrettable, qui, aux yeux de quelques observateurs, parut un changement à peu près complet.

On n'a pas oublié ce que nous avons dit de la piété et des

vertus de l'ancien clergé d'Aire, de la ferveur des jeunes séminaristes élevés au Mas, des soins que prenaient les pieux directeurs pour conserver au milieu des lévites l'aimable(1) simplicité antique. Ce clergé d'Aire, surtout depuis le passage de M. de Gaujac, jouissait dans les diocèses voisins, même à Paris et au Canada, d'une telle réputation de savoir et de vertu, qu'il était généralement cité comme un clergé modèle. Durant la tempête, et par suite de leur passage à travers les sentiers du monde, quelques prêtres réfractaires s'étaient un peu couverts de la poussière du monde. Aussi, dès les premiers jours de la restauration générale, un saint prêtre revenu de l'exil, Bordenave, vicaire de Mont-de-Marsan, s'écrie t-il avec douleur dans une lettre confidentielle à un de ses amis : « Je me représente ici votre cœur opprimé à la vue de si étranges nouveautés. Un zèle aussi pur et aussi éclairé que le vôtre ne peut que gémir infiniment, et je suis convaincu que jetant vos regards sur l'ancien, l'édifiant, le subordonné diocèse d'Aire, vous vous êtes écrié plus d'une fois : *ô tempora! ô mores!*

Puisque, en 1803, on parlait ainsi du clergé d'Aire, en général, nous laissons à penser ce qu'on pouvait dire des anciens constitutionnels, surtout des traditeurs de Lettres d'Ordre. Quelques-uns de ces derniers étaient tombés si bas, ils avaient été au milieu des peuples une telle pierre d'achop-

---

(1) En 1761, Etienne Carenne, directeur au Mas, écrivait à Christophe de Lalane-Augerin, abbé de St-Girons :

« Recommandez à mon neveu la modestie ecclésiastique ; les jeunes prêtres commencent à s'oublier beaucoup sur plusieurs points en cet endroit. Autre chose encore qui me paroît ridicule en eux, c'est que plusieurs ne savent plus faire quelques pas hors de leurs paroisses sans quitter l'habit long ; bientôt, je le crains, ils le quitteront dans le lieu de leur résidence sous le plus mince prétexte. Je vous en prie instamment, aidez-moi à entretenir cet esprit ecclésiastique dans ceux que vous connoitrez plus particulièrement en les y portant comme je tâche de le faire.... Je sais combien vous aimez cette régularité ; mais que ne me fait pas dire et même faire à contre-temps le désir que j'ai de voir toujours l'esprit ecclésiastique dans le diocèse !!! »

Dans une autre lettre du 7 juillet 1767, adressée au même, Carenne, devenu supérieur, recommande à ses bons soins trois ecclésiastiques de Doazit qui vont prendre leurs vacances : Darcet, de Caupenne, et le jeune Duluc. « Mon Dieu! que vous m'obligeriez si vous me donniez la consolation de me les rendre dans les dispositions où je vous les envoie. Mais vous avez des motifs bien plus grands que celui de notre amitié mutuelle et celui de l'affection que j'ai pour ces chers ecclésiastiques. Quel service ne rendrez-vous pas au Sauveur et quelle consolation ne procurerez-vous pas à l'Eglise! C'est dans le très cher et le très aimable cœur de ce bien-aimé Sauveur que je vous embrasse. »

pement que tout assermenté, dont l'âme conserve encore quelque sentiment de piété ecclésiastique, ne peut retenir ses larmes et les cris d'une juste indignation. Garros, prêtre venu des Pyrénées, a occupé Sanguinet de 1796 à 1803. Raymond Barbé, qui lui succède alors, écrit à l'évêque de Bayonne : « Il a fait faire la première communion à une infinité de jeunes gens sans instruction ni préparation, qui ne savaient pas le *Pater*, ni même faire le signe de la Croix. Il les confessait le vendredi pour la première et dernière fois, et les réconciliait le dimanche matin par grimace, etc. »

Notez que Barbé est ce prêtre ordonné par Saurine. On écrit encore à Bayonne que le curé constitutionnel de Sabres a perverti le peuple par ses prédications et ses exemples. Qu'on veuille bien nous pardonner de telles citations. Certes, nous ne les aurions pas exhumées de la poussière, si elles n'étaient pas à elles seules une description entière de la Lande de 1791 à 1830, et des grands travaux qu'ont dû entreprendre nos évêques pour la convertir à la foi et aux mœurs.

Au commencement de ce siècle, tout, dans ces vastes contrées du département, était donc à refaire, et cependant la Lande, en 1804, offre un sol moins ingrat peut-être que celui de quelques paroisses aux environs de St-Sever et de Dax. Il n'est pas possible de dire les souffrances de toute espèce que durent subir les travailleurs évangéliques en reprenant le hoyau. Ici, ils ne trouvaient ni presbytère, ni maison qui consentît à les recevoir; là, à défaut d'une hospitalité généreuse, ils devaient chercher un refuge dans une auberge près de l'église, ou dans quelque mauvais réduit, et à ces dures nécessités venaient se joindre l'indifférence, l'ingratitude des peuples, les persécutions nombreuses suscitées par les anciens terroristes, mais surtout par les anciens prêtres constitutionnels dont l'esprit et le cœur n'avaient pu en quelques heures se dépouiller de leurs anciennes misères. Nous pourrions donner des preuves nombreuses de l'ingratitude et de l'indifférence des populations. Nous pourrions encore exposer au long les dénonciations haineuses des terroristes contre ce que le clergé réfractaire comptait de prêtres pieux et savants. Il nous suffira de présenter l'état des choses d'alors par un de ses côtés en faisant connaître les troubles et agitations causés par la Petite Église dans nos Landes.

Pour un bien de paix et pour amener entre les partis une réconciliation facile et durable, les deux pouvoirs civil et religieux, ainsi que nous l'avons déjà dit, avaient d'un commun accord arrêté que les prêtres réfractaires et les assermentés, qui auraient simultanément exercé les fonctions ecclésiastiques dans une paroisse, seraient tous éloignés de cette paroisse pour laisser la place à d'autres ecclésiastiques.

De part et d'autre, on s'était résigné; mais les assermentés, toujours pleins de regret pour les lieux où ils avaient joui d'une entière liberté de 1791 à 1803, ne cessaient d'entretenir des relations dont quelques unes devinrent si inconvénantes, si pénibles pour les nouveaux titulaires, que le Gouvernement envoya à ces assermentés défense de se présenter de nouveau au milieu de leurs anciens paroissiens. « Le fameux Lacrouts » suscita au curé de Brassempouy mille embarras pénibles. Tauziet, à Gaujac, d'accord avec quelques voisins, ne cessait de tourmenter les anciens réfractaires. Tauzin, de Miramont, protestait violemment contre J.-J. Lamarque et contre les curés du canton de Geaune. Toutefois, ce ne furent là que des agitations passagères. Une vraie révolution religieuse, longue et pleine d'émotions, se faisait en même temps à St-Sever, où la discorde avait choisi et fixé son domicile.

L'évêque trouva dans cette ville certaines oppositions auxquelles il était loin de s'attendre. Un prêtre insermenté et très pieux, confesseur de la foi, l'abbé de Beaufort, ne voulait pas reconnaître à l'autorité diocésaine le pouvoir de jeter l'interdit du 20 fructidor, et s'obstinait à dire la messe dans la chapelle de l'hôpital. Cette résistance attrista le cœur de l'évêque. Bientôt parut au grand jour la révolte du parti constitutionnel de St-Sever. Là, en 1795, Vincent Labeyrie, vicaire de Saurine; Méricamp, curé d'Aire; Bordenave, vicaire de l'évêque de Bordeaux et directeur du collège national, avaient établi le centre d'une église presbytérienne et cherché à tenir en échec les efforts de J.-J. Lamarque. Dès les premières années de 1803, les vieux amis de 1791, Vincent Labeyrie, Lacrouts, Bordenave, Tauziet, Laborde-Maignos, se réunirent encore, bien décidés à soutenir une lutte acharnée. Méricamp n'était plus avec eux; éclairé et effrayé par l'approche de la mort, il ne sortait plus de Thétieu où, d'après une de ses lettres, il n'avait d'autre ambition que celle de faire son salut en travaillant à celui des autres. Vincent Labeyrie fut appelé par Saurine à Strasbourg en qualité de chanoine et de prédicateur; mais de là, il dirigea une partie des résistances, et il venait de temps en temps à St-Sever où sa présence attisait toujours les feux de la sédition.

Après le départ de Labeyrie, la Petite Eglise de St-Sever avait eu pour chefs : Bordenave, homme d'un vrai talent; Geresse, chanoine de St-Seurin à Bordeaux; Labat, curé de Souprosse; Laborde-Maignos, tous nés à St-Sever, ce dernier, homme nul pour l'intelligence, mais jouissant par sa parenté très étendue d'une grande influence. Ils avaient un appui très fort dans la dame Dufau-Lamarque, belle-sœur du vicaire-général, et dans un personnage qui cherchait encore à s'agiter, Samson Batbedat, mais qui, réduit alors à une position pénible, fut obligé de vendre sa terre de Fleurus et de se retirer à Bordeaux.

On commença l'attaque par des dénonciations violentes contre le clergé de St-Sever qui comptait dans ses rangs : l'archidiacre Basquiat-Mugriet, Decès-Caupenne, curé, Pierre Lalanne, Arnaud Destenave et Pierre Castandet, anciens directeurs à Aire; Doat, sulpicien, ex-professeur à Angers et à Toulouse; Dupoy, mathématicien distingué, les deux Laugar, prêtres tous recommandables par leurs connaissances et une solide piété.

Les dénonciations envoyées contre eux à Bayonne, où l'on cherchait à les dépeindre comme des hommes intolérants et hautains envers les sectateurs de la Petite Eglise, portaient des noms que Arnaud Destenave fut chargé de faire connaître à l'évêque. Ces noms appartenaient tous à des impies, à d'anciens terroristes, à des citoyens qui ne venaient jamais à l'église paroissiale, et qui n'avaient des rapports qu'avec les prêtres rebelles. « La paroisse de St-Sever, écrivait alors Mgr Loison, me donne beaucoup de sollicitudes ». C'est en vain que l'évêque priait madame Dufau-Lamarque de se soumettre et d'obéir. Celle-ci demandait pour confesseur un prêtre de la Petite Eglise, et déclarait à l'évêque sa ferme résolution d'abandonner toute pratique religieuse en cas de refus. A la même époque, une autre femme à Tartas, d'A.....B... menaçait l'évêque, pour des motifs identiques, de s'expatrier au loin. Lorsque les voies de la douceur furent devenues inutiles, Mgr Loison agit en maître, et employa des mesures sévères. Les rebelles eurent beau crier, l'évêque fut inflexible, et enleva tout pouvoir à ces prêtres. D'un autre côté, on multiplia les exercices religieux dans l'église de St-Sever, et peu à peu, les partisans de la petite Eglise vinrent se soumettre à l'autorité du curé et recevoir de ses mains les sacrements. Ce travail d'apaisement se fit dans les années 1804, 1805 et 1806, travail d'autant plus difficile que les prêtres rebelles trouvaient un puissant appui autour d'eux, et plus loin, celui du Gouvernement qui était ainsi bien aise, en n'ouvrant pas trop les yeux sur les résistances des intrus envers les évêques, de tenir l'épiscopat en respect et de le forcer à recourir à lui pour l'exercice de son autorité.

Un document choisi parmi beaucoup d'autres, tous afférents à ces pénibles discussions de St-Sever, nous donnera une juste idée et de l'état des esprits et de la nature de la lutte. Il sera le dernier mot d'une question alors brûlante, qui passionna les esprits, et qui aujourd'hui peut nous faire sonder toute la profondeur de ces maux où gémissait l'Eglise catholique.

Monseigneur : Votre lettre du 13 novembre en réponse à la mienne du 18 octobre, m'est parvenue le 17. Certes je ne l'aurais pas lue sans éprouver des sentiments bien pénibles, si ma conduite pouvoit fournir le plus léger prétexte aux inculpations graves que vous m'y faites; mais, Dieu merci, elle est irréprochable. Vous y apercevez : 1° un mépris de votre autorité, et cependant, elle vous a donné une preuve bien sensible de mon profond respect pour cette autorité sacrée, lorsque, sans me permettre, je ne dirai pas un examen, mais pas même la moindre réflexion sur la légitimité de votre ordonnance qui m'interdit la célébration de nos saints mystères, je m'y suis soumis, et pour m'y conformer, j'ai eu l'honneur de vous écrire et de vous demander la permission de célébrer dans l'église de St-Sever; et ce témoignage non équivoque de mon respect et de ma vénération pour l'autorité épiscopale se trouve amplement répété dans les deux dernières lettres que vous avez reçues de moi, et auxquelles vous m'avez fait l'honneur de répondre. Ma conduite me met donc suffisamment à l'abri d'un pareil reproche que je ne mériterai jamais, deo dante... 2° Une désobéissance; hélas! Monseigneur, pourriez-vous donc avoir oublié que, lorsque dans votre réponse à ma première demande, vous me dites que vous *ne trouviez pas à propos que je disse la messe dans l'église de St-Sever à raison de certaines circonstances*, j'obéis sans murmure, j'acquiesçai à votre jugement, et j'ai passé deux ans sans reprendre ma plume pour faire de nouvelles instances. Je ne suis donc pas coupable envers vous de désobéissance.

Sur la prétendue *profanation des saints mystères*, je me tais, Monseigneur; je dirai seulement avec le grand apôtre: *nihil mihi conscius sum, sed non in hoc justificatus sum*. Au surplus, Dieu seul, souverain scrutateur des cœurs, peut me juger là-dessus.

Vous voyez encore dans ma conduite un *scandale affligeant*, et vous paraissez me croire *capable de désavouer un fait*...... Oh! Dieu sait que personne ne hait le scandale, plus que moi. Oui, Monseigneur, je me sens, grâce à Dieu, capable de faire, pour l'éviter, tous les sacrifices que la charité, la justice, la vérité et la sainteté du serment ne désavoueraient pas, et ma constance inébranlable dans la défense de la vérité, bien connue, ne permettra jamais à personne de me croire capable de désavouer un fait.

Ma conduite ne vous autorise pas plus, à croire que depuis que je réside à St-Sever, je n'ai *participé en rien à la Communion Catholique de cette ville*. Il est très fâcheux sans doute (quoique ce soit pour la première fois) d'avoir à me justifier sur de pareilles inculpations; mais il est de mon honneur de vous détromper, et la Religion l'exige impérieusement, et, pour cela, je vous déclare que je vis, et que je n'ai jamais laissé un instant de vivre dans la communion de l'Eglise universelle. Je n'ai jamais paru, il est vrai, dans l'église, mais uniquement, parce que pour y entrer sans scandale, il est indispensable que j'y entre comme prêtre, et vous n'avez pas jugé à propos de m'en permettre l'entrée. Non, j'ose l'espérer de sa bonté, Dieu ne permettra pas que je sois jamais dans l'église une pierre de scandale, pour lequel il daigne m'inspirer une répugnance invincible. D'ailleurs, la démarche que j'ai faite auprès de vous, il y a deux ans, et que je viens de renouveler n'a guères, convaincra sans réplique, tout homme sans prévention, de mon désir le plus ardent d'édifier encore mieux mes frères par mon assiduité à tous les exercices du culte et de m'édifier avec eux. *Le culte*, me dites-vous, *est libre en France*. Je le sais, Monseigneur, mais je dois vous dire aussi que le vôtre n'a jamais cessé d'être le mien. J'ai donc droit de demander *l'autel des Catholiques*, ou, bien mieux, je n'aurais jamais dû me trouver dans la nécessité de le demander pour y *célébrer publiquement*, parce que, grâce au seigneur, je n'ai jamais cessé, pas même dans la plus grande terreur, de remplir tous les devoirs d'un prêtre religieux.

Je crois, Monseigneur, vous avoir suffisamment rendu raison de ma conduite. je vous ai donné des preuves, *par faits*, et de mon respect pour votre autorité, et de ma soumission et de mon obéissance. Il demeure également prouvé par tout ce que je viens de *dire*, que je n'ai point donné de scandale; que je suis incapable de désavouer un fait; que je n'ai jamais cessé de vivre dans la communion de l'Église universelle; que votre culte est le mien; que j'ai droit, par conséquent, d'immoler la sainte victime sur l'autel des catholiques, parce que j'ai constamment rempli, dans les temps même les plus difficiles, tous les devoirs d'un prêtre religieux, et que, si depuis mon séjour à St-Sever, je n'ai pas paru dans l'église, ça été uniquement parce que vous n'avés pas jugé à propos de me permettre d'y entrer, et pour éviter le scandale que j'abhorre.

La lettre en témoignage d'unité de communion avec Mgr l'archevêque de Bordeaux, que vous me renvoyés, ne vous prouve pas, me dites-vous, l'orthodoxie de mes sentiments. Permettez-moi de vous le dire, Monseigneur, il demeure pourtant très vrai, ce me semble, qu'après ce témoignage, il n'est plus possible de suspecter mon orthodoxie, sans suspecter celle de Mgr l'archevêque. Ma lettre même ne vous en est pas un sûr garant. Eh bien! Monseigneur, j'offre de vous envoyer la profession de foi la plus détaillée, quoiqu'aucune loi connue ne l'exige de moi. Elle ne me coûtera rien, parce que je crois fermement et de toute la plénitude de mon cœur, tout ce que l'Église enseigne. Je me soumets et je suis prêt à souscrire de mon sang toutes ses décisions. Je me suis soumis aux Bulles de Pie VII, j'ai fait mon acte d'adhésion au Concordat, mais comme j'ai juré d'être fidèle aux loix de l'empire qui me défendent impérieusement d'admettre aucun Bref ou Bulle, venant de Rome, qui n'aurait pas l'exéquatur du Gouvernement, je vous prie de ne plus me parler des Bulles de Pie VII, qui, s'il en existe, n'ont jamais été revêtues des formes légales. J'abhorre trop le parjure, je respecte trop la sainteté du serment. Rien, non rien n'est capable de me décider à la profaner. Si vous insistiés encore, sur ce point, vous me mettriés, à mon grand regret, dans la pénible nécessité d'envoyer toute ma correspondance au Gouvernement et de lui demander s'il a révoqué ses loix ou pris quelque nouvel arrangement relativement aux Libertés de l'église gallicane. Vous sentés vous-même, Monseigneur, et je sens tout comme vous, que si, ce que je ne puis croire, j'éprouvais encore un refus ou de plus longs délais, il m'importe infiniment qu'il en connaisse le motif; mais non, votre bonté, votre équité, et votre justice me promettent que je n'éprouverai plus de nouveaux délais, et qu'il me sera permis incessamment, de fréquenter le lieu saint où ma qualité de prêtre m'appelle et dont je n'ai nullement mérité d'être exclus. J'ai bien l'honneur d'être avec un très profond respect, Monseigneur, votre tout dévoué serviteur.

BORDENAVE, prêtre. R. D.

St-Sever, le 22 novembre 1806.

Voilà ces prêtres! ils sont rebelles par tempérament, par leur éducation gallicane et par l'appui secret qui leur est promis. On voit par ce document quelle fut la tactique de l'empire envers le clergé, tactique déplorable, blessante pour la piété du prêtre, mais plus encore pour l'autorité de l'évêque. Bonaparte, consul, occupé encore du soin de plaire, avait laissé toute latitude aux évêques pour obtenir des prêtres une rétractation par laquelle ceux-ci reconnaissaient que toutes les ordinations faites ou reçues par les intrus étaient sacrilèges; que la juridiction conférée par eux était nulle; que l'intrusion et tous ses actes étaient nuls et de nul effet. Lorsqu'il fut le maître, Bonaparte ne voulut plus de ces agitations intérieures, et défendit aux évêques toute mesure trop sévère, surtout les investigations trop attentives sur le passé.

Dans le cas présent, et pour ces motifs que nous venons d'indiquer, l'évêque de Bayonne ferma peu à peu les yeux sur beaucoup de griefs, et laissa faire; il pria J.-J. Lamarque d'user d'atermoiements, système qui était d'ailleurs dans le caractère du vicaire-général, et qu'il employa de manière à provoquer quelques observations du curé de St-Sever; mais Lamarque tint bon, et finit par étouffer tous ces germes de division et de schisme. Bordenave se soumit, accepta près de St-Sever une cure où il mourut le 27 décembre 1811.

Le vicaire-général mourait quelques jours après avoir mis ordre à ces pénibles affaires de sa ville natale. Deux fois par an, J.-J. Lamarque se transportait de Bayonne à Aire pour voir le site enchanteur du Mas, où il avait passé la plus grande partie de sa vie, et les Etablissements du Collége, du Petit Collége et du Couvent si magnifiquement restaurés sous sa direction par Pierre Lalanne et Arnaud Destenave. Le 23 janvier 1809, vers 4 heures du soir, arrivé près de Cazères, en compagnie de Alexandre de Mau, et de l'abbé Casteyde, « il lui survint subitement, dit ce dernier, une attaque de paralysie et d'apoplexie. On le descendit de cheval. On le porta dans une maison voisine (métairie Joanlane), et quoiqu'il n'eût pour asile que l'habitation d'un paysan, il ne manqua pas des secours nécessaires. Un médecin et un officier de santé accoururent de Grenade et de Cazères. Trois prêtres furent présents jusqu'à son dernier soupir. Il mourut le lendemain à 10 heures du matin, et fut transporté à St-Sever. »

Ses deux frères, le constituant et le jacobin, « étaient morts ainsi, dit Marsan curé de Mugron, à l'évêque de Bayonne. Il me serait difficile, Monseigneur, de vous peindre notre désolation. Nous étions presque tous ses élèves. Il était notre sincère ami; il était notre père, il avait la clef de cette partie du diocèse, et il était entouré de la confiance générale. De pareils hommes se remplacent difficilement ».

On nous permettra de citer encore une lettre de M. Decès de Campenne, curé de St-Sever : « La mort vient de nous enlever M. Lamarque, notre vicaire-général. Il fut atteint sur le grand chemin allant à Aire, d'une attaque d'apoplexie qui lui enleva dans le moment l'usage des sens et toute espèce de connaissance qu'il n'a jamais recouvrée. J'ai fait ce matin, 25 janvier, les obsèques de ce respectable prêtre si digne à tous égards de la confiance de Votre Grandeur. Il a emporté les regrets de toutes les personnes qui avaient des rapports avec lui, surtout des bons prêtres. J'ai perdu un conseil, un soutien et un ami qui m'a aidé souvent à porter le fardeau pesant dont Votre Grandeur m'a chargé ».

J.-J. Lamarque est une des plus belles figures du clergé de l'ancien diocèse d'Aire. Honoré de tous les pouvoirs de Mgr de Caux, il eut la gloire de diriger toutes les résistances à la Constitution Civile du Clergé, de combattre toujours sous la Terreur, au plus fort de l'action; il vit la mort de près, et s'il n'eut pas la gloire du martyre, il n'omit rien de ce qui pouvait la lui procurer.

Quelques années à peine s'étaient écoulées depuis les terribles commotions de 1793 et de 1794, et l'homme qui gouvernait le pays avait tellement fixé sur lui les regards de la France et de l'Univers que tous les héros de l'époque révolutionnaire, rentrés dans l'ombre après le 18 brumaire, disparaissaient peu à peu sans bruit de la scène du monde.

Depuis le mois d'octobre 1795, Dartigoeyte, fixé à Lahosse, tout près de J.-B. Larreyre, son constant ennemi, avait cherché à s'effacer, à se faire oublier dans ses modestes fonctions de notaire. On a pu voir les actes de cet homme et les appréciations que l'histoire a déjà faites. C'est là un caractère à peu près indéfinissable et par le sang-froid dans le crime, et par les sympathies qu'il montra aux souffrances de ses amis. Il recevait habituellement à sa table le vieux Barber, curé de Baigts; Pierre Tastet, ex-curé de Benquet et le patriote, Lafosse, de Nugron, qui emmenait souvent avec lui son fils, élève du séminaire d'Aire. Plus d'une fois, le chanoine Lafosse, dont les sentiments envers Dartigoeyte nous ont paru trop favorables, nous a dit que le terrible ex-proconsul aimait à l'avoir près de lui à table, l'encourageait fortement à persévérer dans sa vocation, à se rendre digne de faire le plus grand bien. « J'aurais pu, disait-il parfois au futur vicaire-général d'Aire, faire un mal immense, et je ne l'ai pas fait; j'aurais pu, encore après 1795, jeter le trouble dans toutes les paroisses de la Chalosse, et je n'ai pas commis une faute si grave. » Protestations tardives, fruit peut-être d'un simple remords sans repentir, qui ne couvriront pas sa mémoire contre l'horreur qu'elle soulève encore. Dartigoeyte se plaignait des jugements sévères de ses contemporains, mais pouvait-il penser que le souvenir de ses crimes s'était tout d'un coup effacé! Un soir d'été, appuyé contre une fenêtre de sa demeure à Lahosse, il prenait le frais et contemplait les dernières lueurs du soleil couchant sur les collines de Mugron. Soudain, une détonation éclate, et deux balles, en sifflant sous le menton de Dartigoeyte, vont se fixer dans une paroi de sa chambre. On ne put découvrir les noms des coupables, mais l'opinion publique a toujours cru que les deux fils d'une victime de Dartigoeyte à Auch étaient venus de cette ville à Lahosse pour immoler l'assassin de leur père. Depuis cette époque, Dartigoeyte ne sortit plus que rarement; pour se protéger contre une attaque nouvelle, il transporta le jardin du nord au midi, et le fit clore de murs très élevés qui existent encore.

Un tyran, lorsqu'il est tombé, doit s'attendre à recevoir toutes les marques du mépris et de la haine. Dartigoeyte assistait aux jeux d'une fête à Laurède. Deux hommes s'étant pris de querelle, celui qui avait fait trembler tout le Midi de la France, crut avoir encore le droit de parler d'un ton haut. A l'instant même, on lui fit sentir qu'il n'était plus rien. Des jeunes gens saisissent Dartigoeyte, le font pirouetter à plaisir, et l'un d'eux poussa même l'insolence jusqu'à lui donner un coup de pied en disant: Va porter cela à M. le juge.

D'un caractère bouillant et irritable à l'excès, il se laissait aller parfois à tous les mouvements de sa colère. Oubliant alors tout sentiment de respect pour soi et pour les autres, il injuriait, il menaçait, et s'exposait ainsi à des réponses fières et menaçantes, à des scènes orageuses qui durent humilier cruellement son orgueil. Les registres de Lahosse conservent le souvenir de quelques discussions pénibles.

Le 9 février 1811, à l'issue de la messe de paroisse, Dazet, maire de Lahosse, accompagné de Napias, percepteur à Baigts, avait convoqué la municipalité et les habitants dans la maison de Jean Béguery :

Nous nous sommes transporté, dit le maire, dans la dite maison, où étant assis à côté du sieur Napias, se montra le sieur Dartigoeyte, ex-conventionnel, qui, les yeux étincelants, tout le corps en convulsion, remuant une canne qu'il tenait dans ses mains tremblantes, nous adressant la parole avec le ton le plus menaçant, nous dit : « Vous avez fait de faux exposés au Département pour me contraindre au payement du desservant. Je vous attends, faites commandement. Je ne demande pas mieux. Je ne payerai pas. Je me f... de vous. » — Je lui répondis avec calme : les pièces qui regardent cette affaire sont au Département, à la préfecture ; prenez-en connaissance ; vous vous convaincrez que je n'ai fait que mon devoir. Je vous enjoins d'être plus circonspect et de ne pas me troubler dans les fonctions que j'exerce. Retirez-vous ! Le dit Dartigoeyte répondit : — Je ne vous regarde pas comme maire ; je parle à un simple particulier ; vous n'êtes pas dans la maison commune. Je me moque de vous. Je parie dix louis d'or que je ne payerai pas la contribution du desservant. Je vous ai nourri pendant cinq ans ; il faut que nous en venions à un compte. Je veux être payé ! — A quoi je répondis : Je n'ai été chez vous que pour vous donner mes soins, vous sonder sept à huit fois par jour, et vous ne m'avez pas payé. Plût à Dieu que j'eusse trempé ma sonde dans l'arsenic pour délivrer la terre d'un poids qui la fatigue. Allez à Auch ! Vous verrez ce qu'on dit de vous ! Oui, scélérat ! vous avez volé notre presbytère ! J'étais alors maire ; vous me fîtes traduire à la barre du district ainsi que le procureur de la commune pour éviter notre concurrence ! — Je suis donc un voleur et un fripon ! répartit le dit Dartigoeyte. — Oui, vous l'êtes, vous avez enlevé nos bijoux ; vous êtes de plus un assassin !

Et d'autant que nous ne devons pas laisser avilir sur notre tête les fonctions municipales dont nous sommes investi, surtout par un individu aussi notoirement mal famé que l'est le sieur Dartigoeyte, nous avons de tout et de tout ci-dessus dressé le présent procès-verbal. — DAZET, maire.

Je remplis un devoir sacré, disait le maire, en dénonçant à mes concitoyens ce nouveau Mézence qui, un pied dans le sang et l'autre dans l'enfer, vomit dans les lieux qu'il habite le noir poison de la calomnie et cherche à rallumer le foyer sanglant du terrorisme.

A la suite de cette discussion, Dazet fut cité par Dartigoeyte devant le juge de paix à Mugron. Dazet écrivit sa défense dont le fond est que son adversaire l'avait insulté dans l'exercice de ses fonctions de maire, et qu'aux termes de l'article 75 de la Constitution de l'an VIII, il fallait à cet adversaire pour intenter un procès, une autorisation préalable du Gouvernement; que ne l'ayant pas, il ne reconnaissait à Dartigoeyte ni le droit de le poursuivre, ni aux tribunaux celui de le juger. Le juge de paix approuva la défense du maire et condamna Dartigoeyte à tous les frais.

En proie aux douleurs de la pierre, il sortait peu, excepté le dimanche pour se rendre à l'église. Avant et après les offices, il aimait beaucoup à se mêler familièrement aux paysans, à causer de leurs petites affaires, à régler leurs démêlés, mais il n'entrait presque jamais dans le lieu saint, et, le bout de la canne appuyé contre ses dents, il se tenait sur la porte d'entrée dans l'attitude d'un homme indifférent, mais non contempteur, sans doute recueillant alors ses souvenirs de la *Vierge aux miracles* dans la cathédrale d'Auch et de sa lettre du 19 brumaire an II à la Convention Nationale.

Le 25 novembre 1812, Dartigoeyte, après son repas de midi, s'était dirigé vers l'escalier pour remonter à sa chambre. A peine est-il arrivé au premier degré, qu'il tombe sous le coup d'une apoplexie foudroyante. Il ne parla plus et n'ouvrit plus les yeux. On le transporta sur son lit, et après une agonie de neuf heures, il mourut. Sophie de Foix de Candale avait envoyé chercher un prêtre, et sans nous porter garant d'une tradition peut-être infidèle, mais qui, si elle disait vrai, serait une preuve nouvelle de l'infinie bonté de Dieu, on dit que le premier prêtre accouru au chevet de Dartigoeyte expirant fut ce même barnabite Darbo qu'il avait sauvé à Toulouse.

Dartigoeyte et Larreyre dorment côte-à-côte au cimetière de Lahosse, mais aucune pierre ne désigne l'endroit où reposent leurs cendres (1).

Paul Cadroy, collègue de Dartigoeyte à la Convention, le suivit de près dans la tombe.

---

(1) Au porche de l'église de Lahosse on trouve sur une pierre ces mots : Ci-gît Jeanne-Sophie de Foix de Candale, décédée le 12 août 1827, à l'âge de 66 ans. L'église et les pauvres de Lahosse béniront à jamais sa mémoire.

Ces hommes, avec Roger Ducos, Dyzèz, Batbedat, tous originaires de nos Landes, ont joué le principal rôle à une époque de l'histoire qui sans doute n'aura jamais sa pareille. Nous devons donc les connaître, et pour cela, n'oublier aucun des traits de leur vie publique ou de leur vie intime. Nous avons vu Cadroy au sein du Département, puis à la Convention. Envoyé après le 9 thermidor à Lyon et à Marseille où il a laissé un souvenir impérissable, il avait rencontré en cette dernière ville Bonaparte, alors terroriste. Cadroy, aux formes si dures dans l'exercice de son mandat, écrivait ainsi de Paris, le 15 vendémiaire an IV, à son père, à Aire sur l'Adour.

> Mon cher père. Depuis longtemps les jouissances affectueuses me sont interdites. J'espérois manger quelques raisins et quelques poires d'automne avec vous, mais le changement de Législature m'a ramené à la Convention. Je dois donc terminer ma carrière politique et il me sera permis de goûter bientôt les plaisirs de famille. Mille circonstances irritoient mon désir de vous voir. Aujourd'hui l'espérance me fait sentir les douceurs d'une agréable attente. Il ne me reste que quelque légère inquiétude. Consentirez-vous à revoir votre fils et vous reverra-t-il en bonne santé? Les sentiments d'une providence bienfaisante me portent à croire que mes craintes sont déplacées. Vous ouvrirez vos bras paternels à votre fils. Il sera témoin de votre prospérité et coulera avec ses parents et ses amis familiers des jours heureux et il se réjouira. Je suis avec respect votre fils CADROY.

Le 26 floréal an V, c'est-à-dire, quatre mois avant le coup d'Etat de fructidor, Paul Cadroy écrivait à son frère Vincent dans les termes suivants :

> Oui, mon cher frère, c'est la campagne que je désire et votre société que j'ambitionne. J'apporterai une âme bien fatiguée. Elle n'attend consolation et repos que de l'amitié de ses parents. Nos occupations seront communes, nos plaisirs seront de moitié, et la théorie agricole, jointe à beaucoup de pratique, nous procurera des distractions douces et utiles.

Le 10 vendémiaire an IX, l'ex-conventionnel, à la faveur de la loi du divorce, épousa devant l'officier civil à Aire, Emilie Verneert, née à Paris le 8 octobre 1777, fille de Gilles Verneert et de Marie de Laumur, séparée de son mari, et rentra avec elle à Paris. Cadroy se sépara deux fois de Marie Verneert et finit par l'abandonner. Il se fixa au barreau de

St-Sever, et après Alexis Basquiat, il devint maire de cette ville qui se glorifia toujours de l'avoir à sa tête.

Dans un de ses voyages en Espagne, Napoléon, dînant un jour à Mont-de-Marsan, demanda ce qu'était devenu Paul Cadroy. L'avocat n'avait rien à obtenir du terroriste devenu empereur et n'alla pas fatiguer de ses demandes le maître puissant. Il mourut peu d'années après à St-Sever, le 9 octobre 1813 (*Journal des Landes*).

Philippe et Vincent, frères de Paul, sont morts à Aire, en 1827 et 1832. Leur sœur, ancienne clarisse à Mont-de-Marsan, releva le couvent des Ursulines à Tartas, et dans cette maison religieuse, on parle encore de l'ancienne supérieure Cadroy avec une vénération profonde.

Quatre mois après le conventionnel, Louis-Samson Batbedat descendait dans la tombe. Depuis les élections de germinal et ses luttes contre le préfet, Batbedat avait senti que sa position n'était plus tenable dans les Landes, et nous avons déjà dit qu'il avait, en 1806, vendu Fleurus à Origet, receveur des domaines, pour se retirer à Bordeaux où il prit tous les moyens de se faire oublier. La cruelle nécessité vint frapper à sa porte et lui arracher des cris de désespoir. A la date du 6 juin 1812, il écrivait à madame d'Olce, née Hocquart, dans son hôtel à Bayonne :

Bordeaux, Grand Cours de Tourny, n° 12, près de la place Dauphine.

Madame. Quoique je n'aye fait que mon devoir lorsque j'ay eu le bonheur de vous être utile, je me persuade que vous n'avez pas oublié l'empressement et le zèle avec lesquels je suis parvenu à vous faire rendre justice lors de la séquestration (1) des biens de feu M. le baron d'Olce. Vous vous rappelez sans doute que j'étais président du Département des Landes à cette époque difficile et je me flatte que vous avez rapporté dans le sein de votre famille une opinion avantageuse de mes principes et de mes sentiments. J'ai, en conséquence, lieu de penser que vous avez toujours conservé dans votre âme la volonté de m'obliger, si la circonstance se présentait. Cette circonstance, Madame, est arrivée, et je me trouve dans une situation fâcheuse. Les moments actuels sont pénibles pour tous ceux qui ont de petites propriétés et qui ne se sont pas enrichis des dépouilles sanglantes de leurs concitoyens, mais ils le sont encore plus pour ceux qui ont été obligés comme moi de faire

(1) 17 mai 1793, an II de la République. Arrêté qui accorde la main levée de séquestre.

de grands sacrifices pour justifier leur conduite administrative diversement attaquée suivant l'esprit des partis qui se sont succédé pendant plusieurs années. Cet état de choses a détruit peu à peu mon patrimoine très borné mais suffisant pour un homme sans ambition, et je me trouve exposé à être dépouillé de quelque reste malheureux sans des secours prompts. J'ai besoin, Madame, d'une somme de quatre mille francs, et j'ai espéré que votre fortune vous mettrait à portée de vous en priver pendant quelque temps. Je souscrirai le titre qu'il vous plaira le plus et j'assurerai moi-même le placement de cette somme sur ma propriété libre, si cela vous convient. Veuillez m'honorer de votre réponse et croire aux sentiments de considération et de respect avec lesquels j'ai l'honneur d'être, Madame, votre très humble et très obéissant serviteur. L.-S. BATBEDAT.

Le 16 février 1814, dans cette même demeure de Tourny, Louis-Samson Batbedat avait appelé un notaire et quatre témoins. *Je recommande mon âme à Dieu!* Telles furent les premières paroles de son testament qu'il dicta tout entier; mais arrivé à la fin, il ne put apposer son nom et expira.

Nous ne ferons aucune injure à aucun des personnages de notre département des Landes en disant que L.-S. Batbedat fut le premier d'entre eux par ses connaissances, par un rare talent de manier la parole et la plume, par cet ensemble de qualités qui font l'homme politique, tenace, toujours égal, incapable de céder à la peur, à ces fluctuations diverses qui entraînent tant d'esprits dans les grandes crises. Ses plus cruels ennemis, Domec surtout, en l'accablant de leurs traits, en l'appelant méchant, double, faux, traître, impudent jusqu'à l'excès, ne rougissant de rien, dominateur et impérieux, se nourrissant du plaisir de faire le mal, acharné contre le sacerdoce, avouent qu'il n'était pas sanguinaire. Il aima l'argent et savait, dit-on, l'extorquer adroitement. Il fit le grand seigneur; il réunissait à sa table de Fleurus les nobles, les aristocrates pour jouir de leur humiliation et de leur tenue respectueuse; il eut mille défauts, mais dans les temps affreux où la pente vers le crime était si rapide, il ne fut pas *sanguinaire*. On s'accorde même à dire qu'il arrêta l'effusion du sang dans nos Landes. Cet aveu ne lui fera-t-il pas pardonner quelques fautes?

Ce qui reste comme une tache indélébile, il faut l'avouer, sur la mémoire de Batbedat, c'est le vice de son éducation, une effronterie cynique, cruelle, qui lui valurent le mépris, la haine implacable de quelques-uns, des inimitiés à peu près générales. Si le *diacre impie*, moins enflé de son talent et d'une supériorité incontestable au milieu de ses collègues, avait su, par des procédés honnêtes, se faire pardonner ses premiers égarements, gagner peu à peu les cœurs en se posant comme homme de bien dans l'effervescence des idées révolutionnaires, il aurait, en ce pays, obtenu tous les honneurs, et en montant sur un théâtre plus élevé, à Paris, conquis une grande gloire, un grand nom, laissant bien loin derrière lui tous les collègues du département des Landes.

« J'ai connu Samson Batbedat, nous disait en 1869 mademoiselle de Laluque, je le voyais à peu près tous les jours lorsque notre famille était en prison à Mont-de-Marsan, et ce n'est pas moi qui l'accuserai d'avoir été un homme méchant. Agée alors de dix ans, j'étais le petit postillon de mon père vers l'Administrateur qui tenait en ses mains la direction générale des affaires. Je me souviens encore de l'affabilité de Samson, de ses caresses, de ses bonnes paroles pour mon père qui l'avait accueilli en son hôtel à Dax lors des préparatifs de la nuit de juillet 1790. Au sein de la société populaire de Mont-de-Marsan, on remarqua si bien les sentiments de Batbedat, mal déguisés sous une froide ironie envers le baron de Laluque, *père de douze enfants*, qu'une voix de patriote cria bien haut : Tu es vendu ! citoyen, tu es vendu ! Batbedat, pour échapper au reproche de trahison, avait dû multiplier ses tirades contre les aristocrates et surtout contre mon père. »

On trouve toujours le pour et le contre dans l'appréciation d'un homme. Nous avons impartialement offert les mérites et les torts de ce grand agitateur des Landes. Notre lecteur a donc pu le juger.

Saurine eut une mort aussi triste. Depuis la fin du régime constitutionnel, l'évêque des Landes, toujours fidèle à ses principes, avait travaillé de concert avec Lecoz, de 1794 à 1802, à maintenir l'intrusion en lui donnant une forme nouvelle. Les assemblées électorales n'existant plus, ces deux amis avaient formé celles du *presbyterium* pour toutes les nominations à l'épiscopat et aux divers grades ecclésiastiques, et en 1802, les choses en étaient à ce point que l'on comptait déjà autant d'évêques dits : *du presbytère*, que d'anciens évêques constitutionnels. Par son talent, par son activité et par la grande position qu'il s'était faite dans l'Eglise constitutionnelle, Saurine avait été un des premiers sur la liste des douze proposés au Pape par le premier Consul. Rome dut subir le choix de ce prêtre si acharné en 1791 contre le pouvoir légitime, et Saurine, d'abord nommé évêque d'Oloron, fut transféré à l'évêché de Strasbourg, un des plus considérables de France. Feller et les divers *Mémoires* du temps ont laissé des appréciations très sévères sur le passage de Saurine à Strasbourg. Le 8 mai 1813, étant en tournée pastorale, il avait soupé dans l'ancien couvent des capucins de South. Le lendemain, on le trouva mort dans son lit.

En ce moment, l'homme qui, après avoir retiré notre patrie de l'abîme, l'avait tenue quinze ans dans une main de fer, allait mourir sur une plage lointaine de l'Océan. Au point de vue religieux, si l'on excepte la reconnaissance officielle du culte catholique, l'Eglise doit peu à l'Empire. Dans ses rapports avec le Pape, Bonaparte aurait dû, en prince chrétien, étudier les maux de la société religieuse d'avant 1789, prêter son appui à Pie VII pour les guérir; mais entraîné par la passion exclusive de dominer, de mettre au-dessus de tout sa puissante personnalité, il emprisonna le Souverain-Pontife; il s'empara du clergé en donnant aux évêques un pouvoir absolu sur les prêtres, et il domina les évêques en offrant au clergé l'appel aux *Libertés Gallicanes*, c'est-à-dire un moyen de recourir à l'Etat contre le pouvoir épiscopal; de plus, il ne voulut jamais qu'on dérogeât aux principes de tolérance posés en 1802, ni qu'on inquiétât en aucune façon les intrus sur leur conduite passée.

Quand Bonaparte eut disparu et que Louis XVIII fut monté sur le trône de son frère martyr, les évêques, libres enfin, du moins dans les premiers jours de la Restauration, consacrèrent leurs soins à extirper jusqu'à la dernière racine des principes de la Constitution Civile du Clergé. On demanda aux prêtres raison de leurs opinions religieuses. Pour amener, pour favoriser le retour aux idées saines, des prélats zélés ouvrirent des retraites dans les séminaires, et là, en 1815, 1816, 1817, au pied de l'autel, et les mains placées dans celles de leurs évêques, les anciens prêtres assermentés jurèrent, à haute voix, obéissance aux vraies doctrines de l'Eglise et un renoncement complet à tous les articles de la Constitution Civile de 1790. En même temps, une foule de missionnaires occupaient les chaires dans les villes et dans les campagnes. Leur parole ardente rappelait souvent les excès de la Révolution et la nécessité de les réparer.

Etaient coupables tous ceux qui avaient manqué au devoir de confesser la Foi et l'avaient extérieurement reniée : 1° en faisant, publiant, ou faisant publier des lois, des arrêtés, etc, contre la religion; 2° en contribuant à la nomination des intrus; 3° en feignant de ne pas connaître les pasteurs légitimes, en communiquant ou provoquant des communications avec les schismatiques; 4° en applaudissant à l'impiété dans les assemblées publiques; 5° en usant d'artifice pour donner à entendre qu'on n'avait pas de communication avec les pasteurs légitimes; 6° en transgressant le précepte de la sanctification du dimanche, etc., pour ne pas paraître attaché à ces pratiques de religion; 7° en exécutant les ordres pour la démolition des autels, la dégradation des images, etc.; 8° en trahissant la religion d'une manière quelconque.

On vit alors d'anciens terroristes déplorer publiquement leurs crimes, faire amende honorable et se soumettre aux justes rigueurs de la pénitence. D'autres, et ce fut le plus grand nombre, restèrent insensibles à tous les appels de la grâce. Il n'est pas de paroisse dans nos Landes où l'on n'ait vu des châtiments terribles tomber sur ces misérables, châtiments qui faisaient dire aux populations effrayées : *Le doigt de Dieu est ici.*

Les évêques de France firent tout ce qu'il était possible de faire. Ce qui restait encore ne pouvait être le résultat que du temps et d'une longue patience. Un jour ne suffit pas pour guérir un peuple d'erreurs entassées par les siècles. La Restauration, rendons-lui cette justice, voulut le bien de l'Eglise, mais elle ne se montra que trop fidèle aux vieux errements, tenant toujours en réserve, comme un épouvantail, et la Pragmatique Sanction et les Déclarations de 1682, toute la ferraille des *olim* que la révolution avait emportés, et qu'on n'aurait pas dû remettre sur le tapis. D'ailleurs, presque tous nos vieux prêtres de ce temps, même les Confesseurs de la Foi, sans être jansénistes de nom, l'étaient plus ou moins de fait par leur éducation première, par l'enseignement des séminaires où régnaient Tournely, Bailly, La Luzerne, la Théologie de Toulouse. Tous ces prêtres étaient des hommes recommandables à tous les points de vue, dignes de leur grande réputation; mais, sans avoir le sentiment de ce qui leur manquait, ils portaient encore au fond de leurs âmes le germe de tous les maux qui avaient désolé l'Eglise; ils étaient catholiques romains, ils développaient dans les thèses théologiques le dogme de la Primauté de Pierre, les droits et les prérogatives du Pontife de Rome; ils appelaient ce Pontife le Vicaire de Jésus-Christ, le successeur de Pierre, le centre de l'unité, l'autorité suprême, et ils finissaient par démontrer que le Pape ne pouvait presque rien; que le véritable tribunal était celui de l'Eglise universelle légalement consultée et donnant son avis.

Rome et la France entraient alors en négociations pour donner aux évêchés des limites nouvelles et telles que le Pape les avait demandées en 1802 sans pouvoir les obtenir. On arrêta en principe, sauf quelques exceptions, que chaque département aurait un évêché (1816-17). Mgr de Caux vivait encore au moment où l'on posait les bases de l'entente, et toujours attaché par le cœur à sa ville épiscopale, où il avait eu l'intention de se retirer pour y mourir près de M. Lalanne, il donna la démission de son titre à la condition du rétablissement de l'évêché à Aire. Le roi accéda à sa demande et à celle de son frère, tout puissant à la Cour, et on nomma successivement au siège d'Aire, Bigex et Dubois qui ne furent pas préconisés. Le premier fut transféré à Chambéry, le second à Dijon.

Sur les instances nouvelles de Rome, le Gouvernement français accepta le Concordat de 1817, et on envoya des évêques à Aire et à Tarbes. Ce ne fut pas sans quelque difficulté que la cité aturine fit triompher ses demandes à la Cour contre celles de Dax (1). Ainsi, en 1823, Bayonne avait pour évêque l'abbé d'Astros, successeur de Mgr Loison depuis le 17 février 1820, ce prêtre assez courageux pour avoir osé porter à Napoléon la Bulle d'excommunication. Tarbes eut un homme d'énergie, Mgr de Neyrac, qui avait tout à faire pour réformer un clergé trop connu par ses défections de 1791. On envoyait aussi à Aire un ancien militaire, Le Pappe de Trévern, caractère très ferme comme son voisin de Tarbes, mais dont la sévérité n'eut pas à s'exercer au milieu de prêtres demeurés presque tous fidèles. Les brillantes légendes du diocèse d'Aire étaient ses délices, et partout dans ses courses à travers le diocèse, l'évêque se faisait dire et redire sur les lieux mêmes, par les confesseurs de la Foi, les mille traits de leur dévouement sous la Terreur.

(1) Lorsqu'il fut décidé que les évêchés d'Aire, de Dax, de Lescar, de Bayonne, d'Oloron, de Tarbes seraient unis sous la même houlette pastorale, les rivalités firent entendre leurs plaintes et leurs vœux. Tout le monde sentait les graves inconvénients de la position géographique de Bayonne, et dès les premiers jours de 1804, le Conseil Général des Basses-Pyrénées demanda la translation de l'évêché à Pau. A cette nouvelle, celui des Landes s'émut; il se réunit le 23 germinal an XII, et vota la délibération suivante :

« Le Conseil Général des Landes instruit que celui des Basses-Pyrénées a vivement sollicité la translation à Pau du siège de l'évêché de Bayonne, observe que cette ville très populeuse, très industrieuse, réunit déjà un grand nombre d'établissements publics qui augmentent ses moyens de prospérité. Il se croit fondé de demander la préférence pour Dax.

Cette ville a de grands avantages et des convenances qui ne se trouvent pas à Bayonne. On y voit : 1° un vaste évêché où l'évêque serait décemment et convenablement logé; il l'est à Bayonne d'une manière indécente et mesquine; 2° une cathédrale en très bon état, tandis que celle de Bayonne exige des dépenses énormes pour les réparations les plus urgentes, au point qu'on demande une somme de 80 mille francs pour en effectuer une partie; 3° Un séminaire capable de contenir un nombre d'élèves suffisant pour le service du nouveau diocèse.

Cette translation présente encore un grand avantage, celui de centraliser le siège de l'évêché qui dans ce moment se trouve placé à l'une des extrémités du diocèse.

Envisagée sous le rapport religieux, cette translation offre des convenances locales bien propres à la faire accueillir par le gouvernement.

La ville de Bayonne absolument absorbée par les intérêts commerciaux qui l'occupent, est peut-être trop étrangère à tout ce qui est relatif au culte. Un évêque s'y trouve isolé!

Dax lui offre un séjour plus analogue à la sainteté de son ministère et à ses occupations habituelles, un peuple zélé pour sa religion et qui s'est fait toujours remarquer par l'exercice des vertus qu'elle commande ainsi que par son dévouement à ses ministres.

La morale publique gagnerait beaucoup aussi à cette translation. La grande portion du peuple du département des Landes est plongée dans la plus profonde ignorance; la présence de l'évêque pourrait multiplier les moyens d'instruction. Les ministres du culte, répandus sur nos vastes déserts, exposés à tous les dangers de la solitude, se trouvant plus rapprochés de leur chef

A cette époque, les évêques établirent une entente commune dans le but de purger leurs diocèses des derniers restes des principes de 1791. On pourrait croire que la réflexion et le temps, les renoncements solennels dans les retraites ecclésiastiques de 1815 à 1817 avaient radicalement guéri le mal. Il n'en était pas ainsi. Les anciens constitutionnels, nombreux dans le diocèse de Dax, et qui formaient la grande masse du clergé dans les départements des Hautes et des Basses-Pyrénées, d'abord silencieux et pleins de réserve, avaient bientôt montré sans déguisement leurs premières sympathies. Nous avons, disaient-ils, renoncé à la Constitution Civile du Clergé; sans doute elle était vicieuse, mais elle renfermait beaucoup de bonnes choses, et on a eu le tort de ne pas les conserver.

Il fallait combattre cette révolte renaissante et l'étouffer pour toujours. Les évêques d'Aire, de Bayonne et de Tarbes

mieux connus de lui, plus surveillés enfin, chercheraient à se concilier son estime et sa bienveillance par l'exercice de toutes les vertus qui doivent honorer leur état.

La matière mise en délibération, le Conseil Général est unanimement d'avis que le Gouvernement soit instamment prié d'accorder à la ville de Dax la translation du siège épiscopal de Bayonne.

DARRAN, président. — DECOURNAU. — BONNAT. — SEPZ. — LARREILLET. — François BATBEDAT. — DUSABO. — COSTADOUAT.»

On voit que Durran et Bonnat sont bien loin de leurs idées de 1793 et 1794. Le séjour de l'évêque resta fixé à Bayonne.

En 1823, une lutte violente s'engagea entre Dax et Aire au sujet du rétablissement de leur ancien évêché. On écrivit de part et d'autre des suppliques à M. Lainé. Celle des Dacquois renfermait les considérations suivantes : Leur siège épiscopal remontant au milieu du III⁰ siècle, était le plus considérable des anciens suffragants de la Métropole d'Auch. Leur cathédrale est magnifique. On est prêt à acheter l'ancienne maison épiscopale. Le grand St-Vincent-de-Paul est né près de la ville de Dax. Cette ville, par son commerce, est le centre de tout le pays. Il est incontestable que la ville d'Aire n'offre aucun avantage; elle n'a ni pont, ni commerce, ni maison épiscopale, ni moyens de communication avec le département dont elle est isolée. La ville de Bordeaux a donné naissance à son excellence M. le Ministre; le dernier évêque était Bordelais; M. de Sère, chanoine de Dax, était de cette même ville de Bordeaux. «Oui, Monseigneur, disait encore la supplique, nous avons la plus vive confiance que vous daignerez accueillir favorablement la demande que nous avons l'honneur de vous faire, et que vous ajouterez ce nouveau titre de gloire à tant d'actes de justice, de bienfaisance et d'une excellente administration qui ont déjà signalé votre ministère.»

Un enfant de la ville d'Aire, J.-B. Fossé du Castéra, lieutenant-colonel, chevalier de St-Louis, officier de la Légion d'Honneur, était en ce moment à Paris, où le Ministre Lainé lui donna connaissance de la supplique de Dax.

M. Fossé du Castéra, sans perdre un instant, envoya au Ministère le rapport qui suit :

« Droits de la ville d'Aire au recouvrement du siège de son évêché, et raisons qui doivent écarter la concurrence établie par Dax.

17

envoyèrent alors à leurs diocèses un exposé des mesures à prendre envers toutes les personnes, soit ecclésiastiques, soit laïques, qui avaient, d'une manière quelconque, participé aux erreurs ou aux fautes de la Révolution.

« *Règles à suivre pour le retour des intrus, jureurs, abdicataires, mariés, schismatiques, tant prêtres que laïques, d'après les instructions des évêques.*

Ire CLASSE. — LES INTRUS, ABDICATAIRES, MARIÉS.

1° Les intrus, ensemble tous ceux qui ont abdiqué ou remis leurs lettres d'Ordre, quels que soient les motifs qui les y ont portés, ou qui se sont permis quelque acte en représentation de cette cession de lettres; de plus, tous ceux qui se sont mariés, seront admis, quand ils le demanderont, à la pénitence canonique. Dès ce moment, ils seront réduits à la communion laïque, c'est-à-dire, placés au rang des simples fidèles pour l'assistance aux saints offices.

2° Ils iront aussitôt dans la paroisse où ils étaient intrus, et le premier dimanche, ils feront un rétractation publique

---

Le siége épiscopal d'Aire est reconnu pour plus ancien que celui de Dax. Au Mas-d'Aire (*) sont deux très beaux établissements, le collége et le séminaire, fréquentés par deux ou trois cents élèves qui ne peuvent que gagner au retour d'un évêque.

Aire est dans un très beau site. Six grandes routes y aboutissent. Son pont sur l'Adour est, à la vérité, détruit; mais la commune veut se charger de le reconstruire, moyennant un péage qu'elle espère obtenir du Gouvernement; d'ailleurs, à six cents toises de la ville, à Barcelonne, est un pont qui y mène.

Aire, propriétaire de l'évêché, le rend à l'évêque et le lui fait réparer. Ce palais a l'avantage de communiquer à la cathédrale parfaitement conservée.

Aire est à peu près central quant à la population du diocèse, s'il ne l'est pas quant au territoire.

Aire est très bien habité et s'est toujours bien conduit. Mort pendant un si long laps de temps par la privation de tout établissement utile, ne doit-il pas espérer de se voir ranimer par le recouvrement de son évêché?

Dax, qui voudrait qu'on transférât dans son sein le siége de l'évêché d'Aire, a aliéné son palais épiscopal, et le rachat de cet édifice nécessite une somme de 60,000 francs exigée par l'acquéreur.

A Dax l'évêché n'a point l'avantage de communiquer à la cathédrale.

Dax est dans le plus mauvais pays de France, entouré de marais, et une seule grande route y mène.

Dax n'a pas un séminaire comparable à celui d'Aire. D'ailleurs, il faut le racheter.

Dax enfin a toujours joui de tant d'avantages qu'il doit voir sans envie Aire recouvrer son bien légitime. »

(*) Le Mas est une petite commune attenante à la ville d'Aire, qui par sa situation sur une hauteur, possède l'avantage bien précieux de la salubrité de l'air.

et solennelle devant tout le peuple qu'ils auront trompé, avouant toutes leurs fautes, développeront les principes qu'ils ont violés, lui rappeleront les vérités éternelles qu'ils ont méconnues; lui feront voir l'abîme où ils se sont précipités; lui demanderont pardon d'avoir été pour lui un sujet de scandale et de perdition; l'engageront à abjurer comme eux les erreurs dont ils ont tout infecté et à en faire pénitence comme eux; et enfin ils demanderont de prier pour eux, en le prévenant qu'ils se sont soumis à la pénitence canonique et qu'ils ne pourront exercer le ministère que quand l'Eglise les en jugera dignes.

3° Outre cette rétractation publique, ils diront encore à ceux qui ont connu leur chûte, la douleur qu'ils en ont, et la rétractation qu'ils en ont faite.

4° On laisse aux confesseurs à prescrire dans le tribunal les pénitences nécessaires pour guérir les malades tant pour les fautes publiques que pour les fautes privées. Les délinquants doivent être soumis à toutes les épreuves que ces confesseurs jugeront convenables. Après la rétractation et les épreuves suffisantes, le confesseur pourra les absoudre, les faire participer au pain des vivants, et les laissera dans cet état de pénitence jusqu'à NOUVEL ORDRE, *remanente suspensionis aut irregularitatis vinculo.* Pendant le cours de la pénitence, ils iront de temps en temps édifier les brebis qu'ils ont égarées.

2ᵐᵉ CLASSE.

Ceux qui ont fait purement et simplement le premier serment et qui ne se sont pas rétractés après les 40 jours qui furent donnés par le Bref du 13 avril 1791, et qui ont par là encouru la suspense portée par le Bref, et qui de plus ont encouru l'irrégularité, si, ne s'étant pas rétractés dans le terme prescrit, ils ont toujours exercé des fonctions qu'ils ne pouvaient pas exercer à cause de la suspense dont ils étaient frappés; ensemble ceux qui ont fait le dit serment et qui ont communiqué *in divinis* avec l'évêque intrus par un acte quelconque; ceux qui ont fait le dit serment avec des restrictions verbales qu'ils ont sçu n'avoir pas été insérées dans le verbal de leur municipalité sans réclamer contre ce silence injurieux pour eux, ou qui se sont prêtés par quelque moyen à ce que leurs restrictions n'y fussent pas insérées afin de conserver leur place, et qui cependant n'ont à se reprocher aucun des griefs de la première classe, ce qui sera toujours sous-entendu en parlant des différentes classes; tous les ci-dessus dénommés seront admis à la pénitence, s'ils le demandent, feront une égale rétractation publique et solennelle le premier dimanche dans leur paroisse même et devant tout le peuple assemblé, leur tenant le même langage que ceux de la première classe; ils seront mis au rang des simples fidèles et réduits à la communion laïque; ils subiront les épreuves nécessaires, et le temps de la pénitence sera fixé par le confesseur qui est tenu de le proportionner l'un et l'autre au temps qu'aura duré l'égarement, à la plus ou moins grande multitude d'actes qui auront été faits dans le temps de cet égarement, et à toutes les circonstances qui auront pu aggraver plus ou moins la chute déplorable du délinquant. Après les dites épreuves et pénitence faites autant qu'il sera possible, dans leurs paroisses, ils seront absous de leurs péchés, et supposé que la nécessité oblige de les remettre encore en fonctions, ils ne chercheront plus qu'à ramener dans la bonne voye, à consoler, à édifier le troupeau qui leur sera confié.

Si parmi les jureurs de cette espèce (c'est ici un cas extraordinaire), il s'en trouvait quelqu'un qui se fût permis d'exciter le peuple contre les bons prêtres, de prêcher le pillage, le brigandage et le meurtre, il doit être traité dans la dernière rigueur. Ces pénitences doivent être bien plus sévères et le temps bien plus long. On doit l'assujettir, au moins pendant quatre mois, à rassembler chaque dimanche et fête, son troupeau pour lui rappeler tous les désordres dont il s'est rendu coupable et les mauvais principes qu'il a eu le malheur de lui prêcher; et à la fin de chaque séance, il demandera à ce peuple de dire pour lui un *miserere* qu'ils réciteront tous ensemble et après lequel il fera une amende honorable.

3ᵐᵉ CLASSE. — JUREURS DE LA CONSTITUTION CIVILE AVEC RESTRICTION

Ceux qui ont fait le serment susdit avec les restrictions convenables, qui ne se sont prêtés à aucune ruse de leur municipalité, qui auront vérifié et se seront assurés que leurs restrictions ont été couchées sur les procès-verbaux, qui les auront même signées, qui néanmoins, par des moyens à eux inconnus, auront été avoués et conservés dans leurs places, quoique d'ailleurs ils n'ayent aucun des délits précédents à se reprocher, vu cependant le scandale qui a résulté de leur persévérance dans leur poste, seront soumis, avant de pouvoir exercer, à une pénitence et à quelques épreuves; ils feront une rétractation pour développer leurs démarches et lever le scandale. Le temps de la pénitence dépendra de la prudence du confesseur qui le règlera sur les déclarations du pénitent.

4ᵐᵉ CLASSE. — JUREURS DE LA LIBERTÉ ET ÉGALITÉ.

Ceux qui auront fait le serment de la Liberté et de l'Egalité et qui n'ont à se reprocher aucun des délits précédents, ne sont pas même schismatiques, puisque le Souverain Pontife, en blâmant hautement le dit serment, déclare qu'il ne prononce encore aucun jugement. D'après cela, ces jureurs ne sont pas séparés de la communion de l'Eglise; mais comme, en le faisant, ils ont commis une grande faute, fait un péché considérable et causé un grand scandale, ils sont tenus de le confesser et de le rétracter aux yeux de tous ceux qui le sçauront, et pour cela, ils seront quelque temps en pénitence, sans célébrer ni la messe ni les offices. Cependant, en attendant qu'ils sentent leur faute et qu'ils viennent se soumettre, les fidèles pourraient et devraient entendre leur messe, supposé qu'ils célébrassent, et s'il n'y en avait aucune autre qu'ils pussent entendre.

Quant aux fidèles qui auront participé au schisme, qui auront fait des actes d'apostasie ou travaillé le dimanche et les jours de fête, tout cela en mépris de la religion, on exige d'eux une réparation publique, une pénitence proportionnée au nombre des cas et des circonstances de leurs fautes. Après les épreuves suffisantes, ils pourront être absous.

Quant à ceux qui auront les mêmes fautes à se reprocher, mais qui auront été contraints par la terreur ou la faiblesse, ils feront aussi une réparation publique en se rétractant, mais la pénitence et les épreuves seront moins fortes et moins longues. »

Il fallait que le mal eût encore des racines bien profondes en 1825 pour que les évêques cherchassent à l'arracher avec des mesures si sévères. Ces mesures d'ailleurs furent un bien pour tous; elles firent comprendre aux assermentés et intrus qu'on leur demandait compte, en face de l'éternité, non d'une simple faute, mais d'un véritable crime contre la Foi. Les réflexions graves, la salutaire pensée de la mort, et, par dessus tout, la grâce, amenèrent un changement à peu près complet. Dans l'amende honorable, le délinquant mit encore plus de soumission et d'humilité que les évêques n'en exigeaient. Durant plusieurs mois, et chaque dimanche, les anciens constitutionnels, à genoux, un cierge à la main, déplorèrent toutes leurs erreurs de l'époque révolutionnaire. D'un côté, la douleur; de l'autre, l'admiration, firent couler d'abondantes larmes.

Le diocèse d'Aire comptait peu de ces prêtres coupables, et celui de Dax avait déjà perdu un grand nombre des siens.

Peu à peu, la mort enleva jusqu'au dernier de ces hommes faibles, quelques uns sectaires, et en 1840, il ne restait plus que de rares épaves du naufrage de 1791. Nous avons vu disparaître, il y a peu d'années, Vincent Labeyrie, Robin et Tastet.

Vincent Labeyrie, tour-à-tour barnabite à Guéret, vicaire épiscopal, curé de Mugron, de St-Sever, avait reçu en 1803, sa nomination de curé de St-Justin. On a déjà dit que Saurine l'avait appelé à Strasbourg. Après la mort de son bienfaiteur, il vint à Angoulême, près d'un autre de ses amis, l'évêque Lacombe, et ces deux hommes ne contribuèrent pas peu à donner au diocèse des idées et une tendance générale qui en firent pour longtemps un des diocèses les moins estimés de France. De sa nouvelle résidence, Labeyrie faisait des visites fréquentes dans les Landes. Ses parents, et principalement sa sœur dame Marsan, fidèles jusqu'à l'héroïsme à la vérité, sous la Terreur, voulurent profiter d'un des voyages du chanoine et prédicateur d'Angoulême pour amener un changement dans son esprit et une réconciliation avec les prêtres de la Chalosse moyennant une rétractation qui aurait ménagé son amour-propre. Labeyrie fut inflexible, et sa présence à St-Sever, au milieu de ses anciens corréligionnaires, provoqua des manifestations qui eurent des caractères assez graves pour que le Gouvernement d'alors prît des mesures et lui intimât l'ordre de rentrer tout de suite à Angoulême. A la mort de Lacombe, et dès l'arrivée du nouvel évêque, il fut obligé de se démettre de ses titres de curé et de prédicateur. Dans les journées de juillet 1830, le peuple l'acclama curé, le conduisit processionnellement à la cathédrale où il prononça un discours qui fut imprimé et répandu même hors du diocèse. Il mourut quelque temps après.

Robin, après le 9 thermidor, était sorti des bureaux du directoire du district de Dax pour occuper la cure de Sort en 1796, d'où il passa, en 1798, à St-Jean-de-Marsacq, puis à St-Geours-de-Maremne où il exerçait encore les fonctions du saint ministère en avril 1803. Son voisin, Vios-Lasserre, curé de St-Jean-de-Marsacq, se plaignit à l'évêque du rapprochement de l'intrus, de son audace qui le portait, malgré les défenses du Concile de Latran, à donner la communion pascale aux fidèles des paroisses voisines, et il fit si bien que Robin dut abandonner le pays. On l'envoya au loin dans les Hautes-Pyrénées, à Lascazères, où il se conduisit assez bien pour mériter le titre de doyen de St-Pé. Là, il déguisa, aussi bien qu'il le put, ses errements du passé. Homme du monde, orateur disert, il fit aimer sa personne et son ministère pastoral. Lorsqu'il mourut, en 1840, il laissa la réputation d'un prêtre aimable, plein de zèle, et les personnes qui ont connu Robin ne peuvent aujourd'hui revenir de leur stupéfaction en apprenant les phases de la vie si agitée de leur ancien pasteur. M. Laurence, supérieur du séminaire de St-Pé, bien instruit à Aire de la valeur réelle de Robin, avait toujours refusé de nouer avec le curé des relations suivies, et en 1869, le saint évêque nous faisait dire par M. Brun, aujourd'hui curé de Donzac, que Robin ne valait pas autant que sa réputation. Un saint prêtre de St-Pé, mort doyen de Pissos en 1873 à l'âge de 65 ans, l'abbé Lebraut, nous disait il y a peu de temps : « Robin me faisait trembler pour le salut de son âme, tant il avait conservé d'affection aux principes de la Constitution Civile du Clergé! Il se confessait aux prêtres qui partageaient ses opinions, non à d'autres, et cette disposition bien connue de son âme nous inspira quelques jours les plus graves inquiétudes dans la maladie qui le mena au tombeau. »

Le dernier représentant de l'époque révolutionnaire en nos Landes fut Pierre Tastet, le secrétaire de Saurine, le curé de Benquet, marié à Gracy Pinaqui. Nous voulons céder ici la parole à un homme qui l'a bien connu.

Barber, curé de Baigts, et oncle de Gracy Pinaqui, étant mort en février 1815, les habitants de la paroisse prièrent leur voisin, le Père de Caupenne, de venir au milieu d'eux exercer les fonctions du saint ministère. Farthoat accepta, et les dimanches 26 février, 5 mars, il prononça dans la chaire de Baigts deux discours, le premier sur le malheur du pécheur mourant, le second sur la miséricorde de Dieu pour le pécheur.

J'en attendois, dit le curé de Caupenne à l'évêque de Bayonne, quelque fruit sur un auditoire qui me parut bien disposé, mais ma satisfaction a été complète lorsque le lundi, 6 de ce mois, où je m'étois rendu pour confesser, M. Tastet vint se jeter entre mes bras, ce qui a détruit mes craintes et fait ouvrir mon cœur à l'espérance. Il m'a confié le regret d'être séparé de la communion de l'Eglise, m'a témoigné le désir d'y rentrer, et a rejeté sur les différends qui ont divisé Rome et la France les difficultés qui rendoient à ses yeux cette grâce impossible.

Je bénis la providence de ce retour inespéré; je lui ai promis de vous transmettre ses vœux, et l'ai invité à persister dans cette louable résolution.

Je l'ai revu depuis. Sa franchise et sa persévérance ne me donnent plus lieu de douter de la sincérité d'une démarche aussi grave, aussi libre, et que sa droiture généralement connue m'a fait encore plus apprécier.

Je viens donc, Monseigneur, recourir à vos lumières pour savoir la conduite que je dois tenir envers un sujet recommandable, ne fût-ce que par ses égarements, et que l'Eglise gémissait de voir séparé de son sein.

A cet égard, j'ai cru devoir vous faire connaitre les renseignements que je me suis procurés sur son compte et dont je puis vous garantir toute l'exactitude.

Pierre Tastet, né à Mont-de-Marsan en 1768, de parents honnêtes, reçut de leur part une éducation soignée et analogue à l'état ecclésiastique auquel il fut de bonne heure destiné. Reçu maître ès-arts à l'université de Bordeaux étant élève du séminaire de St-Raphaël, il fut envoyé à l'université de Paris. Elève d'abord du séminaire de St-Louis, ensuite du grand séminaire de St-Sulpice, il suivit les cours de Sorbonne et devait recevoir le grade de bachelier lorsque la Révolution éclata. La suppression des universités, la dispersion des flambeaux de l'Eglise le rappelèrent au sein de sa famille où le clergé constitutionnel l'enrôla sous ses bannières. L'évêque Saurine le fit prêtre, son secrétaire, et lui confia plusieurs emplois. Lorsque la désorganisation de l'Etat, les périls de l'Eglise, les défections de ses ministres, les malheurs du plus grand nombre, et ses propres dangers, le découragèrent de suivre une carrière dont l'ardeur de son imagination jalouse des nouveautés et la fragilité de son âge augmentaient les dégoûts..., la perversité du siècle qui alloit croissant et les exemples funestes qui, à cette époque désastreuse, affligèrent l'Eglise et la société, les lois d'alors qui, en autorisant le mariage des prêtres, semblèrent les provoquer, séduisirent un cœur trop jeune pour résister à des influences aussi dangereuses, en sorte qu'après avoir abdiqué les fonctions ecclésiastiques, il contracta civilement mariage avec la demoiselle Gracy Pinaqui née à Bayonne en 1768.

L'Eglise et la société ont dans ces temps calamiteux souffert tant de maux que les ministres de miséricorde ont cru devoir, pour les faire cesser, réconcilier la terre avec le ciel. Aussi, N. S. P. le Pape a-t-il reçu dans sa charité les ecclésiastiques qui avoient rompu les liens qui les attachèrent essentiellement à leur état, en leur accordant pour le salut de leurs âmes, une sécularisation qui les dégage de remplir le ministère du caractère sacré dont ils furent revêtus.

M. Tastet, séparé de l'Eglise, a vécu depuis dans l'exercice des fonctions civiles. Son mariage fut un scandale pour l'Eglise. Il a produit huit enfants d'une conduite digne d'éloges par leurs actes religieux, dont le père a fait seul l'éducation; il a rempli depuis vingt ans un ministère public (notaire) d'une manière irréprochable.

On peut l'accuser de quelques exagérations dans la Révolution; mais je crois qu'on doit en rejeter les effets plutôt sur la dépravation du siècle que sur celle de son esprit. On peut lui reprocher d'avoir profité si tard des bienfaits de la Providence, mais depuis plusieurs années il avoit sollicité par la médiation de M. Emery, général de St-Sulpice, alors vivant, l'indult que les différends de l'Eglise et de l'Etat ne lui permirent pas d'obtenir dans cette circonstance.

Aujourd'hui, la maturité de son âge et de sa raison garantissent la sincérité de son retour aux bons principes, et ceux qui le connaissent assurent qu'au milieu des erreurs, son cœur ne fut jamais pervers, et que souvent sa conduite et ses sentiments furent en opposition.

M. Tastet appartient par son épouse à des parents considérés dans ce païs; il est père d'une famille intéressante. Tous attendent avec une impatience égale de le voir réuni à l'Eglise, et la consolation de le voir jouir de l'estime que doit lui procurer la profession des sentiments religieux, et tous dans ce pays l'applaudiront de ce bon exemple.

...... Je vous prie, Monseigneur, de prendre en considération la démarche de M. et de Madame Tastet dont je suis près de vous l'interprète, de vouloir bien m'indiquer la conduite que je dois tenir à leur égard et les moyens qu'ils doivent employer pour obtenir la grâce du Saint-Siége.

Caupenne, le 16 mars 1813.

L'union de Pierre Tastet et de Gracy Pinaqui ne fut légitimée que le 7 mars 1817, par rescrit de la Pénitencerie qui les autorisa à recevoir la bénédiction nuptiale et qui prononça la légitimité des enfants nés ou à naître. Ils vécurent encore trente-cinq ans. Nés les deux en 1768, ils sont morts à Baigts, maison Cahors: Tastet, le 2 novembre 1852; Gracy Pinaqui, le 3 mars 1853, munis des sacrements de l'Eglise, et ils reposent l'un près de l'autre contre le chevet du chœur au cimetière de la paroisse.

Tastet, avant de mourir, avait pu étudier la marche des idées politiques et religieuses en France depuis 1789, saisir dans leur ensemble toutes les fautes successives des Ordres de la société et les justes châtiments que Dieu fit peser tour à tour sur chacun d'eux. La royauté, la noblesse, le clergé, le peuple, tous avaient péché, et tous ont dû offrir des victimes pures pour une expiation nécessaire. Hélas! le temps des illusions n'est pas encore passé, et notre patrie, à la fois l'objet de l'admiration et de l'horreur des peuples par ses vertus et par ses crimes, n'a pas tout à fait compris les grandes leçons que la Providence lui a données, et s'agite sur son lit de douleur sans trouver le repos.

En 1850, le Jansénisme, en France, n'existait plus qu'à l'état de légende, et l'on savait pour ainsi dire à peine qu'il eût existé une Constitution Civile du Clergé. L'Eglise avait triomphé. C'est ainsi que, fondée sur le roc, elle a vu et elle verra passer toutes les menaces et toutes les colères, qu'elle a vaincu et qu'elle vaincra le fer et les cachots, l'astuce et la perfidie, toutes les calomnies, toutes les puissances de l'esprit de l'homme.

La Constitution Civile du Clergé, de 1790, expression dernière et condensée de tous les principes jansénistes, avait cherché à briser le pouvoir du Pape, à le chasser comme un étranger du gouvernement de l'Eglise. Douze ans après, dans les travaux préparatoires du Concordat, la France disait au Pape : Vous êtes seul le Maître de l'Eglise. Parlez! et la cause sera finie. Il a fallu un demi-siècle pour détruire les derniers restes de la révolte de 1790. En succombant pour ne plus se relever, elle nous laissa le Libéralisme. Notre Grand Pontife n'a cessé de le poursuivre et vient enfin de le broyer sous les coups de ses foudres.

Lorsque toutes les passions humaines se seront agitées autour du trône de Pierre; lorsque les peuples, instruits par l'expérience et par le malheur, auront senti l'inanité de leurs efforts dans la recherche du vrai, ils se tourneront vers Rome, et les yeux attachés sur le Vicaire de Jésus-Christ, ils diront avec respect et d'un concert unanime : CONDUISEZ-NOUS! VOUS ÊTES LA VOIE, LA VÉRITÉ ET LA VIE.

Dès lors, il n'y aura plus qu'un Pasteur, il n'y aura plus qu'un Bercail.

FIN

NOTES ET DOCUMENTS

—

TOME I.

Page 2, ligne 14. — Les remparts gallo-romains d'Aire n'existent plus. On en voit encore quelques restes dans les caves des maisons placées à l'extrémité septentrionale de la rue Maubec et de la rue Royale.

NOMS DES ÉVÊQUES CONNUS DE DAX

St-Vincent. Ezentius. Gratien 500. Maxime 511. Illidius 530. Cartérius 541. Libérius 549. Avortus. Nicetius. Oltérius. Forterius 780. Lubronius. Oldani vel Odalric 923. Arsias. Gombaud. Raymond de Bazas 1058. Raymond de Bazas neveu. Macaire. Grégoire. Bertrand de Mugron. Arnaud de Severay. Guillaume Falquarier de Heugas. Fortanier d'Uza 1135. Arnaud de Sort. Guillaume Bertrand. Jean de Caunar. Fortanier de Mauléon. Gaillard d'Orthe 1229. Gratien d'Amou. Arnaud-Raymond de Tartas 1223. Navarre de Miossenx. Arnaud de Villa. Jean de Lalane. Garsias. Arnaud de Caupenne. Bernard Lepiscoa. Arnaud-Guillaume de Pouilloaut. Bertrand. Mathieu 1358. Pierre Iter 1361. Jean Gutaritz 1369. Jean Beaufaix 1374. Jean 1389. Pierre du Bosc de Lurbe 1398. François 1423. Pierre de Castelnau 1443. Jean. Nicolas. David de Monferrand. Bernard de Laplagne 1444. Garsias-Arnaud de Laur. Guillaume Arnaud de Bordes. Pierre de Foix, cardinal. Jean de Foix 1463. Pierre de Foix cardinal. Bertrand de Borie 1485. Garsias-Arnaud de Borie. Jean de Lamarthonie 1513. Gaston de Lamarthonie neveu. François de Noailles. Gilles de Noailles. Jean-Jacques Dussaut 1599-1623. Philibert Dussaut neveu 1623-38. Jacques Desclaux 1638, mort 4 avril 1658. Guillaume le Boux. De Bar 1667-72. Philippe de Chaumont 1672-83. De Lalane 1683. De Pregae, nommé, non sacré. St-Germain d'Arboucave 1692-1735. François d'Andigné 1735-37. Louis-Marie-François de Suarèz J'Aulan 1737-75, démissionnaire en 1775, sous la réserve d'une pension de 15,000 livres ou le tiers des revenus de la mense épiscopale. Charles-Auguste le Quien de la Neuville né à Bordeaux le 25 juillet 1733, sacré le 1er mars 1772, visiteur général des Carmélites.

NOMS DES ÉVÊQUES CONNUS D'AIRE

Marcel 506. Rusticus 585. Philibaudus 620. Asinarius. Beatus. Gombaud. Arsias. Raymond 1025. Pierre I 1061. Guillaume I. Vital I 1115. Bonhomme 1123. Antoine. OJon 1170. Guillaume II 1188. Martin 1194. Vital II 1214. Jean I 1216. Gauthier 1220. Arnaud 1221. Auger 1300. Bernard 1311. Guillaume III 1322. Anesance de Joyeuse 1326. Garsias I 1328. Bernon 1351. Dauphin 1354. Bernard II 1354. Pierre IV 1359. Jean II 1365. Robert 1387. Usk 1390. Garsias II 1391. Bernard III 1399. Pierre de Langlade 1403. Arnaud-Guillaume I 1417. Roger de Castelbon 1436. Louis d'Albret 1453, Tristan d'Aure 1461-87. Pierre de Foix 1487. Antoine de Foix 1495. Bernard d'Abadie 1497. Bernard d'Amboise 1500. Antoine II 1511. Arnaud-Guillaume d'Aydie 1516. Charles de Gramont 1524. Pierre VI 1530. Gabriel de Saluces 1533, non sacré. Jacques de St-Julien 1550. Christophe de Foix de Candale 1560. François de Foix de Candale 1570. Le siège est vacant de 1594 à 1607. Philippe Cospéan ou Cospéau 1607, transféré à Evreux dont il prit possession en janvier 1621. Sébastien Boutillier prend possession d'Aire par procureur en 1621 et non en 1623 comme le dit par erreur le *Gallia christiana*; il ne fit son entrée à Aire que dans cette année 1623; mort à Mont-de-Marsan, 17 janvier 1625. Gilles Boutault 1624-49. Charles d'Anglure de Bourlemont, abbé de St-Pierre du Mont, de Beauchamp et de la Creste 1650-57. Bernard de Sariac 1657-72, neveu de Bernard de Sariac, abbé de l'Escale-Dieu en 1616, institua héritière par son testament du 6 novembre 1672 sa nièce Catherine de Compaigno. Jean-Louis de Fromentières 1673-85. Arnaud Bazin de Bezons, vicaire-général, *sede vacante* 1685-93, évêque 1693-98. « Messire Illustrissime et Révérendissime Louis-Gaston de Fleuriau d'Armenonville a pris possession de l'église d'Aire avec une dévotion et modestie angélique ce 11 juin 1699. Messire Jean-Pierre de St-Julien, grand archidiacre, le harangua et il sembloit que deux saints s'entretenoient et se répondoient avec tant d'humilité qu'ils ont attiré l'attention de tout le monde. » (*Archives d'Aire, par. du Mas.*) transféré en 1706 à Orléans. François-Gaspard de la Mer de Matha, sacré le 10 avril ou plutôt le 10 octobre 1707, installé le 3 avril 1708, mort 30 juin 1710. Joseph Gaspard de Montmorin de St-Hérem, sacré en janvier 1711, veuf de Louise-Françoise de Bigny d'Ainay, mort à Paris 7 novembre 1724, le même jour que son fils Gilbert était sacré évêque d'Aire. Gilbert de Montmorin 1724, transféré à Langres. François de Sarret de Gaujac prend possession de l'église d'Aire le 1er mai 1736. « Le 18 novembre 1737 mort de M. de Gaujac dont la mémoire sera toujours en vénération et a été inhumé en vrai prédestiné le 20 au chœur du chapitre près le maître-autel. » (*Archiv. d'Aire*), l'homme de Dieu, le père des prêtres. (*Arch. d'Urgons*). Il laissait ses biens patrimoniaux de Languedoc à M. Henri de Bermon, marquis de Puisserguier et à son frère Jean-Auguste de Bermon. Playcard de Raigecourt, né à Nancy en 1708, chanoine de Liége, abbé commandataire de l'abbaye royale de St-Pierre-aux-Monts-lès-Chalons sur-Marne, pourvu de l'évêché d'Aire en vertu des bulles du pape 3 jours avant les ides de mars, prend possession par son procureur Arnaud de Lalane le 6 mai 1758, mort le 27 octobre 1783. Sébastien-Charles-Philibert-Roger de Cahuzac de Caux, né le 2 décembre 1745 au diocèse de Carcassonne, coadjuteur à l'évêché d'Aire le 4 juin 1780, sacré évêque d'Assure, ancienne ville d'Afrique, le 1er octobre suivant, abbé de Notre-Dame d'Arles, évêque d'Aire par le décès de Mgr de Raigecourt.

En 1817, MM. Dubois et Bigex furent successivement nommés mais non sacrés; ils furent appelés à Dijon et à Chambéry. Le Pappe Marie de Trévern 1823-27, transféré à Strasbourg où il est mort en 1842. Dominique-Marie Savy né à Toulouse, évêque d'Aire 1827-39, démissionnaire, mort à Aire, 13 décembre 1852. Adolphe Lannéluc, né à Toulouse, 1840-56, mort à Paris 30 juin. Prosper Hiraboure, né à Bayonne, 1857-59, mort à Gamarde. Louis-Marie Epivent, né à Pordic, a pris possession de l'église d'Aire 1859.

Tristan d'Aure est inhumé dans le sanctuaire du maitre-autel, contre le mur septentrional, et aux pieds du trône de l'évêque. Le Boutillier est un peu plus haut vers l'autel et sur la même ligne. La Mer de Matha est près de l'autel sous les pieds du serrant, du côté de l'évangile; de Gaujac, parallèlement sur l'autre côté. Sur une petite pierre de marbre on lit ces mots : *Sub hoc marmore in pace quiescunt ossa se memorie D. D. Fr. de Sarret de Gaujac episcopi aturensis.* Mgr de Fromentières est à l'entrée du sanctuaire dont la table de communion a été reculée sous Mgr Lannéluc. Mgr de Raigecourt a été inhumé au cimetière de Gorre près de la croix, sous une couche de maçonnerie. Mgr Lannéluc repose dans l'église contre la porte d'entrée de la sacristie; Mgr Hiraboure au milieu de la chapelle méridionale Ste-Catherine; Mgr Savy à la chapelle nord St-Joseph. Notre Pontife actuel a choisi le lieu de sa sépulture dans un des sanctuaires de Marie, ou Maylis ou Buglose.

ABBÉS DE ST-SEVER

Sauveur 1008. Sanche I 1009-23. Grégoire 1023-72. Arnaud I. Suavius 1092-1106. Raymond-Bernard d'Arbocave 1107-27. Pierre de Goz 1130. Robert 1137. Arnaud II de Tresgeit 1151-52. Raimond Sanche. Bernard I de Born 1175. Garsias Arnould de Navailles 1186. Arsius 1213. Arnaud III 1213-31. Arnaud IV. Garsias Arnaud de Navailles 1236. Arnaud V. Guillaume I 1300-07. Gaillard 1307-09. Guillaume II. Raimond I 1311. Bernard II 1313. Guillaume III de Puy-Artin 1317-53. Bernard III de Moneins 1358. Pierre III 1394-1401. Bernard IV 1491-09. Pierre III de Lescar 1410-18. Jean III de Caunaire 1433-33. Pierre III de Véran 1452. Jean II de Béarn 1454-57. Jean III de Foix. Arnaud Pros 1463. Hugues d'Espagne 1466-78. Raymond d'Aydie 1480-98. Arnaud-Guillaume d'Aydie 1516-22. Jean IV d'Abadie 1526. Gabriel de Grammont 1532. Claude de Longvic. Philibert de Beaujeu 1511. Jean V de la Rochefoucauld 1515. Claude de la Chambre 1533. Jérôme de la Rovère 1563. Fernand ou Ferdinand Thision 1585. Lœlius Philibert Solerii. Nicolas Sfondrat 1583. Pierre de Pontac 1623. Jacques de Pontac 1634-84. Jean-Louis de Fromentières, évêque d'Aire. Louis-Claude de la Chastre 1685-99. (Antoine) Anselme, né à l'Isle en Jourdain 13 janvier 1652, abbé de 1699 au jour de sa mort 18 août 1737. Grossoles de Flamarens, vicaire-général de Narbonne de 1738 au jour de sa mort 8 juin 1751 à 51 ans. François de Berthier, prêtre de Toulouse, vicaire-général d'Auch nommé en 1763-68. Bareau de Girac, évêque de St-Brieuc 1753-73. de Laferronays évêque de Rennes 1773-80. Dulau d'Aleman, vicaire-général de Beauvais 1780-91.

ABBÉS DE SORDES

Guillaume I d'Orgon 1060. Hélie 1064 Brascon. Géraud 1103. Ainier. Guillaume II Martel 1119. Arnaud I d'Ysest 1150. Guillaume-Bernard de Camer 1167 et 1172. Bernard II de Lacarre 1176. Guillaume III de Biran ou Arnaud-Guillaume 1200. Arnaud III de Portes 1212. Jean I. Raymond-Arnaud de Caupène 1281. Forton de Caupène. Pierre-Guillaume III 1305 et 1323. Bernard II 1325. Pierre I 1325 et 1343. Jean II 1343 et 1346; Guillaume-Raymond de Douai 1347 et 1349. Jean III 1349. Guillaume IV 1362. Pierre II 1381. Bernard III 1384 et 1386. Bertrand I 1389 et 1399. Bernard IV de Moneins 1401. Bernard V d'Anglade 1402 et 1415. Bernard VI de Sendos 1416. Pierre III de Favars ou Pegars 1433 et 1438. Jean IV 1440. Guil. V de Laulan ou Lauhan 1441 et 1451. Arnaud IV d'Abadie 1453 et 1468. Brunet Fabius de Grammont 1469 et 1473. Pierre IV de Foix 1482. Arnaud-Guil. de Grammont 1486 et 1488. Ispan I de Lavie 1489. Etienne de Pommiers. Jean V de Grammont 1505. Ispan II de Lavie 1523. Charles de Grammont 1523 et 1544. Jean VI de Gomard 1519 et 1575. Jean VII de Villeneuve 1602, de Baylenx, chanoine de Dax, 1632. Raymond de La Salle de Susigaray, 1635. Philibert de Grammont 1652. Vincent de Castel 1679. Rafetot de Grammont 1682. Louis de Montesquieu d'Artagnan 1682. Charles-Antoine de la Roche Aymon 1731. Jean de Cayrol de Médaillan 1761 et 1773.

ABBÉS DE LA CAGNOTTE

Guillaume I de Borest 1122. Mamertin. Aiméric 1163. Guillaume Bertrand 1168. Arnaud I 1180. Guillaume II. Arnaud II 1260. Jean I. Pierre I 1315. Antoine de Poy 1359. Guillaume III Cazalar 1532, de Noliver 1151. de Bonnegarde 1181. Jean II de Tilly 1537. Jean III de Pobla 1557 et 1580. Pierre du Burg 1581. Jean Bérard 1608 et 1639. Daniel du Puy 1618. Bernard de Poyanne 1652. Nicolas de Baylenx 1654. Philibert de Lasalle St-Pée, écuyer, 1677 et 1682. François-Charles de La Salette, évêque d'Oloron, 1685 et 1687. Alphonse Légier 1703. Davigier 1704 et 1712. Charles Prudent de Boucaic de Bec de

Lièvre, prêtre habitant de Périgueux, 1731 et 1738. L'abbaye est supprimée et unie à l'évêché de Dax par décret épiscopal du 9 avril 1740, approuvé par le roi en juillet 1740, et enregistré au Parlement en novembre 1741. de Suarèz d'Aulan, évêque-abbé 1738-71. André Parent de Vassy, prêtre du diocèse d'Auxerre, dernier abbé en 1790.

ABBÉS DE LA CASTELLE

D'abord maison bénédictine, puis abbaye de Prémontré, la Castelle a eu pour 1er abbé de St-Norbert, Guillaume, mort 1175. Arnaud-Guillaume 1194. Martin, d'abord abbé, puis évêque d'Aire. Pierre I 1208. Odon I 1210. Odon II 1250. Bernard 1269. Sancius 1288. Vital 1315. Sans-Aner 1332 et 1362. Pierre II de Castelnau 1373. Pierre III de Castelnau 1415, puis évêque de Dax. Guillaume-Arnaud 1430. Lubet ou Lubat 1431. Ramond 1448. Bernard de Moulin 1459. Auger de Baromère 1481. Jean de Aulâ ou de Cours 1495. Le cardinal d'Albret 1506. Monlezun 1522. Antoine Portère 1532. Jean de Capdequi 1532-87. Pierre de Lompageu 1587-1601. Jean de Lompageu 1601-61. Pierre de Lompageu 1661-75. Dubuisson chanoine de St-Victor à Paris, abbé 29 août 1675, résigne en 1681 et passe à Landèves au diocèse de Reims. François Buyrette 1681-85, mort à Paris. François II le Regrathier, 1er novembre 1685, mort à la Castelle 28 mars 1698 et non en 1696 comme le dit le *Gallia Christiana*. Henri Dupuis ou Du Puis de Cressonville, noble Picard, moine de St-Martin de Laon, né en 1666, nommé le 17 mai 1698, *vicarius generalis Vasconiæ*, mort à la Castelle 3 mars 1731. François de Lavelle 1731-69, mort 25 janvier 1769 à la Castelle où il avait fait profession le 13 juin 1721. Jean François de Pons, prieur de l'abbaye d'Hermières près de Lagny, 3 octobre 1769, mort à Aire en juin 1791.

ABBÉS DE VILLEDIEU OU DE DIVIELLE

Fortanier. Hélie de Tartas. Jean Habert. Bernard I de Vignier. Bertrand I. Nicolas de Labatut 1230. Arnaud-Raimond de Tartas 1232, évêque de Dax. Bernard II 1269. Abraham Vignoles. Arnaud 1439. Etienne de Gert 1446. Louis I d'Albret 1451. Le cardinal Pierre de Foix 1493. Bertrand de la Bergraine 1521. Louis II de Castelnau, évêque de Tarbes. Bertrand II de Pardaillan 1512. François de Pardaillan 1551. Jacques de Sombrun 1607 et 1609. Bertrand III de Baylens 1635 et 1619. Bernard III de Poyanne, mort en 1651. Jacques d'Aspremont 1662. Desquilles, vicaire-général de Lescar, nommé le 15 août 1715, mort le 11 octobre 1719. de Mespleix de Narailles, nommé le 8

Janvier 1721. Louis Joachim de la Roche St-André, vicaire-général de Dax, nommé en 1750. Claude Lallemand, vic.-gén. de Dax, dernier abbé en 1790.

ABBÉS DE ST-LOUBOUER

Arnauld Raymond d'Aydie, abbé de St-Girons et de St-Loubouer 1180. Fabien de St-Julien, vicaire-général d'Aire 1532. Gabriel de Saluces, évêque d'Aire 1536. Pierre Ducasse, mort en 1571. Bernard de Gamardéés 1572. Jean Pascoalin, mort en février 1592. Jean Dupouy 1592. Bernard de Baylenx, chanoine de Dax, abbé, 1626-53. Antoine-Nicolas de Baylenx élu en 1653, mort en 1677, en même temps abbé de Cagnotte. Jean-Marie de Prugue 1677. Jean-Marie II de Prugue vicaire-général d'Aire, mort en 1692. Martial de Périé de la Salargue, 1689. Jean-Pierre de Prugue 1692 1700. Achille de Bourdeau 1701. (Arch. de St-Sever). De Prugue 1703 (Arch. de Mont-de-Marsan). Alexandre de Navailles 1721. Jean Bourdeau, prêtre né à Urgons le 1er octobre 1685, conseiller au parlement de Bordeaux, abbé du 28 novembre 1731 au 7 avril 1767, jour de sa mort à St-Loubouer. François Lubet, professeur d'éloquence à Aire, 1767-77, puis chanoine d'Aire. Joseph Duplantier 1777-91.

ABBÉS DE PONTAULT

Geoffroi 1125. Arnaud Garcie 1285. Arnaud 1360. Raimond d'Arace 1360-66. Arnaud de Lirac 1368 et 1372. Garsias de Castris, nommé en 1369 dit Dutemps mais par erreur. Archambauld, fils d'Isabelle, comtesse de Foix, 1390. Pierre Ters 1515. Bertrand de Daban 1453. Arnaud d'Aydie 1516, évêque d'Aire, mort en 1522. D'Amou, évêque de Mende 1517. Jean de Vaqué 1572 (nommé Raguel par Dutemps, mais à tort). Louis de Poyanne, chanoine de Dax 1607 et 1620. Charles de Boyer 1627-60. De Sparra 1660-70. Hugues de Bar, évêque de Dax, puis de Lectoure 1670-92. Gilbert de Bayard, fils de Pierre, baron de Ferrières, habitant de Castres 1693, mort en 1709. François de Poudenx, frère de l'évêque de Marseille, vicaire-général d'Aire, puis supérieur du séminaire d'Orléans, 1709-27. Joseph de Révol, évêque d'Oloron, 1727-42. François de Révol 1742-83. Jean-Louis de Viella, vicaire-général de Viviers, y demeurant, 1783-91, mort chanoine d'Aire.

ABBÉS DE MIMIZAN

Louis de Caunar, abbé, 1192, frère de Pierre de Caunar, recteur du dit lieu, et de Jehan de Chasteauneuf ou Castelnau, noble homme, seigneur et baron des terres et seigneuries de Caunar et de Poyaler (Arch. des Castelnau). De Lavie 1672. Joseph Despujols, vicaire-général de St-André de Bordeaux, abbé 1722-41. Michel Beaujan, supérieur du séminaire St-Raphaël à Bordeaux 1741-43. René Vatry, inspecteur du collège de France 1743-55, résigne. Grossoles de Flamarens, sous-diacre du diocèse d'Agen, demeurant à St-Nicolas de Paris 1755-73. Pérès Duvivier, prêtre de Bordeaux 1773-74. Guillaume Castres, chanoine de St-André de Bordeaux 1774 au 24 avril 1776. Jacques-Thomas Sarrut 1776-90, prêtre prébendier de la cathédrale de Pamiers (*Voir archives de M. Gaston, notaire à Pontenx*).

ABBÉS DE PIMBO

Arnaud de Sanguinet 1268. Arnaud-Guillaume de Planta 1330. Menault d'Anoz (Danoz), secrétaire du roi de France 1425. Arnaud d'Abadie 1466. Arnaud-Guillaume II de Sansacq 1486. Arnaud III de Sorbets 1533. Pierre d'Artigue 1533. Bertrand de Popelat 1572. Pierre II d'Abadie 1575. Jean de Vigneau 1582. Gratien de Caplane 1598. Pierre II de Caplane 1631. Christophe de Tuquoy, seigneur haut justicier foncier et direct de Toulouzette, Miremont Poy, Patin, baron de Montaut, abbé 1636-80. Christophe de Tuquoy, chanoine de Bazas 1680-1705, est à Montaut en 1707 avec titre d'ancien abbé de Pimbo. Christophe III de Tuquoy 1705. Christophe de Proërès 1706-23. Joseph de Larrhède 1723, mort en 1760. Michel de Portets 1760-90, né le 7 août 1732 de J.-B. de Portets, lieutenant-général, et de dame Catherine de Maumen.

ABBÉS DE ST-GIRONS

Garsias au XIe siècle. Ancr. Jean de Capsignano 1159. Guillelmus Lupi 1339. Raymond d'Aydie 1480. Arnaud I de Laborde. Arnaud II de Laborde. Pierre de Candau 1572-75. François de Poyane 1599. Pierre de Candau 1602 et 1609. Louis de Poyanne 1611. d'Amont. Pierre de Candau. Mathieu de Candau 1638 et 1639. Bernard de Bailleux 1640. Mathieu de Candau 1650. Jean d'Abadie 1670. Pierre d'Abadie 1676, mort en 1716. César d'Abadie d'Espaunicq élu en 1716. Christophe de Lalane, mort en 1768. Vital de Grisonis, archiprêtre de Gondrin, fils de Jean Grisonis seigneur de Nozèz et de Lannepats, et de dame Françoise Decès de Doazit, mariés en cette paroisse le 14 janvier 1718, est abbé en 1768, meurt le 7 septembre 1782. Pierre-Charles Duzouilh né à Duhort 30 janvier 1741, chanoine vicaire-général d'Aire, abbé du 13 septembre 1782 à décembre 1791, mort à Aire 27 juin 1810.

Page 5. — Pour Talleras et Fosse-Guimbaud, voir l'article que nous avons publié dans la *Revue catholique d'Aire et de Dax*.

P. 6, l. 2. — Sur l'envahissement des sables, voir la *Rev. cath.* Les églises paroissiales de Aureilhan, de Ste-Eulalie, de St-Paul-en-Born, de Bias, de Mimizan, de Mixe, de St-Girons-du-Camp, de Vielle, de Maa, furent dans les XVIIe et XVIIIe siècles, couvertes par les dunes. Vielle dut reculer en mai 1635, Escalus en 1756.

P. 6. — Le monde savant est partagé au sujet de la désignation de l'emplacement occupé par la ville des Sotiates, assiégée et prise par Crassus après une bataille sanglante. Nous avons donné tout simplement une opinion. *Adhùc sub judice lis est.*

P. 17, l. 6, 7. Voir clé de voûte à l'intertransept de la cathédrale. Voir testament de Candale sur la première page du registre de l'hôpital à la mairie.

P. 20, l. 20, 21. — Voir (Arch. du sém.) le mandement ultra-janséniste de d'Arboucave, et dans les mémoires du clergé de France, ceux de Druillet. Voir encore *Vie de M. Daguerre*, par M. Duvoisin, chanoine de Bayonne.

P. 22. — Mont-de-Marsan n'a jamais compté beaucoup de protestants, et de ce que Henri IV avait choisi les jurats par moitié entre les cultes protestant et catholique, on ne peut pas inférer que le nombre des Calvinistes fût égal à celui des Catholiques. D'ailleurs, la population de cette ville est aujourd'hui, sauf quelques rares exceptions, toute catholique, et si les conversions s'étaient faites, on les trouverait inscrites sur les registres paroissiaux. Or il n'y a que très peu de ces actes.

P. 25. 26. — Voir les cahiers du Chapitre de Dax.

P. 28, l. 5. — Montaut, abbaye de Cîteaux. Voir (Arch. du sém.) parchemin ou lettres de doctorat d'Auger de Busquet, 1645. Ce même acte démontre que St-Girons était une abbaye bénédictine. On trouve chez M. Luzan, notaire à Aire (liasse de 1750 à 1760) un document volumineux sur St-Loubouer où cette même origine bénédictine est affirmée par les chanoines. Les statuts du Chapitre de Pimbo réclament le même honneur pour cette maison. Pour Pontonx, voir dans la *Revue catholique* le savant travail de M. Gabarra, curé de Capbreton.

Justices et Seigneurs justiciers dans les sénéchaussées de Marsan, d'Albret, de Dax, de St-Sever, de Bayonne, en 1774.

(Les noms écrits en italiques désignent les chefs-lieux des Justices).

SÉNÉCHAUSSÉE DE MONT-DE-MARSAN.

Justice de Mont-de-Marsan et sa banlieue. Seigneur justicier : le roi. — *Justice de Grenade*, Bascons, Bostens : le roi. — *Justice de Villeneuve*, Ste-Foi, St-Cricq : le roi. — *Justice de St-Justin*, Gontaut, Douzevielle, St-Martin en partie : le roi. — *Justice de Roquefort*, Sarbazan, Poydessaux, Corbluc, Caro, Arue, les Ginx, St-Martin et Douzevielle en partie : de Lasalle, marquis de Roquefort, justicier avec le roi. — *Justice de Cachen*, Lencoac, St-Etienne, Guinas : le domaine au marquis de Roquefort, la justice au roi. — *Justice de Lugaut*, Bourriot, Vialotte, Bergonce, Retjons : le marquis de Roquefort et le roi. — *Justice de Cazères*, Bordères, Molès, Aurandet : le roi seigneur et la justice en paréage avec l'abbé de la Castelle. — *Justice de Gabarret*, Losse, Lussole, Estampon, Arx, Baudignan, Herré, Ste-Meille, Escalans, Rimbèz, St-Martin, St-Johannet, Baudiets, Lugassaut, Grauloux, St-Michel de Laballe : seigneur le marquis de Lasalle premier président du parlement de Pau : la justice avec le roi. — *Justice du marquisat de Lacaze*, Mura, Moras, Bouau, Sarran, St-Cricq, St-Michel, Espéron : seigneur marquis de Lacaze. — *Justice d'Estigarde*. La justice à Ste-Claire de Mont-de-Marsan. — *Justice d'Arthèz*, Ognoas, Eyres : seigneur, M. de Filhot. — *Justice du Frèche*, St-Laurent, Goussies, St-Vidou, St-Etienne, Lacquy : la justice à Ste-Claire de Mont-de-Marsan. — *Justice de Hontanx* : baron d'Aon, justicier. — *Justice de Perquie*, Rimblez, Lusson : seigneur justicier, Lacroix. — *Justice de Gaube* : seigneur justicier, Boyrie. — *Justice de Loubenx* : de Candale, baron du Lau. — *Justice du Vignau* : Cours, baron justicier. — *Justice de Renung*, Cournet, Priam, St-Savin : justicier, de Capdeville. — *Justice de Duhort* : justiciers, le baron du Lau et l'abbé de la Castelle. — *Justice de Bachen* : de Pausader, justicier. — *Justice de St-Médard de Maignos* : baron d'Arricau.

SÉNÉCHAUSSÉE D'ALBRET.

Justice de Tartas, Audon, Carcarés, Bégaar, Ponson, Carcen, Beylongue, Bost : duc de Bouillon. — *Justice de Brassenx ou d'Arjuzan*, Morcenx, Garosse, Luglon, Villenave, Ousse, Ygos, Suzan, Arengosse, St-Saturnin, Bezaudun : duc de Bouillon. — *Justice de Sabres* : duc de Bouillon. — *Justice de Labouheyre*, Lue, Boricos, Escource, Trensac, Commensacq : duc de Bouillon. — *Justice de Sore*, Callen, Luxey, Argelouse : duc de Bouillon et Capdeville d'Arricau. — *Justice de Pissos*, Richet, Liposthey : de Pontac, comte de Belhade. — *Justice d'Ichoux* : de Pontac. — *Justice de Mimizan*, Bias, partie d'Aureilhan : seigneurs, dame Duhieu, dame Damon. — *Justice de Sanguinet* : marquis de Monferran. — *Justice de Biscarrosse*, Parentis, St-Paul, Ste-Eulalie : de Caupos. — *Justice de Pontenx*, Gastes : Gombaud de Rolye. — *Justice de Laharie*, Gnesse, Sindères : marquis de Pontonx. — *Justice de Lesgor* : marquis de Pontonx. — *Justice de Rion* : marquis de Pontonx. — *Justice de Pontonx*, Gousse, St-Jean de Lier : marquis de Pontonx. — *Justice de Saubusse*, Saas, Angoumé : duc de Bouillon. — *Justice de Tosse*, St-Geours, Benesse, Angresse, Soorts, Seignosse, Saubion, St-Vincent-de-Tyrosse : duc de Bouillon. — *Justice de Souston* : duc de Bouillon et caverie de Goalard à M. d'Olce. — *Justice de St-Martin-de-Hinx*, St-Jean-de-Marsacq, Saubrigues Orx, Ste-Marie, Biarotte, Biaudos, St-Laurent : duc de Bouillon. — *Justice de St-Martin-de-Seignanx*, Tarnos, Ondres, St-André, St-Barthélemy : duc de Bouillon. — *Justice de St-Etienne et St-Esprit* : le Chapitre royal du St-Esprit. — *Justice d'Auribat ou de St-Geours*, Laurède, Cassen Louer, Goos : duc de Bouillon. — *Justice de Préchac* : marquis de Poyanne. — *Justice de Gamarde*, Ourdise : marquis de Poyanne. — *Justice de Poyanne*, Onard : marquis de Poyanne. — *Justice de Clermont*, Mimbaste, Garrey : marquis de Poyanne. — *Justice de Poyartin* : marquis de Poyanne. — *Justice de Léon*, Azur, St-Michel, Messanges, Vieux Boucau, Moliets, Maa : Martin du Tirac de Marcellus. — *Justice de Linxe*, Lit, Mixe, St-Girons, Vielle, Escalus : Martin du Tirac de Marcellus. — *Justice de St-Julien*, ou partie de St-Julien, de Mézos, du Vignac : duc de Bouillon. — *Justice de Castets*, Taller : Martin du Tirac de Marcellus. — *Justice de Laluque* : de Neurisse, baron de Laluque. — *Justice de Meillan*, Ronsac : marquis de St-Maurice. — *Justice de Mauco* : duc de Bouillon. — *Justice d'Uza*, ou partie de Mézos, de St-Julien, de Lit, du Vignac : de Lur-Saluces.

SÉNÉCHAUSSÉE DE DAX.

Justice de la prévôté de Dax, St-Pierre-de-Vic, St-Vincent, Laterte, Saubaignac, Seyresse, Œyreluy, Heugas, St-Pandelon, Benesse, Arzet, Saugnac, Narosse, Izosse, Candresse, Cambran, Sort, Garrey, Misson, Habas, Labatut, Ossages,

Mouscardès, Estibeaux, St-Crieq, Ozourt, St-Paul, Méez, Rivière, Gourby, Herm, Josse, Thétieu, Gourbera : seigneur, le roi. — *Justice de Montfort*, Nousse, Gibret, partie de Baigts et de Poyartin : le roi. — *Justice de Pouillon*, Gaas : le roi. — *Justice de Haslingues* : le roi. — *Justice de La Hontan* : seigneur, de Blair. — *Justice de la vicomté d'Orthe ou de Peyrehorade*, Orthevielle, Igaas, Œyregave, Cauneille, St-Étienne, Lannes, Pey, Orist, Siest, Belus, Cazorditte, St-Lon, Cagnotte : seigneur d'Aspremont. — *Justice de Tercis* : de Gombault. — *Justice de Tilh* : duc de Grammont.—*Justice de Belhade*, Biganon, Muret : de Pontac. — *Justice de Capbreton*, Labenne : Martin du Tirac de Marcellus. — *Justice de Sordes* : l'Abbé. — *Justice de Pouy* : le supérieur des Lazaristes. — *Justice de Hinx* et St-André : Lalande. — *Justice d'Aularive* : de Troisville.

SÉNÉCHAUSSÉE DE ST-SEVER.

Justice d'Aire, Mas, le Plan : l'évêque. — *Marquisat d'Amou*, Castelsarrasin, Pomarèz : de Caupenne, marquis d'Amou. — *Marquisat de Castelnau*, Geaune, Bonlos, Bourdos, Bruix, Mauries, Payros, Montagut : marquis de Poyanne. — *Marquisat de Campet*, Geloux : marquis du Lyon. — *Baronnie de Castelnau*, Donzac : baron de Lalanne. — *Baronnie de Hagetmau*, Ste-Colombe, Coudures, Eyres, Casalis, Labastide, Audignon : duc de Grammont. — *Baronnie de Miremont* : baron de Bruix. — *Baronnie de Gaujac*, Bastennes : *Baronnie de Bocilh*, Bocilho, Lasque, Roquefort : baron de Fortisson. — *Baronnie de Montgaillard*, la Rivière, Dado, Bahus-Juzan : marquis de Beynac. — *Baronnie de Sarraziet* : de Lasalle-Roquefort. — *Baronnie de Samadet*, Mant, Monségur, Serres, Villenavette : Dyzèz. — *Baronnie de Sault*, Marpaps, Nassiet : Darracq des Vignes. — *Baronnie d'Arsague*, Bonnut : comte d'Amou. — *Baronnie de Mugron*, St-Aubin, Lorquen : duc de Lauzun. — *Baronnie de Latrille*, Sarron, St-Agnet : de Cloche. — *Baronnie de Benquet*, Bretagne, St-Médard de Mauco : Dumartin. — *Baronnie de Souprosse*, Goudosse, Gouts, Morganx, Lacrabe : l'abbé de St-Sever. — *Baronnie d'Arboucave*, Lacajunte : d'Abadie St-Germain. — *Baronnie de Caupenne*, Larbey, Lahosse, partie de Baigts : baron de Cès. — *Baronnie de Doazit* : baron de Foix de Candale. — *Vicomté de Juliac ou d'Aroville*, Betbezer, St-Julien, Mauvesin : Pujolé, grand sénéchal des Lannes. — *Vicomté d'Arzac*, Beyries, Cabidos, Coubluc, Fichous, Hillondenx, Meyrac, Soues, Malaussane, Pouliac, Sèbie : *Vicomté d'Aurice*, Lamothe, Leuy : de Batz. — *Vicomté de*

Bassercles, Castelner, St-Cricq, Poudenx, Segarret, Serreslous : de Poudenx. — *Justice d'Argelos* et Beyries : Crabos. — *Justice d'Arribanx* : de Capdeville. — *Justice d'Arricau* : de Cours. — *Justice d'Artassenx* : Pérèz. — *Justice d'Aubaignan* : du Souilh. — *Justice d'Arthos* : de Lavie. — *Justice de Bahus*, Damoulen, Luc-Peyroux, Sensac : de Talasac. — *Justice de Bats* : de Romatet. — *Justice de Banos*, Dumes : de Navailles. — *Justice de Bergoey*, Marquevielle : de Lataulade. — *Justice de Bonnegarde* : de Laur. — *Justice de Brassempouy* : de Capdeville. — *Justice de Momuy*, Casalon : de St-Julien. — *Justice de Castandet*, Lamensans : chevalier de Lasalle. — *Justice de Cantiran* : de Lasserre. — *Justice de Casteyde*, St-Médard, Juren : de Sallette. — *Justice de Castaignos*, Souslenx : de Momas. — *Justice de Castéra*, Gausies : de Bourdeau. — *Justice de Cazautets* : de Lafond. — *Justice de Cauna* : de Cabannes. — *Justice de Classun* : de Lucmau. — *Justice de Fargues* : de Cloche. — *Justice de Hon* : de Labitumière. — *Justice de Hauriet* : de Beyries. — *Justice de Horsarrieu* : duc de Grammont et baron de Cès. — *Justice de Hautarive*, Lacadée : seigneur de Morlane. — *Justice de Lacquy* : l'abbé de la Castelle et Ste-Claire de Mont-de-Marsan. — *Justice de Labarthe* : Dubroca. — *Justice de Labarthe* : de Mellet. — *Justice de Laurel* : de Barros. — *Justice de Lannemas* : de Brethoux. — *Justice de Mauries* : seigneur de Sensac. — *Justice de Monget et St-Loubouer* : Chapitre de St-Loubouer. — *Justice de Montaut* : de Loubes et Pichard. — *Justice de Peyre* : comte de Tréville. — *Justice de Pimbo* : l'abbé et le seigneur de Sensac. — *Justice de Puyol et Clèdes* : de Barry. — *Justice de Pujo-en-Plan* : de Pomiers. — *Justice de Poursingues* : de Bruix. — *Justice de Sorbets* : de Lartigue. — *Justice de Ste-Croix* : de Ledoulx. — *Justice de St-Gein* : d'Embrux de Ferron. — *Justice de St-Gor* : chevalier de Lasalle. — *Justice de St-Girons* : le Chapitre. — *Justice de St-Maurice* : de Fortisson. — *Justice de St-Sever* : le roi et l'abbé. — *Justice de Toulouzette* : de Basquiat. — *Justice de Vielle* : d'Artiguenave. — *Justice d'Urgons* : de Chambre. — *Justice de Vignolles* : de Labernade.

SÉNÉCHAUSSÉE DE BAYONNE.

Justice du Bailliage de Labourd ou de Bayonne, Urrugne, St-Pierre d'Irube, Hendaye, Mouguerre : seigneurs, la ville et communauté. — *Justice de St-Jean-de-Luz*, Ascain, Ciboure, Sare, St-Pée, Urcuit, Briscous, Villefranque, Hasparren : ville et communauté. — *Justice de Lahonce*, Ainhoa, Mendionde, Souraïde, Louhossoa : l'abbé de Lahonce. — *Justice de Macaye*, Guétharry, Cambo, Vidard, Halsou, Abetse,

Salsou : vicomte de Macaye. — *Justice d'Arbonne*, Arcangues, Larressore, Itsassou, Bassussary : marquis d'Amou. — *Justice d'Espelette*, Biarritz, Biriatou, Anglet, Bonloc : la communauté. (Voir bibliothèque de M. Émile Labeyrie à Aire.)

Revenus des bénéfices en 1789, pris dans les 14 années précédentes, soustraction préalable faite du revenu le plus fort et du revenu le plus faible.

ÉVÊCHÉ D'AIRE

Bachen 800 livres. Toulouzette 215. Arboucave, Mant, Samadet, Payros, Lacajunte, Clèdes, Monségur 1032. Eyzieu et Pin 600. St-Justin et Gontaud 925. Arue 925. Coudures 1225. Mas-d'Aire et Lasserre en Aire 3000. Brocas 210. St-Perdon et St-Orens 250. Lias et Marquestaoü 1900, 2000, *(le premier nombre indique le revenu par année commune; le second, celui de l'année bissextile)*. Garein 100, 320. Arouille et Saubouères 830, 950. Mauléon, St-Canne, Soubère, Labeyrie, Cucassé 1750, 2680. Urgons 550, 650. Villeneuve, Ste-Foi, St-Cricq, Bougue, Poydessaux 360, 560. Arthès, Balasin, Lanneplan, St-Jean-d'Atour, Ste-Eulalie 2200. Uchac, Ceseron, Cère, St-Avit, Parentis 260, 600, etc., etc.

Deux années bissextiles donnent en Montaut à l'évêque d'Aire 3810; à Larbey 1610; à Vielle 160; à Bahus-Soubiran 520; à Estang 2900, à St-Canne 1290; à Puyo 163; à Priam et Lamensans 1410; à Eyres de Montguillem 250; à Rimblèz 550; à Roquefort 1315; à Bourdalat 1150.

En 1728, Boulin était affermé 1150; Brassempouy 375; Hauriet 190; Doazit 1400; Montaut 2800; Dume 220; Horsarrieu 770; Mant 120; Toulouzette 310; Larbey 1200; Casalis 155; St-Cricq 290; Monségur 560; Audignon 1725.

En 1630, l'évêque affermait 2600 livres ses revenus en l'archiprêtré de Mauléon. — Il prenait chaque année sur la scolonie de Larbey 160 l., de Momuy 500, de Montaut 230, d'Audignon 200, d'Eyres 200, de St-Aubin 190, d'Uchac 200, de Geloux 130, de Lamolère et Baussiet 300, de St-Pé-du-Mont unie à la cure de Mont-de-Marsan 300, de St-Avit 150, de Cère 90, de Bretagne 140, de Grenade 350, de Luebardèz 120, de Bostenx 120, de St-Gor 200.

Les autres revenus de l'évêché d'Aire ne nous sont pas connus. On a fait au XVIII° siècle des appréciations fort diverses sur les revenus des évêchés et des grandes abbayes de France. Les grandes variations qu'on y trouve ne doivent pas étonner si l'on sait que les uns donnent les revenus bruts; les autres, les revenus avec défalcation des dépenses auxquelles l'évêque et l'abbé étaient tenus en leur qualité de gros décimateurs. De plus, l'un comptait, et l'autre ne comptait pas la rente des bénéfices abbatiaux possédés par l'évêque. Duval estime de 22 à 24 mille livres, doublées aux années bissextiles, les revenus de l'évêché d'Aire. Après lui, il est question de 30,000, de 45,000 livres. Dom Beaunier dit que l'évêché d'Aire rapporte 30,000 livres, et dans les années non bissextiles 10,000. (*Pour les revenus de l'évêché d'Aire, voir étude Luzan, à Aire.*)

ÉVÊCHÉ DE DAX

En 1760, l'évêque de Dax retirait de : Belloc 1380 livres, Labatut 700, Hastingues 300. Labastide-Villefranche 420, Heugas 560, Candresse 478, Benesse 93, St-Pandelon 145 pour les agneaux, oisons, pommes ; de Cagnotte 650, Estibeaux 702, Arzet à Saugnac 180, Gaas 450, St-Lon 603, une paire de jambons, une nappe, 12 serviettes ; de Leren 518, St-Cricq 980, Puyo 580, Ossages 260, Misson 1,250, Mimbaste 1,370, Pouillon 3,205, Mouscardèz 560, Came 2,450, Hinx 120, etc. (*Pour les revenus de l'évêque de Dax, voir étude Campet, à Dax.*)

Mgr de Laneuville avait de plus, comme abbé commandataire du Mas Grenier, 18,000 livres, et de Cagnotte 2,700. L'abbé de Cagnotte percevait 1100 l. à Pouillon, 300 à St-Lon, 290 à Orthevielle, 60 à Lannes, 300 sur le moulin de Cazorditte ; la moitié de la dîme de Cazorditte et Cagnotte ; le revenu du moulin de Joanin, de quelques prairies près de l'abbaye ; des jardins, de métairies.

Les revenus de Mgr de Laneuville, en 1789, comme évêque et abbé, étaient de 57,410 livres dont 7,421 pour les charges.

CATHÉDRALES D'AIRE ET DE DAX

1° *Aire*. — La cathédrale d'Aire n'avait pas de fabrique. Le Chapitre pourvoyait aux dépenses nécessaires.

Les revenus du Chapitre d'Aire se divisaient en 38 parts dont 3 pour chaque chanoine, une pour chaque prébendier, et consistaient en dîmes, biens-fonds, rentes ou archifs, rentes féodales, rentes obituaires, lods et ventes, moulin d'Aire et bien noble de la Saligue près de la digue sur l'Adour.

Dîme de Molès et Lussaignet 2750. Part de dîme dans les paroisses de : Vielle 1100, Vignau 428 ; Bordos, Clèdes et Payros 900 ; Guinas, Cachen, St-Etienne 1000, Bachen 180,

St-Aubin 300, St-Savin, Rivière et quartier de Pontaut 1540, Castandet 850, Soubère 650, Gée et Rivière 550, Poydessaux et Ste-Foi 550, Villeneuve 1050, le quart de Cournet 300, le 8ᵉ à Buanes 420. Les revenus de Bachen, Cournet et Buanes étaient affectés à la psallette, ou aux gages et entretien de l'organiste et de deux enfants de chœur.

Grosse dîme d'Aire, de Rivière-Pouy, du quartier de Lasserre, les trois quarts de Subéhargues ou 38 kas de froment, 15 id. de blé d'Inde, 2 id. avoine, 1 id. mélange, 12 mes. millet, 38 barriques vin, le tout 9324 livres.

La Saligue donnait 4 kas froment, 3 id. 1/2 blé d'Inde, ou 865 livres par an, plus 36 livres de lin. Le moulin d'Aire était affermé 9000 livres en 1774 et 8000 en 1777.

En 1780, le Chapitre fit construire une digue nouvelle, creuser un nouveau canal, élever des terrasses. Le tout fut emporté, l'année suivante, par une crue d'eau, sauf 200 piquets. On avait dépensé 80,000 livres sur lesquelles le Chapitre, en 1789, devait encore 51,000 à l'archidiacre Basquiat-Mugriet.

Archifs : Un ka seigle payé par Ste-Claire de Mont-de-Marsan. 6 kas ou 692 livres par sieur Puyo. 10 quartons froment, 10 id. millet par le séminaire. 9 sacs froment, 18 id. millet par l'abbé de la Castelle. Cinq livres par le commandeur de Golony.

Rentes féodales : 62 livres par les jurats d'Aire. Lods et ventes 838. Obits 238 (*Voir étude Luzan, à Aire*).

Dans une vieille copie des statuts du Chapitre d'Aire, approuvés par Tristan d'Aure en 1459, et observés déjà de temps immémorial, on trouvera les ressources du Chapitre au xvᵉ siècle et leur mode de distribution; la nomination des chanoines ou par l'évêque, ou par le Chapitre réuni, ou par chacun des 10 chanoines qui avaient chacun son mois.

Chapitre d'Aire en 1789. (Vic. gén.) Pierre de Cugnac, Etienne Carenne.

Archidiacres : Basquiat de Mugriet et J.-J. Lamarque. Chanoines: Christophe de Capdeville, Taillandier, Lacouture, Basquiat, théologal, Lubet, ouvrier, Delisle, Laborde du Blanc, Dusouilh, Philippon.

Prébendiers ou titulaires de demi-chanoinies : Sousbie, Larrieu, Baron, Casaubon, Rêche, Lignac, prêtres.

CATHÉDRALE DE DAX

Les revenus du Chapitre de Dax se divisaient ainsi : 1° Grosse. 2° Mense capitulaire. 3° Mense de la Compagnie.

1° Grosse. — Partagée par portions égales entre les chanoines, elle consistait en : dîmes sur plusieurs paroisses ou

37,130 livres; rentes constituées ou 40 livres; rentes féodales ou 109 livres. Cette Grosse payait le traitement au syndic de la Mense; 600 livres au sieur Leclercq, 500 à Louis-Samson Batbedat; 1200 au curé et 700 au vicaire de Souston, etc. Ses charges annuelles étaient de 6542 livres.

2° Mense Capitulaire. — Santou ou Sanctou 555 mesures de grain, dont 80 par Souston, 50 par Lit, 50 par Léon, 45 par Linxe, 45 par Castets, 32 par Pontonx, etc. Sommes d'argent ou 1560 pour remplacer le Santou en diverses paroisses. La mense payait 80 mesures à l'évêque, 8 au curé de Dax, 16 au receveur, 8 aux balayeurs de l'église, 112 à la fabrique, plus 160 livres argent.

3° Mense de la Compagnie. — Elle consistait en biens-fonds, abonnements, dîmes, rentes, d'un total de 8680 livres et se partageait entre les chanoines et les chantres.

SÉMINAIRES ET COLLÉGES EN AIRE ET EN DAX

Séminaire d'Aire. — Etienne Carenne, supérieur. Lamarque, Taillandier, Léglize, Castandet, directeurs titrés. Arnaud Destenave, Bats, non titrés. Les supérieur et directeurs titrés recevaient un traitement annuel de 300 livres. Les directeurs choisissaient leur supérieur, l'évêque n'intervenant que pour l'approbation.

Collége-annexe du Séminaire. — Pierre Lalanne, directeur titré. Jourdan, Carpuat, prêtres. Domenger-Cahut, diacre. Lucy, sous-diacre. Duplantier et Jean Destenave, clercs.

Comme successeur de l'abbaye de St-Quitterie, supprimée en 1704, le séminaire possédait la dîme du Mas d'Aire, le moulin de St-Barthélemy sur le Broussau, la dîme de Latrille et du quartier de Visons 2800 livres. Comme successeur du collége, il recevait de plusieurs paroisses 1205 livres ou la *Pension du collége* établie par l'évêque de St-Julien. De plus, le séminaire avait un capital de 60,000 livres placé en partie sur le clergé de France, deux prairies et pièces de terre vendues 3625 livres en 1791 (1). Le bois d'Averon.

Séminaire de Dax. — Lannefranque-Larrey, supérieur; Dupoy, Dussaut, Lesbats, directeurs. Leurs honoraires formaient un total de 1900 livres.

Revenus : Métairies à Benesse 224 arpents, à Arzet 255. Métairies de St-Aortet, à Cagnotte; du grand et du petit Bordes, à Cassen, de Lacaran, à St-Vincent. Arrendies ou

---

(1) Les nombres placés après les noms des biens-fonds expriment la valeur de ces biens vendus par la Nation en 1792.

rentes au bourg du Gave. Dîmes à Orthevielle 3000. Métairies du Castillon, du Carré, à Préchac. La maison du petit couvent. 8 milliers de vignes dans l'enclos contre le petit couvent. 4 pièces de labourable à Cagnotte. Les diaconés de Sort 400 livres, de Magesc 366 livres, de Castets 500.

Collége de Dax. — Couchies (Henri), principal du collége des Barnabites et curé de Cambran depuis 1766. Bergoing de Dax, Guilhermond, Sentetz, J.-B. Gigun, Robin, Plantier, professeurs.

Collége de Mont-de-Marsan. — Par un contrat de 1658, Mont-de-Marsan donne aux Barnabites la direction de son collége. On devait y enseigner la 5°, la 4°, la 3°, la 2°, la rhétorique et la philosophie. Les classes de 5°, 4° et 3° étaient confiées à des régents séculiers sous la direction et aux dépens des Religieux; moyennant quoi, les maire, jurats et syndic de la ville payaient la somme de 2400 livres pour la nourriture et entretien des Barnabites et des régents particuliers. Outre cette rente payée par le pays de Marsan, les Barnabites avaient les métairies de Raphaël à Bretagne 6100, de Jean Lhomi à Benquet 8100, la brasserie du Trot à Benquet 900; la dîme de Bascons ou 4000 livres.

Labeyrie, prieur. Dupuy François, Blanquefort Izaac, Mallet Timothée, Candau Charles. Ces barnabites étaient professeurs et prêtres.

Bénédictins de St-Sever. — Dulau d'Aleman, grand vicaire de Beauvais, abbé commandataire. Gros, prieur (1749), Pierre Bergèz, mort à St-Sever 19 janvier 1793, à 91 ans. Pierre Bruno, 42 ans, profès en 1765. Etienne Béchade, 52 ans, profès en 1756. Bertrand Campnas, 29 ans, profès en 1789. Guillaume Peythieu, 62 ans, profès en 1743. J.-B. Pezet, 58 ans, profès en 1748. Augustin Sordes, 28 ans, profès en 1781. Pierre Offray, 26 ans, profès en 1785. Jean Chambon, 25 ans, profès en 1786. Isidore Barera, 24 ans, profès en 1787. Jean-Pierre Bousquet, 24 ans, profès en 1787. Jean-Jacques Malaret, 23 ans, profès en 1788. Jean Mathieu, 23 ans, profès en 1789. Jean-Pierre Mary, 48 ans, profès en 1764. Sordes et Mary sont professeurs à Pau.

Revenus : Métairies de Lacoste 6900, d'Augeron 14,000, de Mouret 13,800, de Jean de Lamou 15,200, de Miexe Borde 17,000, de Laborde 9800, de Bourrouilh 18,000. Le moulin sur l'Adour, bois de haute futaie, saligues, métairies de Sauret, de Marquis, de Compaigne, de la Pachère, le tout d'un tenant, 201,152 livres, à St-Sever. L'abbaye ne fut vendue que vers 1805. Elle avait dans le diocèse d'Aire 105 prébendes.

Cette riche maison avait la dîme à Ste-Eulalie, Ste-Araille,

Soustras, Augreilh, Manos, Artiguenave en St-Sever; la dîme de Montaut, d'Arcet, de Projan en Toulouzette, de Moncube, de St-Pierre, de Lagastet, de St-Christau, de St-Maurice, de St-Jean d'Atour, de Geulos, de Lamothe, de Manco, de Benquet, d'Eyres, de Vielle ou Marcein, etc., etc.

Mgr de Gaujac avait autorisé les religieux à célébrer, le 10 mai, chaque année, une fête en l'honneur de la translation dans leur abbaye d'une portion du corps de St-Sever conservé dans l'église Ste-Eulalie de Bordeaux (Voir tome I*). Ces reliques sont aujourd'hui en l'église paroissiale de St-Sever.

Bénédictins de Sordes. — Pierre Capdeville, prieur (St-Sever 1724). Dangar, 69 ans, profès en 1743. Jouret (1718), profès en 1739. Nègre, 33 ans, profès 9 avril 1778. Dutilh, profès en 1789. Dassan, 55 ans, profès le 24 décembre 1756, est aliéné. Siméon.

Revenus : Dîmes à Lahontan, Œyregave, Cames, St-Cricq, Castaignède, Cauneille, Leren, St-Etienne d'Orthe, St-Just, 16,117 livres. Foin de l'hôpital 180 livres. Charges : dîmes à plusieurs curés ou 2622 livres. Décimes 1105 livres. Subsistances au collège de Pau 600 livres. Impositions, frais de régie pour récolte 815 livres. Souscription à l'encyclopédie 400 livres. Cierges, encens 170 livres. Réparations au moulin de St-Just 111 livres. Aumônes 850 livres. Nourriture des ouvriers en temps de récolte 700, etc., etc. Recettes 29,622. Charges 12,008.

Bénédictins de Mimizan. — Les revenus de cette abbaye, déjà supprimée en 1771 et appartenant à un commandataire, étaient de 2700 livres. Elle avait la dîme de Mimizan, Bias et Aureilhan, des fiefs à Parentis et ailleurs.

Prémontrés de la Castelle. — De Pons, abbé régulier. Dupin-Labrauze. Lamaignère. Pierre Labaquère. Casassus (Pierre), 53 ans. Mazéris, 55 ans. Cazet, J.-B. Segret, profès. Cours dit Lussaignet. Sarrat, profès. Etchebarne. Darche. Laurencet.

Revenus : Métairies du Siblouat à Créon 4500, de Laborde à Lagrange 20,000, de Lagrange à Cazères 11,100, de Mounamie à id. 43,000. Domaine de Pédalas à Lagrange 52,600. Foulon et prairie à Lacquy 2500. Abbaye, moulin, métairies de Laborde, de Lahourtique, de St-Martin, de Gravier, de Laroque, de la Castelle, de Pédoux, de Gaüzères, de Lacoustette, de Pech, de Mougnigon à Duhort. Autres biens à Renung, à Maillères, etc., non compris les biens possédés hors du diocèse d'Aire. Revenus 43,072 livres. Charges : 12832.

Prémontrés de Divielle. — Laurans Mathieu. Larre. Casabonne (Pierre).

Revenus : Droits seigneuriaux de Goos 64 livres. Dîme des fruits à Goos 1416 livres. Cinq métairies à Goos 400 mesures seigle; 1000 mesures ou 25 kas blé d'Inde ou 2250 livres. Panis, orge, avoine, lin, millet. Vin 50 barriques. Prairies. Total, 8176 livres. Charges : la congrue ou 700 livres au curé de Goos, 39 mesures seigle à la fabrique ou 145 livres.

Collégiale de Pimbo. — Michel Portets, abbé (Samadet 7 août 1732). Michel et Jean-Marie de Portets. Etienne Tristan Sarran. Dumas (Bernard). Pancaut (Bernard). Duséré (Jean-Baptiste). Daubin.

Revenus : Dîmes à Lacajunte, Lauret, Bocilh, Miremont, Mauries, Minjoulès, Clèdes 200 livres de rente sur M. de St-Julien à Momuy. 250 sur les Bénédictins de St-Sever. 293 sur M. de Fortisson. Moulin de Pimbo. Le tout 6851. Le moulin fut vendu 18,500 livres. Charges : congrues aux curés de Lacajunte, de Miremont et au vicaire. L'abbé prenait un préciput de 200 livres. Le reste en 9 portions égales dont 2 pour l'abbé.

Collégiale de St-Girons. — Du Souilh (Pierre-Charles), abbé de St-Girons. Cassiet Bernard. Melet (Jean-Jacques). D'Abadie. Carenne. Pierre Basquiat. De Marsan (Henri). Arnaud Fossats. Dubosc-Peyran.

Revenus : 1° Grosse en douze parts dont 3 pour l'abbé, une pour chaque chanoine, une entre les deux chantres. Distraction faite des frais de régie, la grosse était de 17,306 livres dont 1,412 pour chaque part. 2° Distribution quotidienne 1,014 livres en onze parts; manuelle 62 livres en 10 parts. 3° Rentes féodales 28 livres. 4° Dîmes de Bretaigne, Labastide-reine, Doazit, Momuy, Coudures, Dumes, Serreslous, Hagetmau, Ste-Colombe, Aulès, Horsarrieu. Biens-fonds et moulin. Le revenu total, déduction faite des charges, était de 17,306 livres.

Le 7 avril 1767, l'évêque d'Oloron écrit à Christophe de Lalane, vicaire-général et supérieur du séminaire d'Acqs : « Autant je suis flatté de l'honneur que vous me faites en me proposant d'aller faire la translation de la relique de Saint Gérunts, autant j'ai de regret et suis mortifié de me trouver dans l'impossibilité de satisfaire vos désirs et mon inclination à ce sujet..... Je prie en même temps votre neveu (Christophe de Lalane, abbé de St-Girons) de vouloir bien recevoir mes excuses. Fr., év. d'Oloron. » La cérémonie eut lieu au mois de mai; nous ne savons ce qu'est devenue la relique.

Collégiale de St-Loubouer. — Duplantier, abbé. Proères (Bernard). Paul Cadroy. Pierre Dubasque. J.-B Dugarry, 66 ans. Pierre de Labadie, 87 ans. Arnaud Labée. Olivier Cadroy, 65 ans.

Revenus : Dimes. Rentes féodales. Lods et ventes. Obits. Moulin. Ces revenus se partageaient en 10 portions dont 2 pour l'abbé et une pour chaque chanoine, distraction faite des gages du chantre et du sacristain sur la dime de St-Loubouer.

La dime de St-Loubouer en régie, distraction faite des charges, donnait : 780 mesures seigle, 780 blé d'Inde, 52 mélange; 65 barriques vin, paille pour 234 livres, à partager en 13 portions dont 2 pour l'abbé, 3 pour le curé de St-Loubouer, une pour chaque chanoine. 4,770 livres.

La dime du lin, des agneaux; une prairie, le moulin de St-Loubouer. Les dimes de Sarrasiet, de Lescoutes, de Garros et Barros à Castelnau, d'Esperon, de Sensac; les prémices de Geaune, de Sensac, de Bats, de Buanes.

La dime de Geaune donnait 500 mesures froment, 700 id. blé d'Inde, 10 id. mélange, 5 id. avoine; 30 barriques vin, 140 quintaux foin. Lin pour 150 livres. Paille pour 150 livres.

Charges : Moitié de la congrue au curé de Sensac ou 350 livres; le tiers à Geaune ou 250 livres. 20 livres pour l'église d'Esperon, etc.

Revenus 6,378. Charges 595. Revenu net 5,783.

Abbaye de Pontault. — Abbé commandataire, Jean-Louis de Viella. Jean-Nicolas Péraud. Miquel (J.-B), syndic. Michel Tabouet. Frère Ragel, profès de Pontault, âgé de 34 ans, résidait à l'abbaye de Grancelle pour ses études.

Revenus : Fiefs et rentes à Maut, Monségur, Monget, Malaussane, Morganx, Montagut, Hagetmau, Peyre, Plassis, Louvigny, Philondenx, Bassercles, Argelos, Navailles, Urgons, Cabidos, Auga, Beyries, Haget-Aubin, Sault-de-Navailles, St-Perdon, Leuy, Rousac, Tartas.

Recette : 7310 livres dont 2890 pour les moines qui avaient 1899 livres de charges. Sur sa part de 4420 livres, l'abbé donnait 700 livres au sieur Dalmerats, ex-curé de Peyros, breveté du roi; 1050 à Bigex, vicaire-général de Reims; 700 à Serre, vicaire-général d'Apt; 805 à Garay, prêtre de Ste-Marie d'Oloron. Reste net 1165 livres. C'est ainsi que par les ordonnances royales se faisait partout une juste distribution des revenus abbatiaux entre les dignitaires de l'Eglise et les vieux serviteurs de l'autel.

Augustins de Geaune. — Léonard Bussière (Brantôme en Périgord 30 avril 1716), prieur depuis 16 ans, profès en 1735, se retire dans sa famille. Jean Toussaint Coulet (St-Eustache à Paris 25 mai 1749), profès à Bordeaux en 1772, prêtre à Périgueux.

Revenus : Moulin sur le Bas, rentes, etc., 1618 livres. Dépenses, 785. Reste net 833 livres.

Dominicains ou Jacobins de St-Sever. — Siméon Prisonnier (St-Sever 1701) profès en 1724. Pierre St-Genèz, 75 ans, profès en 1731. Louis Dorthes, 74 ans, profès en 1637. Pierre-François Cloche, 74 ans. Pierre Mora, 73 ans profès en 1732. Pierre Lannelongue, 61 ans, profès en 1752, jura le 20 février 1791. Pierre Lamarque. Jean-Pierre Laugar, 53 ans, profès en 1751. Noël Clément, 29 ans, prof. en 1781. Jean Caplane, prof. en 1779. Barthélemy Deroux, 26 ans, prof. en 1787.

Recettes : 4537 livres. Plus un capital de 4560 livres en caisse.

Tous ces dominicains, sauf Clément et Deroux, étaient du diocèse d'Aire, tandis que les bénédictins appartenaient tous à des diocèses étrangers.

Prébendiers de Brisquet. — Jacques Dunogué. Arnaud Lapeyre. Martin Dolly. Sensaric. Bordenave (Jacques). Arthaud. Lannefranque-Larrey. Martres Anicet. Castandet.

Les douze prébendes de Bresquit ou Brisquet avaient été fondées vers 1436 par Ogier de Bresquit, chancelier de Foix, juge de Marsan, et par Gironde Estenen, sa femme. Elles jouissaient des dîmes de Lauxen, Campagne, Bezaudun, Mont-de-Marsan, St-Médard et Poy de Lestun. Les prébendiers devaient dire une messe quotidienne avec diacre et sous-diacre, de grand matin, à la chapelle Ste-Trinité de l'église paroissiale Ste-Marie-Magdeleine à Mont de Marsan.

Le 23 mai 1717, l'oyféré de Cère, curé de Mont-de-Marsan, et les prébendiers firent un accord par lequel les vêpres de la Trinité qui devaient se chanter à la chapelle de Brisquet seraient portées et chantées au grand autel de la paroisse et qu'il n'y en aurait point dans la chapelle de Brisquet, toutes les fois que le Saint Sacrement serait exposé au maître-autel de la dite paroisse, et que tous les prébendiers assisteraient aux dites vêpres chantées au maître-autel, tout comme si elles avaient été chantées à la chapelle de Bresquit. Le 20 mai 1758, très volontairement et d'accord avec Valette, curé, les prébendiers dérogèrent à la convention de 1717. Dès lors, les vêpres de la Trinité se dirent à Bresquit, le Saint Sacrement étant exposé ou non au maître-autel. Les dites vêpres de Brisquet se dirent immédiatement après celles de la paroisse tant la veille que le jour de la Trinité. — Valette, curé; Dufau, Candau, Descorps, de Cours, Dolly, Desbons, Arthaud, Broustet, prébendiers.

Par testament, Ogier de Brisquet et sa femme firent héritière leur nièce, Marie de Brisquet, épouse de Gratian Daou, père d'Olivier, seigneur de Lussaignet.

On trouve dans les papiers de Bresquit à la Préfecture, la généalogie des Dion, barons de Hontanx, patrons jusqu'en 1789 des dites prébendes.

Revenus : 1,980 livres et 310 livres d'obits ou 2,290. En 1789, six prébendiers recevaient chacun 253 livres, et quatre autres absents chacun 66.

Chapitre royal du St-Esprit. — En 1789 étaient chanoines : Ducanelle, Lalusse, Fayet, Deskarbats, Meillan, Destouet, Ducasse, Berreterot. — Vicaires : Dolhaberriague, Labat.

Revenus : Dîme de Ste-Gladie 3,781 livres. Part de dîme à St-Etienne 100 conques maïs; 5 id. froment; 2 barriques vin. A Tarnos, 63 conques maïs, 40 id. froment. A St-Paul-lès-Dax 270 livres. A Ondres 100. A Dax 109. A St-Martin de Seignanx 48. A Ste-Marie 81. A Saubrigues 210. Afferme des étaux 1500 livres; de la maison du doyenné 1320; de 4 maisons en face de l'église et au sud avec cinq barraques contigües 1862 livres; d'une maison sur la place 871; de la maison Pouraille, rue Ste-Catherine, 360 livres; d'autre maison qui sert de tribunal, de prison, de logement au bayle et au geôlier 300; de 4 boutiques dont 2 adossées au mur du doyenné et 2 à la sacristie 138; d'emplacement d'échoppes 162; de place pour construire, 200; droit du greffe 50; location des chaises dans l'église 300; locations d'autres maisons.

Charges : 150 livres à l'organiste; 120 au marguillier; 120 pour luminaire; 120 pour l'entretien de l'église, chœur, ornements; 36 à deux clercs; 120 de rente aux Ursulines de St-Esprit; 60 à la veuve Castaings; 27 aux Clarisses de Bayonne; 26 à l'aumônier de l'hôpital St-Léon; 600 de pension au sieur abbé Caplan. Revenu net 10,530, partagé en 19 portions dont les 5/6 pour les deux vicaires. Le reste en 17 parts dont 3 pour le sacristain et 2 pour chaque chanoine.

Carmes de Dax. — Théodose Mesplède, prieur. Grateloup, profès en 1758. Jean-François Joumard, profès en 1755. Jacques David, profès en 1761. Alexis Crespin, se retira à Libourne où il était né en 1761. Jean-Augustin Lesbazeilles.

Revenus : Afferme de douze maisons en la rue des Carmes 2,964. Biens en régie 95 m. seigle; 153 id. maïs. Laine de troupeaux. Affermes de biens 1,972. Apothicairerie 856. Dépenses : régie 297; dettes 1,005 livres.

Lazaristes à Buglose. — Antoine Célières. Lafont Volusien, Canaroque, Dulac, prêtres lazaristes.

Revenus : dîme à Pouy. Rente de capitaux pour missions à donner tous les trois ans à l'une des quatre paroisses de la vicomté d'Uza ou Mézos, St-Julien, Lit et Vignac; une tous les dix ans à Campet et à Léon; une tous les douze ans au Vignau.

Hôpital de St-Eutrope à Dax. — Sur le clergé de France 1,147 livres de rente pour un capital de 28,300. Sur l'Election des Lannes 61 livres de rente. Sur l'hôtel-de-ville de Paris 242 de rente pour 4850 livres. Dîmes sur paroisses 3600 livres. L'hôpital de Fosse-Guimbaut à Taller, affermé 300 livres par an en 1700, avait été uni avec ses rentes à celui de Dax vers 1720. (Sur l'hôpital de Fosse-Guimbaut et sur la bataille de Guillaume Sanche contre les Normands à Taller ou Talleras voir l'article que nous avons publié dans la *Revue catholique d'Aire et de Dax*.)

ORDRES MENDIANTS VIVANT D'AUMONES.

Cordeliers de Roquefort. — Vital Albournac, prieur. Bernard Lespinasse (1749). Cette maison religieuse avait une vigne à Roquefort vendue 676 l.; l'hospice 4,200 l.; le moulin et étang de Lagrange 3,500 l.; la métairie de St-Rémy à Maillères 7,725 l.; de l'église à Lacqui 3,400 l.; du Maoüserbit 9,800 l.; le moulin de Caro 1,300 l.

Cordeliers de Mont-de-Marsan. — Mathias Périer, prieur, 52 ans. Baptiste Lafontan, 73. Joseph Brigidon, 70. François Desbons, 62. Pierre Chauliaguet, 57. Antoine-Annet Boni. Antoine Gressier 63, prêtres. Féulé, Langon, Nalis, frères lais. Constance, vicomtesse de Marsan, ayant fait construire des moulins près de Mont-de-Marsan, donna aux Cordeliers une quarte de froment à prendre sur ces moulins.

Cordeliers de Tartas. — J.-B. Toussaint Brugière. J.-B. Lesbazeilles. Prosper Darelane, 63 ans. Joseph Daubuisson, 39 ans, profès. Broustet, Deyres, convers.

Cordeliers de Dax. — Hiacynthe Hugonet, 59 ans. Jean Goffre. Joseph Tuque, 43 ans. Charles Vieu 32 ans. Jean Gaxie, 26 ans.

Cordeliers du Boucau-Vieux. — François Laboyrie.

Capucins de St-Sever. — Lhospital, prieur. Siméon Labays, 45 ans. François Agustin, 28 ans. Joseph Diris, 33 ans. Père Dosithée, 50 ans, prêtres.

Capucins de Grenade. — Père Péré. Othon, gardien. Mathieu, vicaire. Severin, conventuel. Joseph, id., prêtres. Maurice, frère lai.

Capucins de Dax. — René-Simplicien Lacaussade, Thomas Denis, Jean-Marie-Ange Lataste, Jean-Baptiste-Ange Cazaux.

En 1791, ces capucins sont privés de leur traitement, attendu que la dame Castéra avait retiré en 1789 un ostensoir qu'elle leur avait donné. Ils envoyèrent une plainte, étant, disaient-ils, gens de mérite et de probité, quatre d'entre eux sur cinq ayant prêté le serment et reçu des cures considérables qu'ils gouvernaient en paix et avec édification.

A la fin du XVII° siècle, on avait voulu fonder une maison de Capucins à Mont-de-Marsan ; mais Gros, curé de Ste-Marie-Magdeleine, s'était opposé à la fondation en disant qu'il y avait dans la ville vingt prêtres séculiers, seize à dix-huit cordeliers, et dix barnabites. Aujourd'hui, un autre curé de Mont-de-Marsan, M. Malet, fait bâtir en cette ville un couvent de Capucins.

Nous n'avons rien pu trouver sur les trois religieux de la chartreuse du Sen, ni sur les prêtres de la commanderie de St-Antoine de Golony. L'établissement du Sen en 1791 fut vendu 32,000 francs.

Les vingt prébendes de Geaune furent estimées 29,732 livres ; celles de la société des prêtres à Doazit 30,000. La prébende du seigneur à Benquet avait la métairie de Biton à Benquet 15,400 ; de Hourné à Mauco. On vendit 24,600 francs les biens des obits à Montgaillard ; ceux d'Audignon avaient à peu près la même valeur.

COUVENTS DE FEMMES.

Clarisses. — Marie de Junca (Mont-de-Marsan, 21 février 1721). Claude de Juliac (1721). Magdeleine Sentets (Mont-de-Marsan, 8 octobre 1709). Anne Cloche de Cadrieu (Mas, 3 décembre 1720). Anne de Poyferré (11 mai 1726). Magdeleine de Barbotan, Jeanne de Barbotan (Houga 10 février 1738). Marguerite Camon (St-Justin 13 avril 1732). Jeanne Dupoy (1735). Cécile d'Abadie (Mont-de-Marsan 10 octobre 1747). Catherine Laurans (Mont-de-Marsan 23 novembre 1745). Marie Domenger (Mugron 1754). Marie Gourgues (Pissos 26 septembre 1756). Marie Lafont Gourgues (Pissos, 24 avril 1758). Jeanne Lasies (Houga 1754). Marie de Benquet (Houga 6 août 1750). Jeanne Lauray (St-Martin-de-Noët 6 août 1762). Marie Arnaudéry (Mont-de-Marsan 6 janvier 1760). Catherine Brunet (id. id. id.) Jeanne Momés (Houga 19. octobre 1750). Pauline Laurans (Mont-de-Marsan 25 mars 1757), religieuses de chœur. Cinq sœurs converses.

Revenus 12,232 liv. Charges 8,071 dont 3,000 pour réparation des toits, moulins et bâtiments, frais d'avocat, de procureur, médecin, chirurgien, apothicaire, aumônier, domestiques, impositions, etc.

Ce couvent ou parthénon possédait : les métairies du Cap-du-Bos, 4,100 livres ; de Lucmé 7,700 ; du Baqué, du Baron, de Mathieu, de Larose 41,500 ; du Couhet 4,280, le tout à St-Laurent. Le moulin de Beyries à Gousses 9,000 ; celui d'Estigarde 6,000 ; celui du Frêche 2,900. Les métairies de Pémeignan à St-Médard 7,050 ; de Laberot à Estigarde 6,100 ; de Mouret à Mazerolles ; de Matila à Lacqui 4,700 ; de Beyries à Frêche 10,000.

Clarisses de Roquefort. — Maison annexe de celle de Mont-de-Marsan. Supprimé par M. de Gaujac, ce couvent dont les revenus appartenaient toujours à la maison-mère, avait en 1791 les métairies de Bordenave, de Nautet et de Labeüse à Montégut, 33,100 livres ; de Pleyt à Retjons 10,200 ; de Gayat à Bostens 14,000 ; du Grand Birriou et Lamoliague à Sarbazan 11,600 ; de Laconge à Caro 4,675 ; de Lhay à Gaillères 2,600.

Clarisses de Dax. — Marie Lacroix, sœur Ste-Rose, 80 ans. Marie de Laurans, St-Paul 63. Elizabeth d'Antin St-Ambroise 68, de St-Christau Ste Claire 68. Cath. Salha St-Charles 68. Jeanne Lefébure Ste-Thérèse 69. Marie Salles Ste Cécile 61. Marie Laborde l'Assomption 59. Marie Lenoble St-Esprit 35. Marie Duhalde Hiacynthe. Cath. Baffoigne St-François. Rose Moulaur Ste Ursule. Marie Laudemiey St-Joseph 28. Elizabeth Gorrie St-Jérôme 23. Jeanne Durréz La Croix 21. Rose Ducasse St-Michel, religieuses, 8 converses.

Revenus : Métairies de las Plantes à Poyartin ; d'Andras à Nousse. Prairie de Casells à Goos. Revenus totaux 9,349.

Clarisses de Tartas. — Cette maison fut supprimée en 1774 par l'évêque de Dax, étant abbesse St-Martin de Chambre. Les quatre vieilles religieuses, composant la communauté, menaient une vie très répréhensible, disait le rapport, par l'abus qu'elles faisaient de la faiblesse des gens de la campagne en leur persuadant que les étoles qu'elles confiaient à ces personnes avaient des vertus particulières. De Mellet leur supérieure (1742-57) avait déclaré que les archives du couvent n'existaient plus.

Ursulines de St-Esprit. — Gassis sœur Ste-Claire. Hosseleyre St-Agnès. Bergeret l'Assomption. Marie-Josèphe Harambourre. Gracieuse Diharce Ste-Rose. Suzanne Blets des Anges. David St-Louis. Marie-Gertrude Clérisse. Marie-Véronique Gamay. Marie-Brigitte Lacoste. Marie-Emmanuelle Laplanche. Marie-Thérèse Casaubon. Gassis Ste Croix.

Etiennette Vidon Ste Ursule. Thérèse-Augustine Sarramia. Marg. Mauvoisin. Marie-Angèle Labrouche. Marie Froment. Josèphe-Elizabeth Sesca. Marie Ursule de Sarps. Marie-Rose Brat. Marie Scholastique Lacuing. Alexandrine Dubosc Ste-Thérèse, religieuses de chœur. Six converses.

Revenus: 9973 livres.

Ursulines de Tartas. — Marg. Labouchère née protestante à Orthez en 1728. (*V. sa biog. par le chanoine Villaumbrosa*). Après la conversion de Marguerite, quelques-uns de ses parents restèrent obstinés dans l'erreur, d'autres sortirent de France, et de ces derniers sont issus les Labouchère, ministres des affaires étrangères en Angleterre et en Belgique. Marguerite est inhumée dans la chapelle méridionale de l'église St-Girons à Hagetmau. Gracieuse Ters St-Charles 40 ans, Augustine Labarthe 36, Salvade Clauzet Marie-Angèle 37, Quitterie Laurence Marie Thérèse 30, Cath. Lafitte Marie-Joseph 48, Louise-Narcisse de Juncarot 34, Jeanne Peyne St-Agnès (Laurède 4 fév. 1766), Marie Griot Marie-Elizabeth 28, Rose Biarrotte Marie-Julienne (Candresse 20 fév. 1767), Marie-Magdeleine Moreau 22 ans, née à Tartas. Marie-Louise Coudroy 27, Marg. Dunogué Marie Gertrude 28, religieuses de chœur, 3 converses.

Revenus: Capitaux à rentes constituées d'une rente de 3,274 livres. Terres à Laurède 40 liv., à Lourquen 708. Total 4,022 livres de rente.

Ursulines de Dax. — Larremas. Jeanne Dubosc. Louise Senjean. Marie Subercazaux. Marie Séguí. Françoise Loustaunau. Jeanne Lacouture. Thérèse Depouy. Françoise Mesplet. Françoise Féburier. Marie Castellan. Marguerite Laborde, Elizabeth Hosseleyre, Louise Ségas. Jeanne Lafitte. Catherine Castaignet. Catherine Barrère, relig. de chœur. 3 converses.

Revenus: 13,060 livres. Charges 5,320.

Ursulines de Mont-de-Marsan. — Jeanne Sallenave (Villeneuve 3 août 1750). Josèphe Basquiat (St-Sever 6 juin 1708). Jeanne Despons. Josèphe d'Ossages. Jeanne Dunogué (Mont-de-Marsan 1722) Jeanne Senglin (id. 20 sept. 1728, tante maternelle de Paul Cadroy le conventionnel). Jeanne Dunogué (id. 11 juin 1723). Thérèse Desbons (id. 10 mai 1719). Jeanne Lefranc (id. 4 février 1722). Anne Brassenx (id. 2 juin 1732). Magdeleine Brassenx (id. 7 août 1740). Anne Cadilhon (id. 25 oct. 1753). Rose Tastet (id 18 avril 1770). Anne Sorbets (id. 31 mai 1763). Marie Balade (Duhort 26. oct. 1746). Jeanne Cadroy (Aire 22 décembre 1742) sœur du conventionnel, morte supérieure du couvent de Tartas en grand renom de vertus et de savoir. Marguerite Dupoy

Villeneuve (5 décembre 1748). Marguerite Dupoy-Daby (id. 17 oct. 1744). Jeanne Bergoignan (id. 1. janvier 1760). Marie St-Genèz (Bahus-Soubiran 1747). Marguerite Nanots née en Guyenne (1745), Marguerite Lafargue (Brocas Chalosse 22 septembre 1736), religieuses de chœur, 6 converses.

Revenus : — La Communauté de Mont-de-Marsan devait aux Ursulines 16,500. Quand elles réclamèrent ce capital en 1790, les officiers refusèrent de payer en disant que cette somme était probablement due par toutes les paroisses de la banlieue.

Les Ursulines possédaient les métairies du Paloumat 10,000, et du Nègre à St-Médard; du Pourcaté à Cazères et en Aire 42,000; de Matelot 4,250 et de Larrin 42,500 à Beaussiet; de Labayle, de Chicoy, de Poustillon, de Tauron à St-Pierre 21,470; de Bouyrié et de Moutillot à Benquet 8,530; de Pardaillan à Lencoac 10,800..

Ursulines de St-Sever. — Marie Dusault, Louise Marsan 41 ans, Magdeleine Méricamp, de St-Sever 71, Marie Lespèz id. 74, Marie Captan id. 61, Marie-Louise Lamathe id. 74, Marie Emargeon id. 50, Marguerite Larrieu, de St-Loubouer 60, Marguerite Larrieu, de St-Loubouer 59, Magdeleine Laborde Arbrun, de St-Loubouer 47, Anne Justes, de Hagetmau 64, Quitterie Poyuzan, de Mugron 61, Elizabeth Capdeville 56, Jeanne Lalane, d'Audignon 57, Jeanne-Marie Lagrace 71, Anne de Lucmau de Classun 47, Marie-Anne Viarnèz 42, Hélène Fossé, d'Aire 37, Ursule Dupérier, de Mugron 37, Catherine Mésières Mélan lon, d'Aire 36, Magdeleine Cazaux 39, Anne Carenne 37, Marie-Rose Lamarque 31, Marie Dufau, de Montaut 35, Marie-Geneviève Lalanne 40, Catherine Mayloc 30, Marie-Françoise Lamarque 33, Marie Lamarque de Sort, 23 religieuses de chœur, 9 converses.

Elles possédaient les métairies de Baillet à Mauco 3,250; du Catalan en St-Sever et en Montgaillard 18,800; de Labrette 12,400, de St-Sarrian 17,300, de Bouheben 16,300, de Pinton 12,070, de Maisonnave 15,550 à St-Sever; de Camelot à Montgaillard 25,000, plus les métairies de Justes, Larrouy, Trouste, Daudine, Berloye, Lanebère. Ces deux dernières étaient affermées 180 livres par an. Les autres métairies donnaient 30 kas froment, 12 seigle, 36 milloc, 2 avoine, 10 sacs panis, 20 b. vin, 90 paires oisons. Chapons et poulets 108 l. vingt-quatre jambons, 300 douzaines lin, 200 kas bois. Corvées des métayers 300 liv. Légumes en graines et en feuilles 150 liv. Fruits et laitage 100 liv. huit paires canards. 30 quintaux foin, 30 id. *farouche.* Paille en gerbe. Elles avaient encore une rente de 2,565 liv. provenant d'un capital de 53,725 liv.

Les Ursulines de Pau avaient les métairies de Jean Daudine et de Jeanti, à St-Loubouer.

Cistercienues ou Bernardines de St-Esprit. — Suzanne Membrède 70 ans, abbesse royale et perpétuelle nommée en Cour de Rome le 7 janvier 1764, vu le brevet du Roi du 30 octobre 1763. Claire Bélorède 73 ans, Catherine Ducasse 70, Marguerite Dujac 60, Marie Gaspard 28, Jeanne Lafargue, religieuses. Marie Peyne converse.

Revenus 3,916 livres.

Sœurs de St-Vincent de Paul à Dax. — Marguerite Rutan (Metz, paroisse St-Etienne, 23 avril 1736) entrée dans l'Ordre 23 avril 1757. Anne-Sophie Charpentier (Metz 15 novembre 1761) nièce de la précédente. Marie Chauu (Vire 13 février 1744). Josèphe Devienne (Sintenoble en Arras 15 septembre 1761). Marie Monique (la Souterraine en Limoges 3 novembre 1744). Marie Roux (St-Venant en Artois 13 décembre 1766). (*Voir pour les revenus, hôpital de Dax.*)

Revenus des cures dans le département des Landes en 1790.

Aire et Subéhargues. — 100 livres données par le Chapitre, 43 par le séminaire. Prémice à Subéhargues 600 livres, 10 sacs froment, id. milloc. Total 1,200 livres. Le vicaire était payé par le Chapitre et le séminaire.

Amou. — 2,200 livres d'afferme, 4 chars paille, 200 faix paillon.

Angresse. — 206 mesures seigle, 280 id. blé d'Inde, 35 id. panis, millet et fèves, 2 essaims, 12 oisons, 5 porcs, 3 agneaux.

Arboucave. — La congrue, ou 700 livres données par

Arengosse et Bezaudun. — 330 sacs seigle, 6 id. froment, 120 id. millet, 140 id. panis, 5 id. milloc, 5 id. sarrasin, 2 barriques vin. Agneaux, abeilles et filasse pour 330 livres. 5,562 livres.

Argelos. — 975 livres.

Arjuzanx. — 160 sacs seigle, 80 id. milloc, 60 id. panis, 10 mesures froment, 12 barriques vin. Agneaux 24 livres. 2,931 livres.

Arouille. — Revenu inférieur à 1,200 livres.

Arue. — 160 sacs seigle, 143 mesures panis, 17 id. millet. Un tiers de barrique vin. 2,033 livres.

Arthèz et Perquie. — 8 sacs froment, 3 id. méture, 4 id. seigle. Un conquet et demi millade, 7 sacs milloc, 4 barriques vin, 392 livres.

Artiguebaude et Goudosse. — 240 boisseaux seigle, 240 id. millade, 45 agneaux, 6 chevreaux, 2 quintaux filasse, 4,475 livres.

Arx. — 122 sacs seigle à 10 livres, 8 sacs petit millet à 9 livres et 15 sols, 3 sacs gros millet à 10 livres, 33 sacs panis à 8 livres 10 sols, Une barrique et demie vin à 24 livres, 550 gerbes paille, 3 chars de foin à 20 livres, 2,608 livres.

Audignon, Banos et Arcet. — 66 barriques vin, 475 mesures froment, 475 id. milloc, 36 id. seigle, 6 id. avoine, 72 douzaines de lin et 600 livres pour dîme d'Arcet. La dîme de Banos comprise dans le total, 3,397.

Audon. — 100 sacs froment, 170 id. seigle, 60 id. blé d'Inde, 12 mesures orge, Lin, vin, agneaux 100 livres, 3,933 livres.

Aureilhan. — 493 livres.

Aurice et Ste-Eulalie. — 361 mesures seigle, 151 id. froment, 200 id. millet, 6 id. avoine, 34 id. milloc, 25 id. panis, Une barrique et demie vin, 12 faix lin. 182 mesures seigle par les Bénédictins de St-Sever, pour le service de Ste-Eulalie et d'un quartier de Mauco, 2,332.

Azur. — 900 livres. Gros décimateur, le commandeur de Bayonne.

Bachen et Cournet. — En Bachen 45 sacs froment. Un sac seigle, un id. méture, 25 douzaines lin. En Cournet 2 kas froment, 1/2 sac seigle, 1/2 id. méture, 7 douzaines lin. 3 barriques vin. Un ka milloc, 1,340 livres.

Baigts. — 2,800 livres dont 150 dues au prébendier de Doamluc.

Bascons. — 4,200.

Bassercles et Domenjun. — Lin 50 livres, 8 mesures graines lin 216 livres, 80 id. froment, 220 id. milloc, 18 id. 8 id. avoine, 1 barrique vin, 867 livres.

Bastennes. — 220 mesures froment, 480 id. milloc, 12 id. avoine, 12 id. orge, 16 barriques vin de vigne, 3 barriques id. piquepoulx, 200 douzaines lin, 2,602 livres.

Bats, Aubaignan, Serres. — 50 douzaines lin, 15 sacs from. 24 id. blé d'Inde. Afferme 956 livres.

Baudignan. — 68 sacs seigle à 10 livres. 8 sacs panis, etc., inférieur à 1,200 livres.

Beaussiet. — 55 sacs seigle à 114 livres, 8 sacs froment

92 livres. 9 id. milloc 66 livres. 10 id. millet 89 livres. 38 conquets panis 57 livres. 40 veltes vin échalas 45 livres. 40 id. piquepoulx 40 livres. 3 kas foin à 30 sols le quintal. 921 livres.

Bégaar. — 60 sacs froment. 305 id. seigle. 100 id. 1/2 millet. 42 mesures blé d'Inde. 6 sacs avoine. 4,521 livres.

Belhade et Argelouse. — 2,000 l. d'afferme. 18 sacs millade. 18 agneaux. Un quintal filasse. Une barrique vin 2,798 l.

Belis. — 2,416 livres.

Benesse M. — 120 sacs seigle. 18 sacs milloc. 6 id. fèves.

Benquet. — 300 livres par les Barnabites de Mont-de-Marsan. 35 sacs froment. 45 id. blé d'Inde. 6 barriques piquepoulx. 21 sacs seigle. 100 livres lin. Panis et millet 30 livres 1,788 livres.

Bergonce. — 170 sacs seigle. 85 id. panis. 47 mesures millet. 2,264.

Betbezer. — Congrue 260 livres. 9 sacs froment. 4 id. seigle. 14 barriques vin. 7 sacs milloc. 906 livres.

Beylongue. — 4,489 livres dont 1,454 pour vicaire, diacre, frais de récolte.

Beyries. — Congrue.

Biarotte. — 50 conques froment. 80 sacs blé d'Inde. 8 conques avoine. 50 quintaux paille. 6 agneaux. 1,126 livres.

Bias et Mimizan. — Pour les deux 1,240. La dîme à l'abbaye.

Biaudos. — 90 conques froment. 250 id. blé d'Inde. 6 id. avoine. 300 gerbes paille ou 75 livres. 1/2 barrique vin ou 30 livres. 21 oisons. 2,400.

Biganon. — 77 boisseaux seigle à 7 livres. 13 id. millade à 5 livres. Un id. millet. Un id. froment. 34 livres de chanvre à 6 sols. 34 agneaux ou 136 livres. 6 chevreaux ou 12 livres. 860 livres.

Biscarrosse. — 270 boisseaux seigle. 30 id. millet. 9 id. panis. 70 agneaux. 25 chevreaux. 70 livres en essaims et vin. 3,210 livres.

Bonnegarde. — 40 douzaines lin. 2 sacs graine lin. 23 sacs froment. 3 mesures avoine. Une cruche et demie vin. 6 kas blé d'Inde. 923 livres.

Bordères. — 48 sacs froment. 7 id. méture. 2 id. avoine. 60 id. milloc. 30 quintaux foin. 2,610

Bostenx. — 15 kas seigle. 3 id. milloc. 28 conquets millet. 4 kas panis. 2 barriques vin. 1,556 livres,

Bonau et Mauras. — 11 barriques vin. 113 veltes eau-de-vie. 877 livres pour Mauras.

Bougue. — 130 sacs et 27 conquets seigle. 20 id. et 15 conquets froment à 150 livres le ka. 3 barriques piquepoulx. 2 id. vin échalas. 20 sacs 25 conq. milloc. 20 id. millet. 25 conq. panis. 2,280.

Bourdalat et Montaigut. — 70 sacs et 6 quartons froment. 50 sacs 24 quartons blé d'Inde. 12 barriques vin. 75 livres lin. Un quarton avoine. Une sistère panis. 2,466 livres.

Bouricos. — Inférieur à 1,200.

Brassempouy. — 861 livres.

Bretaigne. — 885 livres.

Brocas, 130 sacs seigle. 77 conquets millet. 5 kas panis. 1,875 livres.

Buanes et Classun. — 105 sacs froment. 15 id. seigle, méture et avoine. 80 faix lin. 25 barriques vin. 90 sacs et 1/2 milloc. Paille 60 livres. Agneaux 18 livres. Le froment à 43 sols. Le seigle à 28. Le vin 32 livres. 2,246 livres dont 700 pour vicaire.

Cachen et Ginx. — 130 sacs et 32 mesures seigle. 30 id. et 12 mesures milloc. 340 id. millet. 1/2 barrique vin. 1,491 livres.

Cagnotte et Cazordítte. — 1,018 livres.

Cambran. — Aux Barnabites.

Campagne, St-Perdon, St-Orens. — 270 sacs 15 conquets seigle. 75 id. froment. 70 id. millet. 40 id. panis. 4,946 livres.

Campet. — 70 sacs 15 conquets seigle. 30 conq. froment. 10 sacs 48 conquets panis. 8 conquets blé d'Inde. 8 quintaux foin. 1,084 livres.

Canenx et Réaut. — 80 sacs 13 conq. seigle. 10 sacs 24 conquets millet. 10 id. 24 conquets panis. 1,029 livres.

Capbreton et Labenne. — 291 mesures seigle. 966 livres. 160 conques blé d'Inde 706 livres. 5 barriques vin 330 livres. ou 2,002 livres. Dans le temps de sa splendeur, Capbreton, en 1600, donnait au curé 100 barriques vin de dîme par un sur 14.

Carcarèz, Ste-Croix. — 105 sacs seigle. 30 id. froment. 45 id. millet. 12 id. panis. 200 id. blé d'Inde. 2 id. avoine. 2 barriques vin. 10 agneaux. Filasse 60 livres. Lin 40 livres. Essaims.

Carcen. — 95 sacs seigle. 9 mesures froment. 12 id. avoin. 6 id. blé d'Inde. 30 sacs panis. 30 id. millet. Agneaux, chevreaux 60 livres. Filasse 40 livres. Le curé estime 2,973 liv. La municipalité 1,500 livres.

Castaignos. — 892 livres.

Castandet et Maurrin. — 140 sacs froment. 20 id. seigle. 20 id. méture. 80 id. milloc. 12 barriques vin. 16 id. piquepoulx. 2 quintaux linet. 8 sacs graine de lin en Castandet. 1,000 livres pour Maurrin ou 60 sacs froment. 20 id. seigle. 10 id. méture. 40 id. milloc. 5 barriques piquepoulx.

Castets. — 205 sacs seigle. 100 id. millet. 90 id. panis. 30 id. milloc. Agneaux, chevreaux, essaims 2,270 livres, dont 1,135 pour diacre, 188 pour collecte.

Cauna et Lagastet. — 1165 livres d'afferme, plus 13 sacs froment. 20 id. seigle. 11 id. panis. id. milloc. 3 id millet. 9 id. avoine. 1,570 livres.

Caupenne. — 70 sacs froment. 100 blé d'Espagne. 12 barriques vin. 3 id. piquepoulx. 100 douzaines lin. Agneaux 24. 70 nauliers paille. Revenu annuel et moyen dans les 14 années, la plus forte et la plus faible retranchées, 3,000 livres, dont 700 pour vicaire.

Cazalis. — 48 mesures froment. 4 id. avoine. 200 id milloc. 4 barriques vin. Une mesure seigle. 40 douzaines lin. 922 livres.

Cazalon. — 59 mesures froment. 2 id. avoine. 100 id. milloc. 2 barriques vin. 12 douzaines lin. 528 livres.

Cazères. — 998 livres.

Cère. — 100 sacs seigle ou 1,000 livres. 20 sacs millet. 15 id. panis. Une barrique vin, 1,300 livres. Le scolain 100 mesures seigle. 6 sacs panis ou 221 livres.

Commensac. — 1,600 livres.

Corbluc. — 676 livres.

Coudures. — 250 douzaines lin. 36 mesures graines lin. 87 sacs froment. 1,600 gerbes paille. 97 sacs milloc. 6 barriques vin. 2,609 livres.

Doazit, Aulès, Mus. — 2,200 livres d'afferme. Une barriq. vin rouge. 40 nauliers paille. Au Mus 20 mesures froment. 25 sacs milloc. 14 livres lin. Une barrique vin piquepoulx. et une barrique un quart vin échalas. 2,797 livres, dont 1400 pour vicaires.

Donzac. — 36 barriques vin blanc. 3 id. rouge. 4 barriq. piquepoulx.

Douzevielle. — Inférieur à 1,200.

Duhort. — 522 livres. Plus tard le curé dit que c'est 223 livres.

Escalanx. — 40 sacs froment. 30 id. seigle. 10 id. méture. 30 id. milloc. 2 id. millade. 15 faix lin. 75 barriques vin. 2,400 livres.

Escource. — 3,314.

Estampon et Losse. — 231 sacs seigle. 13 id. millet. 44 id. panis. 1,974 livres dont 700 pour vicaire.

Estibeaux. — 3,553.

Eyres. — 2,100.

Fargues. — 79 sacs froment. 4 barriques vin. 90 sacs maïs. 80 douzaines lin. 1/2 barrique piquepoulx. 16 quartons graine lin ou 2,460 livres dont 700 pour vicaire.

Frêche, St-Laurent. — 700 livres données par Ste-Claire de Mont-de-Marsan et l'évêque d'Aire. 2 barriques vin. 14 sacs milloc. 16 id. seigle. 6 sacs froment. 40 kas foin à 16 l. le ka. 1,200 livres.

Gaas. — La congrue. Gabarret, id. en tout 1,045 liv.

Gaillères. — 60 sacs 7 conquets seigle. 10 k. id. 13 conquets milloc. 37 id. millet. 20 k. id. 3 conquets panis. 5 conquets froment. 3 id. avoine. 1,140 liv.

Gamarde. — 77 cordes lin. 101 mesures avoine à 38 sols. 154 id. fr. à 4 liv. et 2 sols. autres 70 à 4 liv., autres 64 à 4 liv. 6 sols. 58 id. seigle. 41 id. orge. 82 id. milloc. 10 id. panis. 1,120 id. blé d'Inde. 60 barriques vin, 3 id. piquepoulx. Paille de froment, orge, seigle. 6,552 liv. dont 70 pour Chapitre de Dax. 200 pour diacre. 100 pour dîme inféodée. 48 pour benoît. Un douzième pour collecte. Net. 4,878 liv.

Garein. — 3,842.

Garrey, Clermont. — 3,183, dont 900 pour la dîme de Clermont, 700 pour vicaire, 413 pour prébende Sensac.

Garrosse, Laharie. — 95 sacs seigle. 100 id. millade. 17 agneaux 1,400 liv. Gastes 795.

Gaube, Ste-Christine, Rimblèz. — 1,455 liv. plus 300 liv. argent pour Rimblèz; 42 sacs seigle. 2 id. et 10 poignères milloc. 3 sacs onze poignères millet et panis. 460 liv. ou 2,215 liv.

Geaune. — La congrue, dont 2/3 par la fabrique de Geaune; 1/3 par celle de St-Loubouer.

Geloux. — 180 sacs 15 conquets seigle. 18 conquets froment. 60 sacs millet. 50 id. panis. 2,624 liv.

Goos. — Inférieur à 1,200.

Gourbera. — 566 liv. ou moitié dîme au prieur; l'autre à l'hôpital de Dax.

Gouts. — Inférieur à 1,200.

Grenade et St-Maurice. — 140 sacs froment. 90 id. blé d'Inde. 80 barriques vin échalas et piquepoulx. 150 livres lin ou 5,000 liv. dont 700 pour vic. 120 pour scolain.

Habas. — froment, seigle, milloc, vin, lin, paille, 2,751 l.

Hagetmau. — 70 sacs froment. 130 id. milloc.

Hastingues. — Congrue. — Herm 2,400.

Hinx. — (St-Pierre et St-André de) 25 sacs froment. 85 id. seigle. 19 id. avoine. 6 id. orge. 240 sacs blé d'Inde. 6 mes. millet. 38 oies maigres. 12 barriques vin. 4,283 liv. dont 576 pour frais; 120 sacs seigle à l'évêque Dax, d'où un procès en 1780. 3 barriques vin au même. 60 liv. à l'abbé de Divielle.

Hontanx et Loubenx. — 60 sacs froment à 170 liv. le ks. 4 sacs id. à 156 liv. 50 id méture à 120 liv. 30 faix lin ou 60 liv. 8 barriques piquepoulx 320 liv. 107 sacs blé d'Inde à 105 liv. millet 40 liv. ou 5,985 liv. dont 700 pour vicaire.

Horsarrieu. — 1,200

Ichoux. — 92 boisseaux seigle. 27 mesures froment. 20 id. avoine. 16 id. millet. 16 charrettes paille seigle. 5 id. paille froment. 23 oisons, 8 petits porcs. 10 kas milloc. 1,942 liv.

Labatut. — 2,400 liv. d'afferme, plus 17 sacs froment. 50 id. milloc. 5 id. milloc. 5 id. avoine. 25 pots de vin. 5 oies 2 agneaux. 3,231 liv.

Labrit, Sen. — 300 livres par les Chartreux de Bordeaux. 90 sacs 31 conquets seigle. 80 sacs 5 conquets millet. 1,845 livres.

Lacajunte. — Congrue. Plus 495 en milloc, froment.

Laglorieuse, Arricau, Maignos. — 80 sacs 12 conquets seigle. 38 conquets froment. 13 sacs milloc. 20 sacs millet. 25 conquets panis. vin. 1,400 livres.

Lagrange, Créon, St-Julien, St-Johannet. — 300 livres pour St-Johannet. 34 sacs froment. 80 id. seigle. 38 id. blé d'Inde. 18 id. millet. 12 chars foin. 123 barriques vin. 6,266 dont 442 pour collecte; 425 pour imposition; 60 pour réparation; 170 pour ornements; 300 pour nourriture et entretien d'un maître d'école; 1,400 pour 2 vicaires.

Lahosse. — 2,540.

Laluque. — 2,400.

Lamolère, Martiens, Nonères. — 110 sacs seigle. 40 conq. froment. 30 sacs millet. 20 id. panis. Chanvre 40 livres. Lin

20 livres. 1,828 livres dont 200 pour le prêtre qui va dire la messe à Nonères.

Lamothe. — 33 sacs seigle. 10 id. froment. 14 id. blé d'Inde. 21 id. millet. 11 id. panis. un avoine. 750 livres.

Lannes. — 470 sacs milloc. 80 id. froment. 2 barriques vin. 30 paires oies. 7 agneaux. 4 gerbiers paille. 7 liv. lin. 4,835 livres.

Laquy. — 60 sacs foin. 6 barriques vin. 10 sacs millade, moitié millet, moitié panis. 16 id. seigle. paille froment 4 gerbiers. volaille au premier de l'an. 1,600 livres.

Larbey. — 169 mesures froment. une seigle. 248 id. blé d'Inde. 18 barriques vin. 9 id. piquepoulx. Lin 18 livres. 1,680. livres

Latrille. — Congrue ou 300 livres par le séminaire; plus 10 sacs froment. 11 id. milloc. linet 22 livres. 2 cruches vin. 691 livres.

Laurède et Lourquen. 4,000 livres ou 5,000 livres en supposant la jouissance des droits en litige.

Léon. — 266 mesures seigle à 3 livres 8 sols. 183 id. blé d'Inde à 2 livres 8 sols. 53 id. panis à une livre 8 sols. 131 id. millet à une livre 8 sols. Dîme du bétail 60 livres. 1,748 livres, dont 60 pour collecte; 24 sacs froment pour l'évêque de Dax.

Lencoac. — 320 sacs seigle. 310 id. millet et panis. 4,800 livres dont 700 pour vicaire et 300 pour collecte.

Lesperon. — 190 sacs seigle. 15 id. milloc. 90 id. millet, 80 id. panis. 2 mesures froment. 2 id. blé noir. 40 agneaux. 30 chevreaux. 10 essaims. 2,709 livres dont 700 pour vic. 40 pour Chapitre Dax.

Leuy. — Congrue. 6 mesures froment. 12 sacs blé. 6 id. millet. 7 id. panis.

Linxe. — 350 mesures seigle. 123 id. blé d'Inde. 144 id. millet. 88 id. panis. une id. froment. une id. avoine. 6 agneaux. 13 chevreaux. 1,654 livres.

Liposthey. — 1,150 livres d'afferme.

Lit et Mixe. — 20 kas seigle. 4 kas blé d'Inde. 2 sacs froment. 3 essaims. 36 agneaux et chevreaux. 1,918 livres dont 261 pour collecte; 100 au benoît. 60 à la fabrique de Lit, 93 à l'évêque de Dax. 700 pour vicaire. Net 704 livres.

Louer et Gousse. — 1,595 livres.

Lubbon. — 1,400 livres d'afferme, plus 40 sacs seigle.

Lucbardèz et Bargues. — 180 sacs seigle. 60 id. blé d'Inde, panis, etc. 1,734 livres.

Lue et Labouheyre. — 70 kas millet. 68 id. panis. 28 agn. 19 chevreaux. 6 essaims pour Lue. 1,000 livres pour Labouheyre.

Luglon. — 230 sacs seigle. 160 id. millade. 40 agneaux ou 120 livres. Filasse 20 livres. 3,608 dont 260 pour collecte.

Lussaignet et Molès. — 80 sacs froment à 155 liv. le ka. 55 id. milloc à 93 livres. 3 barriques vin à 30 livres. Lin 40 livres. Plus 44 livres par le Chapitre d'Aire 1,744 livres. Le curé retirait 7 portions. Le Chapitre 9 ou 2,750 livres.

Lussole. — 700 livres.

Luxey et Callen. — Afferme 6,784 livres. Plus 50 boisseaux seigle. 15 id. millade. 163 livres pour pots de vin. 7,882 liv. dont 656 pour collecte, 800 livres de pension au séminaire de Bazas, 700 pour vicaire. Net 5,726.

Maillas. — 104 sacs seigle. 50 id. millade. 15 id. mil. Agneaux, chanvre, paille, pour 411. Le tout 2,055 livres.

Maillères. — 13 kas seigle à 113 livres. 3 barriques vin. 100 quintaux foin. 21 mesures millet. 41 id. panis. 1,899 liv. dont 172 à l'évêque pour archif. 6 mesures seigle et 6 mes. millet au curé de Ginx. 93 pots de vin à distribuer aux habitants de Ginx, Saint-Rémy et Carro; entretien d'un bac.

Mano. — Inférieur à 1,200.

Mant. — La congrue.

Marpaps. — 20 douzaines lin. Un sac graine lin. Une cruche vin. 22 sacs froment. 5 kas blé d'Inde. 6 mesures avoine et 3 boisseaux orge.

Mas. — 12 kas 13 mesures froment. 7 mesures méteil. 25 id. avoine. 6 kas 6 mesures milloc. 15 mesures millet. 71 gerbiers pailles. 100 douzaines lin. 12 quintaux foin. 4 barriques et 19 veltes vin première qualité. 6 barriques 34 veltes deuxième qualité. 5 barriques 5 veltes troisième qualité. 3,124 livres.

Mauvoisin. — Inférieur à 1,200.

Mazerolles. — 120 sacs seigle. 40 id. millet. 10 id. blé d'Inde. 5 id. froment. Demi barrique piquepoulx. 1,221.

Més et Angoumés. — 28 mesures froment. 16 kas seigle. 22 id. blé d'Inde. 12 id. millet. 6 id. panis. 6 id. fèves. 8 id. avoine. 20 douzaines lin. 40 oisons. 10 agneaux. 5 ruches d'abeilles. 10 porcs. Une barrique vin. 3,783 livres dont douzième pour collecte; 90 livres à la fabrique de Més; 111 liv. à celle d'Angoumés. 20 livres au Chapitre de Dax.

Meilhan. — 150 sacs seigle. 84 sacs froment. 30 sacs blé d'Inde. 9 id. millet. 6 id panis. 6 sacs avoine. Chanvre 90 l.

3 barriques 7 cruches de vin. 4,122 livres dont 700 pour vic., 120 pour diacre.

Messanges et Vieux-Boucau. — 18 barriques vin à 85 liv. sans futaille. 62 sacs seigle. 23 id. blé d'Inde. 8 sacs millet et panis. 9 sacs oignons. Chevreaux, agneaux 60 livres. Essaims 50 livres. 2,599 livres.

Mézos. — 180 sacs seigle. 120 id. millade, tant de blé d'Inde que de mil et panis. 2,067 livres dont 78 à l'archevêque de Bordeaux.

Mimbaste. — 4,200 livres d'afferme et six jambons, sous la réserve de onze sacs et onze mesures avoine pour neuf maisons; plus 5 kas et 5 mesures maïs. 6 cruches vin. Lin 31 paquets. 5,204 livres dont 700 pour vicaire.

Miramont, Mauries, Lucserein. — Congrue ou 300 livres. Plus 83 mesures froment. 100 id. blé d'Inde. 3 id. mélange. 3 id. avoine. Lin 28 livres. 3 cruches vin. Paille 9 livres ou 895 livres.

Misson. — 1,300 livres en argent. Un ka avoine ou 78 liv. Paille 50 livres. oisons 24. 1,452 livres.

Moliets. — 92 mesures seigle. 3 id. froment. 10 liv. paille. Agneaux 48 livres. Grain de seconde récolte 48 mesures. 5 pièces et 5 lods de vin vendu 45 écus barrique y compris futaille. 1,450 livres.

Momuy. — 30 sacs froment. 60 id. blé d'Inde. 5 barriques et demie vin. 1,330 livres.

Monget. — Quartier de Burgos 522 livres. Quartier de Monget en régie 13 mesures froment. &c mesures blé d'Inde. Une barrique vin. 715 livres.

Monségur et Labastide. — 83 mesures ... 7 id. avoine. Une id. seigle. 301 id. milloc. Demi barrique vin. Lin et 52 livres. 2 agneaux. 1,026 livres.

Montfort. — 130 barriques vin. 120 sacs milloc. 130 douzaines lin. 10 sacs froment et seigle. 4,500 livres dont 700 pour vicaire.

Montaut et Brocas. — 50 barriques vin. 6 kas froment. 85 sacs blé d'Inde. 20 id. seigle. 6 sacs panis. 100 faix de lin. 40 nauliers de paille. 3,083 livres.

Mongaillard, St-Gilles, Boulin. — 586 mes. from. 50 sacs milloc. 12 barriques vin. 12 id. piquepoulx. Lin 57 douzaines. 102 livres en argent. 4,460 livres.

Mont-de-Marsan. — Congrue ou 700 livres.

Morganx, Lacrabe. — Prémices à Morganx 350 livres et 50 livres données par l'abbé de St-Sever. 32 sacs froment.

55 id. milloc. Trois quarts barrique vin. 4 mesures avoine. 52 douzaines lin. 1,255 livres.

Mouscardèz. — 1,650 livres.

Moustey. — Congrue ou 300 livres. 105 boisseaux seigle. 50 id. seigle. 20 quintaux foin. 1,400 livres.

Mugron. — 51 barriques vin. 23 id. piquepoulx. 35 mesures froment. 3 id. seigle. Douze cordes lin. 113 mesures milloc. 2,511 livres dont 1,400 pour vicaires.

Mura et Sarran. — 45 sacs froment. 25 id. méture. 20 id. turguet. 20 faix linet. 60 barriques vin. 2,117 livres.

Narrosse et Candresse. — Congrue 300 livres.

Nassiet. — 100 douzaines lin. 3 kas froment. 4 sacs graine lin. 5 sacs avoine. 3 mesures orge. 3 barriques vin. Dix kas blé d'Inde.

Nerbis. — Cent mesures froment. 25 mesures milloc. Douze barriques piquepoulx. 79 barriques vin. Lin 66 cordes 3,285 livres.

Œyregave. — 1,624 livres.

Œyreluy. — 180 kas blé d'Inde. 50 id. froment. 40 id. seigle. Lin cent livres. 6 barriques vin. 50 oisons. 4 agneaux. 2 porcs. 8 mesures pommes. 2,128 livres.

Onard. — 2,000 livres.

Ondres. — 116 conques froment. 300 id. blé d'Inde. Lin 100 livres. 20 mesures graine lin. 40 livres argent pour agneaux, oies. 2,175 livres dont 327 pour collecte. 140 au Chapitre Dax. 100 au Chapitre de St-Esprit. 75 à la Fabrique d'Ondres.

Onesse et Laharie. — 180 kas seigle. 150 id. milllet. 33 chevreaux. 22 agneaux. 12 essaims.

Orist. — Les deux tiers ou 5 kas froment, 24 mesures seigle. 3 id. avoine. 2 id. orge. 21 kas blé d'Inde. 2 barriques vin. 13 paires oisons. 6 agneaux. Lin. paille. 3,036 livres. L'autre tiers au résignant. Total 4,554.

Orx, Orts, ou le Barat. — 3,337 livres dont 278 pour régie. 201 au Chapitre Dax, au Chapitre St-Esprit et à l'abbé de Cagnotte. 100 à la fabrique d'Orx. Revenu net 2,758 livres.

Ossages. — 2,400 livres à l'exception du quartier Capdubieilh.

Ousse. — 12 kas seigle. Un id. milloc. 4 sacs avoine. 5 kas panis. 5 kas millet. 9 agneaux. 5 chevreaux. 50 barriques vin, etc. 4,068 livres.

Ozourt. — 100 mesures froment. 32 id. seigle. 5 id. orge. 16 id. avoine. 13 kas blé d'Inde. 48 douzaines lin. 1,387 liv., dont 202 à la fabrique, 20 à la maison de Poyanne, 148 pour récolte.

Parentis-en-Born. — 300 boisseaux seigle. 90 id. millet *outre et au-delà* des quartiers payés à l'archevêque de Bordeaux. 75 boisseaux panis. 50 agneaux. 6 essaims. 24 livres payées par l'Ordre de Malte. 3,769 livres, dont 12 à la fabrique de Mimizan et un douzième pour frais de récolte.

Payros et Clèdes. — 102 mesures froment. 3 id. avoine. 98 id. milloc. 2 barriques vin. 107 livres lin. 928 livres.

Pécorade et Castelnau. — Congrue 100 livres payées par l'Ordre de Malte. 200 pour un vicaire. 21 mesures froment. 4 sacs milloc. 1/2 barrique vin. 8 douzaines lin. 638 livres.

Pey. — 2,400 d'afferme. plus 3 barriques vin. le tiers du lin. 5 sacs froment. 3 kas blé d'Inde. 2 sacs seigle. 20 oisons. 3,056 livres.

Peyre. — 360 mesures blé d'Inde. 130 id. froment. 22 id. avoine. (mesurage Sault-de-Navailles). 90 douzaines lin. 1,680 livres.

Peyrehorade et Igaas. — 1,950 livres. La grosse dîme à la dame de Montréal.

Philondeux et Pichevin. — 1,107 livres.

Pimbo et Lauret. — 99 mesures froment. 113 id. blé d'Inde. 3 mesures avoine. 55 quartiers vin. 839 livres.

Pissos. — Gros décimateur l'évêque de Bazas. En 1790, il demande le déboutement de l'opposition faite à son préjudice par la municipalité de Pissos au sujet des réparations de l'église.

Plan et Pujo. — 20 kas seigle. 9 id. froment. 3 id. méture. 12 id. blé d'Inde. 8 id. millet. 25 barriques piquepouls. 5 id. vin échalas. 4,000 livres, dont 1,400 pour 2 vicaires et 333 pour frais. Net 2,267 livres.

Pomarèz. — 150 sacs froment. 460 id. blé d'Inde. 23 barriques vin. 20 sacs avoine. 18 mesures orge. 822 douzaines de lin. 27 agneaux. La rente d'un capital de 6,000 livres léguée par Jacques Borda, ancien curé de Pomarèz, pour être employée à la sacristie à la décharge des curés de la paroisse. 7,613 livres, dont 700 pour vicaire et 240 pour régie. Revenu net : 6,673 livres.

Ponson. — 185 sacs seigle. 15 id. froment. 80 id. millet. 20 id. panis. 160 id blé d'Inde. 4 id. avoine. 18 agneaux. 5 essaims. 2,790 livres. — Pontonx. — 2,640 livres.

Pontonx. — 70 sacs seigle. 20 id. millet. 2 barriques vin. 75 livres par le Chapitre Dax.

Poudenx. — Prémices et novales. 38 mesures froment. une barrique et quatre lattes vin. 117 mesures milloc. 1/2 mesure seigle. 2 mesures avoine. 48 douzaines lin. 484 liv.

Pouillon ou Poy long. — Congrue.

Poyanne. — 33 mesures seigle. 28 id. froment. 12 id. avoine. 4 id. graine de lin. 120 mesures milloc. 16 mesures milloc vert. 44 barriques vin échalas. 2 id. piquepouls. 2 id. de vin de lies. 30 douzaines de lin. 2,627 livres.

Préchac. — 450 livres.

Priam et Larivière. — 2 kas 1/2 froment. 2 kas 1/2 blé d'Inde. 2 barriques vin échalas. une id. piquepouls. lin. 787 livres.

Puyol et Bruix. — 50 mesures froment. 69 id. blé d'Inde. 10 id. avoine. une barrique vin. argent 50 livres.

Renung et St-Savin. — Renung 1,600. St-Savin 1,200 ou 80 sacs froment. 50 id. milloc. 5 barriques vin. lin 150 liv. 2 sacs 1/2 graine lin.

Retjons. — 3,116 livres. — Richet. — 1,123 livres.

Rimbèz. — 300 livres argent. 42 sacs seigle. 2 sacs milloc. 3 sacs panis. 746 livres.

Rion. — 400 sacs seigle. 10 mesures froment. 6 id. avoine. 40 sacs blé d'Inde. 40 id. millet. 40 id. panis. évalués ainsi : seigle 10 livres le sac. milloc 9 livres. millet 8 livres. panis 7 livres. froment 12 livres. avoine une livre 10 sols. 55 agneaux ou 220 livres. 10 chevreaux 22 livres. 90 essaims ou 540 livres. le tout 5,811 livres.

Rivière et Saas. — 2,800 liv. — Roquefort. — 1,199 livres.

Sabres. — 2,500 livres d'afferme. 20 boisseaux panis ou 100 livres. 4 boisseaux sarrasin 20 livres. 40 chars de bois rendus au presbytère, moitié pin, moitié chêne 150 livres. lin de Poursionguères 100 livres. 6 moutons gras 48 livres. 2 jambons 32 liv. 6 kas paillon 36 livres. 4 id. paille 20 liv. agneaux 20 livres. la congrue donnée par les Barnabites de de Dax ou 300 livres. Total 3,524 livres.

Samadet. — 5 douzaines d'œufs. 6 agneaux. laine 30 liv. 426 mesures froment. 414 id. milloc. 45 id. avoine. 6 id. seigle. 280 quintaux paille. 11 barriques vin. 15 poignères fèves. 2,673 livres, dont 306 pour frais. 700 pour vicaire.

Sanguinet. — 2,507 livres ou 140 boisseaux seigle. 36 id. millade. 66 agneaux valant 198 livres. 12 chevreaux 24 liv.

Sarbazan et Poydesseaux. — 17 kas 1/2 seigle. 40 sacs millade. 10 id. millet. 7 id. milloc. 5 barriques vin. 2,668 livres, dont 700 pour le vicaire de Poydesseaux.

Sariaziet. — 298 mesures froment. 300 id. milloc. 15 barriques vin.

Sarron et St-Aguet. — 110 mesures froment 95 id. milloc. 3 id. avoine. 4 mesures graine lin. 53 livres lin et étoupe. Fougère attachée à la dite église ou 40 livres. tuie 6 livres. vigne 51 livres. Supplément de congrue par l'archidiacre d'Armagnac 23 livres. Total 779 livres.

Saubrigues. — 240 gerbes froment ou 2 mesures par 3 gerbes. 235 conques blé d'Inde. lin, vin, agneaux 80 livres. 1,053 livres.

Saubusse. — Déduction faite de charges 2,800 livres ou 3 kas froment. 3 id. seigle. 21 id maïs. oies 100 livres.

Saugnac-ès-Dax. — 30 sacs froment à 4 livres 10 sols la mesure. 70 sacs milloc à 2 livres id. 50 sacs milloc à 2 liv. 4 sols. id. 3 barriques vin à 54 livres. 40 liv. lin à 15 sols. 22 oisons à 35 sols. 1,716 livres.

Saugnac-et-Muret. — 145 boisseaux seigle et 300 livres pour la congrue. 2,188 liv. — Seignosse. — 60 sacs seigle. 60 id. blé d'Inde. 10 id. millet. 5 id. panis. 5 id. petites fèves. 5 agneaux. un chevreau. 2 essaims. 1,379 livres.

Sensac. — La congrue ou 750 livres payée 350 livres par les Augustins de Geaune, 300 par le Chapitre St-Loubouer.

Serreslous. — 50 sacs froment. 80 id. milloc. 6 barriques vin, moitié piquepouls, moitié échalas. 75 douzaines lin. 6 mesures avoine et seigle. 1,469 livres.

Seyresse. — 128 mesures froment. 88 id. seigle. 376 id. blé d'Inde. 37 livres lin. paille 40 livres. herbage 36 livres. 2,736 livres.

Siest. — 2,700 en argent et quelques redevances. 2,730 l.

Soorts. — 776 livres. — Sordes. — La congrue.

Sore. — 140 sacs seigle. 130 id. millade. 30 agneaux. 2 chevreaux. 48 livres filasse. 2,191 livres.

Souprosse. La congrue.

Souston. — 1,900 livres données par Chapitre Dax, dont 700 pour vicaire.

Suzan et St-Saturnin. — 100 sacs seigle. 60 id. millet. 60 id. panis. 3 mesures froment et avoine. 1,497 livres.

St-André-de-Seignanx. — 20 conques froment. 113 id. blé d'Inde. 1/3 barrique vin. 11 oisons. foin 24 livres. autres 112 conques froment. paille 50 livres. lin 64 livres. 14 kas blé d'Inde. 2,823 livres.

St-Aubin et Hauriet. — 200 mesures froment. 3 mesures avoine. 180 id. milloc. 50 douzaines lin. 16 barriques vin, la moitié piquepouls. Le quart de la fabrique de Hauriet affermé 409 ou 102 livres pour le curé. 1,817 livres, dont 700 pour le vicaire.

Ste-Colombe. — 90 sacs froment. 90 id. milloc. 3 barriques vin. 120 douzaines lin à 15 sols. 2,000 livres.

St-Cricq-Segarret-Marquevielle. — 29 sacs froment ou 348 livres. 49 id. milloc ou 441 livres. 4 mesures avoine 8 livres. 3 barriques et 1/4 vin ou 142 livres. 42 douzaines lin 21 livres. 9 quintaux foin 15 livres et 15 sols. 29 quintaux paille 14 livres et 10 sols. 990 livres.

St-Cricq-du-Gave. — Congrue 300 livres. Plus 10 sacs froment. 20 id. milloc. 2 barriques et 1/2 vin à 40 livres. Lin 12 livres. 662 livres.

St-Cricq-Maureilhan. — 68 sacs seigle. 6 id. froment. 200 id. blé d'Inde. 100 id. millet. 80 id. panis. 1 barrique piquepouls. 1 id. échalas. 1,226 livres.

St-Cricq-Gabardan. — 64 sacs froment. 50 barriques vin. 65 sacs milloc. 2,225 livres, dont 700 pour vicaire.

St-Etienne et Houillède. — 16 sacs froment. 7 id. méture. 7 id. seigle. 11 barriques piquepouls. 27 sacs milloc. 1,156.1.

St-Etienne-d'Orthe. — 55 sacs froment. 230 id. blé d'Inde. 50 oies à 30 sols. 1 barrique vin. 13 livres lin ou 26 livres. 12 id. gros ou 12 livres. étoupe 50 livres à 10 sols. 3,368 liv.

Ste-Eulalie-en-Born. — La congrue donnée par l'abbé de Mimizan.

St-Geours-d'Auribat. — 107 mesures froment. 50 id. seigle. 4 mesures graines lin. 48 mesures avoine. 9 mesures orge. 15 barriques vin rouge. 10 id. piquepouls. 47 barriques vin blanc. — 386 mesures milloc. 3 id. millet vert. 4,919 liv. dont 478 pour frais et 340 pour bois de barriques.

St-Geours-de-Maremne. — 165 sacs seigle. 250 id. blé d'Inde. 50 id. millet. 50 id. panis. 12 id. fèves. 25 agneaux ou chevreaux. 4 cruches de vin. 5,141 livres, dont 429 pour collecte, 300 pour diacre. 150 pour la fabrique, et 120 pour celle de Dax.

St-Girons et Vielle. — 288 mesures seigle. 60 id. blé d'Inde. 80 id. millet. 20 id. panis. 10 chevreaux ou 30 liv. 5 agneaux ou 20 livres. Plus 150 livres de Vielle. 1,090 liv.

St-Gor-Vielle-Lugassaut. — 140 sacs seigle. 55 id. millade. 10 id. millet. 7 cruches vin. 1,320 livres.

St-Jean-de-Marsacq. — 3,600 livres.

St-Jean et St-Pierre-de-Liers — (de bingles, ad vincula) 1,050 livres. — St-Julien-en-Born. — Inférieur à 1,200 livres.

Ste-Marie-de-Gosse. — 13 barriques vin. 13 kas froment. 40 id. milloc. 13 paires oies. 11 agneaux. Lin 73 livres, etc. 4,338 livres.

St-Martin-de-Hinx. — 9 kas froment. 30 id. milloc. 2 id. avoine. 11 barriques vin. 29 oisons. 26 agneaux. lin 118 liv. 3,796 livres.

St-Martin-de-Noët. — Quart et demi de la grosse dîme ou 1,060 livres. Plus 4 kas de préciput sur le reste de la dîme en seigle. Novales ou 2 sacs seigle; 6 id. millet. 8 id. panis. 1 id. milloc. 1,716 livres.

St-Martin-d'Oney. — 190 sacs seigle. 40 id. millet. 35 id. panis. Lin, chanvre. 2,500 livres.

St-Martin-de-Seignanx. — 170 conques froment à 8 livres et 15 sols. 700 id. blé d'Inde à 4 livres 7 sols. 6 id. avoine à 3 livres 10 sols. 2 barriques piquepouls. 18 oisons à 2 liv. 20 agneaux. 140 quintaux paille à 18 sols. 51 livres lin. 4,886 livres. M. le curé porte le revenu à 7,400 livres. Une gerbe froment et une blé d'Inde ou une mesure par gerbe pour une centaine d'héritages, représentant les droits de sépulture.

St-Mélard-de-Bausse. — 150 sacs 13 conquets seigle à 110 livres le kn. 10 id. et 6 conquets froment à 3 livres le conquet. 8 conquets avoine. 80 sacs millet. 15 id. panis. 25 conquets milloc. Une barrique vin échalas. 2 barriques piquepouls. 2,183 livres.

St-Michel et Escalus. — 109 mesures seigle. 74 id. millet. 20 id. panis. 50 id. milloc. 5 agneaux.

St-Pandelon et Benesse. — La congrue ou 700 livres.

St-Paul-ès-Dax. — 260 sacs blé d'Inde. 200 id. seigle. 10 id. panis. 30 paires oisons. 5 sacs avoine. 10 agneaux. 3,360 livres.

St-Pierre-du-Mont. — 60 sacs 47 conquets seigle. 41 conquets froment. 10 sacs 7 conquets blé d'Inde. 20 sacs millet. 49 conquets panis. 1 barrique vin échalas. 3 id. et 1/2 piquepouls. 14 conquets avoine. La congrue ou 200 livres.

St-Sever. — 2,400 livres, dont 1,400 pour 2 vicaires.

St-Vidou et Goussies. — 3 sacs froment. 3 conquets méture. 13 sacs seigle. 10 sacs milloc. 3 conquets millet. 2 id. millade.

St-Vincent-de-Xaintes. — La congrue ou 700 livres.

St-Yaguen. — 240 sacs seigle. 60 id. froment. 80 id. millade. Agneaux 105 livres. 4,523 livres.

Tarnos. — 60 conquets froment. 25 id. seigle. 382 id. blé d'Inde. 7 id. avoine. 3 barriques vin. 2,325 livres.

Tartas. — 150 sacs froment. 320 id. seigle. 140 id. millet. 70 id milloc. 30 id. panis. 7 id. avoine. 5 barriques vin. 40 agneaux. 3 essaims. Lin 150 livres. Paille et fourrage pour 400 liv. Total 8,590 liv, dont 1,600 pour deux vicaires et le 12er pour frais, et relevances au Chapitre Dax. Cure *nullius*.

Tercis.—310 sacs blé d'Inde. 70 id. froment. 20 id. seigle. 6 id. orge. 7 barriques vin. Lin, étoupe 60 livres. 30 paires oisons ou 90 livres. 8 agneaux ou 18 livres. Porcs ou 12 livres. foin du pré de l'enclos 40 livres. Pommes 30 liv. Paille 60 liv. Epis de blé d'Inde 25 charrettes ou 75 liv. Le tout 3,955 livres, dont 200 au Chapitre de Dax, 150 à l'évêque.

Thétieu.—2,025 livres. Tilh et Arsague 1,700. Tosse 1,067.

Toulouzette. — 163 mesures froment. 2 id. 8 mesures mélange. 60 mesures seigle. 20 barriques vin. 226 mesures milloc. 8 id. avoine. 15 id. graine lin. 56 gerbiers paille. 1,982 livres.

Trensac. — 132 sacs seigle. 62 id. millet. 32 id. panis. 42 agneaux. 5 chevreaux. 5 essaims. 2,027 livres.

Uchac, St-Jean-d'Août, St-Avit, Ceseron, Parentis. — 130 sacs seigle. 30 id. panis. 600 livres d'afferme pour St-Avit. 200 pour St-Jean-d'Août. 2,315 livres. Plus 2,200 d'afferme. 4,515 livres.

Vert. — 350 sacs seigle. 170 id. panis. 75 id. millet. 15 id. blé noir. Peu de froment. 5 mesures orge. 300 liv. de chanvre. 25 id. lin. 4,141 livres dont 200 pour la sacristie.

Vicq et Cassen. — 51 sacs seigle. 42 id. froment. 8 kas blé d'Inde. Un ka orge. Un id. avoine. 26 barriques 1/2 vin ou 300 livres. Total 2,700 livres.

Vielle en Tursan. — 86 mesures froment. 2 id. avoine. 152 id. blé d'Inde. 5 barriques vin. 977 livres.

Villenave. — 144 sacs seigle. 128 id. panis. 6 mesures froment. 2 sacs avoine. 4 mesures blé d'Inde. Agneaux et chevreaux 90 livres. Essaims 20 livres. Filasse 35 livres. Vin 45 barriques. 3,956 liv., dont 200 pour la prébende de Sare. 90 au Chapitre Dax. 80 au diacre.

Villeneuve et Ste-Foi. — 200 sacs seigle. 60 id. blé d'Inde. 61 id. millet. 13 id. froment. 3 id. avoine. 10 barriques vin piquep. 82 liv. en argent. 3,200 liv., dont 700 pour vicaire.

Ygos. — 4,500 livres, dont 700 pour vicaire. 400 pour l'évêque. 300 pour diacre. 150 pour l'église. 28 pour le prébende de Sare. Net 2,922 livres.

DISCOURS DE DARRECBIEILH. (*V. p. 99.*)

« Mes chers Paroissiens, mes Frères et mes bons Amis :
» J'ai l'honneur d'être votre pasteur et votre concitoyen.
» Comme pasteur, je vous dois l'exemple d'un attachement
» sans bornes et d'un zèle inaltérable pour la religion ca-
» tholique romaine, la seule véritable, dans laquelle le
» Dieu de toute bonté nous a fait la grâce de naître et de
» vivre jusqu'à ce jour; comme citoyen, je vous dois encore
» l'exemple d'une fidélité inviolable envers la Nation, la Loi
» et le Roi, et de tous les efforts possibles pour le maintien
» de la Constitution de l'Etat décrétée par l'Assemblée Na-
» tionale et acceptée par le roi que j'ai juré avec vous de
» défendre au prix de mon sang. Vous savez tous, mes
» chers Amis, que toujours le patriotisme le plus pur et le
» plus ardent est sorti du fond de mon cœur et que mes
» lèvres s'ouvrirent en toutes les occasions pour vous l'ins-
» pirer. Je fus le premier d'entre nous, vous le savez encore,
» à prêter le serment civique, malgré l'abolition de tous les
» priviléges honorables et pécuniaires attachés à mon état,
» et nonobstant la perte d'une grande portion de mon re-
» venu, dont mon civisme fit sans hésiter le sacrifice le
» plus sincère au salut de notre chère Patrie; et s'il est
» possible, je m'empresse davantage de réunir à ce serment
» celui de veiller avec soin sur les fidèles de la paroisse qui
» m'est confiée. Le décret dont je vous fis lecture dimanche
» dernier m'ordonne de jurer le maintien de la Constitu-
» tion Civile du Clergé décrétée par l'Assemblée Nationale,
» et sanctionnée par le Roi, sous peine de destitution. Je ne
» puis sans trahir ma religion prêter ce serment parce que

» cette Constitution me paraît attaquer l'Eglise de Jésus-
» Christ dans ses fondements, contre l'intention sans doute
» de nos Législateurs. Mon cœur fut toujours prêt à tout
» sacrifier au salut et à la gloire de la chère Patrie; comment
» aurai-je la lâcheté et l'impiété de balancer un instant de
» sacrifier même la vie à la défense de la religion, qui m'a
» inspiré elle-même mes sentiments patriotiques! Il est doux,
» mes chers concitoyens, de mourir pour la Patrie, mais
» qu'il est bien plus ravissant, mes chers frères en Jésus-
» Christ, de mourir pour la Foi! Mes chers paroissiens, mes
» braves concitoyens, en vous rendant aujourd'hui témoins
» de mon refus de jurer le maintien de la Constitution Ci-
» vile du Clergé, refus qui me coûte mon état et ma fortune,
» et qui ne me laisse que la misère et les souffrances qui
» l'accompagnent, je finis par vous exhorter vivement
» comme je l'ai toujours fait, à vivre en paix, dans l'amour
» de Dieu et de la chère Patrie, et dans une soumission par-
» faite aux lois, tant qu'elles n'attaqueront point notre
» sainte religion, que vous devez en tout temps préférer
» courageusement à votre fortune, à votre liberté, à votre
» famille et enfin à votre vie. Ce n'est pas assez que je vous
» prêche la soumission aux lois, je vous dois encore l'exem-
» ple; je vous déclare donc que, conformément à la loi, je
» cesse dès ce moment toute fonction publique de mon
» Ministère. » (*Archives d'Estibeaux. Communiqué à l'auteur par M. Duplaa de Garat, curé de cette paroisse*).

« LETTRE DE M. DE PÉBARTHE (*V. P. 100*)

A Monsieur XXX qui avoit assuré que le curé de St-Sever ne pourroit pas prouver l'assertion par lui avancée : *Si un prêtre n'a point de juridiction, le mariage qu'il bénit est nul, les absolutions qu'il donne sont nulles.*

Monsieur,

Je ne chercherai pas à faire aujourd'hui vis-à-vis de vous un vain étalage d'érudition. Je marcherai dans la simplicité de la foi et je vous demanderai : êtes-vous catholique ? Persuadé que votre réponse est affirmative, je poursuis et je dis : Eh bien! écoutez l'Eglise dans le saint Concile de Trente, *session 14, ch. 7.* Le concile parle ainsi :
Parce que la nature elle-même d'un jugement demande que la sentence ne soit portée que sur des sujets, l'Eglise de Dieu a toujours été persuadée, et le Concile déclare qu'il est très vrai que si un prêtre donne l'absolution à un homme sur lequel il n'a pas une juridiction ordinaire ou déléguée, cette absolution doit être regardée comme de nulle valeur. Nullius momenti absolutionem eam esse debere.

Telles sont les paroles du Concile. Rapprochez-les de ma proposition, j'ose m'en rapporter à vous; si ce que le concile a dit est vrai, ce que j'ai dit, peut-il être faux? Allons plus loin, et écoutez de nouveau les Pères de Trente. Ils disent, session 24, canon quatrième :

Si quelqu'un dit que l'Eglise n'a pas pu établir des empêchements dirimants de mariage ou qu'elle a erré en les établissant, qu'il soit anathème!

Et dans le chapitre premier de la même session, ils ajoutent :

Quiconque essayera de contracter mariage autrement qu'en présence du curé, ou bien d'un autre prêtre commis ou par le curé ou par l'ordinaire, et de deux ou trois témoins, le saint Concile le rend inhabile à contracter de cette manière, et décide que des mariages contractés ainsi sont nuls.

Or, je vous le demande encore; dire qu'un mariage est nul, s'il n'est fait en présence du curé ou bien d'un prêtre ayant commission de l'ordinaire, n'est-ce pas dire que le mariage béni par un prêtre qui n'a pas de juridiction est nul? Voilà donc encore que ma proposition s'identifie avec celle du Concile. Quelles autres preuves de mon assertion pourriez-vous désirer?

Le Concile de Trente n'est pas reçu en France, répondez-vous! C'est à cette réplique que je m'attendais: car depuis quelque temps elle devient commune, et bientôt elle sera un axiome trivial.

Mais d'abord, je vous réponds en simple théologien et je vous dis : ouvrez tous nos auteurs de théologie et parcourez tous les mandements de nos évêques sur la nécessité de cette présence du curé dans les mariages; voyez s'il en est un seul qui ne cite les paroles du Concile de Trente, comme une loi reçue dans le royaume; or, comment oseriez-vous soutenir qu'une loi sans cesse invoquée et sans cesse observée dans toute la France; qu'une loi encore qui a servi de modèle ou de fondement à l'édit de mars 1737, n'est pas elle-même reçue en France? Je pourrois ajouter d'autres raisons: mais celle-là suffit seule pour vous convaincre.

Je vous réponds ensuite en pasteur intéressé au salut de mes paroissiens. Vous ne voudriez pas sans doute abuser de la crédulité de vos concitoyens, et vous ne voudriez pas les induire en erreur. C'est cependant ce que vous faites en leur débitant sans tempérament une doctrine, vraie dans un sens, et fausse dans deux autres sens, mais ils ne peuvent discerner la vérité et la fausseté, parce qu'ils n'ont pas une étendue suffisante de connaissances.

Le Concile de Trente renferme, et des décisions sur le

dogme, et des loix d'une discipline générale, et des loix d'une discipline particulière. Parce que la France est catholique, elle a reçu, comme tous les autres pays catholiques, toutes les décisions sur le dogme, et toutes les loix d'une discipline générale portées dans le concile de Trente; parce que l'Église n'oblige pas et ne peut pas même obliger indistinctement tous les peuples à l'acceptation des mêmes loix pour la discipline particulière, l'Église de France a fait usage de sa liberté, et elle n'a promulgué parmi les loix particulières du Concile de Trente, que celles qu'elle a cru pouvoir lui être utiles, sans s'écarter cependant jamais du respect dû à l'autorité qui avait rédigé des loix qu'elle n'adoptoit pas, parce qu'elles ne lui paroissoient pas convenir aux mœurs de ses habitants, mais dont elle ne laissoit pas que de reconnoître la sagesse, parce qu'elles pouvoient être avantageuses à d'autres peuples au caractère desquels elles seroient attempérées.

Cette proposition: *Le Concile de Trente n'est pas reçu en France*, se réduit donc à celle-ci: *Toutes les loix que le Concile de Trente a faites pour la discipline particulière ne sont pas reçues en France*. Entendue dans ce dernier sens, la proposition est vraie; mais entendue dans tout autre sens, elle est fausse et injurieuse à la France, parce qu'elle imprime au royaume, le plus catholique de l'univers, la note du schisme et de l'hérésie.

Comme je vous suppose ami de la vérité, je m'arrête, monsieur, et je ne poursuivrai pas plus loin la discussion commencée. Ce n'est pas en effet à un homme tel que j'aime à vous croire, qu'il faut parler avec force et dire: *Ou vous connoissez la nécessité d'une explication que vous ne donnez pas à vos paroles, ou vous ne la connoissez pas. Si vous la connoissez, vous êtes un méchant qui cherche à tromper les simples. Si vous ne la connoissez pas, vous êtes un ignorant qui parle un langage qu'il n'entend pas.*

Encore une fois, la charité m'engage à penser que s'il y a eu de l'imprudence dans vos discours, il n'y a pas au moins eu de la malice; que vous avoir montré le chemin de la vérité, c'est vous avoir introduit, et que votre zèle à y marcher sera le signe auquel il me sera aisé de vous reconnoître.

Je suis avec un ardent désir de votre salut éternel, monsieur, votre très humble et très obéissant serviteur.

DESCRIPTION DU SÉMINAIRE D'AIRE,

le 8 décembre 1790 et en mars 1791 (page 109).

On professe au séminaire la philosophie et la théologie. A côté est le collège où l'on enseigne la rhétorique et qui dépend du séminaire.

Revenu : 5,000 livres et un capital de 60,000 livres dont partie sur le clergé, partie sur des particuliers pour la rente servir à l'entretien des clercs pauvres du diocèse d'Aire, au choix de l'évêque sur l'indication du supérieur.

J.-J. Lamarque, supérieur et directeur depuis 28 ans; honoraires 400 livres. Jean Taillandier, prêtre-chanoine d'Aire, 74 ans, depuis 10 ans au séminaire; honoraires 300 livres. Jean-Marie Léglise, 74 ans, directeur titré depuis 10 ans, honoraires 300 livres. Bernard Bats, 36 ans, professeur de théologie depuis onze ans, directeur titré 300 livres. Arnaud Castandet, 36 ans, professeur de théologie depuis six ans, directeur titré, honoraires 300 livres. Arnaud Destenave, prêtre, 32 ans, directeur non titré, professeur de philosophie depuis trois ans.

Collège. — Pierre Lalanne, 35 ans, directeur titré depuis sept ans, honoraires 300 livres. Il travaille au séminaire depuis onze ans. Jourdan, professeur de rhétorique depuis 4 ans, honoraires 200 livres. Carpuat, 32 ans, prêtre, professeur de troisième et quatrième depuis 3 ans, 200 livres; Domenger, diacre, économe depuis un an, 28 ans, honoraires 60 livres. Lucy, sous-diacre, 26 ans, professeur de cinquième depuis un an, honoraires 60 livres. Destenave, sous-diacre, 24 ans, professeur de sixième; Duplantier, clerc tonsuré, 22 ans, professeur de septième, honoraires 60 livres; sont entrés cette année.

Séminaire d'Aire. — *Sujets qui se préparent aux ordres sacrés*. — Domenger, Junca, Duplantier, diacres. Dizé, Delhoste, Dupérier, Matignon, Baylin, Destenave, Lucy, Duplantier, Bougnères, Lacoste de Mant, St-Marc de Labastide, sous-diacres.

Théologie et philosophie. — *Sujets qui se préparent aux ordres sacrés*. — Lacoste de Montaut; Tastet, Baylin minor, Baylin minimus, Serbat, Lavant de Bordeaux; Duplantier, troisième année de théologie. Il était d'usage que les sujets qui avaient fini leur troisième année de théologie dans le séminaire fussent admis seulement alors aux quatre ordres mineurs.

Lamothe, Brunet, Lalanne, Beaulac, Gaube, Destenave de Sarraziet, Darblade, deuxième année de théologie.

Cormau de Bordeaux; Dubasque, Lamarque de Sort; Lacaze de Carcassonne « neveu de l'évêque d'Aire », Bernède, première année de théologie.

Philosophie. — Laborde de Nerbis; Dubosc, Cazaux, Dufau, Duplantier minor, Juncarot, Brethoux, St-Félix, Lamarquette, Labarchède.

Ecclésiastiques à l'extérieur du séminaire pour suivre à Aire le cours de leurs études.

Théologiens : Ducasse, Dugarry, Camescasse, Brethes.
Philosophes : Arthaud, Dupin, St-Marc de Roquefort; Caumou, Collonges.
Total : 3 diacres, 11 sous-diacres, 29 ecclésiastiques en théologie et philosophie et 9 ecclésiastiques externes.

LA RELIGION VENGÉE DE SES MINISTRES (Pages 109 et 110.)

Il luit enfin ce jour si cher à notre cœur
Où la religion si longtemps avilie,
A de vains préjugés si longtemps asservie,
Va reprendre à nos yeux sa première splendeur.
Des ministres sacrés le faste et l'indolence,
La vaste ambition, la coupable ignorance,
L'abus du saint pouvoir, son trafic scandaleux,
Avaient deshonoré notre antique croyance,
Il était temps qu'enfin la céleste vengeance
Punît de ces mortels les désordres honteux,
Et que la main de Dieu s'appesantît sur eux.

—

Ce que n'avaient pu faire en des jours plus tranquilles
Pour réformer leur vie et réfréner leurs mœurs,
Les foudres de l'Eglise et les lois des conciles,
S'opère en ce moment par nos Législateurs.
En vain le fanatisme a tout mis en usage
Pour empêcher l'effet de ces sages décrets,
Artifice, menace, intrigues, noirs projets,
Rien ne peut un instant ébranler leur courage
Et l'Europe étonnée admire leur ouvrage.

Ici viennent des injures grossières contre les évêques d'Aire et de Dax.

—

. . . . A des siècles d'abus
On verra succéder des siècles de vertus.
Mais que ne tente pas dans ces moments d'orage
Ce corps ambitieux que l'on veut réformer!!
De la religion empruntant le langage,
Sur son intérêt seul ardent à s'enflammer,
Il se croit tout permis, s'il trouve à se venger.
Entendez-vous déjà ces prêtres fanatiques
Prêcher à haute voix la révolte et l'erreur?

Entendez-vous ces noms d'apostats, d'hérétiques
Que leur bouche prononce avec tant de fureur?
D'une morale sainte oubliant la douceur,
Ces hommes égarés, dans leur fureur extrême,
Voudraient à leur vengeance associer Dieu-même.
. . . .

Séduit par leurs clameurs, du haut du capitole,
Pie a déjà lancé ses foudres impuissants.
Ils croyaient triompher, mais ce qui les désole,
On rit des vains écrits du Père des croyants,
Qui pour sauver ses droits, veut damner ses enfants.
Vous qui d'un Dieu de paix vous dites les ministres
Et des Apôtres saints les dignes successeurs,
Répondez-moi! Pourquoi tous ces projets sinistres?
Pourquoi tous ces complots qu'enfantent vos fureurs?
Ah! si l'on consultait vos écrits téméraires,
Si l'on prêtait l'oreille à ces cris incendiaires
Que vous et vos suppôts jetez de toutes parts,
Que deviendrions-nous? Assassins de nos frères
Nous irions dans leur sein enfoncer nos poignards;
Nous serions les acteurs de ces scènes sanglantes
Qui n'ont que trop longtemps avili nos aïeux,
Comme eux dénaturés et barbares comme eux;
Du sang de nos parents les mains toutes fumantes,
On nous verrait encor tomber à vos genoux,
Peut-être même, hélas! victimes innocentes
Pour servir votre haine et votre ardent courroux,
En bénissant le sort, nous péririons pour vous.
Mais la religion!!! oserez-vous bien dire,
(Car vous ne manquez pas de futils arguments)
Court le plus grand danger, contr'elle l'on conspire.
Notre religion!! Ah! courons la défendre;
Pour elle notre sang est prêt à se répandre.
Mais si votre discours n'est qu'un prétexte vain,
Qui sert à colorer un criminel dessein;
Si toutes vos frayeurs ne sont qu'imaginaires,
Si l'on n'attente point à la foi de nos pères,
Si le culte qu'on rend à la Divinité,
Doit être désormais plus pur, plus respecté;
Si le dogme sacré que le Français révère
Conserve tout l'éclat de sa vertu première,
Dès lors vous n'êtes plus que de vils imposteurs;
Je dirai plus encor,.... que des conspirateurs!

La gloire du Très-Haut n'est pas ce qui vous touche;
Son culte est dans le cœur et non pas dans la bouche;
La perte de ces droits si longtemps usurpés,
La perte de ces biens acquis sans nul scrupule,
Prodigués avec faste et si peu mérités,
La dîme des sueurs d'un peuple trop crédule,
Voilà sans contredit ce que vous regrettez;
Voilà le seul motif d'un refus ridicule.
Notre premier devoir est d'être citoyen;
C'est celui qu'à tout être impose la Nature.
On ne peut y manquer sans devenir parjure,
Et sans lui dans l'Etat toute vertu n'est rien.
C'est ce titre sacré que de vous on réclame,
Si vous le reniez, il n'est pas dans votre âme,
Vous serez désormais des monstres furieux
Trop dignes du courroux de la terre et des cieux.
Vous fiant au succès de ces plans chimériques
Inventés par la rage et qu'un instant détruit,
Vous vous livrez sans cesse à l'erreur qui les suit,
Et nourrissez d'espoir vos âmes frénétiques,
Vous demandez du sang!! Eh bien! s'il doit couler,
S'il faut enfin donner le signal du carnage,
Vous êtes les premiers que l'on doit immoler.
Sur vos membres épars nous frayant un passage,
Nous serons sûrs, du moins, en courant à la mort,
Qui nous paraît moins dure encor que l'esclavage,
Que vous ne devrez pas survivre à notre sort.
Abjurez à jamais des erreurs si coupables;
De la Patrie en pleurs reconnaissez la voix;
Suivez sans murmurer ses salutaires loix,
Ou bien des plus grands maux vous serez responsables;
Devenez bons pasteurs, bons amis, bons chrétiens,
Et surtout, croyez-moi, soyez bons citoyens!!

LITANIES DES SAINTS DÉMOCRATES

pour l'Assemblée Electorale du Département des Landes (page 133).

Cette litanie sera processionnellement chantée le jour de l'ouverture de cette Assemblée après la messe du St-Esprit, le 3 juin 1791, afin de faire de bons choix pour la prochaine Législature.

Kyrie eleison. Christe eleison. Kyrie el. Saint Esprit inspirez-nous. — Saint Robespierre, assistez-nous. — Saint Péthion, sois avec nous. — Saint Dyzèz pour député, choisissons tous. — Saint G. Lacaze, pour député, id. — Saint Lonné, de Dax, id. — Saint Couralet, id. — Saint Lucat, de Dax, id. — Saint

Graillot pour suppléant, choisissons tous. — Saint Gentil Laureal, id. — Saint Darrimajou, id. — Dix-huit Saints, administrateurs démocrates, choisissons tous.

Suit la liste des personnes à qui il faut renoncer.

Du choix de beaucoup de prêtres, même conformistes, mais qui ont fait un serment moliniéique, suarétique, escobardique, jésuitique, iscariotique, ou machiavélique : *libera nos, amor patriæ!*

Afin d'être à jamais délivrés du gaspillage des greffiers, des ritournelles des huissiers, des tours de main des secrétaires, du brigandage des notaires, des pirateries des procureurs, du galimatias des avocats, de l'ignorance des conseillers, de la vanité des présidents... *Sancte Dupont, et omnes alteri sancti, intercedite pro nobis.* Amis des hommes, priez pour nous.

Peuples du département qui voudrez, peut-être, comme de raison, nous pendre ou lanterner, pour nos mauvais choix, *miseremini nostri.*

Kyrie eleison... *Pater noster*... ✝. *Spiritus libertatis sit vobiscum.* ℟. *E*
cum......

Oremus. Sainte liberté! *omnipotens animarum nostrarum divinitas,* nous vous jurons et protestons que nous ne choisirons jamais pour députés des citoyens qui ne seront pas épris de vos charmes, qui ne marcheront pas par vos voies saintes et pures, et qui ne seront pas prêts à mourir pour votre règne sur la terre.

Oremus. Sainte Patrie! *fratrum et amicorum nostrorum indefectibile vinculum, atque omnium hominum pinguis amor et perpetuus;* vous qui devez nous électriser ici-bas, pour parvenir ensemble à la patrie commune du genre humain, nous vous protestons que nous nommerons des députés de bon aloi à la prochaine Législature; que nous en écarterons les faquins, les coquins, les vauriens, les spadassins, les calotins, qui ont convenu à la première formation du Corps électoral de le remplir d'aristocrates pour composer ensuite tous les corps administratifs de f.... g...

Oremus. Sainte Constitution! *suprema colorum nostrorum regina,* nous vous assurons, sous peine de la lanterne, à laquelle nous nous soumettons de droit et de fait, que nous n'élirons aucun des hommes sus-nommés ni autres, *illius generis franchicoquinos ou fripones,* et qu'en conséquence, *die noctuque* nous allons invoquer saint Robespierre et autres puissants protecteurs auprès du Dieu flagellateur des tyrans et des despotes. *Sub tuum præsidium.*

ÉLECTIONS CONSTITUTIONNELLES DE CURÉS
en Septembre 1791 à St-Sever (page 135).

11 SEPTEMBRE. — A Toulouzette: Lagarde, prêtre à Pau. — A Mugron: Labeyrie, ex-barnabite, prêtre du dit lieu. — A St-Aubin: Tauziet, ex-barnabite à Nîmes. — A Larbey: J.-B. Darbo, ex-barnabite. — A Donzac: Labastugue, ex-curé de Geu.

12 SEPTEMBRE. — A Lahosse: Largenté, prêtre à Oloron. — A Cauna: Bergèz, vicaire de Borce. — A Brassempouy: Lucat,

vicaire à Sarrance. — A St-Cricq Ch.: Graciette, vicaire à Mifaget. — A Doazit: Dubasque, vicaire à Doazit. — A Audignon: Caperet, vicaire à Mont-de-Marsan. — A Horsarrieu: Lhospital, vicaire à St-Sever. — A Ste-Colombe: Capdevielle, vicaire à Tilh. — A Peyre: Lanusse, vicaire à St-Médard. — A Morganx: Herranat, vicaire à Pontacq. — A Eyres: Fossats, vicaire à St-Paul d'Asson. — A Coudures: Hourquet, vicaire à Bidouze. — A Sarraziet: Lalane, vicaire à Bonnut. — A Monfeuga: vicaire à Nousse. — A St-Loubouer: Latorte, vicaire à Arsac. — A St-Savin: Capdepont.— A Fargues: Barran, vicaire. — A Buanes: Arrigas, vicaire de Ste Colombe. — A Payros: Lacaze, prêtre de Boeilh. — A Pimbo: Puchan, vicaire à Lahourcade. — A Miramont: Lacoste, des servant à Garlin. — A Sarron: Tisné, vicaire de Lespon. — A Duhort: Darré, vicaire de Riqueur.

13 SEPTEMBRE. — A Bahus-Soubiran: Barrère, prêtre de Bascons. — A Philondenx: Lalane de Mérac près Pau. — A Arboucave: Belloc, vicaire à Louvigny. — A Bastennes: Argillier, ex-récollet, vicaire à Amou. — A Leuy: Laborde, ci-devant curé à Pontonx. — A Momuy: Joli, vicaire à Moncaup.

FÊTE PATRIOTIQUE
du 20 mai 1792 à St-Sever (page 172).

A deux heures de relevée, les corps constitués sont sortis de l'hôtel commun, et se sont rendus sur la place Nationale où était rassemblée une foule immense de citoyens et de citoyennes accourus de tous les points du canton.

L'arbre de la Liberté et la caisse qui lui sert de piédestal ont été placés sur des chars. Les gardes nationales et volontaires demandèrent à grands cris l'honneur de porter le symbole de notre régénération; mais l'énormité du poids engagea les commissaires d'affliger par un refus ces généreux guerriers. Plusieurs paires de bœufs, ornés de rubans tricolores, furent attelés aux chars. Vingt gardes nationales et vingt volontaires se rangèrent sur deux files, les mains posées sur l'arbre sacré. Ils étaient précédés de la gendarmerie nationale qui, par son civisme, méritait cet honneur.

Immédiatement après venaient l'espérance de la Patrie, ces jeunes citoyens qui dans notre collège apprennent à aimer et à défendre la Liberté. Ils marchaient dans le plus grand ordre et un d'eux portait à leur tête un drapeau sur lequel on avait tracé des devises patriotiques.

Une musique guerrière et un chœur nombreux qui chantait des hymnes à la Liberté, devançaient le livre de la Constitution. Il était placé sur un coussin cramoisi porté par quatre laboureurs en chamarre. Huit jeunes filles, vêtues de blanc, entouraient cet évangile du genre humain; s'avançant tour-à-tour, et s'inclinant avec respect, elles y jetaient des fleurs printanières.

Une citoyenne qui par son patriotisme ardent et soutenu mérite qu'on la nomme (Elizabeth Bonaventure), portait une bannière sur laquelle étaient gravés ces mots : «Vivent les bonnes mères qui élèvent leurs enfants dans les principes de la Constitution! Vivent les jeunes filles patriotes!» Cette bannière se faisait distinguer par plusieurs emblèmes civiques. On y remarque surtout une couronne au-dessous de la cocarde nationale.

Deux citoyennes ayant, comme madame Lafaurie, des écharpes aux trois couleurs, marchaient à ses côtés. Elles étaient suivies de toutes nos jeunes patriotes qui, vêtues de blanc, avec des cocardes nationales, et se tenant deux à deux par de longs rubans tricolores, faisaient le plus doux et le plus bel ornement de la fête.

Ensuite venaient trois drapeaux.

Sur l'un, porté par François Laffitte, procureur-général du département des Landes, était écrit en lettres noires : «Le tombeau du despotisme!»

Sur le second, que portait le président du district, était écrit en lettres bleues «Paix aux hommes libres!»

Sur le troisième, porté par le président de la Société des Amis de la Constitution, on lisait en caractères de sang : «Guerre aux tyrans!»

Le district, le tribunal judiciaire, les juges de paix avec leurs assesseurs, marchaient à la suite de ces trois drapeaux.

La municipalité, suivie de plusieurs municipalités du canton invitées à la fête, entourait la longue pique et l'énorme bonnet qui la surmonte.

Ce cortége fut accompagné des corps entiers de la garde nationale et volontaires placés sur deux haies, ayant les drapeaux à leur tête. Il est parti de la place nationale, vers trois heures, a suivi la rue Patriote, la rue de la Cocarde, la place de la Surveillance, la rue du 14 Juillet, la place de la Liberté, la rue de l'Égalité, et traversant de nouveau la place Nationale, il est arrivé devant la Maison commune.

De distance en distance, on chantait des strophes de l'hymne de la Liberté. Voici la première :

>Veillons au salut de l'Empire,
>Veillons au maintien de nos droits;
>Si le despotisme conspire,
>Conspirons la perte des Rois.
>Liberté! Liberté! que tout mortel te rende hommage!
>Tremblez, tyrans! Vous allez expier vos forfaits.
>Plutôt la mort que l'esclavage,
>C'est la devise des Français.

Lorsque le chœur arrivait aux quatre derniers vers, Liberté! Liberté! les longues files des gardes nationales et volontaires mêlaient leurs voix mâles et sonores; et notre ville retentissait de ces cris mille fois répétés :

> Plutôt la mort que l'esclavage!
> C'est la devise des Français.

Lorsque le chœur cessait, la musique jouait l'air triomphal: *Ça Ira*; et l'ivresse de tous nos concitoyens, la démarche guerrière de nos braves volontaires, surtout l'air d'abattement et de stupeur de quelques aristocrates qui, à travers leurs jalousies, jetaient des regards dérobés sur l'arbre sacré, sont pour nous un sûr garant que ça ira, ça ira, ça ira.

> Plutôt mourir que l'esclavage!
> C'est la devise des Français.

Arrivés devant la maison commune, on a mis la pique sur la cime de l'arbre et on y a placé les trois drapeaux.

Image des peines et des travaux qui ont reconquis la Liberté, notre arbre n'a pu être élevé qu'à l'aide de beaucoup d'efforts; mais enfin il a flotté dans les airs, aux roulements prolongés des tambours, aux salves de l'artillerie, aux cris de : *Vive la nation! Vive la loi!*

Alors le patriote Dartigoeyte, nommé par la Société des Amis de la Constitution pour haranguer le peuple, est monté sur la caisse qui sert de piédestal à l'Arbre de la Liberté. Les dames lui ont présenté leur bannière; et la tenant d'une main, il a prononcé d'une voix forte, avec les accents de l'enthousiasme, un discours où s'est peinte son âme tout entière. Electrisant tous ses nombreux auditeurs, il leur a tour-à-tour fait partager sa passion pour la Liberté, son respect pour la loi, son horreur pour le fanatisme qui rend l'homme féroce, et pour la superstition qui l'avilit.

Un ci-devant chanoine de St-Loubouer, (M. Cadroy) étonné, attendri par l'imposant de la cérémonie et l'énergie du discours, courut chez M. le procureur-général syndic, et de là, chez notre procureur syndic, pour y abjurer ses erreurs. Il fut conduit à la maison commune; il y prêta, vers 9 heures du soir, le serment civique, en présence de la municipalité.

M. Dubroqua père, marchand droguiste, avait préparé à ses frais, un feu d'artifice en l'honneur de la fête.

Cet excellent citoyen le fit apporter sur la place de la Liberté, vers dix heures du soir; il réussit fort bien.

On y lut distinctement.

> La Constitution ou la mort!
> Vivre libre ou mourir!
> Vive l'union, vive la loi!
> Guerre aux tyrans, etc., etc.

L'enthousiasme fut à son comble; et si la rage troubla le sommeil des aristocrates, les patriotes n'eurent jamais une nuit plus agréable; le bonheur, la fraternité brillaient sur les visages. On s'est bien promis, et nous tiendrons parole, de défendre la Constitution jusqu'à la mort.

Devises qui sont gravées sur le piédestal.

Sur le devant est peinte une couronne civique, soutenue par un faisceau uni par un ruban aux trois couleurs. On lit au dessus :

LA LIBERTÉ

Et plus bas, cette inscription :

> Que des siècles d'erreurs le long crime s'expie !
> Le ciel pour être libre a fait l'humanité.
> Ainsi que le tyran, l'esclave est impie,
> Rebelle à la divinité.

Sur l'un côté est peint un trophée guerrier. Au-dessous on lit :

UNION

Et au bas, ces beaux vers de Voltaire :

> Lorsque sur un tyran nous suspendons nos coups,
> Chaque instant qu'il respire est un crime pour nous

Sur l'autre, est peinte une corne d'abondance, des gerbes de blé, des ceps de vigne, et au milieu, le livre de la loi. Au-dessus, on lit ce mot :

CONSTITUTION

Et au bas :

> Que ce mot à jamais soit gravé sur l'airain,
> Tout monarque est sujet, tout peuple est souverain.

Sur le derrière, peint simplement avec des guirlandes, on lit :

ÉGALITÉ

Et au bas :

> Sous un sceptre de fer le Français abattu,
> A force de malheurs, a repris sa vertu.

La Société ayant entendu lecture du présent rapport qui lui a été fait par ses commissaires,

Arrête qu'il sera imprimé, avec le discours de Pierre-Arnaud Dartigoeyte, et des exemplaires envoyés à toutes les sociétés du département affiliées à celle des Jacobins à Paris.

LAMARQUE, vice-président.
DULAU fils,} secrétaires.
TRUOL,

Discours prononcé par Pierre-Arnaud Dartigoeyte, procureur syndic du district de St-Sever, à la fête civique de l'arbre de la Liberté, le dimanche 20 mai 1792, l'an 4ᵐᵉ de la Liberté.

Citoyens! Quelle auguste cérémonie! Que de souvenirs elle retrace!

Je vois le despotisme s'anéantir, les bastilles crouler, les abus disparaître, l'Egalité, la Liberté, succéder à des distinctions humiliantes qui, dégradant la dignité de l'homme, enchaînaient l'énergie, la vertu française sous le joug d'un cruel esclavage.

Oui, citoyens, nous fumes esclaves, gardons-nous de l'oublier. La vertu outragée, le pauvre vexé de cent manières, l'innocent traîné dans les cachots, souvent sur la rue, l'impôt arbitrairement réparti, une barbare féodalité aggravant le malheur des familles, le faste et l'orgueil s'engraissant des sueurs du cultivateur, la religion défigurée par la mollesse, les vices, l'insolente opulence de ses ministres.

Ce n'est là qu'une très faible esquisse des horreurs qui tyrannisaient cet empire.

Mais il est terrible le réveil des nations! O mon Dieu, qui t'indignas de tant d'atrocités, qui nous inspiras le sentiment de nos forces, qui frappas d'aveuglement le conseil des despotes, pourrait-on méconnaître ta providence! non pas cette providence factice que des prêtres hypocrites ont arrangée au gré de leurs intérêts, de leurs passions, mais cette justice, essence de la divinité, qui tôt ou tard punit le crime, humilie les superbes, et régénère les hommes!

Citoyens! la Constitution est achevée. Nous avons, grâces à la philosophie, un code des droits de tous les peuples; un Evangile sublime, qui, semblable au rocher contre lequel viennent se briser les flots d'une mer follement irritée, triomphera des intrigues, comme des hurlements de la rage, de l'envie, de l'amour-propre humilié.

Votre courage a fait la Révolution, vos vertus doivent la consolider.

Enfants de la Liberté, soyons les enfants de la Loi. Jurons-lui, en présence de cet Arbre civique, une obéissance éternelle, et périsse le traître qui oserait se parjurer!

Nous retomberions dans l'anarchie le jour où la volonté individuelle serait substituée à la volonté de la Loi.

Une nation est bien faible, bien près de sa chûte, si l'amour de la Loi ne dirige tous les esprits, ne les porte à cette harmonie, à ce dévouement qui font d'un grand peuple une famille de frères.

Soyons donc inviolablement soumis à la Loi; surtout, citoyens, restons unis! et s'il existait parmi nous quelques dissensions particulières, abjurons-les au pied de l'arbre sacré, de cet arbre autour duquel il faut sans cesse se rallier. Qui de nous voudrait survivre à la Constitution?

Soyons donc frères! Soyons donc amis! la Constitution sera à jamais inébranlable.

Voyez l'accord de la malveillance, voyez l'ancien clergé nous découvrir quelques anneaux de la chaîne qui embrasse le royaume entier, et dont les bouts reposent sur le trône de ce pontife étranger qui se dit le Vicaire d'un Dieu pauvre (de ce Dieu dont le royaume n'est pas de ce monde), et qui cependant, peu satisfait d'une couronne, voudrait encore régler les destins de l'Europe et régner sur la France.

Voyez l'activité, l'union de ces hommes que l'on a sagement dépouillés de droits barbares, contraires à la nature; voyez comme ils s'agitent, comme ils s'intriguent par des mouvements uniformes dans tous les points de l'Empire.

Ce que la fureur du fanatisme inspire au prêtre, ce que la manie de l'orgueil dicte au ci-devant privilégié, les Français doivent le faire par le noble sentiment de la Liberté, de l'Egalité.

Restons unis, je le répète, mes chers concitoyens, la force est dans l'union. Vingt millions de flèches réunies en faisceaux ne seront jamais brisées, tandis qu'éparses, de faibles enfants les rompraient aisément.

Déjà les tyrans ont fait éclater leurs projets. Nos armées ont franchi les frontières.

C'est en vain que l'on machine des complots, que l'on concerte des trahisons. Le soldat français, combattant avec l'énergie de la Liberté, saura foudroyer les remparts du despotisme.

Donner la paix au monde, briser les fers de toutes les nations, tel est le but de la France régénérée. Le bonheur des autres peuples sera la récompense de nos victoires; et s'il faut humecter la terre du sang des esclaves, c'est uniquement pour lui faire engendrer des hommes libres.

O vous, soldats-citoyens, gardes nationales et volontaires, (1) voilà l'emblème de vos vertus, de vos devoirs. Contemplez cet arbre; et vos bras, en donnant la mort aux despotes, respecteront toujours la loi, cette loi qui seule fait la vraie force, le vrai courage.

Nous tous, Citoyens, qui ne pouvons pas, comme ces braves guerriers, aller servir la patrie sur les frontières, contemplons cet arbre, pénétrons-nous des devoirs de l'homme libre.

Venez aussi le contempler, sexe aimable, qui, à l'empire des grâces, réunissez l'empire des vertus! vous sûtes, de tous les temps, porter les Français à la gloire. Inspirez-leur aujourd'hui l'héroïsme de la Liberté! Que leur premier titre, pour vous plaire, soit d'être patriotes! Que vos enfants

---

(1) Le 1er bataillon des volontaires du département des Landes, en garnison à St-Sever.

sucent avec le lait, les grands principes du Civisme, et surtout répétez-leur sans cesse que vous les engendrâtes pour la Constitution et pour la Patrie. La génération future sera votre ouvrage; vous aurez plus fait pour la Liberté que ceux même qui l'ont reconquise.

Puisse le fanatisme jeter un regard sur ce symbole de la paix, de la concorde et du bonheur!

Puisse enfin disparaître l'esprit de superstition, qui trouble les familles, désole les campagnes, divise les pères et les enfants, les époux et les épouses!

Arbre de la Liberté! Tu nous inspireras l'amour des Lois, de l'Union, de la Fraternité! Nous plaindrons les hommes séduits, nous les éclairerons; et loin de les repousser, nous viendrons ici leur jurer une amitié sincère. Reçois, au nom de mes concitoyens, le serment que je fais de vivre libre ou de mourir; d'obéir à la loi, de répandre pour elle jusqu'à la dernière goutte de mon sang.

La Constitution ou la mort! telle est notre devise. Nous tous qui sommes ici, district, municipalité, tribunal, justice de paix, gardes nationales et volontaires, citoyens et citoyennes, un même esprit nous anime : Nous voulons la Liberté, l'Egalité, dussions-nous ne les trouver que dans la tombe .... mais avant d'y descendre, nous y précipiterons des milliers d'ennemis, et tant qu'il nous restera le moindre souffle de vie, on ne nous verra jamais désespérer de la chose publique. Fermes au poste de l'honneur, inébranlables dans notre patriotisme, nous mourrons pour la Loi, et nos derniers cris seront : La mort vaut mieux, mille fois mieux que l'esclavage!

NOTES BIOGRAPHIQUES

Sur les personnages ecclésiastiques et laïques dont les noms figurent dans la présente Histoire.

ECCLÉSIASTIQUES (1)

1° RÉFRACTAIRES ENFERMÉS A STE-CLAIRE (V. page 181, tome I.)

A

Arthaud, né à Aire, curé de Bergonce (1760-85), brisquetin, mort en 1793. Son frère, en 1790, était depuis longtemps curé du Port-au-Prince, dans les Antilles.

B

Mathieu Baron (Geaune), prébendier à Aire, neveu de Mathieu Baron mort curé de Toulouzette en 1781. — Bar-

---

(1) Nous ne reproduisons pas ici les noms des prêtres sur qui nous n'avons pas de notes biographiques

rière, Paul (Grenade), vicaire de Vert en 1736, curé du Mas 1740-64, de Montgaillard 1764-84, se démet en faveur de son petit-neveu Ducournau de Poy. Mort à Grenade l'an VI. Sa sœur Marie Barrière de Compaigne a été sous la Révolution une femme du plus grand courage. — De Barry, Charles, né à Puyol d'une famille noble, curé de Puyol-Bruix. Son frère était archiprêtre de Mauléon. Un autre Charles de Barry avait été curé de Puyol en 1742. Noble Jean-Pierre de Barry, vicaire-général d'Aire 1698-1711, était lieutenant-général au siège de St-Sever. Le vicomte de Barry, rejeton de cette famille, habite près de Bordeaux. — Beylenx, Pierre (Montfort, 2 mai 1755), vicaire de Gamarde 1 janvier 1790, curé le 23 octobre 90, par présentation de la baronne de Laur, resta 28 mois à Ste-Claire; mort vers 1803. — Boni, Antoine-Annet (Chalinargue d'Auvergne, 21 juillet 1760), rentra d'Espagne en 1800 chez M. de Mesmes à Mont-de-Marsan, curé de St-Avit, mort 18 janvier 1818.

C

Cabanes de Cauna, Jean-Arnaud (Cauna, 8 février 1756), est prêtre infirme à Mont-de-Marsan en 1803. — Castaignos, Jean (Bahus-Juzan, 19 novembre 1729), succéda en 1760 dans la cure de Coudures à son oncle de même nom lequel était fils de noble André de Castaignos, sieur de Guibat, et de demoiselle de Ladoue. Ces deux prêtres occupèrent la cure près de cent ans. — Costedoat, Pierre (Momuy 1731), mort au Mas 1808.

D

Darbins de Larrigade, Antoine (Momuy ou St-Sever 1735), curé de Casalis, frère du curé de Gouts. Ce dernier, vicaire de Maurrin, curé de Gouts en Dax 1761, était député du clergé de Dax en 1772. Le 27 juin 1730 à St-Sever, Louis Darbins de Larrigade épouse Marie Tausin de Bonnehé. Un Antoine Darbins, petit-fils de Louis par Joseph, époux de dame Domenger, naît à St-Sever le 28 décembre 1770 et a pour parrain le curé de Casalis. — Daubaignan, André, était né à Grenade le 5 juin 1742. — Daugar, Jean-Pierre (St-Sever 1 juin 1716), prieur des Jacobins, mort en 1810, était un prêtre zélé de qui l'archidiacre Basquiat faisait le plus grand éloge en 1803 à l'évêque de Bayonne. — Daugar, Jean-Henri (St-Sever, 12 juin 1759), neveu du précédent, aussi jacobin, est mort 20 janvier 1823. Un troisième jacobin, frère de Jean-Henri, est mort aussi à St-Sever. — Darmaignac, Jean (Mont-de-Marsan, 8 juin 1729), est mort à Mont-de-Marsan 1810. — Desbons Dominique, né à Mont-de-Marsan. Agé de 73 ans en 1788, il résigna le 25 décembre sa cure de Grenade en faveur de J.-B. St-Marc. — Domec Pierre (Bonnut, 11 mars 1725), vicaire de Dax, curé de

Saugnac-lès-Dax depuis janvier 1760. « Après avoir fourni de mes deniers la somme de 7,632 livres un sol dont quittance pour la nouvelle construction du presbytère conservé; après la perte de 22,000 francs de biens patrimoniaux, estimés en argent, qu'on m'a pris; après six ans d'une dure et stérile réclusion à Mont-de-Marsan, je suis curé de Saugnac. » Mort à Saugnac le 14 mars 1807. — Dubasque, Pierre (Vielle 1722), chanoine de St-Loubouer. — Dubosc Laurent (Poyartin, 17 août 1735), retiré à Poyartin depuis 1783. — Dubroca Bernard, né à Tartas, curé de Linxe, y fut remplacé par son frère Joseph qui y mourut en 1781, et passa à Hengas. — Ducournau-Poy Jean-Pierre (Grenade, 6 avril 1752), professa la philosophie et la théologie à Aire de 1776 à 1784; curé de Montgaillard où il résida de 1791 à 1800, ou publiquement ou en cachette suivant les circonstances. Mort à Montgaillard 8 avril 1811. — Dufourcet, Blaise, né à Mimbaste en 1713, curé de Mimbaste en 89, était frère du curé de Belus. — Dulau Jean (Doazit, 12 juillet 1754), professeur d'éloquence à Aire, curé de St-Loubouer en 1803, puis à Doazit où il mourut le 2 décembre 1827. Oncle de M. Sorbets, né à Aire, curé actuel de Pujo-le-Plan depuis 1821. — Dumas, Bernard (Serreslous, 11 juin 1745), dit Lahitte, directeur à Aire, curé de Garein 1775-88, chanoine de Pimbo, où il résidait en 1809. — Dutastet, né à Mont-de-Marsan le 1 mars 1731, mourut à Ste-Claire le 7 octobre 1793. — Duviella, J.-B. (Samadet, 24 novembre 1729), vicaire de Sorbets, d'Audignon, curé de Capbreton 1766-72, de Thétieu 1772-74, de St-Vincent-de-Tyrosse 1774-90, de Samadet en 1790, mort à Ste-Claire. Oncle de M. Duviella, vicaire-général d'Aire, né à Samadet le 25 pluviose an V.

J

Junca Jean-Benoît (Mont-de-Marsan, 16 septembre 1729), curé de Pimbo, puis de Hontanx. — Juncarot (Dupin de) ex-curé de Samadet, était frère de Joseph, né à Samadet, le 4 avril 1732 (de Sever de Juncarot et de Jeanne de Lamarque) et curé d'Arboucave, lequel mourut en cette paroisse le 11 août 1810.

L

Laurans Mathieu-Louis (Mont-de-Marsan, 25 août 1737), prémontré à la Castelle, prêtre en 1766, vicaire 7 ans à Sarrance et à Juliac annexes de la Castelle, prieur de Divielle 1788-91, renfermé 5 ans et 9 mois à Ste-Claire. Après ses trois réclusions, il travailla à Dax 6 mois, puis 10, puis 3 ans de 1800 à 1803: nommé alors chan. tit. de Bayonne. — Lesbazeilles François (Mont-de-Marsan, 1730), curé de 1775 à 1791 à Meilhan où il est mort en 1802. Son frère J.-B. (Mont-de-Marsan 1733), ex-franciscain, prédicateur, confesseur depuis 1767, desservit la chapelle de St-Jean-d'Août en 1803. Un troisième frère, Jérôme, grand carme à Castillon, vint en 1790 à Mont-de-Marsan, desservit St-Martin-d'Oney de mai 1791 à juillet 1792, fut reclus à Ste-Claire. Leur neveu Jean-Augustin Lesbazeilles (Mont-de-Marsan, 29 juin 1764), grand carme à Dax, rentra en 1801, fut longtemps curé de St-Paul-lès-Dax où il a laissé une très grande réputation de sévérité de principes; mort à Mont-de-Marsan plus qu'octogénaire. — Léglize Jean-Marie, né à Castandet en 1708, curé de Cauna, puis directeur à Aire. Pierre Léglize, ex-curé de Toujouse, prébendé du Seigneur, était son neveu. — De Lisle Victor (Geaune, 17 octobre 1714), fils de Pierre, avocat, et de Jeanne-Elizabeth de Sicler, eut pour parrain Victor de Parabère, seigneur de Pimbo, Boucoues, Sensac, au château de Sensac. Il fut curé de Lucbardez et Bargues 1753-55, de St-Aubin, chanoine d'Aire, trois fois à Ste-Claire. Il était par sa grand'mère, Jeanne de Lalane, parent de Christophe de Lalane supérieur à Aire. — Lombreignes Barthélemy (Mont-de-Marsan 1730), vicaire de St-Pierre, curé d'Escalans 8 ans, de Sarbazan en 1766 par résignation de son cousin Bernard Lombreignes; bienfaiteur de l'hôpital de Mont-de-Marsan. — Lubet François, frère du curé de St-Julien, fut professeur d'éloquence à Aire, abbé de St-Loubouer 1764-77, chanoine d'Aire.

P

Jean et Pierre Papin, nés à Aire en 1728 et 1729, curés de Molès-Lussaignet et d'Estang, fils de Pierre Papin, notaire, et de Jeanne Broqua, de Mont-de-Marsan, furent curés à Latrille, à Cachen, à Estang, à Molès. Jean mourut à Aire le 4 pluviose an V. Leur frère Louis, né à Aire le 2 juillet 1727, épousa le 13 décembre 1753 Marie Lafaille, fut longtemps juge d'Aire et eut pour fils Jean-Baptiste, né à Aire le 10 décembre 1756, avocat, qui, le 12 septembre 1780, en l'église de Latrille et en présence de J.-B. Chaumont, Paul Cadroy, Duvignau, avocats, et de Ducornet, gendarme, tous nés et domiciliés à Aire, épousa Marie Francine, fille de Jacques Francine, négociant à St-Sébastien, et de qui la sœur Pétronille fut mariée en 1790 à Joseph Broqua, homme de loi à Mont-de-Marsan. Ce Jean-Baptiste Papin fut député aux Cinq-Cents, sénateur en 1799, mort au château de Benquet. Sa fille fut mère de Napoléon Duchâtel, président du conseil des ministres sous Louis-Philippe. — Portets Michel (7 août 1732, Samadet), abbé de Pimbo, avait pour neveux deux chanoines à Pimbo, frères. Xavier de Portets, professeur de droit à Paris, mort à Paris, inhumé à Samadet, était neveu de ces derniers.

S

Sarran Tristan-Etienne (Labrit, 2 avril 1738), vicaire

1767-70, chanoine de Pimbo 1770-91. « Mes services, dit-il en 1803, pro nihilo reputantur. » — Soustrar François, né à Gamarde en 1730, directeur à Dax 1756-62, curé de Ponson 1762-64, de Garrey et Clermont 1764-92, reçut ordre en 1792 de quitter la paroisse « et le sieur Saurine m'honora d'un interdit, lui qui avait été interdit par son véritable évêque.» Soustrar résida 5 ans et demi à Ste-Claire, rentra à Garrey après le 18 brumaire dans le presbytère réparé par lui à grands frais, y mourut le 28 janvier 1807.

T. V.

Taillandier Jean, né au diocèse de Lectoure vers 1791, neveu de Ignace Teyssiné supérieur du séminaire d'Aire, fut directeur en cette maison de 1756 à 1791, avec le titre de chanoine que lui avait résigné Teyssiné en décembre 1763. Ce chanoine a laissé à Aire une grande réputation de charité (Voir en la *Revue catholique d'Aire* l'article biographique de M. Duviella, vicaire-général). Taillandier mourut vers 1799. — Vergers, J.-B. (Sordes 1745), chanoine, vicaire-général d'Acqs, mort en 1803 à Peyrehorade ou à Sordes.

2° RÉFRACTAIRES QUI SE RENDENT EN ESPAGNE.

A

Affre François (Auch, 28 janvier 1732), curé de St-Geours de 1765 à 1792, laissa par testament du X messidor an XII à l'hôpital de Dax une rente annuelle et perpétuelle de 250 francs au capital de 5,000 francs pour un malade de St-Geours, pourvu qu'il ne fût pas incurable. Son frère Nicolas, né à St-Sever 11 février 1735, bénédictin à Ste-Croix de Bordeaux, est mort curé de Lamothe le 2 janvier 1817. Affre J.-B. (St-Sever, 16 février 1761), vicaire de Brassempouy, neveu des précédents, est mort à Aurice en 1831; il était frère de Jean Affre, vicaire de Pimbo, mort en 1788 à St-Sever, sa ville natale. Leur neveu, M. l'abbé Affre, né à St-Sever en 1802, est celui-là même qui a bien voulu nous communiquer tant de documents et tant de souvenirs précieux.

B

Baffoigne Jean-Yves (Tartas, 29 août 1757 ou 1759), frère du député, fut vicaire à Beylongue, à St-Jean-de-Marsacq, à Ponson, curé de Ponson en 1788; mort curé de Rion. A la page 182 du tome I, effacez : Baron, curé de Toulouzette; Baron, prébendier à Aire. — Bartouilh dit Laborde, né à Mimbaste, vicaire de Laurède, fit de cette paroisse un foyer de contre-révolution, et l'intrus Lansac y trouva une résistance acharnée, à ce point que le Département fut obligé de dénoncer l'archiprêtre Planter et Bartouilh à l'accusateur public. En Espagne, Bartouilh, aumônier de l'hôpital d'Orense, reçut une foule de ses compatriotes vieux et infirmes, tous nourris et entretenus avec les largesses de l'évêque de cette ville. Bartouilh trouva la mort à l'hôpital dans l'exercice de ses fonctions, et aussitôt les prêtres français et espagnols s'écrièrent que ce prêtre ne pouvait pas avoir son pareil (voir lettres de la famille Bartouilh à Mimbaste). Le frère puîné, ordonné prêtre quelques jours après sa fuite en Espagne, dit dans sa correspondance qu'il tient tout de la générosité de l'archevêque de Braga qui, du 10 août 1792 à décembre 1801, lui a donné tous les jours un honoraire et de plus une pension de 20 sols sur les rentes de son bénéfice. Il mourut en Espagne. — Basquiat-Mugriet Jean-Benoit (St-Sever, 14 mai 1726), ordonné prêtre en l'église du Mas le 28 novembre 1757; vicaire du Mas 1758, curé d'Arsac; chanoine théologal et vicaire-général à Aire, archidiacre de Marsan 1777 par résignation de Christophe de Lalane. En 1789, il prêta au Chapitre 59,000 francs pour la construction d'une digue sur l'Adour et du chœur de la cathédrale; ce dernier travail souleva les colères de l'évêque d'Aire qui perçait les chanoines de ses traits et appelait archibêtes ces architectes de nouvelle espèce. Ce ne fut plus un chœur mais un four. M. de Raigecourt jura de n'y jamais rentrer et tint parole. L'archidiacre revint d'Espagne en 1796, se tint caché de 1797 à 1800, et fut vu souvent dans la campagne de St-Sever à cheval avec deux pistolets d'arçon. Il mourut le 31 juillet 1805 à St-Sever où il avait été curé de 1890 à 1802. Son frère Benoit, né en 1720 était jésuite; Pierre, né en 1724, fut chanoine de St-Girons. Un quatrième frère, Jean-Pierre, fut père d'Alexis le constituant. — Bauvais J.-B., cordelier, né à Montauban, 21 novembre 1743, est mort à Liposthey 26 février 1805. — Bergereau Joseph (Bordères, 8 octobre 1738), prieur de la Castelle, granger de Bordères, est mort en cette paroisse 13 novembre 1816. — Bergey curé de Dax, mourut d'émotion au moment de sa rentrée à Dax en 1802. — Bergoignan Bernard (Villeneuve, 3 novembre 1756) est mort en 1833, curé de Villeneuve. — Bergueilh était né au Mas, Bernède à St-Sever. — Berreterot François, frère du curé de Gaujac (St-Esprit, 6 juillet 1761), secrétaire de Mgr de Laneuville, suivit l'évêque en avril 1802 à son retour en France. Il est mort, 24 février 1822, chanoine titulaire de Bayonne. — Beyries Jean (Montaut, 25 septembre 1728), fils de Pierre, seigneur de Mognartique, et par sa mère Jeanne de Busquet, petit-fils de Jean de Busquet doyen au sénéchal de St-Sever, et de dame Anne Dandieu de Labarrère, fut directeur à Aire, à Paris où il rejoignit ses parents et compatriotes les abbés Christophe de Lalane, Zacharie Burguerieu et Dufau. Supérieur en 1783 des Missions étrangères. Son frère, Pierre de Beyries, chevalier, garde du corps du roi, capitaine de cavalerie, avait épousé en 1773 Elizabeth de Lisle, de Geaune, sœur du chanoine d'Aire. Le chevalier de Beyries, petit-fils de Pierre, dernier de ce nom, a donné par testament sa maison paternelle aux sœurs de l'école de Montaut. — Bigex, vicaire-général de Chambéry, pensionné de 700 livres par an sur l'abbaye de Pontault, vint à St-Sever en 1792. Il fut nommé mais non sacré évêque d'Aire en 1817. Après le concordat, un Bigex est curé de Buanes. — Bilhères Thomas (St-Loubouer 1723), curé de Meilhan et directeur à Aire. Démissionnaire de sa cure en 1775. Après 20 ans de séjour à Aire, il fut appelé à Paris par Burguerieu, Arnaud Lalane et Beyries. Il y était encore en 1789 avec le titre de vicaire-général d'Oloron. Mort supérieur des Missions étrangères à Paris le 29 mars 1809. Son panégyrique a été prononcé par le Père Desmazures. Jean Bilhères, élève du collége d'Aire, avocat, neveu du directeur, est grand père de M. Dulamon, président du tribunal de Mont-de-Marsan. — Birabeu, du diocèse de Cominges, est mort doyen de Souston, et Bonnefempne, de Grenade, doyen de Bidache en 1804 à l'âge de 54 ans. — Borda Laurent (Charitte en Béarn 1756), vicaire de Dax 1780-90, curé de Saubusse, rentré le 13 octobre 1800. — Bordenave Jacques-Antoine (Mont-de-Marsan, 25 octobre 1759), neveu de Joseph de Bordenave, curé de Brassempouy, fut vicaire de Villeneuve, de St-Sever, de Mont-de-Marsan ; curé d'Artassenx et Bostenx en 1803, d'Uchac, de Campagne. — Brethoux Jean-Pierre (28 février 1736, Sarraziet), vicaire de Coudures 7 ans, curé de Cagnotte 22 ans; en 1802 curé de Belus, mort curé de Cagnotte 22 avril 1822. — Broqua Pierre (Mont-de-Marsan, 27 septembre 1737), ancien curé de Garein, curé de Bougue, était frère de Louis (8 octobre 1748) curé de St-Médard, mort en cette paroisse 1 septembre 1820; de Jean-Louis (20 juin 1749) curé de Mazerolles, venu du Frèche en 1788, mort le 21 septembre 1818; et de Jean qui épousa en 1790 une demoiselle Francine, sœur de la dame Papin. — Burguerieu J.-B. (Montaut, 5 juin 1752), vicaire de Bascons, de Ste-Eulalie, mort à Banos 26 décembre 1812, frère de Jean-Pierre, clerc tonsuré en 1770 au collége de Laon. — Burguerieu Bernard (Gaujac, 6 juillet 1750), cousin du précédent, professeur à Dax, curé de St-Pandelon, y est mort 31 mars 1819. Il était parent de Zacharie Burguerieu, mort à Paris le 16 février 1789, supérieur des Missions étrangères, de qui la sœur Hélène, veuve en premières noces de Barthélemy de Labèque, neveu de l'archiprêtre de Léon, avait épousé en secondes noces une sœur de Christophe de Lalane, supérieur à Aire. Un Zacharie Burguerieu était curé de St-Paul-lès-Dax en 1682. — Buros Jean-Marie, né au Vignau, directeur à Aire, vicaire de St-Pierre-du-Mont, de Coudures, mort en Espagne.

C

Cadroy, Philippe (Aire, 21 septembre 1756), curé de Laglorieuse 1783-1823, mort chanoine d'Aire 19 mars 1827, frère du conventionnel. — Camon-Nantéry Pierre (Labastide-d'Armagnac), vicaire de Mauléon, de St-Sever, mort curé de St-Gein 1833. Sa sœur avait épousé Chrysostome Came de St-Aigne, à Labastide. — Camy Jean-Pierre (Accous, 5 mars 1740), curé de Biganon, et son frère, curé de Sabres, rentrèrent à Cassen en 1800. — Cantin Jean (Montfort, 1756), secrétaire de l'évêque de Dax 1780-91, mort à Montfort, 25 septembre 1803. — De Capdeville d'Arrican, né le 16 août 1739 à St-Sever ou à Hagetmau, est mort en cette dernière ville 22 janvier 1825. — Capdeville, prieur de Bidache, était né à Amou, 3 mai 1712, et Capdeville, prieur de Sordes, à St-Sever en 1724. — Casalets, Pierre (Vielle-de-Tursan 1753), curé de Corbluc, et en 1788 du Frèche. — Cassiet, Pierre (Montaut, 29 janvier 1727), envoyé au Canada, et au retour gratifié par le roi d'une pension de 400 livres, se retire à Bétharram où il fut supérieur 15 ans; mais de 1792 à 1803, on ne lui donna rien de son traitement de 100 pistoles, fixé en 1791. Bernard, son frère, ancien vicaire de Sorbets, de Miramont, était chanoine de St-Girons. — Castandet Arnaud (St-Sever, 2 août 1757), brisquetin, directeur à Aire, se fit un grand renom de science dans les dominicales tenues par l'évêque au séminaire du Mas et où il réduisit plus d'une fois au silence Castel, de Carcassonne, vicaire-général d'Aire, qui montrait quelques tendances au jansénisme. Principal du collège de St-Sever en 1803, curé d'Aurice. Son oncle Pierre Castandet, né à Bascons, était mort chanoine d'Aire en 1788. — Casteyde Antoine, de Lamensans, scolain de Montaut, vicaire de Mont-de-Marsan, où il recevait 300 livres des bénédictines de Bordeaux, curé du Plan. — Célières Antoine (Jigonzac en Quercy, 8 novembre 1730), prêtre en 1755, envoyé alors à Notre-Dame de Buglose où il travailla jusqu'en 1789. A cette époque, M. Jacquier le nomma supérieur de Buglose, et en cette qualité, baron de Pouy. En 1799, Mgr de Laneuville le fit rentrer pour donner des secours à Lannes, à Orthevielle, à St-Etienne, ce qu'il fit jusqu'en 1802. En 1802, Mgr le fixa à Orthevielle « où j'attends, disait-il en 1803, le sort que la divine providence me destine, si tant est qu'on me juge digne encore de travailler à la vigne du Seigneur comme j'ai promis de le faire jusqu'à ma mort. » — Chabot François J.-B., successeur à Lahosse en 1789 de Larroque, de Roquefort, qui avait bâti le presbytère, fut remplacé le 8 avril 1792 par Laforgue, de Bagnères. L'intrus était arrivé le 2, et comme on n'avait pas sonné les cloches, le benoit fut condamné à l'amende. Chabot avait eu le soin de faire confectionner une autre clé de son église et pénétrait ainsi dans le temple pour dire la messe jusqu'à ce que la municipalité lui en fit défendre l'entrée. — Chapelain, curé de Luxey, mourut dans l'exil en 1795. — Chaumont Pierre (21 août 1749), vicaire de Vielle-St-Gor, de Doazit, de St-Gein, et en 1783, curé de Lucbardèz et Bargues. Rentré en juillet 1800, curé d'Urgons en 1803, mort à Aire le 20 décembre 1823. Frère du député, de Philibert receveur de l'enregistrement, et de Dominique. Jean-Baptiste, d'abord procureur au tribunal du district de St-Sever 1791-93, procureur au tribunal criminel du département, député aux Cinq-Cents, procureur impérial à Pau, était mort à Aire le 29 septembre 1812 à 67 ans, laissant plusieurs fils et filles de son mariage avec une demoiselle Lafaille. Pierre, J.-B., Dominique, Philibert étaient fils de Pierre Chaumont et de Marie-Anne Darthés, et petits-fils de Antoine Chaumont, venu de Noyon, bourgeois d'Aire qui, le 7 février 1711, avait épousé au Mas Marianne Dubosc, sœur d'un chanoine de Ste-Quitterie. — Chauton Barthélemy (Tartas, 29 juin 1754) vicaire de Biaudos, se rétracte, déporté 1792-1801; à son retour, il dessert Meilian et Gouts et en 1803 Saubusse. Mort en février 1820. — Cloche de Cadrieu Pierre, né au Mas en 1719 de Gabriel de Cloche et de Catherine Dusouilh. Curé de 1760 à 1791 à Fargues où son grand oncle Mathieu de Cloche avait été curé de 1690 à 1720, il mourut le 29 juillet 1800 à Ste-Marie-Alcala-de-Hénarez, et fut enterré dans cette église. En 1550 un Jean de Cloche est seigneur de Benquet; en 1554, un autre Jean de Cloche, marchand à St-Sever (*Voir archives des Castelnau à Montgaillard*). Christophe de Cloche, chanoine d'Aire 1608, est nommé principal du collége d'Aire. Jean de Cloche, chanoine d'Aire 1625-84, a bâti une petite sacristie à Aire et y a laissé ses armes parlantes. Cette famille a donné plusieurs prêtres au diocèse d'Aire. Mathieu de Cloche, curé de St-Sever; Louis de Cloche, son neveu, jésuite; un autre de Cloche est prêtre habitué à St-Sever en 1680. Plusieurs Cloche ont été bénédictins à Sordes et à St-Sever. En 1658, Mathieu de Cloche, curé de St-Sever, et Timothée, jésuite, ont pour frère Pierre Cloche, baron d'Arthos et de Lahouse, mari de Anne de Batz, de qui la fille Marie de Cloche épouse en 1663 à St-Sever noble Odet de Lavie, écuyer, avocat en la cour, fils de Pierre de Lavie et de Magdeleine Dutilh, et petit-fils de Odet de Lavie et de Blasiotte de Capdeville, mariés le 1er novembre 1601, et arrière petit-fils de Pierre de Lavie et de Jeanne de Lucquat. Odet de Lavie, époux de Marie de Cloche, était assisté à son mariage de demoiselle Dutilh, sa mère, domiciliée à Gaujac, et de Antoine de Capdeville d'Arricau, son cousin germain, et Marie de Cloche était assistée de noble Pierre de Cloche, seigneur baron d'Arthos et de Lahouse, son frère aîné; de noble Joseph de Cloche, capitaine au régiment royal; de nobles Jean et Mathieu de Cloche, ses frères, et de Mathieu de Cloche, curé de St-Sever; de Pierre de Batz, conseiller du roi, lieutenant-général, baron de Lamothe et de Luy; de Jean de Marsan, lieutenant-particulier; de Philibert Campet, avocat; de noble Jean de Batz, seigneur de Dieuse; de Joseph de Mareing et autres, ses parents. En 1703 noble Mathieu de Lavie, seigneur de Hon, fils de Odet de Lavie et de Marie de Cloche, est héritier de Mathieu de Cloche, curé de St-Sever avec sa sœur, mariée à Adrien de Gaxie, conseiller du roi à Dax, et avec Romaine de Lartigue, veuve de noble Pierre de Cloche, seigneur d'Arthos, cohéritiers avec Mathieu de Cloche, neveu du testateur (*Archives du château de Barlen*). A cette famille appartient le célèbre général des Dominicains, Cloche, de qui notre savant ami, M. Ulysse Piraube, vient de publier la biog. .phie. — Cousseillat, Jean (13 avril 1758, Roquefort), mort curé du Bourdalat 1839. Oncle de M. Lagüe, archiprêtre de Dax.

D

Danglade, Izaac, né en 1737 à Castelbarbe, près Orthèz, vicaire à Mimbaste, à Dax, curé de Ramous 14 ans, de Hinx en 1790, rentré à Hinx en 1800. — Darjou, né à St-Vincent-lès-Dax 18 octobre 1757, curé de Seyresse. — Darnaud Bernard (Coudures, 13 octobre 1756), vicaire de St-Loubouer, curé de Brocas en 1790, mort à Audignon 7 décembre 1829. — Darracq Jean (Castelnau-Chalosse 9 septembre 1745), curé d'Ozourt 1803; mort en 1817. — Darrecbieilh Nicolas (Pomarèz, 12 juillet 1741). « Depuis 1791, j'errai de ville en ville, de village en village jusqu'en 1792. » Rentré en France le 20 avril 1801 par ordre de Mgr de Laneuville, il vint à Estibeaux puis à Pomarèz. — Dastugue J.-B. (Artagnan 1745), vicaire à Lons, à Caubios, à Pau, curé de Cendresse près Orthèz 4 ans, de Monget 1783-91, rentré à Monget. — Delisse Simon, né à Aire, curé de Sallespisse, était oncle de Simon Delisse qui a été grand père de Marcel Bié, mort maire d'Aire en 1871. — Depaul Thomas, novice à la Castelle, teste le 17 février 1754 en faveur de son frère Bernard, habitant de Pouy, et lui donne sa métairie de Jouandeoû. — Desbiey, né à St-Julien-en-Born, vicaire de Puypaulin, chanoine de St-André à Bordeaux, desservit St-Julien de mai 1791 à octobre 1792, rentra à Bordeaux. Auteur d'ouvrages fort estimés sur le mouvement et sur la fixation des dunes, etc. — Desbordes, Barthélemy (Tartas, 1 mai 1745), rentra à Pouillon en 1800. — Despériers François (Habas, 20 août 1735), prieur d'Arthous, curé de Hastingues depuis 1790, rentra en 1800 et mourut 11 janvier 1815. Son frère était curé de Moliets. — Destanque Pierre (Mont-de-

Marsan, 1763), vicaire puis curé de Hontanx en 1790, mort curé de St-Pierre 12 avril 1825. — Diris Jean et Diris Léon, étaient nés à Doazit 3 avril 1747, 11 novembre 1752. — Dizé J.-B. (Aire 1736), vicaire de Villeneuve, de Mont-de-Marsan, 13 ans curé de Canenx, 19 ans curé de Bascons. Pendant ce temps il fut employé à donner des missions aux collèges, aux séminaires, aux religieuses et dans les paroisses. Rentré en 1801; oncle du célèbre chimiste de ce nom. — Doat Simon (St-Sever, 25 février 1760), sulpicien, professeur à Nantes, résida chez son frère du 1 novembre 1791 au 1 novembre 1792, curé de Roquefort, mort chanoine d'Aire. — Domenger-Courau Arnaud (St-Aubin, 12 décembre 1751), mort 13 avril 1803 à St-Justin. Domenger-Cahut Pierre (Larbey, 14 août 1762), mort curé de Bahus-Soubiran en 1832. — Dubedouits-Ducamp Arnaud (Donzac 26 décembre 1754), mort curé de Lannes 1854. — Dubosc Pierre (Cazères, 17 février 1742), curé de Villeneuve en 1780, y décédé 12 octobre 1812, et Jean Dubosc, mort curé de Cazères en 1804, étaient frères. — Ducamp Jean-Pierre (Garrey 28 juin 1760), mort 24 janvier 1817. — Ducamp-Mellan d'Orgas Louis (Tartas, 6 novembre 1737), curé de Laluque en 1770, rentré en 1802 à Meillan, curé en 1803 à Tarnos où il est mort prêtre habitué, 1838. — Ducournau-Pébarthe (Grenade), curé de St-Sever, mort en Portugal (*Voir ses opuscules au séminaire d'Aire et quelques-unes de ses lettres de 1791 aux archives de Hagetmau*). Il était vicaire-général d'Oloron. — Ducousso Bertrand (Mas, 29 septembre 1749), cousin germain de Jourdan (*voir ce nom*), curé d'Arthèz en 1790, y meurt 4 juin 1822. — Dufilho Gabriel (Mirande 1755), curé de Garosse 1786, rentré en 1800 à Morcenx, curé de Meilhan 1807-12, mort curé de Sabres. — Dulin Joseph (Lin en Auch), vicaire de Barbotan, de Campagne, mort en Espagne. — Dunogué Jacques (Mont-de-Marsan 1734), vicaire 3 ans, curé de Bascous 19 ans, retiré à Mont-de-Marsan vers 1778. — Dupin Blaise (Pontonx, 6 février 1757), vicaire de Sabres, de St-Jean-de-Marsacq, de Pouillon, rentré en 96 avec le titre de missionnaire, exerça à Lannes, à Mimbaste; se cachait habituellement chez la mère du prêtre Dussaut; mort à Tartas 5 juin 1816, oncle du chanoine Pédegert à Aire. — Dupin-Labrauze Gabriel (Goussies, 29 janvier 1763), rentré à St-Gein 1801, curé d'Uchac. — Dupont Jean-Louis (Tartas, 10 mars 1753), vicaire 9 ans, curé de Tarnos 5 ans, rentré avant fructidor, ne sortit plus; vint à Tarnos en 1800, mais trouvant l'église occupée par un intrus, il se retira à Œyregave en 1801; curé de Meillan 1801, mort en 1807. — Dupoy-Camau, vicaire de Buanes, né à Geaune, mourut en Espagne. Son frère, vicaire de Banos, n'émigra pas. — Dupoy Louis (St-Sever 1744), dominicain, professeur de philosophie et de théologie en divers couvents de son

Ordre, et diverses universités. En 1803 professeur de mathématiques au collége de St-Sever. — Dupoy Pierre-François, curé d'Orist, résigna en 1778 sa cure à son neveu Dupoy Arnaud (Tartas, 25 décembre 1653), et il était frère de Mathieu (Tartas, 8 février 1739), curé de Pey en 1777. — Dupoy Pierre-François (Tartas, 22 décembre 1763), neveu des précédents, ordonné prêtre à Montauban, faisant alors son université à Toulouse, directeur à Dax 1788; mort en 1818 supérieur du séminaire de Dax, enterré dans la chapelle. — Duprat Louis, né à Tartas en 1764, frère du député. — Durosier Laurent (Dax, 14 janvier 1752), est mort à Tercis 13 juillet 1839. — Dussaut Pierre (Dax, 8 octobre 1763), directeur; en 1803 directeur du collége. — Dusouilh, Pierre-Charles (Duhort, 30 janvier 1741), vicaire du Vignau, de Mugron, curé d'Aire 1777-79, chanoine d'Aire, vicaire-général, abbé de St-Girons, mort à Aire 27 juin 1810. Son frère Pierre-Ignace (Duhort, 30 juillet 1742), curé d'Aire après son frère, puis chanoine; mort à Aire 7 août 1810. « Leur mort, dit le curé Labeyrie à l'évêque de Bayonne, a été celle des saints prêtres. — Duvignau Pierre-Bernard, né à Duhort, chanoine de St-Loubouer, curé de Buanes, mort à Bahus.

F. G. H. I.

Farthoat Jean-Arnaud (Brassempouy, 12 janvier 1763), capucin, dit le Père de Caupenne. — Faubau Bernard (Dax 1741), vicaire à Habas, directeur des Ursulines à Orthez, curé de Castets 9 ans, en 1780 de St-Martin, rentré en 1801 à Biarrotte, puis à Hinx. — Ferragut Arnaud (Plan 1757), vicaire de Sarbazan, de St-Sever, curé de Bergonce 18 ans, rentré à Bergonce, curé de Cazères en 1804, y meurt en 1810, vir doctissimus. — Galos Pierre (St-Sever, 21 mai 1761), curé de Labrit en 1790, mort à Coudures 1842. Son frère Bernard est mort à Doazit 22 février 1822, au moment de se mettre à table au château le jour où l'on célébrait l'anniversaire du décès du dernier des Foix de Candale. — Garrelon Jean (Mont-de-Marsan, 19 septembre 1743), carme de 1768 à 92, avait exercé le ministère, enseigné dans son Ordre la philosophie et la théologie 14 ans. Il y occupa toutes les places sauf la première. Rentré à Mont-de-Marsan 1802, il y est aumônier de l'hôpital en 1810. Son frère Jean (Mont-de-Marsan 16 octobre 1755), vicaire, était retiré à Mont-de-Marsan en 1803. — Gayet est mort curé de St-Gein en 1831 à l'âge de 77 ans. — Les Glize, prêtres, étaient nés à Castandet. — Goffre Jean (St-Félix en Toulouse, 14 avril 1724). — Goze était d'Amou, mort en Espagne. — Hiriard est mort curé de Pey en 1831, âgé de 80 ans. — Izauts Erasme (Tarbes 8 février 1748), 5 ans vicaire, 5 ans curé de

St-Martin-d'Oney, mort à Peyrehorade en 1840. — Izorche mourut en Espagne.

L

Labat Bernard, était né à Boulin, du juge de la baronie de Hagetmau et de Catherine de Busquet. — **Labeyrie-Hourticat** Raymond (Hagetmau, 8 avril 1762), mort à Horsarrieu en 1837, avait pour frères : Pierre-Ignace (30 juillet 1764), vicaire de St-Sever, curé d'Aire 1803-21, vicaire-général 1821-47, et Jean-Baptiste dont il sera parlé plus bas. — **Laborde** Dublanc, né à Nerbis, chanoine à Aire, neveu d'un chanoine d'Aire de même nom, mort à St-Sever en juin 1779, eut un frère qui épousa une des sœurs de J.-J. Lamarque. — **Laborde** Dominique (Nerbis, 24 décembre 1754), vicaire de Boulin, mort curé de Duhort 4 décembre 1818. — **Laborde-Theuler** Pierre, né à Morlane 1739, fils de Jean Laborde et de Jeanne Laferrère, curé de Duhort, rentre en cette paroisse en 1800, y meurt 12 décembre 1807. — **Laburthe** Joseph et Etienne, nés à Grenade, 13 octobre 1751, 4 avril 1745. — **Lacassagne** Jean (Louvigny, 6 septembre 1735), prémontré d'Arthous, prieur de Divielle 5 ans; en 1801 à Belus. — **Lacoste** Jean (Brocas 1743), curé des Ostaux-Royaux de Larbey et de Maylis son annexe dite Bosc-Saubon. — **Lacouture** Bertrand (Hauriet, 25 novembre 1743), chanoine à Aire, mort à Hauriet, 5 juin 1827; son frère Dominique (16 mars 1747), vicaire de Beylongue, curé de Sore par démission de M. de Vidart en 1782, vint à Mézos en 1801 sur les terres de M. de Vidart, y exerça deux ans, puis à Castelsarrasin et Arsague, mort en 1819 curé de Toulouzette ; un 3ᵐᵉ frère Jean-Baptiste (15 mai 1749), sulpicien à Angers, à Toulouse, vint dans les Landes en 1790, rentré à Paris en 1803. — **Lafargue** Joseph (Bourriot 1750), vicaire 3 ans, archiprêtre d'Arue en 1784, rentré en 1796, emprisonné après fructidor, s'évada dans la nuit du 29 au 30 pluviose an VIII avec Philippe Cadroy et Pierre Lalane, en laissant sur la table de la prison une lettre d'adieu au Département. — **Lafont** Raymond (Lectoure 1751) capucin, dit le Père Eustache, travailla 9 ans en Dax, rentré en 1801, fut envoyé à St-Geours At. puis à Poyanne, mort curé de St-Geours de Maremne 11 mai 1808. — **Lafont**, Volusien, lazariste, était curé de Gourbera en 1805. **Lagarde** Joseph (Grenade 21 avril 1743), vicaire 6 ans et 6 mois de Montaut, Roquefort, Doazit, curé de Roquefort en 1776 par démission de Dosque, rentré à Roquefort en 1801. Son frère Anne-Joseph (25 janvier 1755) vicaire de Roquefort 5 ans, de Doazit 30 mois, de Mugron 8 ans, rentra en 1797 à Grenade ; en 1803, les bourgeois de Mugron le demandèrent pour curé, mais la campagne se déclara pour Marsan. — **Lagrace** Jean-Joseph (Dax, 7 avril 1748), 7 ans vicaire, 7 ans curé de St-Pandelon, en 1782 de

St-Paul par résignation de Marjouan; rentré en 1802 à St-Paul, y meurt 6 avril 1817. — Lalane Pierre (Hontanx, ou Villeneuve, 29 septembre 1738), vicaire 5 ans, curé de Pujo en 1771. — Lalane-Augerin Arnaud (Montaut 13 février 1720), dit le bâtard, parce que son acte de baptême ayant été omis, il fallut en 1782 une enquête pour le suppléer, était fils de Izaac, frère de Christophe, le supérieur d'Aire, et de Hélène de Burgueriea, sœur de Zacharie, supérieur des Missions à Paris. Arnaud fut trésorier de Langres, directeur à St-Sulpice, chanoine à Aire, mort en 1795 à Huesca où Dupin-Labrauze lui ferma les yeux. Christophe de Lalane, son frère, était mort abbé de St-Girons en 1768 avec une grande réputation de sainteté et de savoir; un troisième frère, Izaac, épousa une sœur de l'abbé de Beyries (voir ci-dessus), et n'eut pas d'enfant. Izabelle, leur sœur, ne se maria pas; Marie, autre sœur, épousa Bertrand de Lisle, son cousin. Christophe de Lalane, frère d'Izaac, et oncle du trésorier de Langres et de l'abbé de St-Girons, né à Montaut en 1697, fils de Christophe, sieur d'Augerin en Audignon près des Camps, et de Françoise de Lamaignère, était petit-fils de Jean de Lalane et de Jeanne Mora, arrière-petit-fils de Pierre Lalane et de Jeanne Cabiro mariés à Montaut en 1608, lesquels eurent encore Pierre et autre Jean, mort religieux. Les Lalane-Lamathe étaient venus des Lalane-Augerin. En effet, Daniel de Lalane-Lamathe, né le 17 avril 1713, prêtre, se dit, en 1748, fils d'un Izaac de Lalane-Lamathe, petit-fils de Pierre de Lalane, arrière petit-fils de Pierre de Lalane et de Jeanne Cabiro, ci-dessus nommés. M. Firmin Lalane des Camps, né à Horsarrieu, maire de Castelsarrasin, neveu de Pierre Lalane mort principal du collége d'Aire en 1829, se dit parent des Lalane-Lamathe, comme il le prouve par les liens qui le rattachent à M. Lamathe mort curé de Castets; donc, les Augerin, les Lamathe et les des Camps ont la même origine. — Lallemand Claude François, vicaire-général, était né le 25 août 1748. — Laloubère Jean-Pierre (Doazit 30 avril 1749), chanoine de Pimbo, curé du Vignau, y meurt 3 janvier 1822. — Lamaignère Christophe (Montaut 29 mai 1750), vicaire de Mugron 4 ans, curé de Tosse en 1783, rentré à St-Paul 1800-03, curé de Gamarde, mort curé de Castets. Son frère Florent, vicaire de Doazit, de Mont-de-Marsan, curé d'Aire en 1782, mourut en Espagne; un troisième frère, prémontré, mourut sous la Terreur. — Lanavère Pierre (Larbey, 9 août 1754), vicaire du Mas 1781-92, rentré au Mas en 1800, vicaire de cette paroisse 1800-09, curé, y meurt 22 mars 1822. — Lanavère Pierre (16 septembre 1747 Lahosse), rentré à Linxe 1801-03, curé d'Ossages, mort curé de Bastennes à Dumes le 14 décembre 1816. — Lannefranque-Larrey (Mugron 1736) vicaire 30 mois à Audignon, curé de Gouts 1763, de Lamothe 1764-78 missionnaire 2 ans, directeur à Aire 1780-82, supérieur à Dax 1782-91, rentré en 1801 à Mugron. — Larregien Martin (Pouillon, 16 mars 1764), vicaire de Lesperon, rentré en 1801, curé de Gaas, mort au St-Esprit le 10 mai 1827. — Larqué Christophe, né à Lannemaignan, se retira en 1800 chez des parents à Ousse. — Larrède Etienne (Montfort 11 décembre 1759), capucin à Arthez, dit le Père Bruno, curé constitutionnel de Bonnegarde 25 mars 1791, se rétracta et se démit 11 septembre 1792; rentra en 1800 à Montfort près de Turon. — Larreyre François (Tartas, 11 mai 1747), frère du député; vicaire de Sabres, de Labatut, de Dax, curé de Nousse 1782, rentré en 1801, mort 25 juin 1812. — Larrieu Gilles (Mas, 3 août 1757), fils de Pierre Larrieu et de Catherine Dizé; oratorien, professeur au collége d'Autun 1786-92; curé de Brassempouy 1803-08, de Dahort 1808-12, professeur de théologie au séminaire de Bayonne 1812-17, curé de Baigts, de Nerbis, mort prêtre retiré à Latrille en 1846. Il était neveu de Bernard Larrieu, prébendier à Aire, né au Mas 3 janvier 1737, et qui, en simulant la folie, rendit beaucoup de services à Aire sous la Terreur. En 1685, un Martin Larrieu, né au Mas, au *loup de la lane*, fondateur d'une prébende à Geaune, est curé de Ste-Hélène de la Lande en Bordelais. Son neveu, Pierre Larrieu, né au Mas en 1665, notaire à Aire, époux de Jeanne Destouet, eut pour fils : Joseph, Louis-Antoine et François-Joseph. Joseph, l'aîné, fut père de Jacques-André, mort aux Antilles en 1742, et de Pierre, avocat, mort en 1743 à la Martinique. Louis-Antoine, le cadet, fut prébendier à Aire et mourut en 1751; le troisième frère, François-Joseph, se fixa à Bordeaux en qualité d'avocat. En 1769, sa fille Marguerite épousait au Mas d'Aire Jean Cadroy, dit Compère. Ce François-Joseph est la tige des Larrieu de Bordeaux, qui de nos jours ont donné un député, maire de Bordeaux, et un vice-amiral. — Lartigan Arnaud (Campenne, 22 février 1747), vicaire de Gaujac, de Tartas, curé de Pontonx, de Poyartin, de Cauneille en 1786, dessert Peyrehorade et Cauneille 1801-03, mort à Bayonne, 31 octobre 1816. — Lasalie Jean (Castelnau-Magnoac 1736), curé de Lier 1768-92, y meurt, 11 décembre 1806. — Lassègue Jacques-Etienne (Habas, 22 août 1751), vicaire de Mimbaste, Peyrehorade, Amou, Tartas, curé de Bastennes, rentre en 1801 à Mimbaste où il est mort vers 1830. — Lauqué Jacques était né à Aire en 1757; le chanoine Laur à Sallespisse; Laville le 9 février 1759; Lesbats dit Mouquet, à Castets le 27 septembre 1759. — Lescarret François (Arjuzan, 20 juin 1737), vicaire de ses deux oncles à Arjuzan, titulaire de cette cure en 1775 par résignation de Commarieu, rentré chez son neveu en 1801 à Arjuzan, y meurt 19 juillet 1819. Lescarret Vincent (Arjuzan, 17 juin 1767), son neveu, est mort curé de la même paroisse en 1834.

M

Marsan Jean (Villeneuve, 14 janvier 1759), vicaire puis curé de Mugron 1803-24. Marsan Jean-Charles (Montaut 31 juillet 1762), chartreux, frère de Henri (29 novembre 1752), barnabite, qui oublia ses vœux. — Martres Anicet (Castandet 17 avril 1762), vicaire d'Arthèz, de St-Gein; rentré en 1801 à Maurrin où il est mort en 1818. — Massie J.-B. (Habas 1755) dessert Habas 1801-03, nommé à Pomarèz *(Voir au séminaire ses lettres contre Bergeyre)*. — Melet Jean-Jacques (Mugron 1737), ancien curé, chanoine de St-Girons, y meurt 24 juillet 1816 *(Voir au séminaire la lettre élogieuse de Labayle sur Melet)*. — Menou Janvier, mourut en Espagne. — Mérignac (Mallet de) Joseph (Tartas, 21 octobre 1758), diacre et supérieur du petit séminaire de Dax, d'où il sortit après 18 mois pour exercer le ministère à Donzac 2 ans; en 1788, chanoine de la cathédrale de Metz gouvernée par l'abbé de Chambre, évêque d'Orope, son cousin. Il y demeura trois ans, vint à Tartas en 1790, s'occupa près de son oncle à Bonnut, puis à Morcenx; rentra en avril 1802, desservit Ousse; mort prêtre habitué à Mont-de-Marsan vers 1846. Son oncle, Jean-Louis de Mérignac, était né à Tartas en 1723. — Montauzié (Lit, 7 mai 1745), vicaire 7 ans, curé 15 ans à Siest, y rentra en 1801; mort curé de Heugas et Siest en 1805. — Mouro-Lapierre, mort à Sordes en 1846, âgé de 96 ans.

N P R.

Nalis Antoine (Grenade, 7 juin 1750), mort curé de Doazit 9 février 1816. — Les deux Nolibois étaient nés à Tartas, l'un le 4 août 1758. — Nozeilles Jacques (Mas, 7 juillet 1747), vicaire de Pau, de Uchac, successeur à Uchac en 1783 de son oncle l'archiprêtre de mêmes noms. En 1802, il demanda la cure ou le vicariat d'Aire, sinon la succursale de St-Aignet, y résida 1802-24, mort chanoine d'Aire 27 mars 1827. Antique famille d'Aire, aujourd'hui éteinte. — De Pausader François, né au château de Bachen, fils de Mathieu II et de Marthe de Lavie, curé de Bahus-Soubiran, vicaire-général d'Aire, émigré en Allemagne, mort à Bachen en 1812 (1).

(1) *A M. de Pausader, à Munster* :

Si vous êtes déterminé, monsieur, à suivre l'exemple de plusieurs de vos confrères qui rentrent en France, je vous conseille d'exécuter ce projet avant la mauvaise saison et je désire bien sincèrement que dieu vous accorde un heureux voyage. Vous vous adresserés à M. Lamarque, supérieur du séminaire qui a mes pouvoirs et toute ma confiance et non point à d'autre. Conformés-vous entièrement à tout ce qu'il vous dira, et vous serés sûr de suivre mes intentions en toutes choses. Cette instruction, quoique courte, ne vous laisse rien à désirer. J'y ajoute seulement que j'ai condamné et que je condamne la promesse de fidélité à la Constitution de l'an 8 que le gouvernement françois exige des prêtres et que vous ne pourriés faire sans désobéir à votre évêque, à moins que le pape ne le déclare licite. Stn., évêque d'Aire. Paderborn, 15 septembre 1801.

Un de Pausader, né à Bachen, fut curé de St-Geours-de-Maremne 1687-1707. Raymond, frère de Mathieu I de Pausader, résigna en 1708 sa cure de Ste-Croix de Ragne en faveur de son neveu Daniel de Pausader et fut nommé chanoine de la cathédrale de Saintes. Noble Pierre de Pausader, prêtre en 1709, est curé de Malaussane en 1718. Son testament de 1745 est à Mont-de-Marsan *(Liasse de Pontault, 1720-87).* Bernard de Pausader est curé d'Aire 1736-45, puis de Malaussane; son frère Raymond est chanoine à Saintes. — Péliclé Jean-Pierre (le Houga 1759), professeur de Philosophie à Dax 4 ans, vicaire forain à Arengosse 6 ans, curé d'Arengosse en 1789, y rentre en 1801; demandé pour curé de Tartas l'an XI, curé de cette paroisse 1 avril 1809; démissionnaire août 1820, professeur de théologie à la faculté de Bordeaux, y meurt en 1832. — Pelport, né le 12 septembre 1754, est mort curé de Souston. — Portatieu Jean-Pierre (Urdos 1762), rentré en 1800. — Rigal Joseph, né à Aurillac, meurt à son retour à Poyanne en 1802.

S T V.

St-Girons Joseph (Roquefort 1747), vicaire de Bourriot, curé de Maillas 1775, rentré trois mois avant fructidor, se tint caché 3 ans en cette paroisse et y résida jusqu'en 1802; curé d'Urgons, y meurt 25 ventose an XII. — St-Jean Pierre (Tartas 7 octobre 1753), vicaire et curé de Lit jusqu'en 1792, rentré à St-Julien en 1801, mort curé de Lannes en 1841. — St-Marc J.-B. (Mont-de-Marsan, 15 octobre 1755), curé de Grenade 15 décembre 1788 par démission de Desbons, exilé en Amérique où il devint curé d'une paroisse et fut employé aux missions sous l'inspiration de l'évêque de Québec; curé de Mont-de-Marsan en 1803, mort en 1845. — St-Mont Bernard (Maillas, 6 novembre 1757), vicaire de Lencoac, mort à Maillas 26 juillet 1821. — Séguy François (Dienne en Auvergne 1724), vicaire en Dax 8 ans, curé de St-Pandelon 1759, de Thétieu 1767-92, mort à Dax en 1803. — Seris Louis (Doazit, 25 août 1748), directeur à Aire, vicaire à Bahus-Soubiran, curé de Cachen 1789, à Duhort en 1800, mort directeur des Ursulines de St-Sever en 1843. — Solinhac Jean (Teyrat en Quercy 1763), prêtre à Buglose, en 1801 curé de Lesgor et Pontonx, démissionnaire de Saubrigues en 1817, mort à Pontonx 1842. — Sourdois Joseph (Maillères 2 octobre 1759), curé de St-Gor 1787, y rentre en 1801. — Sourdois Antoine (Villeneuve 11 octobre 1761), vicaire de Benquet, rentra en 1809. — Tachoires Léon (13 novembre 1753, Heugas), prêtre en 1776, curé de Saint-Vincent-de-Xaintes, archiprêtre de Grésin dont l'église paroissiale est mère et matrice du diocèse de Dax; rentré en 1801, mort à St-Vincent 15 novembre 1821. — Thomas Jean (Meilhan 25 février

1755), vicaire 8 ans, curé de St-Pée 1787, rentré en 1797 à Donzac où il est en 1803. — Tomieu Jean (Goatz 1753), rentré à Goats, mort en 1810 curé d'Audon. — Tuquoy Pierre (Ossages, 7 mars 1755), vicaire de Dax 1789-92, curé de Tartas 1800-02. — Vaissette François, né le 18 novembre 1753, est curé de Pouy 1804-15. — De Vidart Laurent (Tartas, 23 novembre 1738) et Guillaume de Vidart, curé de Commensacq en 1775, étaient frères de Jean-Joseph de Vidart (13 janvier 1742), ex-curé de Sore, lequel mourut à Mézos 14 septembre 1818. — L'abbé de Viella est mort chanoine d'Aire. — Vignau Michel (7 août 1751, Orègue en Béarn), curé de Peyrehorade, chanoine de Dax, curé de Dax en 1802, mort en décembre 1826. — Vios du Gay Bernard (Tartas, 11 mars 1730), archiprêtre d'Urgons, mort le 12 novembre 1807. — Vios du Gay Ambroise (Tartas 1729), vicaire d'Audon 4 ans, curé de cette paroisse 1759-91, y meurt 12 novembre 1809. — Vios-Lasserre J.-B. (Tartas, 8 avril 1750), vicaire 1774-81, curé de Hinx, de St-Jean de Marsacq, rentré en 1800, mort 25 février 1813. — Vivé Pierre (Salies 1743), directeur à Dax, curé de Lannes, y rentre. En 1809, étant curé de Donzac, on lui offre et il refuse le principalat du collège de Dax. — Vives Louis (Tartas, 12 mars 1738), vicaire 6 ans, secrétaire de Mgr d'Aulan 18 mois, de Mgr de Lancuville 18 mois, curé de Ste-Marie 1773, rentre en avril 1801 à Ste-Marie maison Bordus.

3° Prêtres laissés dans leur domicile (p. 185).

Duhart, né à Nogaro, curé de Montaut, prêcha un grand nombre de missions sous la direction de M. de Gaujac, avec Desbons, curé de St-Loubouer, et Valette, d'Aire, curé de Mont-de-Marsan. — De Marsan Henri, chanoine de St-Girons. Son neveu, Galatoire de Marsan, était chanoine à Beauvais. Tausin de Bonnehé avait été curé du Vignau, de St-Sever. — Larronture Pierre (Orthez, 15 février 1722), vicaire d'Oasse, de Tartas, directeur des Ursulines à Dax, curé de Lannes 27 ans, démissionnaire en 1784; resta à Tartas, dépositaire des pouvoirs de l'évêque. Ne pouvant après un certain temps remplir la charge de vicaire-général, il écrivit en Espagne pour envoyer sa démission qui ne fut pas acceptée. Mgr nomma pour le secourir quatre curés; il se démit de ses fonctions au retour de M. de Laneuville.

4° Prêtres cachés dans les landes (p. 185).

B

Badets de St-Paul-lès-Dax, s'échappa des prisons de Dax le 6 germinal an IV. — Baffoigne Dominique (Mugron 27 février 1759) mort curé de St-Savin plus que nonagénaire. — Bats Bernard (Nerbis, 26 juillet 1751), mort curé de Grenade, 21 septembre 1833. Ses sermons ont été publiés en deux volumes par Arnaud Destenave. — De Beaufort-d'Heurtaud Antoine-Hélène (Coudures 18 août 1763), mort à Coudures 17 décembre 1822. Son oncle Simon-Joseph de Beaufort était chanoine de Beauvais et frère de Léonard, père de l'abbé, né à St-Sever le 5 août 1743. Le 26 mars 1724, à St-Sever, Paul-Robert de Beaufort, évêque de Condom, avait béni le mariage de Joseph-Antoine d'Heurtaud, comte de Beaufort, seigneur de Totavel et autres lieux en Narbonne, avec Marie d'Ancos de Lacamoire. — Bergoignan Bernard (Villeneuve 3 novembre 1756), curé de Montaut, curé de Villeneuve 1833. — Brettes-Peyron Alexis-Auger (St-Sever, 14 juillet 1752), vicaire de Bérquet, d'Audignon, mort à Casalon 1840. — Brunet Jean (Mont-de-Marsan, 26 mars 1746), vicaire de Labastide-reine, de Hagetmau, de St-Sever, curé de Lamothe 1782, mort le 10 mai 1827. Un de ses frères avait épousé en premières noces à Duhort une demoiselle Labrouche-Doat, tante de M. Maumen, curé actuel de St-Cricq, et en secondes noces à Linxe, la sœur du général Darricau.

C

Cadroy Joseph, dit Compère (Mas 21 septembre 1749), fils de Jean et de Catherine Larrieu, curé de Campet en 1788, mort le 19 mai 1812. Il résida à Campet du 1 octobre 1791 au 1 mai 1792, puis jusqu'au 9 fructidor an III, il se cacha à Duhort, allant de maison en maison; revint à Campet jusqu'au 27 fructidor an VII. Pris, il répond devant les juges à Mont-de-Marsan qu'il avait un passeport et qu'il serait sorti s'il avait eu de quoi vivre en pays étranger; que pour ses moyens d'existence dans la contrée il avait souvent reçu des bergers un peu de pain de leur havresac; qu'on lui mettait parfois des pièces de 12 sous dans la poche; que ses fonctions lui avaient procuré quelques ressources, mais que depuis six ans, il n'avait fait que quelques baptêmes; qu'il avait parcouru Aire, Duhort, Cazères, Lamensans, Renung, Baanes, Campet, Geloux, Uchac, Lamolère, Cère, St-Avit; qu'il avait dit la messe dans l'église de Campet lorsque les lois le permettaient, et, sous la Terreur, dans les cabanes; qu'il l'a aussi dite dans une maison de la commune de Campet qui n'était pas habitée et dont il trouvait les portes ouvertes, et qu'il faisait assister à la messe un enfant en cas de maladie subite et qu'il se la répondait lui-même. — Caillé Jean-Pierre (St-Sever, 11 février 1754), vicaire de Pimbo 1786-90, curé de St-Loubouer 1803, se brouilla avec l'ordinaire, fut interdit quelque temps, plus tard curé de Benesse-Maremne, le 29 décembre 1815 doyen de Saubrigues, mort 20 juillet 1816. — Carpuat, né en 1758 au diocèse de Lectoure, se rendit en 93 dans son pays natal, homme d'une grande intelligence, et de qui

M. Lalane faisait en 1804 le plus grand éloge. — Cazaulx Jean (Mont-de-Marsan, 18 octobre 1745), curé de Lamothe, de Cauna, mort en cette paroisse 13 mars 1820. — Darbins J.-B. (Samadet, 28 octobre 1757), fils de Darbins médecin, et filleul de Darbins commis à la faïencerie royale de Samadet, fut vicaire de St-Canne 1782-88, aumônier des Ursulines de St-Sever, se cacha dans le pays entre St-Sever et Montgaillard ; curé de Poyanne 9 mai 1804, cédant aux instances du préfet qui professait pour lui la plus haute estime. Mort à Poyanne 5 janvier 1835. Cousin germain de l'avocat guillotiné. Mgr Mathieu, ancien avocat de M. de Montmorency au château de Poyanne, aujourd'hui cardinal-archevêque de Besançon, doit à M. Darbins après Dieu sa vocation au sacerdoce. — Darbo Pierre (Mugron, 11 novembre 1749), barnabite à Lescar, Bazas, Guéret, St-Andéol, Montargis; Darbo Pierre (Mugron, 20 novembre 1753), barnabite à Lescar, Bazas, Guéret, St-Andéol; Darbo Jean, étaient frères, de famille noble. — Desès de Caupenne François (Doazit, 24 avril 1757), fils de Bernard, baron de Caupenne, Baigts, Lahosse, et de Elizabeth Damieux, directeur à Aire, vicaire de Souprosse, curé de Caupenne, se cacha en Languedoc, en Chalosse. Curé de St-Sever 1803, mort en 1849. — Destenave Arnaud (Duhort, 16 juillet 1759), fils de Jean et de Marie Labrouche, prêtre en 1786, professeur de troisième et de rhétorique à Aire 2 ans, de philosophie 4 ans, se retira à Duhort en janvier 1792 où il vicaria jusqu'en avril, se tint caché sous la Terreur à Duhort, Renung etc., administrant tous les sacrements, passa quelques mois en Espagne après fructidor: professeur à Aire 1804-12, supérieur du petit séminaire 1812-24, du grand séminaire de Dax 1824-42, rentré à Aire comme chanoine, y meurt en décembre 1854. Pour récompenser les habitants de Renung et de Duhort de leur dévouement sous la Terreur il fit paver à ses frais leurs églises en pierres de Bidache, sauf 511 petits carreaux tirés du cloître de la Castelle par la marquise de Pontac en faveur de Duhort. — Dubosc-Taret Jean-Jacques (Houga 1754), vicaire du Houga 1788-89, curé de Leuy où il résida 1789-1803 sauf six mois de prison, cousin de Dubosc-Peyran chanoine de St-Girons. — Dubourdieu Pierre (Momuy, 18 juillet 1752) vicaire puis curé de Castets en Aire, se cacha à Momuy, passa en Espagne à la fin de 93 jusqu'au 18 fructidor, revint à Momuy, s'y tint caché trois ans, à Castets après le 18 brumaire, y passa quelques jours pour rentrer à Momuy de 1800 à 1803, est mort en cette paroisse. — Ducor-Duprat était né à Estang le 3 septembre 1720. — Ducournau-Placiat Pierre (Monségur, 19 mai 1744), vicaire du Mas 5 ans, de Doazit 6 ans; il eut une maladie chronique et le bureau diocésain lui fixa une pension de 50 écus. A cette époque, au moment où il plaidait un canonicat au chapitre de Lescar

M. de Noë le pourvut de tous ses pouvoirs et il en jouit de 1780 à 1792. Il fut nommé prieur et seigneur de la ville de Bassèges en Languedoc et posséda deux ans ce bénéfice. M. de Caux lui avait fourni le moyen d'en prendre possession sans s'y transporter. Admis à la congrégation par MM. de Grave et de Benquet d'Arblade, vicaires-généraux de M. de Noë, il ne cessa pas de rendre ses services au diocèse d'Aire et de s'y transporter dans les temps les plus désastreux, quoique, en effet, il eût son domicile particulier à Samadet, « tant parce qu'il fut sollicité par M. de Caux de ne pas quitter son diocèse que par les instances des particuliers de Samadet pour les secourir dans le moment où il ne paraissait pas de prêtre. » Mort à Monségur 4 août 1811.—Pierre Bertrand, frère du précédent (Monségur 1745), curé de Mant, arrêté à Samadet le 17 germinal an VI. Le président lui dit que les attroupements qui ont eu lieu à Mant, Monségur Monget, Peyre et communes environnantes, à diverses reprises, ont été l'objet de ses prédications, puisque les habitants se sont attroupés pour l'enlever lui et son frère des mains de la gendarmerie. Il répond que quant aux attroupements, le premier qui eut lieu à Mant, composé des habitants de Peyre, ne peut pas lui être imputé, puisqu'il ne disait pas la messe depuis 18 mois; que celui de Monségur, non plus que celui de ce jour même ne lui sont pas imputables, n'ayant vu personne au moment de l'arrestation. — Ducournau Bernard (Monségur, 6 juin 1756), était vicaire de Labastide. Le quatrième frère, né à Samadet le 5 novembre 1758, fut curé de cette paroisse en 1790, et mourut le 17 janvier 1816; ils étaient fils de Jean Ducournau-Placiat et de Elizabeth Labat. Leur sœur Ninette épousa un Datournier, frère du curé de Belis. — Dufossé Etienne (Cauna, 1 mars 1758), vicaire à Campagne 3 ans, à Castandet 7 ans et demi; de 1795 à 1803, employé à Ste-Eulalie de St-Sever, mort curé de Campagne en 1835. « Je me fais honneur de n'avoir pas prêté serment. » — Dupérier Dominique (Mugron, 13 avril 1758), curé de Bourdalat et Montégut 1785-89, de St-Aubin 1789, réoccupa Bourdalat du 1 janvier 1792 au 16 juin, ne quitta pas St-Aubin sous la Terreur; resté sans fonctions en 1803, après son refus de Bassercles: il s'adressa à l'évêque d'Agen qui lui donna la cure de Montguilhem où il resta six ans, mais comme le peuple poussa l'ingratitude jusqu'à lui refuser presque l'absolu nécessaire, il vint à Montégut « où j'ai la douleur (lettre du curé du Bourdalat à Bayonne 13 décembre 1809) de voir ce bon prêtre assister le dimanche à une messe, confondu avec les séculiers. Je ne vous cacherai pas, monsieur, que cet état d'humiliation pour un prêtre qui a blanchi sous le poids du ministère, pour un généreux confesseur de la foi, me navre le cœur. Si je prends aujourd'hui la liberté de vous importuner, c'est pour vous prier, monsieur, de joindre vos instances aux miennes pour obtenir de Sa Grandeur qu'elle accorde à ce bon prêtre la permission de dire la messe dans Montégut et dans le ci-devant diocèse d'Aire.» — Duplantier-Poule Jean (Boulin 1761), traversa toute la Chalosse en 1793 et 1794, se fixa à Roquefort 1797-1803, curé de Meillan en 1812, trouvé mort dans son lit 1817. — Dupoy Pierre (Villeneuve, 27 janvier 1744), curé de Vielle 1777, enfermé à Pau sous la Terreur. Dartigoeyte tenait beaucoup à ce prêtre et ne manquait pas de le faire avertir toutes les fois que le danger menaçait. Il se tint longtemps caché dans l'épaisseur d'un mur du presbytère. — Duséré J.-B. (Geaune, 9 juillet 1751), curé de Sensac, chanoine de Pimbo, curé de Sensac 1803, refuse la cure de Geaune en 1814, chanoine d'Aire 1824, mort 30 octobre 1838. — Dutournier Antoine (Monségur, 10 janvier 1750), vicaire à Mont-de-Marsan, curé de Belis, de Labrit 1814-26. — Dutoya (Sarraziet 1758), vicaire de St-Savin, écrivait de Saintes le 1 octobre 1803 : « Il m'est impossible de me charger d'une paroisse ni grande ni petite. La Révolution que j'ai supportée dans son entier m'a mis hors de combat. Une humeur dartreuse qui en est le fruit et qui répercute très souvent, m'a très souvent privé de dire la messe. Si je me remets, j'aurai l'honneur de me présenter à M. l'évêque, et de lui demander de l'emploi » — Duvignau Pierre dit Baron (29 décembre 1761), prémontré à la Castelle, à Sarrance, est à Urgons 1795-1803, à Lagrange 1803-31, mort dans sa maison natale en 1834, visité par Mgr Savy.

F G J.

Faget Jean dit Candille (Mont-de-Marsan 28 janvier 1757), vicaire de Grenade, est en 1805 professeur au collége de Dax ; M. Duplantier, principal, l'appela au collége de Mont-de-Marsan. — Gigon Pierre (St-Sever 9 juillet 1765), vicaire de Bahus, était frère de Jean-Baptiste, barnabite, né le 29 février 1753, et du vicaire de Doazit. — Jourdan Jacques (Mas 26 juillet 1756, *voir Ducousso*), directeur à Aire, caché sous la Terreur à Cazères, Duhort et Latrille, professeur en 1803 au collége de St-Sever, puis principal; recteur de l'académie de Pau. Le 11 septembre 1831 à 8 heures du soir, on le trouva mort à l'entrée de la rue du Mas, près du portail du collége, avec une grosse blessure à la tête, blessure dont il ne fut pas possible d'avoir l'explication. M. Laurentie, ancien élève de M. Jourdan, a fait dans l'*Union* l'éloge de ce prêtre savant et vertueux. — Junca mourut dans une prison à Bordeaux. — Juncarot (Dupin de) Félix, neveu des curés de Samadet et d'Arboucave, né à Samadet 1753, fut en 1802, curé du Frêche, St-Vidou, etc., en 1803 de Maurrin, puis de Renung, chanoine en 1824, mort en 1840.

L.

Labaquère dit Vignes Pierre (Monmour en Béarn 1757), prémontré, se retira au château du Lau le 15 avril 1792 jour de l'évacuation de la Castelle par les moines, y résida un mois, se cacha sous la Terreur à Duhort; curé de Lagrange et Créon 1801-05, de Philondeux où il est mort, 1817. — Labayle Barthélemy (Aire 26 février 1758), vicaire de Hagetmau 1788, demandé pour curé en 1803, démissionnaire en 1831, mort à l'abbaye de St-Girons 1853, *vir scientiæ et sanæ memoriæ*. — Labeyrie Pierre (Nerbis 1747) curé de Mauvesin, se tint caché à Duhort, mort à Philondeux 1 juin 1804. — Labonde, curé de Miramont, était né à Mugron 9 décembre 1762. — Labrouche Jean-Baptiste (Aire 17 juillet 1737), procuré de Latrille, curé de Bachen. — Lacome Joseph (St-Sever 24 mars 1762, vicaire d'Estang 5 ans. « J'ai travaillé en cachette tout le temps de la Terreur dans la ville de St-Sever, puis, en mars 1803, je fus envoyé à Buanes par M. Lamarque. » Son frère Joseph, clerc tonsuré en 1790, résidait au château de Classun. Il devint avoué à Montaut. Leur oncle Jean-Pierre Lacome, chanoine d'Aire en 1757, mort en 1788, fut secrétaire et ami de M. de Gaujac. On doit à ce prêtre savant la rédaction du catéchisme d'Aire, revu et corrigé de nos jours. Son frère, archiprêtre du Houga, vint en 91 chercher un refuge à St-Sever. Un troisième frère né en 1724 était religieux. Le chanoine d'Aire avait été le bienfaiteur de J.-J. Lamarque. — Lafaurie Jacques (Mugron 27 juillet 1741) vicaire d'Audignon, de St-Pierre, de Cauna, de Campagne, de Roquefort, curé de Canens 1783, fut pris chez son père le 13 avril 1793; il est mort prêtre habitué à Mugron le 5 décembre 1808. — Lagleyre, né à Casteljaloux 1724, curé de Castelnau en Bazas, se tint à Duhort sous la Terreur, fut pris et déporté le 4 frimaire an VI. — Lalane Pierre (Audignon 12 mars 1755), mort le 31 janvier 1829, principal du collège d'Aire. Son frère Arnaud (Horsarrieu, 8 août 1751), vicaire de St-Sever onze ans, curé d'Eyres le 5 octobre 1790 par le décès de Dapoy-Monicane, erra, dit-il lui-même, dans les antres, et les cavernes, et surtout dans les prisons; mort à Eyres le 20 mars 1820. Un troisième frère est père de M. Firmin Lalane encore vivant; un quatrième frère avait épousé à Doazit une demoiselle Dubedout 24 octobre 1785. Les titres cléricaux de Pierre et d'Arnaud, 1778, sont à Hagetmau, *étude Labat*. Cette famille des Lalane des Camps a fourni un grand nombre de prêtres (*Voir Lalane-Augerin*). — Lamarque J.-J. (St-Sever 11 décembre 1734), fils de Léonard, adjoint au Parlement, et de Marie-Thérèse Lucat; frère d'un jacobin et du constituant, fut élevé à Aire. En 1731, Mathieu de Lespés (voir archives des Castelnau-Robert), curé de Nerbis, avait laissé par testament 5,000 livres pour la rente être servie à l'entretien d'un clerc au séminaire d'Aire, jusqu'à l'ordre de la prêtrise. Dusault, devenu prêtre en 1750, laissa la faveur de la rente à J.-B. Lamarque, et celui-ci étant sorti du séminaire sans vouloir se faire prêtre, on élut à sa place J. J. clerc tonsuré 1756. J.-J. fut quelque temps directeur à Dax, puis à Aire de 1760 à 1790, supérieur le 14 février, archidiacre de Chalosse, vicaire-général. Les archives de St-Aubin, 18 fructidor an III, le désignent ainsi : « 5 pieds 2 pouces, cheveux et sourcils châtains, front découvert et tête chauve sur le devant, visage maigre, menton rond, yeux noirs. » Le général Maximien Lamarque a toujours eu pour la mémoire de son oncle la plus profonde vénération. — Lataste Pierre (Nerbis 1752), vicaire de Duhort, de St-Pierre, curé de cette paroisse. Sommé le 22 mars 1792 de céder la place à Lapeyre, intrus, il écrivit sa protestation sur le procès-verbal (Voir archives de Mont-de-Marsan). — Lucy Pierre était de Geaune.

N. P. S. T.

Nautéry frères (voir tome II, p. 50), nés à Aire : le dernier est mort à Aire 15 mai 1826. — Pancaut Bernard (Dumes 1751), professeur à Aire de grammaire et de rhétorique 5 ans, vicaire à Mugron un an, directeur des Ursulines à St-Sever 6 ans, chanoine de Pimbo, résida à Cauna du 13 février 1792 au 10 fructidor an III. En 1801, il dessert Montaut, puis Mont-de-Marsan de 1801 à 1803, y éprouve des désagréments, curé de Tartas 16 septembre 1803, mort curé de cette ville 27 février 1809, victime de son dévouement pour les malades. — Poységur Bernard (Doazit, 18 mai 1755), vicaire d'Audignon 1787, de St-Loubouer 1790, déporté à la Rochelle. — Sarragousse Jean (Grenade, 27 février 1764), vicaire de Roquefort, de Souprosse. — Sousbie Bertrand, dit Houquet (Mas, 20 février 1744), vicaire d'Aire, ne quitta pas la ville, professeur à St-Sever 1810. — Tinarrage, né au Mas, se cacha de 1792 à 1801 à St-Agnet et à Latrille.

5e PRÊTRES ORDONNÉS EN ESPAGNE (p. 186).

B. C. D.

Brethoux Bernard, né à Coudures 3 janvier 1769, mort curé de Lugaut. — Capderville Pierre (Brassempouy 17 juin 1768), desservant de Casalis. — Castaignos Luc (Caupenne, 25 décembre 1766) (voir tome II, 81). Après le 9 thermidor, il fut placé par Larrouture à Vicq et Onard. Il en sortit au 18 fructidor, y revint après le 18 brumaire. Mort à Vicq en 1817. Prêtre savant, il réunissait dans son presbytère une foule de jeunes gens qui lui doivent le bienfait de leur vocation à l'état ecclésiastique ou de leur entrée dans les carrières libérales. On lui offrit la direction du collège royal de

Pau, mais il refusa. Il avait des relations suivies avec les Castaignos, curés de Coudures. — Destenave Jean (Duhort, 14 novembre 1764), frère d'Arnaud, se cacha à St-Savin sous la Terreur, accompagna son frère en Espagne, professeur à Aire 1803-24, supérieur du petit séminaire 1824-32, mort au Mas en 1835. Ils étaient oncles de Arnaud (1789), curé du Vignau, mort à Aire 8 jours après son oncle Arnaud; de Joseph (1793), professeur de philosophie, de théologie à Dax, curé de Montfort 1842-62, mort à Aire 1869; de Jean (1797), professeur à Larressore, à Bétharram, au grand séminaire de Tarbes, missionnaire dans la Province d'Auch, principal du collége de Dax, curé de Linxe 1843-46, mort le 4 septembre 1846 à Montfort; de Bernard dit Minimus, curé de St-Gein 1830-32, de Grenade 1832-69, mort en 1869; de Benjamin (1809), vicaire du Vignau, premier curé de Subéhargues en 1840, mort en 1870, tous frères, nés ainsi que leurs oncles dans la maison dite de Gentillet à Duhort. Les deux oncles, puis Arnaud et Jean neveux, étaient chanoines d'Aire. — Deyris Jean (Mugron ou St-Sever, 16 avril 1767), curé de St-Cricq-Chalosse 1796-1812, mort à Laurède en août 1829. — Dupérier Raymond (Mugron 20 octobre 1764), frère du curé de St-Aubin, mort curé de Souprosse 1832. Ayant été pris sous la Terreur et attaché à une chaise, un patriote le menaçait de lui couper la tête avec son sabre. Dupérier avançant la tête, dit tranquillement : *accoumoudal bous en*. — Dupin Pierre, était né à Renung le 31 mai 1767, mort à Renung, oncle des frères Buros, de Renung, prêtres. — Duplantier-Bilhau Jean-Louis (Coudures 1766), rentré en 1797, exerça à Coudures, à Serres, à Aubagnan; se plaint amèrement en 1803 à l'évêque de la très grande indifférence des habitants qui le laissent manquer du nécessaire, lui et tant d'autres encore. Mort à Serres 1837.

L M.

Lacoste Izaac-Sébastien (Montaut 1766) ne rentra d'Espagne qu'en juillet 1802, desservit Cazalis, Momuy, curé de St-Cricq-Segarret 1812-29, mort doyen de St-Esprit. — Lacoste, de Mant, est mort curé de Ste-Colombe. — Lacuquerain Jean (Donzac 1765) dessert Donzac et Bastennes 1802, mort curé de Donzac 1839. — Lalande Jean-Baptiste (Paris 1768), domicilié dès son enfance à St-Sever. — Matignon Laurent (Samadet 19 mars 1767), exerça de 1792 à 1802 à Buanes, Classun et Esperon, curé de Hortanx, y meurt 1811.

Lamarque de Sort, Benoît (St-Sever 4 février 1770), curé de St-Cricq-Villeneuve 1796-1812, doyen de Geaune, mort en 1842. Sous la Terreur, il composa des planches et des caractères pour imprimer les lettres de J.-J. Lamarque et les ouvrages pieux à l'usage des fidèles. Un de ses clichés en plomb, déposé au séminaire d'Aire, a fait en 1872 l'admiration des typographes de Bordeaux. — Mauléon-Labourlette Bertrand (Montgaillard, 1 septembre 1769), exerça à Labastide de 1796 à 1797. Poursuivi comme prêtre, il alla six mois à Montgaillard, à St-Sever 4 ans, dont deux en cachette. Poursuivi encore à St-Sever comme déserteur, il passa quelques mois en fuite ou en prison, dessert Boulin en 1803, curé de Montgaillard. — Bartouilh (*voir ci-dessus*). — Brus Jean (Dax 13 octobre 1768), mourut le 27 septembre 1819. — Duplantier (Coudures 22 février 1766), diacre en 1791, professeur au collège d'Aire avant et après la Révolution, scribe au directoire du district de St-Sever 1791-1803, chanoine d'Aire 1824, est mort en 1863.

6° Prêtres ordonnés pas sa suite (v. p. 189).

Bustarret Jean (Amou 17 décembre 1767), curé constitutionnel de Mézos 1792, de Bonnegarde, rétracté 1794, envoyé à Rion par Larrouture, se cacha jusqu'en 1797, vint alors à Poyartin, y exerça soit en secret, soit en public, mort à Castelsarrasin en 1815. — Beaudoin Augustin (Gap 28 août 1737) voir page 116. — Calan Joseph (28 octobre 1765) voir tome II, p. 116. — Cascaux Bertrand (13 août 1764, Lalane-Magnoac) voir tome II, p. 116, curé constitutionnel de Gamarde 1 juillet 1792 à 1803. (*Voir ses lettres au séminaire*).— Chadel Pierre (St-Sever), vicaire constitutionnel de St-Sever, 28 septembre 1791. Curé constitutionnel de Ste-Eulalie 1792, de Maillères 1793. (voir tome II, p. 41 — Darieu Jean (Arsague 27 juin 1766), vicaire constitutionnel de Pouillon, mort curé de St-Pandelon (voir p. 115). — Depau, né à Bazas, 13 juin 1770, vicaire constitutionnel à Ste-Eulalie de Bordeaux jusqu'à la fin de 93, reprend ses fonctions à Luxey de 1796 à 1803, nommé à Moustey en 1803.— Dours Arnaud (Lafitole en Bigorre, 27 janvier 1766), curé constitutionnel de Retjons, de Benquet 1792. — Duguit Jean (Castelsarrasin, 9 novembre 1767), curé constitutionnel 1792. — Hudin Antoine (voir p. 116). — Peyraube, Olon-Barthélemy (Momuy, 26 août 1766), vicaire const. de St-Vincent-de-Tyrosse, curé constitutionnel de Pontenx; curé canonique de Pontenx, mort à Brassempouy 25 novembre 1829. — Lefranc Pierre (Mont-de-Marsan 22 avril 1755) et son frère Bernard (voir page 115).— Miqueu (St-Pé ou Ossun 24 janvier 1768), curé constitutionnel de Léon 1792, se fit tailleur à Ossun 1793-94, rentra à Léon 1795, y résida jusqu'en 1815.— Sahouret Jacques (Poey en Oloron 21 mars 1768), curé constitutionnel de St-Cricq-du-Gave 1792-94, de Labatut 1795-1801, de St-Cricq 1801-03, mort curé de Lesperon 1846. — St-Marc, de Roquefort, est mort curé de Cachen. — Supervielle Pierre-Antoine (Oloron 2 juin 1768), curé constitutionnel de Mézos, 1792, se fit soldat en 1793, est curé de

Pontenx 1804-13, mort d'une attaque d'apoplexie en cette paroisse sur les bords d'une fontaine. — Tastet de Mont-de-Marsan — Terrade Joseph (Payros 1767), curé constitutionnel de St-Vincent-de-Tyrosse mars 1792, mort prêtre habitué 1835. — Touret né en 1770, soldat en 1793, disparaît dès lors. Trecheyre-Thole, Pierre-Samson (Juillan en Bigorre 1766), vicaire constitutionnel à Souprosse, à Audignon, à Coudures, en 93 à Souston, curé de St-Laurent, à Souston de 1798 à 1803, du Boucau 1803-22, enterré dans l'église près de la table de communion, au midi.—Lacazette Jean (Ste-Marie-d'Oloron 1765), prémontré, régent à Duhort 1793-94, prêtre en 1797, vicaire du Plan 1797-1803, curé de Gaillères en 1803.

7° Prêtres assermentés dans les Landes (v. p. 185).

A. B.

Apaçarena Pierre, né en Espagne 1751, vicaire de Castets, de Capbreton, vicaire constitutionnel de St-Martin-de-Seignanx, mort à Benesse-M. 1838. — Badie Joseph (Roquefort 17 mars 1761), curé constitutionnel du Frêche 1791, mort curé de Sabres 1839. — Baraille (Ponson, 1 novembre 1752). — Barber Nicolas-Antoine (St-Goein près Oloron, 22 novembre 1742), curé de Baigts en Chalosse 1769-1815, sauf neuf mois de prison en 94. — Baylac Jean (Espoey, 13 octobre 1751), prêtre à Oloron 1780, vicaire de Montaut-Bétharram, de Pouy et Biglose 3 ans, curé de St-André sur Dordogne 2 ans, en 1788 de Narosse et Caudresse par échange avec Darjou, emprisonné dix-huit mois à Laurède, rentré à Narosse 1796-1803. — Bayron Jean-Pierre, né à St-Sever, curé de Geaune 1780 au 23 avril 1813, jour de sa mort. — De Beaumont. — De Beuquet d'Arblade (Arblade, 24 avril 1740), curé de Cadourne en Bordeaux, de Pontenx 1774-85, archiprêtre de Parentis, prêta tous les serments, revint en 1798 à Parentis où il est mort 16 octobre 1811. — Les trois Blanquefort, nés à Mont-de-Marsan 28 août 1736, 8 juillet 1745, 16 janvier 1748, prêtèrent serment. L'un d'eux, Izaac, fut vicaire constitutionnel de Roquefort 1791, curé constitutionnel de Bostenx, de Tosse 1797-1803. — Brun Pierre (St-Sever, 23 août 1743), curé de Castets 1784-1803, de Lit 1803-11, du Vignac 1811-12. Son frère, capucin du district d'Orthez, vint à Bonnegarde en 1810, vicaire à Benquet. — Cadilhon Mathieu (Mont-de-Marsan, 4 décembre 1739), curé d'Aureilhan 1779-1803, de St-Paul en Born 1803. — Cadroy Paul, curé d'Arblade, neveu de Bernard Cadroy curé de Buanes et Classun 1718-48, lui succède en cette cure 1748-56, échange avec Duvignau chanoine de St-Loubouer, meurt à St-Sever le 11 prairial an XI, à 72 ans; né en Armaignac. — Candau Jean-François (Grenade, 7 août 1758), brisquetin, curé de Campet, de

Bretagne, emprisonné comme coupable d'avoir rétracté, élargi le 12 ventose an VIII, mort à Cère en 1837. — Caudau Charles (27 avril 1753), barnabite, vicaire épiscopal, en 1801 avocat, suppléant au tribunal de première instance de Dax. — Caudau Guillaume, curé de Goos, en 1777 de Lagrange.— Capdevielle Bertrand (Bonnut, 6 décembre 1761), vicaire de Tilh, curé constitutionnel de Ste-Colombe (v. p. 46 tome II). En 1802, Capdevielle fut demandé comme curé par les habitants de Tilh, et la demande appuyée par le préfet; mort 12 septembre 1821. On lit sur sa tombe : « Ci-gît le modèle des prêtres. Pasteur de la paroisse de Tilh qu'il dirigea en curé sage et éclairé. » — Caplane Jean (St-Sever, 25 septembre 1759), curé constitutionnel de Souprosse 1792, mort 7 octobre 1828. — Casabonne Pierre (Esquiule en Béarn 24 septembre 1755), curé constitutionnel de Ste-Marie de 1791 à 1803. — Casassus Michel (Pau 1732), curé de Beyries 1768-1803. — Cassaux Ange (Pouy 1760), curé constitutionnel de Lannes, Pouillon, Amou, St-Julien. — Castaignède Charles (Commensacq, 23 novembre 1761), vicaire de Ygos, jure, curé constitutionnel d'Ygos 1791-1803; en 1803 à Sabres. — Castellau. — Catuhe Bernard (Ousse 27 mars 1764), vicaire de Montfort, curé constitutionnel de Poyartin 1792, se rétracta, se retira à St-Martin-d'Oney, où il travailla en secret, mort à St-Martin 4 janvier 1811. Il signait : *prêtre indigne*. — De Chadirac, né à Bordeaux, vicaire du Bec-d'Ambèz, curé du Vignac 1779-93, année de sa mort. — Chauton Barthélemy (Tartas, 29 juin 1754), vicaire de Biaudos 1784, vicaire constitutionnel de Monségur, se rétracte, déporté 1792-1801, dessert Meilhan et Gouts 1801, Saubusse en 1803, mort en février 1820. — Clavé né à Ourvelille, curé de Pontenx 1788-1800. — Crabos Louis, baron et curé d'Argelos et Beyries, de famille noble alliée aux Lartigue de Sorbets. C'est ce prêtre de qui Batbedat rappelle si souvent la mort tragique et restée impunie.

Crabos fut tué d'un coup de fusil par esprit de vengeance. Devenu possesseur du château et de ses terres, il se montra tellement sévère envers les habitants qu'il devint pour eux un objet d'aversion et de haine. Il était surtout difficile pour la chasse et pour le parcours des bestiaux. On dit que par suite d'une forte indemnité exigée d'un de ses voisins, celui-ci l'assassina lâchement vers l'an 1796. Ce fut à son retour de Sault-de-Navailles à l'entrée de la nuit, à 5 ou 6 cents mètres du château qu'on entendit le curé s'écrier après une détonation : « Loulhé, on m'a tué! Il tombe de cheval, on accourt, l'assassin avait fui. Deux jours après, Crabos expire. Ce Loulhé était son métayer. Un voisin ayant cru que Crabos avait dit : *Loulhé m'a tué*, celui-ci fut emprisonné comme coupable et renvoyé quelque temps après faute de preuves de culpabilité. On n'a jamais connu le véritable auteur de cet affreux assassinat. Lettre de M. Durieu, curé d'Argelos, à l'auteur. 19 février 1870.

— Crozat Jean, curé de Soorts 1774-91; curé constitutionnel de St-Etienne d'Orthe 1793, puis professeur au collége de St-Flour et curé de Minitriol dans le Cher. En 1805, il demande à rentrer à Soorts.

D.

Darcet J.-B. (Doazit), vicaire de St-Sever; curé de Labastide d'Armagnac 1782-1802, mort à 58 ans le 18 brumaire an X. — Darrac Jean-Marie (Castelnau-Chalosse 16 février 1761), vicaire d'Amou, curé constitutionnel de Castelnau, de Pomarèz 1794-1803. — Darricarrère Vincent (Ste-Marie de Bonnut), vicaire de Labatut 4 ans, de Tartas 8 ans; curé constitutionnel de St-Esprit et St-Etienne 2 ans, de St-Vincent et Saubion 3 ans, puis à Saubrigues. Elu curé de St-Esprit en 1803, y est mort; homme de talent. — Darrigade-Discazaux François (Orist, 27 septembre 1760), curé d'Œyreluy, vicaire constitutionnel de Dax 1791-1803, demande en 1803 la cure de Peyrehorade.
Darrigan 1791-1801, à Seignosse. — Daurensan François, jure, 30 janvier 91, curé constitutionnel de Herré, 10 juillet 1791, se rétracte. — Dayries Bernard (Mont-de-Marsan 1733), curé d'Ousse en 1763, y meurt, 25 mars 1819, après 56 ans de ministère sans interruption. Son frère Jean était né le 25 septembre 1738. — Delhoste Christophe (Hontanx, 15 novembre 1743), 10 ans vicaire, en 1783 curé de St-Martin-de-Noët, y réside jusqu'en 1803. — Destenave dit Lafitte (Vielle-Tursan 1755), prébendier à Aire, vicaire de Grenade, curé de Geloux, y passa tout le temps de la révolution. — Destouesse, ancien archiprêtre de Souston 1779-87, curé de Benesse, prêta tous les serments. — Destrade Etienne-Joseph, curé de Linxe 1753-55, de Léon 1755-62, de Habas, avait, 29 janvier 1790, résigné sa cure à Morancy qui jura. — Deyres René-Philippe (Dax 1761), vicaire 6 ans, en 1790 à Capbreton, jure 13 février 1791; curé constitutionnel de Thétieu, se rétracte en 95; arrêté à Donzac 6 brumaire an VI, déporté le 18, rentré en 1802. — Dolhaberriague, curé constitutionnel de Bayonne. — Dubasque Jean-Pierre (St-Sever 25 avril 1765), vicaire de Doazit, jure, curé constitutionnel de Doazit de septembre 1791 à 1803, mort à Mant en 1843. — Dubosc Jean (Saubrigues, 27 janvier 1760), vicaire constitutionnel d'Amou 1791, mort 22 octobre 1812. — Duluc Jacques (Mant, 11 avril 1761), capucin de Dax, curé constitutionnel de Ortherielle et Belus, de Sanguinet de septembre 91 à mars 1792. « J'ai eu le malheur dans le principe de tomber dans le schisme et de travailler en cet état pendant quelque temps dans le diocèse de Dax. Dieu, dans sa miséricorde, voulut bien me tirer de cet aveuglement, et me donna la grâce de me rétracter au commencement de l'année 1795. » En 1803, curé d'Estibeaux, curé de Meilhan 1812-24, mort curé de Monségur 1831, prêtre zélé. — Dumittier J.-B. (Urt, 23 août 1740), secrétaire de l'évêque, curé de Linxe 1786-87, de Misson sans interruption de 1787 à 1827, mort le 10 octobre. — Duplantier. — Dupuy

François (Mont-de-Marsan, 19 mars 1743), barnabite, professa 30 ans les humanités, la philosophie, la théologie. En 1803 fixé à Mont-de-Marsan, il demande la permission de publier un livre sur la religion. — Durran était né le 8 décembre 1745. Dutertre Jean-François (Mont-de-Marsan, 30 juillet 1737), neveu et petit-neveu de deux prêtres de mêmes noms et prénoms, curés à Campagne dans le XVIII⁰ siècle, leur succéda.

G. I. L.

Gaube Gabriel (Roquefort, 3 novembre 1742). — Genous Charles Brice (Frèche, 13 novembre 1760), vicaire de Capbreton, curé constitutionnel de cette paroisse, 19 mai 1792, d'Arengosse 92, de Laluque 1795-1803, se noya avec son cheval dans un fossé en se rendant au marché de Tartas. — Gravier des Chézeaux René (Monhet dans l'Indre 15 avril 1749), juré en 91, curé du Vignac en 1803. — Guignan, curé const. de Luxey et Callen 1791-93. — Labat Jean (Lesgor 12 novembre 1753), vicaire de Pouillon 1778-91, curé constitutionnel de Pouillon 1791-1803, excepté 18 mois de prison. — Labat Jean (St-Sever 1756), curé de Souprosse, juré, curé constitutionnel de Montgaillard 1791-93. Depuis 93 il n'exerça plus, n'abandonna pas les habits laïques jusqu'à sa mort à St-Sever vers 1830. M. Lugat, curé de Villeneuve, nous dit avoir assisté à la rétractation que Labat fit sur son lit de mort. — Labeyrie J.-B., vicaire de Castelsarrasin (Hagetmau, 25 octobre 1758), curé constitutionnel de Montaut, de Saint-Yaguen. En 1803, le curé de Mont-de-Marsan écrit à Bayonne que Labeyrie parle de résipiscence, qu'il veut reconquérir l'estime de ses supérieurs; « je lui ai dit qu'avant tout il devait quitter St-Yaguen. » Mort à Garein 19 décembre 1811. — Labeyrie Vincent (Mugron 18 janvier 1756), dit Casaliou, barnabite, vicaire épiscopal, curé constitutionnel de Mugron, de St-Sever 1793-1803; vicaire-général de Strasbourg, curé d'Angoulême. — Labeyrie Pierre-Laurent (Mont-de-Marsan 26 février 1736), 31 ans régent d'humanités, d'éloquence, de philosophie, prédicateur, supérieur des Barnabites à Mont-de-Marsan, supérieur du séminaire constitutionnel de Dax 1791-93, bibliothécaire du département des Landes l'an VIII en remplacement de Lannelongue ex-bénédictin, décédé. Mort à Mont-de-Marsan 31 décembre 1809, avait reconnu ses erreurs. Frère de Jean-François (Mont-de-Marsan 22 juin 1732) mort curé de Mont-de-Marsan en octobre 1790. — Laborde Pierre, dit Theuler (Morlane 1739), fils de Jean et de Jeanne Laferrère, rétracté, exilé 1792-1800, rentré à Duhort où il est mort 12 décembre 1807. — Laborde-Péboué, fils de Jean-Jacques et de Marie de Portets, chanoine de Pimbo à 16 ans, réside sans interruption à Ossages du 13 oct. 1770 à 1803. — Laboyrie François (2 juin 1740), profès au Boucau 14 nov. 1757, curé constitutionnel de Tosse en 91. — Lacassaigne Jean (Louvigny 6 septembre 1735), prémontré d'Arthous, prieur de Divielle 5 ans, curé constitutionnel de St-Laurent, 1791, se rétracte.— Lacaze Raymond-Narcisse dit Picholle (Lanux, aujourd'hui en Ségos), clerc en 1767 à St-Lazare de Paris, curé de Castelsarrasin 26 juin 1790, jure 6 février 91, directeur à Dax, curé constitutionnel de Mès et Angoumés à partir du 1 mai 1792, marié à Rivière le 10 thermidor an II à Marie Dubaqué, mort subitement au petit Bern à Rivière le 24 pluviose an VI, à 50 ans, laissant une fille qui est morte vers 1850.— Lacroix mort en 92. — Lamarquette (Castandet) curé constitutionnel de Maillères 92, de Labrit avril 93. — Lannefranque, jureur en 1791, se maria avec sa servante, à Bonnegarde, est mort maire de cette commune dans un âge très avancé. — Lausac Jean, prémontré de la Castelle, de Divielle, curé de Goos 1777, jure en juillet 1791, curé constitutionnel de Gamarde, connu par une satire contre Lallemand, vicaire-général. — Laporterie Simon, neveu et filleul de Simon de Laporterie curé de Dade et Fargues, naquit à St-Sever le 14 novembre 1738 de Pierre avocat et de Josèphe de Gérard, curé de Lencoac, député. — Larre, mort curé de Ste-Eulalie et Gastes 17 juin 1811.—Lasplaces-Castilles (Arudy), curé de Vielle 1775-81, puis de St-Girons, frère du curé de Linxe. — Lataste Jean-Marie (Bascons 9 mai 1761) dit Père Ange, curé constitutionnel de Heugas 1791-93, de Cachen et Ginx, mort 1 janvier 1817. — Lauqué Jacques, (Aire 1757), rentré à Aire en 1792. — Laurencet (Arudy 1753) vicaire de Lagrange, curé constitutionnel de Cazères, prêta tous les serments. — Lavergne Jean-Marie (Maurrin 21 mars 1741) vicaire à Betbezer, Aurice, St-Avit, Geu, curé d'Arouille 1789-91, mis en prison, rentré à Maurrin. — Léglize Pierre (Ourdios en Oloron), vint à Dax 1789, vicaire de Sabres, puis curé constitutionnel de 1791 à 1803, mort curé de Mimizan 1806.—Loloum Louis (Escalans 12 février 1760), curé de Rimbèz, fait publier en 94 ses bans de mariage avec Frise Dublan de Rimbèz, emprisonné, curé de Rimbèz 1803. — Louit Jean (Bascones 1757), mort curé d'Estampon 1835. — Loustalet Jean (Bastanes en Béarn 1761) vicaire 3 ans à Josse, curé constitutionnel de Gaujac de 1791 à 1801, de Bonnegarde 1801-03, mort 30 fructidor an XII.— Lucat Jean-Joseph (Brassempouy 8 juin 1753), vicaire en Aire 1778-84, procuré de Cassen et Vicq 1784-87, curé de Vicq 1787-93, cesse alors ses fonctions; à Sarraziet en 1803. — Mallagaray Joseph, vicaire d'Ygos 1790, curé constitutionnel de Ygos, de St-Geours-d'Auribat, de Bostenx.— Mallet Timothée, barnabite; en 1801 membre du conseil de préfecture. — Massie Jean (Habas 13 novembre 1729), vicaire de St-Lon, de Ste-Marie, de Pouillon, Ier vicaire de Dax en 1766, prieur d'Œyreluy. « Je fis bâtir un joli presbytère presque de mes deniers, reconstruire le clocher en faisant en même temps de grandes réparations à l'église. Mgr Laneuville me nomma directeur des Ursulines à Dax, et en 1778, archiprêtre de Grésin ou Tertiis, et puis sous-promoteur du diocèse. Sous la révolution, je restai au poste jusqu'à la Terreur. Réclamé par mes paroissiens, je revins au milieu d'eux. » En 1803, curé de Habas, il y meurt 15 avril 1815. « J'ai l'honneur, écrivait-il en 1803, de vous faire passer les renseignements que M. notre respectable prélat désire avoir de moi. Je souhaite qu'ils puissent servir pour la sanctification de ma pauvre âme, je considère tout le reste comme une fumée que le moindre vent emporte. » M. Desbordes, doyen de Pouillon, écrivait le 19 avril 1815: « Quelque zélé et quelque bonne volonté qu'ait eue M. Massie, dernier pasteur de la paroisse de Habas, il ne lui a pas été possible de faire disparaître tous les maux de la Révolution. Son grand âge et ses grandes infirmités ne lui permettaient pas de faire tout ce dont elle aurait besoin. Il l'a beaucoup édifiée par ses vertus et son exemple.—Miremont Antoine (né en Bayonne), juré en 1791, curé de St-André 1783-1803.—Monsenga Pierre, (Amou 1740) vicaire 15 ans, curé constitutionnel d'Urgons du 15 octobre 1791 à 93, d'Arsague 1793-1803. — Morancy Louis-Gratien (Tarnos 18 décembre 1758), procuré de Habas 1790, juré en 91, curé constitutionnel de Habas 1791-94. Son neveu Louis Gratien Morancy (Ste-Marie 16 décembre 1790), est mort curé de Dax, *vir sanæ memoriæ*. — Noguèz Bernard (St-Esprit 4 juillet 1759), prieur de Gourby 1779 à 1804, d'Herm 1804-08, de Magesc 1808-18, — Pérand Jules-Nicolas, (St-Pierre en Valée d'Auxerre 1719), prieur de Pontault, mort à St-Sever 26 janv. 93, nommant J.-J. Gros son exécuteur testamentaire.—Peybernard (10 sept. 1728), résigna St-Cricq-Gabarret le 5 juin 1788; dénoncé pour conduite royaliste et incivique, il fut emprisonné le 20 frim. an VI.— Portes Jacques (Nay 1737), vicaire à Morlaas 5 ans, à Pau 3 ans, curé de Bassercles sans interruption de 1775 au 12 décembre 1816, jour de sa mort. — Portes Mathieu (1748), curé de Richet, est à Audon en 1793. — Poyuzan Joseph (Mugron 27 juin 1735). — Proëres-Augé, Pierre-François (Urgons 21 août 1754), prêtre en 1783, vicaire de Vert, curé de Vert 29 novembre 1789, juré, se retire en 1792 chez ses parents, n'exerça plus, se retira à Bahus-Soubiran, fit en 1810 des demandes inutiles pour rentrer dans le saint ministère, mort sous l'habit laïque à Miramont chez sa sœur dame Loustau. — Ricarrère Jean-Pierre (Amou 5 janvier 1754), vicaire de Pomarèz, curé constitutionnel de Caupenne 17 avril 1791, curé constitutionnel d'Amou 1793-1803, curé de

Gamarde, y meurt en 1833. — Ricaud Raymond, prêta tous les serments, mort à Préchac 2 mars 1802 à 84 ans.— Salles Bernard (Philondenx 9 octobre 1749), vicaire de Meilhan, curé constitutionnel de Bégaar 1791. En 1807, il demande du service, et le curé de Philondenx écrit à J.-J. Lamarque que Salles « est assez repentant de sa vie. » Saury Jacques, né à Chastel en Auvergne, se retira en 91 dans son pays. — Segués (Casteljaloux, 4 décembre 1765), prêtre à Bazas le 29 mai 1790, vicaire à Saugnac-et-Muret 4 juin 1790, curé constitutionnel de Saugnac 1791-1801. — Sentetz Agnet (Mont-de-Marsan 1749), barnabite, curé constitutionnel de Mimbaste de juin 1792 à mars 1794, date de son incarcération, se rétracte publiquement et avec la plus grande édification le 15 août 1795 à Mimbaste où il arracha des larmes, réside à Dax jusqu'à vendémiaire an IV; à Pontonx du 25 ventose an IV au 1ᵉʳ vendémiaire an VI; à Lesgor de vendémiaire an VI au 3 vendémiaire an VIII époque de son arrestation. Condamné le 19 nivose à la déportation à l'Ile de Rhé et parti le 2 pluviose; dessert Benquet en 1803. — Serbat Jean-Marie (Castandet, 9 octobre 1748), curé constitutionnel de Renung 2 ans, de Castandet 5 ans, il est à Renung de 1801 à 1803. — Sonbiran Pierre (St-Germain en Armaignac 8 avril 1719), curé d'Azur, de Biaudos sans interruption de 1766 à 1803.—Tabouet (St-Cyr d'Issoudun 1740). Tachoires Vincent (Heugas 5 octobre 1756), frère du curé de St-Vincent-de-Xaintes, fut professeur de logique à Dax, chanoine au St-Esprit; de 1797 à 1803 il fait à Heugas « les fonctions du culte, sous les auspices, dit-il, du respectable Saurine, évêque de Strasbourg actuellement. » De 1803 à 1809, curé de Biscarrosse. En 1809, il veut aller curé de Sanguinet, le préfet s'y oppose. En 1808, M. Dupoy, curé de Pey, qui voulait rapprocher Tachoires de Dax, écrivait à Mgr de Bayonne : « Il a des moyens, il en avait fait malheureusement un mauvais usage; mais aussi s'est-il reconnu, puisqu'il a fait une rétractation en forme entre les mains de M. Vignau, ce que n'a pas fait et ne fera jamais M. Darrigade, d'Orist, et en cela, j'ai un triste voisin. » — Turon Jean-Louis (St-Vincent-de-Xaintes 11 décembre 1756), vicaire six ans de Montfort, puis archiprêtre en 1788, rétracté 3 mai 93, reparut à Montfort après brumaire; curé d'Amou 1803-24, chanoine d'Aire, mort doyen du chapitre en 1854. — Vauban (Quiller de) se retire en Limousin 1793.

8º Prêtres assermentés, indigènes, étrangers, restés ou venus dans les Landes de 1791 à 1800 (v. page 188).

Agion Richard (Mérignac, 14 mars 1751), carme à Bordeaux, prêtre en 1777, exerça six ans à Bayonne, 9 à Tarbes, curé constitutionnel de Luxey où il meurt 1820. — Bacquier François (Monein, 7 avril 1751), curé de Linxe 1800-09, de Lue 1809-11, du Vignac où il est mort en 1817. — Bégué Jean-Vital (Capbern 1762), curé constitutionnel de Dussent près de Miélan 2 ans, de Capbern 4 ans, de Parentis 1797, de Mont-de-Marrast 1779, de Biscarrosse où il laissa une triste réputation. — Bellaoü Bernard, ci-devant prêtre à St-Médard, fut curé constitutionnel de Castelner du 23 messidor an III à 1803. — Bellaucq Bernard (Bruges 1749), vicaire à Ozons, à Louvigny, directeur au séminaire de Dax en 91, curé constitutionnel d'Argelos en 93. — Bergeyre Bernard (Arthés en Béarn, 24 septembre 1740), vicaire de Habas, de Lescar 1778, curé de St-Pandelon en 1782, curé d'Escos, vicaire épiscopal de Saurine, curé de Habas, de 1791 à 1804, de Hauterive et Sendos en 1804. Les habitants de Habas en 1803 l'avaient demandé pour curé, faisant de lui un éloge pompeux. Massie, ancien curé de Habas et Honfarrède, adjoint au maire, l'accusèrent en même temps de mauvaise conduite, d'ivrognerie, d'intempérance, de fréquentation des auberges durant les offices, de violences envers quelques habitants. — Beilard Baptiste (Bordeaux, 28 juin 1752), curé constitutionnel de Sanguinet. — Besselère J.-B. (Bonnut, 25 septembre 1755), barnabite, curé constitutionnel de Hagetmau 17 juillet 1791. En 1803, il est à Estibeaux sous les habits laïques. — Bordenave Pierre (St-Sever, 19 mai 1738), vicaire épiscopal à Bordeaux, curé constitutionnel de Cauna, de Coudures 1792. — Brau, curé constitutionnel de Pissos, à Sore le 8 mai 1791, y passa quelques années; en 1806 curé de Campan. Son frère mourut curé constitutionnel de Pontenx en 93. — Burgade, curé constitutionnel de Lit, de St-Julien, d'Onesse 1792, de Moreenx 1793. — Candau Guillaume (19 juin 1726), ex-dominicain à Ustaritz, se fixa à Mont-de-Marsan. — Cazade Joseph (14 juin 1763), carme, curé constitutionnel de Beylongue mai 91, de Ponson. — Chadel Pierre (St-Sever), moine à St-Mont, vicaire constitutionnel de St-Sever 28 septembre 1791; curé constitutionnel de Ste-Eulalie 92, de Maillères 93 — Croharé (Aubertin en Béarn), curé constitutionnel de St-Aubin 92.

Darros Jean-Louis (Arudy, 24 avril 1766), vicaire d'Orthez, curé constitutionnel de St-Paul-lès-Dax 1791-95, de St-Martin de Seignanx 1795-1803. — Dans la *Revue d'Aire et de Dax*, Mgr de Ladoue parle d'un Pierre Depau (St-Sever 1750), barnabite assermenté, rétracté, mort à l'hôpital St-André de Bordeaux le 16 décembre 1791. Un Barnabé Depau (St-Sever, 30 juillet 1738, meurt curé dans les Landes le 19 juin 1815. — Depeau, né le 13 juin à Bazas, vicaire de Ste-Eulalie de Bordeaux jusqu'à la fin de 1793, reprend ses fonctions à Luxey 1796-1803, curé de Moustey et Richet 1803. — Despages Jean (St-Jean de Veyrac en Quercy), aumônier en 1782 de la princesse de Rohan-Rochefort: de 1783 à 1790 prieur des Jacobins de Narbonne, aumônier du 20ᵐᵉ régiment d'infanterie, plus tard 39ᵐᵉ, jusqu'au 19 nivose an II, emprisonné jusqu'au 12 brumaire an III, curé de Soorts et Angresse 1795-1803. — Destribats Arnaud (Saubrigues, 29 juin 1739), doctrinaire, professeur à la Flèche, se maria, instituteur public à St-Martin-de-Seignanx. En 1801 il signait : *Destribats, homme de lettres*. Lorsque M. Rauzan vint prêcher à Bayonne, il parut quelques pièces satiriques. Destribats fut accusé de les avoir faites. — Dussau J.-B. (St-Etienne, 16 décembre 1758), prieur des dominicains de Bayonne, curé constitutionnel d'Angresse et Benesse 1793, de Saubusse 94, de Sort 1798; il est au St-Esprit 1803, en démence. — Forestier (Villeneuve d'Agen, 19 février 1720), capucin, curé constitutionnel de Gabarret 15 septembre 1791 — Gardères, vicaire constitutionnel de St-Sever, d'Eyres 1791-92. — Garros, curé constitutionnel de Sanguinet 1796-1803. — Gerbet Pierre (Arras en Bigorre 1762), curé constitutionnel de Labouheyre 1793-1803, d'Escource, de Lit, de Parentis 1811, y meurt 10 mai 1826. — Geresse Bertrand (St-Sever, 20 janvier 1740), ex-chanoine de St-Seurin à Bordeaux. — Gineste (Castres, 17 mars 1758), mort curé du Vignau, 1819. — Jamel Etienne (Mont-de-Marsan, 5 juillet 1765), curé constitut. de Bélis, de Mézos 1791-1803. — Labistugue, de Monfaut, curé de Gea en 1789, curé constitutionnel de Douzac 25 décembre 1791, mort curé de Labrit en 1795. — Laborde-Maignos Jean-Pierre (St-Sever, 19 novembre 1755), dominicain, curé constitutionnel de St-Sulpice de Lézat près de Toulouse 21 septembre 91, vint à St-Sever l'an II, curé de Rion de 1790 à 1803. — Lacrouts (Amou), cordelier, prêcha le carême constitutionnel à St-Sever en 1792 et demanda 300 livres; curé constitutionnel d'Aurice 12 novembre 1791, de Brassempouy de 1795 à 1803. — Lalane Pierre (Amou, 22 janvier 1742), capucin dans le Bordelais, curé constitutionnel de Sort en 1791, mort 15 septembre 1815. — La Rosa (Olmédo en Espagne, 24 novembre 1756), profès aux Augustins de Valladolid, à Bordeaux en 1792, à Lit, etc., mort curé de Léon 1820. — Laurans, ci-devant curé de Sauviac, curé de Mano 1793. — Laurence J.-B. (St-Sever, 23 octobre 1764), envoyé par Saurine à Monstey le 15 juillet 1792, prête tous les serments; il est à Pontonx l'an IV. — Pétro (Arras), mort à Mimizan à 78 ans. Plantier Jean-François (St-Sever, 27 août 1747), barnabite, professeur de philosophie 12 ans à Lescar; vicaire à Passy 2 ans, prédicateur à Paris 3 ans; sous la Terreur, donna ses soins à quelques paroisses, desservit Toulouzette 18 mois, puis Horsarrieu et Dumes; curé de St-Perdon le 29 octobre 1803, mort 3 août 1817. — Plantier (St-Sever 1749), barnabite à Dax. — Pomarède, curé constitutionnel d'Estibeaux

1791-93 *(voir ses discours à Estibeaux)*. — Pujos Pascal (Vic-Fezensac, 22 avril 1735), vicaire 11 ans, curé 21 ans de Castin près Auch, se retire à Mont-de-Marsan puis à St-Sever sous la Révolution. — Rivière J.-J., prieur de l'Escaledieu, âgé de 76 ans, jure à Cazères 31 août 1792. — Rouy, curé constitutionnel de Tarnos. — Sereis Pierre (Bonnut 1760), vicaire constitutionnel d'Amou 1791, d'Estibeaux 1792, curé constitutionnel de Nassiet 1795-1803. — Tabarié Jean (Bazas, 6 janvier 1766), curé de Bernos en Bazas, curé constitutionnel de St-Paul-en-Born, de Pontenx, de St-Médard de Bausse, mort à Pontenx 1838. — Tartas Vincent, cordelier, curé constitutionnel de Sort en 1793. — Tauziet Jean (Mugron, 21 mai 1756), barnabite à Nîmes, vicaire épiscopal du Gard, curé du Leuy 1792-93, emprisonné. Après thermidor fixé à Mugron près de sa mère, il enseigne Bezout et Lacaille à quelques élèves. En 1806 il est à Gaujacq, d'accord avec quelques voisins pour faire le tourment des réfractaires. « Lui et Lacrouts font les papes. » — Treilhard, capucin, vicaire constitutionnel de Hagetmau, curé constitutionnel de Leuy en mars 1792. — Vios du Gay Joseph (Tartas 1741), ex-chanoine de St-Quentin, prieur de St-Jean de Mongaus, dessert Meilhan 1799 et Ste-Croix de 1800 à 1803.

NOTES BIOGRAPHIQUES SUR QUELQUES PERSONNAGES LAÏQUES.

Députés aux assemblées nationales.

1° Constituante. — Basquiat-Mugriet Alexis (voir *passim*), fils de Jean-Pierre et de Marie-Thérèse de Batz, épousa (14 nivose an II) à Mont-de-Marsan, Augustine Pujos. Plus tard, maire de St-Sever, il est mort avancé en âge, inhumé à Souprosse. — Jean Mauriet de Floris (Villeneuve 21 janvier 1755), marié (29 nivose an III, Mont-de-Marsan) à Marie-Josèphe Papin (Aire 9 août 1755), sœur du futur sénateur, fut nommé, en 1804, commissaire près le tribunal de première instance à Mont-de-Marsan, et peu de temps après, directeur des droits réunis pour les Landes. Il n'a laissé qu'une fille. — Dufau (Créon 30 septembre 1742), est mort à Mont-de-Marsan. — Lamarque (St-Sever 4 mai 1733), est mort en cette même ville le 21 août 1802. C'est le père du général Maximien Lamarque, né à St-Sever en 1770, mort à Paris en 1832 et inhumé à Eyres.

2° Assemblée législative. — Turgan, né à Branne dans le Bordelais, épousa à Parentis une demoiselle Larreillet. Il est mort receveur-général à Pau. — Dyzèz, sénateur, comte d'Arène, mort à Paris, consacra aux exercices de la religion les dernières années de sa vie.

3° CONVENTION. — Dartigoeyte, Cadroy, n'ont pas laissé de postérité. — Roger Ducos. (Voir Feller).

4° DIRECTOIRE. — Chaumont J.-B. (Aire 21 août 1749), devint procureur impérial criminel à Mont-de-Marsan, à Pau; mort à Aire le 29 septembre 1812. De son mariage avec dame Thérèse Lafaille, il eut plusieurs fils et filles. MM. Alphonse Dulin, mort chanoine à Aire; Amédée Dulin, curé d'Eugénie, et Charles, leur frère, inspecteur des chemins de fer, au Mans, sont petits-fils de J.-B. Chaumont. — Papin J.-B. (Aire 10 décembre 1756), avocat, fils de Louis Papin, juge d'Aire et seigneur du Brulhet, épousa à Latrille, le 12 septembre 1780, Marie Francine, fille de Jacques Francine, négociant à St-Sébastien, née le 16 février 1762 (Voir Broqua). Il était entré au sénéchal de Mont-de-Marsan, puis au directoire du district, sénateur après brumaire. Sa fille fut mère de Napoléon Duchâtel, président du conseil des Ministres sous Louis-Philippe. Papin était fils d'une Lafaille. Mauriet et Chaumont avaient épousé des demoiselles Lafaille. Des liens de parenté à peu près identiques unissaient entre eux L.-S. Batbedat, Gazailhan et Turgan. — Jacques Lefranc, général de brigade, mourut en Espagne après la bataille de Baylen, empoisonné, dit-on, et c'est en vain que le général Castagnos fit là-dessus des recherches actives. — Duprat, de Tartas, est mort président de la cour de Bordeaux. — Darracq, de Dax, a un nom bien connu.

LES BATBEDAT. — Noël et Louis-Samson Batbedat n'ont pas laissé d'enfant. Jacques, leur frère, décédé au Labouran de Poyartin, l'an XII, avec la réputation d'un juge intègre et d'un homme de bien (voir *Journal des Landes*), eut plusieurs filles dont l'une vit encore, et deux fils; l'un marié à Moliets, fut père d'une fille mariée à M. Courthieu; l'autre, L.-S. Batbedat, filleul de l'agitateur, fut marié à une fille du général Taschereau, et eut un fils, Emile, né à Paris en 1821. Il se maria une seconde fois et périt misérablement à Campagne. Emile vit aujourd'hui dans le Béarn et a deux fils qui ont été élevés au séminaire d'Aire. Ce sont les seuls représentants des Batbedat, de St-Geours. François Batbedat, grand père de M. Victor Lefranc, n'était point leur parent.

Etat, en 1875, des anciennes maisons religieuses dans les diocèses d'Aire et de Dax.

L'évêché de Dax, placé derrière le chœur de la cathédrale, est devenu le siège de la Sous-Préfecture, du Tribunal, de la Mairie, etc.

En cette même ville, le couvent des Carmes n'est plus qu'une ruine dans la rue de ce nom. Le palais de Justice occupe le couvent des Barnabites; la maison d'arrêt, tout près de là, celui des Cordeliers. Les filles de la Croix sont logées dans le couvent des Capucins au boulevard de la Marine. Le couvent des Ursulines qui, de 1803 à 1855, a servi de collége communal, a fait place à l'Etablissement des Frères. Les Clarisses, près de l'église St-Vincent, ont laissé leur beau domaine aux Dominicaines de Nay qui y ont été installées par M. l'abbé de Pontonx. Les sœurs de St-Vincent-de-Paul sont rentrées à l'hôpital du Cassourat. Le grand Séminaire (1699), racheté en 1814, a servi d'annexe du grand Séminaire de Bayonne jusqu'en 1834, et à partir de cette époque jusqu'en 1856, d'Etablissement diocésain. En 1856 il est devenu collége ecclésiastique.

Le couvent des Cordeliers de Tartas au midi de l'église paroissiale, première maison à droite de la rue qui conduit à St-Geours-Auribat, sert en partie de grange. Celui du Vieux-Boucau n'a plus une seule brique; il était placé à 200 mètres de l'angle septentrional du clocher de l'église actuelle qui a hérité de son autel en bois. En cette même ville de Tartas, les Clarisses avaient occupé le château des ducs d'Albret. Les Ursulines qui leur succédèrent en 1774, ont repris le même local.

Divielle vient de passer aux Trappistes de la Meilleraie avec son domaine, par don de dame Domenger, née d'Antin, de Mugron. La Cagnotte n'a plus que des ruines. Sordes conserve encore quelques pans de murs. Sa magnifique église vient d'être restaurée.

Au St-Esprit, le doyenné ou Chapitre royal (1481) ou collégiale, a été détruit pour faire place à une partie de la gare. St-Bernard était à moitié distance entre St-Esprit et le Boucau-Neuf. Dans ses décombres on a trouvé en un seul bloc de bois la sainte Vierge et l'enfant Jésus montés sur un âne. Cette image, autrefois en très grande vénération chez les Basques, a été placée à l'entrée de l'église du St-Esprit qui, depuis quelques années, appartient au diocèse de Bayonne.

L'évêché d'Aire, loué annuellement 4,500 francs à partir de 1793 avec ses dépendances (sauf la prairie de 7 journaux, 3 lattes, un escat, qui fut vendue 4,558 l. en 1791 en même temps que la métairie de Loustalot au Plan 1,216 l. appartenant à l'évêché, resta bien invendu et servit de logement à la gendarmerie, au régent, à une foule de locataires: le parc avait été vendu en parcelles, et fut racheté en 1824. La prairie est revenue à la mense épiscopale par achat de Mgr Epivent.

Le collége d'Aire, bâti en 1553 dans la ville basse sur

l'emplacement actuel de la halle au blé, fut abandonné en 1755, et ne servit plus qu'à un régent jusqu'en 1793, époque à laquelle on vendit ses derniers pans de mur. Son personnel avait été transporté, en 1755, dans le magnifique établissement bâti par M. de Gaujac au nord de l'église du Mas, où ont reçu leur éducation Dartigoeyte, Lamarque, Mauriet, Basquiat, Laporterie, députés à la Constituante; Paul Cadroy, J.-B. Papin, J.-B. Chaumont, députés à la Convention, aux Conseils des Anciens et des Cinq-Cents, etc., etc., etc. Le célèbre chimiste Darcet était élève du collège de la ville basse. En 1804, le conseil de Préfecture des Landes avait eu l'intention de faire jeter à bas le séminaire-collège du Mas pour employer ses pierres à la reconstruction du pont sur l'Adour. MM. Lalanne et Arnaud Destenave le conservèrent en y plaçant une partie du personnel de leur maison nouvelle. Depuis 1812, il est petit séminaire diocésain.

Ste-Quitterie du Mas, d'abord siège de l'évêque d'Aire, puis de l'abbaye bénédictine convertie en séminaire diocésain de 1704 à 1791, a été collège communal et universitaire de 1804 à 1853; collège non universitaire sous la direction de l'évêque de 1853 à 1870; simplement communal depuis cette dernière date. Il a toujours été dirigé par des ecclésiastiques.

Le couvent des Clarisses, bâti au Frèche en 1270, transféré à Mont-de-Marsan en 1275, est devenu Hôtel de la Préfecture (*Voir dans la Petite Revue catholique d'Aire et de Dax les articles publiés par MM. Léon Sorbets et Emile Labeyrie, d'Aire, et par M. Duciella, vicaire-général, sur le mariage de François Ier à Beyries du Frèche; voir encore à ce sujet la brochure de M. Emile Labeyrie*).

Les lignes suivantes jetteront peut-être quelque jour sur ce débat :

« Henri d'Albret fut marié avec Marguerite de Valois, sœur de François Ier; elle avait été mariée en premières noces avec Charles d'Alençon. Pendant qu'elle étoit encore veuve, elle vint à Mont-de-Marsan en 1527. Elle y étoit le 1er d'avril de cette année lorsque François Ier épousa la sœur de Charles Quint à son retour d'Espagne. C'est ici un point d'Histoire qui n'a jamais été bien éclairci par les historiens français, de fixer le lieu et le jour des noces de François Ier. Ce fut donc chez les dames religieuses de Ste-Claire de Mont-de-Marsan que ce mariage s'accomplit. La mère du roi y étoit, sa sœur la duchesse d'Alençon, le cardinal de Bourbon, le cardinal de Foix, Monsieur et Madame de Lautrec, et peu s'en faut si la duchesse d'Alençon n'épousa pas en même temps notre Henri d'Albret.

« Lorsque Mézerai dit que François Ier épousa dans les Landes, en un lieu nommé Beïries, voici l'équivoque: c'est que nos religieuses avoient été établies dans leur commencement dans une de nos bastilles au Frèche, et s'appeloient les religieuses de Beïries, nom de leur maison. Elles furent ensuite placées au Mont-de-Marsan à cause des guerres, et retinrent pendant longtemps le nom de filles de Beïries, et elles n'ont été de Ste-Claire que du jour des noces de François Ier en 1527; les statuts du couvent en font foi, et lorsqu'elles se soumirent à l'Ordre de St-François, le cardinal de Bourbon célébra la messe, le roi et toute sa cour présents.

« Vu au mois de juin 1748 dans une chronologie des reines de France qu'au mois de juillet 1530, François Ier épousa Éléonore, sœur de Charles V, dans l'abbaye de Captieux près Bordeaux. » (*Notes sur Mont-de-Marsan par Dunogué*).

Puisque les religieuses Clarisses de Mont-de-Marsan n'habitaient plus Beyries au Frèche depuis 1275, il n'est pas facile de comprendre ceci : qu'elles aient pu recevoir une Cour royale dans une maison abandonnée depuis 250 ans, et y réunir tout ce qui était nécessaire soit pour la cérémonie du mariage, soit pour le logement du roi et de sa grande suite, ne serait-ce que pour quelques heures de la nuit.

Près des Clarisses, le couvent des Ursulines est occupé aujourd'hui par la gendarmerie et autres maisons.

Le collége des Barnabites, près du confluent des deux rivières, a fait place à une promenade d'où jaillissent les abondantes eaux d'une belle fontaine. Les Cordeliers occupaient un local converti en maisons sur la rive gauche de la rivière vers l'ouest, près de la place actuelle du commerce. L'hôpital de Mont-de-Marsan, bâti par M. Bazin de Bezons, évêque d'Aire, a toujours conservé sa destination primitive.

A Grenade, les Capucins avaient bâti sur la rive droite de l'Adour, et au-dessus de ses eaux, leur beau couvent, avec les ruines des églises de St-Pierre de Fleurieu et de Brassenx que Boutault leur donna par acte du 5 mai 1641. Ce couvent avait six chambres de religieux; il est aujourd'hui propriété particulière. On y distingue encore le vieux lambris peint de sa grande chapelle.

L'immense abbaye bénédictine de St-Sever restée intacte, occupe tout le côté droit de l'église paroissiale; elle sert de presbytère, de mairie, de bureau de télégraphe, de logement pour plusieurs locataires, etc. Par sentence de l'archevêque d'Auch, et des évêques de Tarbes et d'Oloron, cette abbaye avait été exempte de juridiction diocésaine.

Les Jacobins avaient leur couvent à l'est de la cité. Leur maison convertie depuis 1791 en collége national, puis en école centrale, a été collége communal, dirigé par des ecclésiastiques de 1804 à 1829, puis par des laïques; il est annexe du lycée de Mont-de-Marsan.

Au nord-est de la basilique, on voit encore le beau couvent des Ursulines occupé de nos jours par la gendarmerie, le greffe, le tribunal, la prison, etc. Sa cour intérieure a été percée par une rue, et sa façade au nord par un vaste arceau. La maison des Capucins, conservée intacte, est convertie en hôpital.

Du couvent des Augustins à Geaune, placé à l'ouest de la ville, il ne reste plus que le portail en ruines, quelques chapelles latérales à l'est converties en étables, les murs nus de la sacristie, et une très élégante tour du xvi° siècle qui va tomber si on ne prend des précautions nécessaires. En 1663, une discussion s'était engagée entre les Augustins et les Jurats au sujet de la taille. Les religieux disaient que leurs biens en étaient exempts vu leur fondation royale qu'ils expliquaient par la présence des trois fleurs de lis sur le portail principal. Les Jurats prétendaient que la fondation du couvent devait être attribuée au seigneur de Castelnau dont les armes se trouvaient sur deux points dans l'intérieur du couvent. Jean-Joseph Delherm, prieur, et Labarrière, syndic du couvent, d'un côté; les Jurats de l'autre, prirent pour arbitres de Sariac, évêque d'Aire, et de Talazac. baron de Bahus, qui fixèrent la quotité des biens nobles du couvent à 8 journaux, et celle des biens non nobles à 13 journaux, ces derniers soumis à la taille, le tout situé au midi du couvent, vers le moulin qui appartenait aussi aux religieux (13 février 1663).

L'abbaye de Pontault d'abord bénédictine, puis cistercienne, ravagée en 1569, mal réparée au xvii° siècle, à ce point qu'en 1709, d'après un procès-verbal, l'église est sans fenêtres ni portes, et que le cloître est à moitié écroulé, avait reçu quelques réparations plus tard. Elle est de nos jours telle qu'on la voyait en 1791, et appartient à la famille de Poudenx qui la possède du chef d'une demoiselle Dyzez, nièce du convent(?) uel.

La collégiale de Pim... est occupée par le presbytère; celle de Hagetmau, devenue propriété de M. Labayle, curé, reçut d'abord quelques religieuses qui finirent par se séparer. En 1859, elle servait d'asile aux jésuites espagnols réfugiés qui dans leur premier exil avaient habité au Mas la maison Cloche, renversée en 1863 pour la construction de l'annexe du petit Séminaire. Cette collégiale de Hagetmau a été donnée à l'évêché d'Aire par M. Labayle. Celle de St-Loubouer n'existe plus depuis 1569.

A Duhort, St-Jean de la Castelle a été occupé de 1792 à 1839 par M. de Caupenne, marquis d'Amou, et ses gendres, M. de Claye et M. de Pontac. En 1839, la marquise de Pontac vendit le St-Jean à M. Belus-Marcilhac, de Bordeaux (*Voir notre monographie de la Castelle dans la Revue d'Aire et de Dax*). De 1832 à 1842 on a renversé l'église qui formait le côté septentrional du cloître et les deux autres côtés, méridional et oriental. Il ne reste plus que le côté occidental avec une cour intérieure précédée du grand portail en fer. Le bâtiment entier couvrait un espace de 93 ares et 15 centiares.

La maison des Chartreux au Sen a été convertie en une vaste grange. La grange de Juliac, annexe de la Castelle, existe encore avec ses dépendances.

Le couvent des Cordeliers à Roquefort était placé à cent mètres de l'église paroissiale et séparé d'elle par l'Estampon. Ste-Claire est au centre de la grand'rue. Sa chapelle est devenue une écurie, et son hospice le grand hôtel de France.

La commanderie de St-Antoine de Goloni, aujourd'hui métairie pauvre, conserve encore une porte antique et quelques fenêtres ogivales de son église.

Le monastère de Mimizan, placé contre l'ancien chevet du chœur de l'église, est une propriété particulière qui ne conserve plus rien de son caractère primitif.

La commanderie St-Barthélemy d'Orvignac, ordre de St-Benoit, à St-Julien-de-Born, avait été cédée le 12 février 1712 en vertu d'un contrat d'échange à l'évêque et au Chapitre de Bayonne par le Chapitre de la Collégiale et maison royale Notre-Dame de Roncevaux en Espagne. La prise de possession s'était faite le 24 décembre 1719. Le monastère d'Orvignac n'existe plus. On montre encore une pierre du tombeau de l'autel de la chapelle bâtie sur une élévation près de la maison dite de Garat. Ses biens sont passés à la fabrique de St-Julien. Christophe de Lopèz, docteur en l'Université de Bordeaux, était prieur d'Orvignac 1672. Après lui, Martial-Joseph de Senans. A la mort de ce dernier, messire Henri d'Anglure de Bourlemont, agent général du clergé de France, abbé de St-Pierre-Mont et grand archidiacre de la primatiale de Bordeaux, demeurant à Paris, fut mis par procuré en possession d'Orvignac, le 21 avril 1694. Abbé de St-Vincent de Metz, il résigna Orvignac en Cour de Rome, et en 1718, Henri-Joseph de Sauville, clerc tonsuré du diocèse de Toul, pourvu du prieuré d'Orvignac par N. S. P. le Pape, prit possession de ce prieuré, des fiefs, rentes, fruits, profits et revenus, par la libre entrée en la chapelle. Le célèbre prédicateur Mac-Carthy a été connu quelque temps sous le nom d'abbé d'Orvignac (*Voir étude Albert Boucau, au Vignac, et registres de St-Julien.*)

La maison des Carmes à Cachen a complètement disparu depuis cent ans et plus. La vieille église de St-Etienne et son cimetière, vendus 200 francs en 1791, appartenaient probablement à ces religieux.

A Gabarret, le monastère, détruit en 1569, n'avait pu se relever; il ne restait plus qu'une vaste salle et une tour renversée il y a peu d'années.

Nous ne terminerons pas notre ouvrage sans payer ici une dette du cœur. Dans nos pénibles recherches, nous avons trouvé chez tous un bienveillant et généreux concours; mais, comment pourrions-nous assez reconnaître le dévouement et les mille services de notre honorable ami M. H. Tartière, archiviste du département des Landes? Mgr Epivent nous a confié une grande partie des œuvres de Batledat; les autres nous sont venues de M. Victor Lefranc, avec une quantité de pièces. M. Duriella, vic.-gén.; le R. P. Labat, professeur au séminaire d'Aire; M. l'abbé Adre, de St-Sever; M. Gachan, doyen de Tartas; M. Labastugue, maire de Montaut; M. H. Dasault, archiprêtre de St-Sever; M. l'abbé Laferrère, prof. au lycée de Mont-de-Marsan; nos savants compatriotes et amis, MM. F.-Emile Labeyrie, L. Sorbets, U. Piraube, nous ont fourni des documents précieux. A Pau, MM. Paul Dufaur de Gavardie, notre vieil ami du collège d'Aire; de Bordenave d'Abère, conseillers à la Cour, ont dirigé nos recherches avec M. Raymond, archiviste des Basses-Pyrénées, qui a mis une grâce exquise à nous ouvrir ce qu'il tenait toujours fermé sous bonne clé. Dans la description du département des Landes, la page intitulée: *Industrie en 1789*, a été prise à peu près mot pour mot des notes de M. Geoffroi de Cassen, secrétaire-général des Landes. M. Hippolyte Chaumont nous a généreusement livré les manuscrits de son grand père. Tout le reste a été retiré des archives départementales à Mont-de-Marsan, ou des archives communales, des études de notaires, etc., etc.

M. de Ladoue, aujourd'hui évêque de Nevers; M. Lugat, doyen de Villeneuve; M. Charles Vergé, doyen de St-Vincent-de-Tyrosse; M. Pesselère, doyen de Sabres; M. Emile Labeyrie; M. Larrieu, ancien principal du collège d'Aire, aujourd'hui trésorier de la cathédrale et du diocèse, le bienfaiteur de notre enfance et notre constant ami, ont bien voulu consentir à lire et à corriger le manuscrit de cet ouvrage. Qu'ils reçoivent une expression toute particulière de notre reconnaissance.

M. Sourigues, propriétaire du château de Momuy, nous a donné 250 fr. contre un exemplaire de notre ouvrage. Cette générosité nous imposait un devoir et nous l'avons rempli. Sur ces 250 fr. 180 ont servi à ajouter trois feuilles ou 48 pages au second volume. Les autres pages supplémentaires sont dues, — nous prenons ici la permission de le dire — aux largesses de M. Lucmau de Classun, archiprêtre d'Aire, de M. Henri Dumoulin de Labarthète vicaire de la cathédrale, de M. Daluc, curé de Bahus-Soubiran.

FIN DES DOCUMENTS.

ERRATA

Tome I, page 10, lignes 32, 33, effacez les mots: *l'oratoire, etc...*
Page 241, ligne 19, effacez: expulsés depuis longtemps.
Tome II, page 125, ligne 31, au lieu de: *s'écria*, mettez *s'écrier*.
Pour Beatus (Tome I ligne 5) voir Monlezon Tome I, page 340. M. Emile Labeyrie nous dit que c'est là une erreur historique.

TABLE

CHAPITRE PREMIER.

La Commission Extraordinaire à Dax, à Auch, à Bayonne. — Sévérités envers les Basques. — Derniers jours de Robespierre. — La lettre ecclésiastique . . . 6

CHAPITRE II.

1° Des prêtres assermentés de 1791 à 1795. — 2° Des prêtres insermentés, ou des prisonniers de Ste-Claire, des réfractaires immolés, des réfractaires transportés, des réfractaires cachés dans le pays. — Traits de dévouement, etc. — Légendes sous la Terreur. 37

CHAPITRE III.

Des partis politiques après le 9 thermidor. — Proclamation de Chaumont. — Départ de Pinet et Cavaignac. — De la Liberté des cultes. — Délivrance des prisonniers de Ste-Claire. — La Réaction politique. — Désarmement des Terroristes. — Les membres de la Commission Extraordinaire jugés. — Amnistie. — Appréciations sur Pinet et Cavaignac, etc. — Progrès de la Réaction. — Décret sur l'exercice du culte catholique. — Rétractation des prêtres ordonnés par Saurine. — Progrès du Royalisme. — Edits nouveaux. 85

CHAPITRE IV.

Le Directoire. — Elections dans les Landes. — Persécutions nouvelles. — Rapport de Dyzez. — Proclamation du Département. — L'émigré Bidalon. — Rapport de Deckevers sur Batbedat. — Délivrance des prisonniers de Ste-Claire. — Proclamation du Département. 124

CHAPITRE V.

Rentrée de Batbedat au Pouvoir. — Rapports sur l'état des Landes. — Persécutions contre les prêtres. — Les élections de germinal à Mont-de-Marsan. — Batbedat renversé du Pouvoir 157

CHAPITRE VI.

Constitution de l'an VIII. — Méchin, préfet des Landes. — Délivrance des prisonniers de Ste-Claire. — Discussions sur le serment de fidélité à la Constitution de l'an VIII. — Batbedat et ses ennemis. — Les hommes célèbres de nos Landes de 1789 à 1802. — Le Concordat. — Entrée de Mgr Loison à Roquefort, à Mont-de-Marsan, à St-Geours, à Bayonne. 205

CHAPITRE VII.

Organisation du ministère paroissial dans le diocèse de Bayonne. — Ordonnance du 20 fructidor an XI. — La Petite Eglise à St-Sever. — Mort de J.-J. Lamarque, de Barbeyte, de Paul Cadroy, de Louis-Samson Batbedat, de Saurine, de Cahuzac de Caux. — Rétablissement des évêchés à Aire, à Tarbes. — Dernières mesures prises contre les constitutionnels. — Mort de Vincent Labeyrie, de Robin, de Tastet. 227

Notes et documents. . . . . de 297 à 307

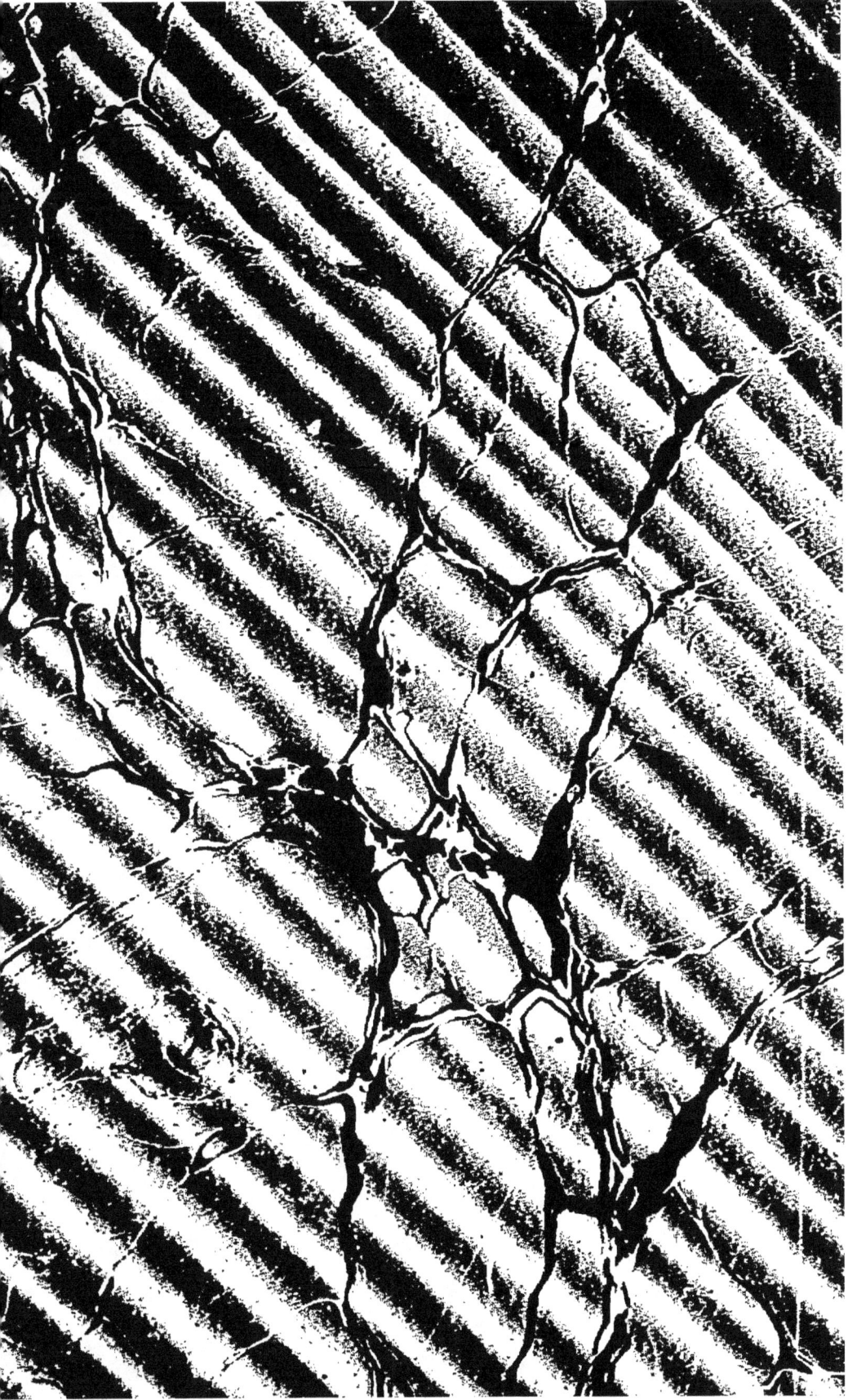

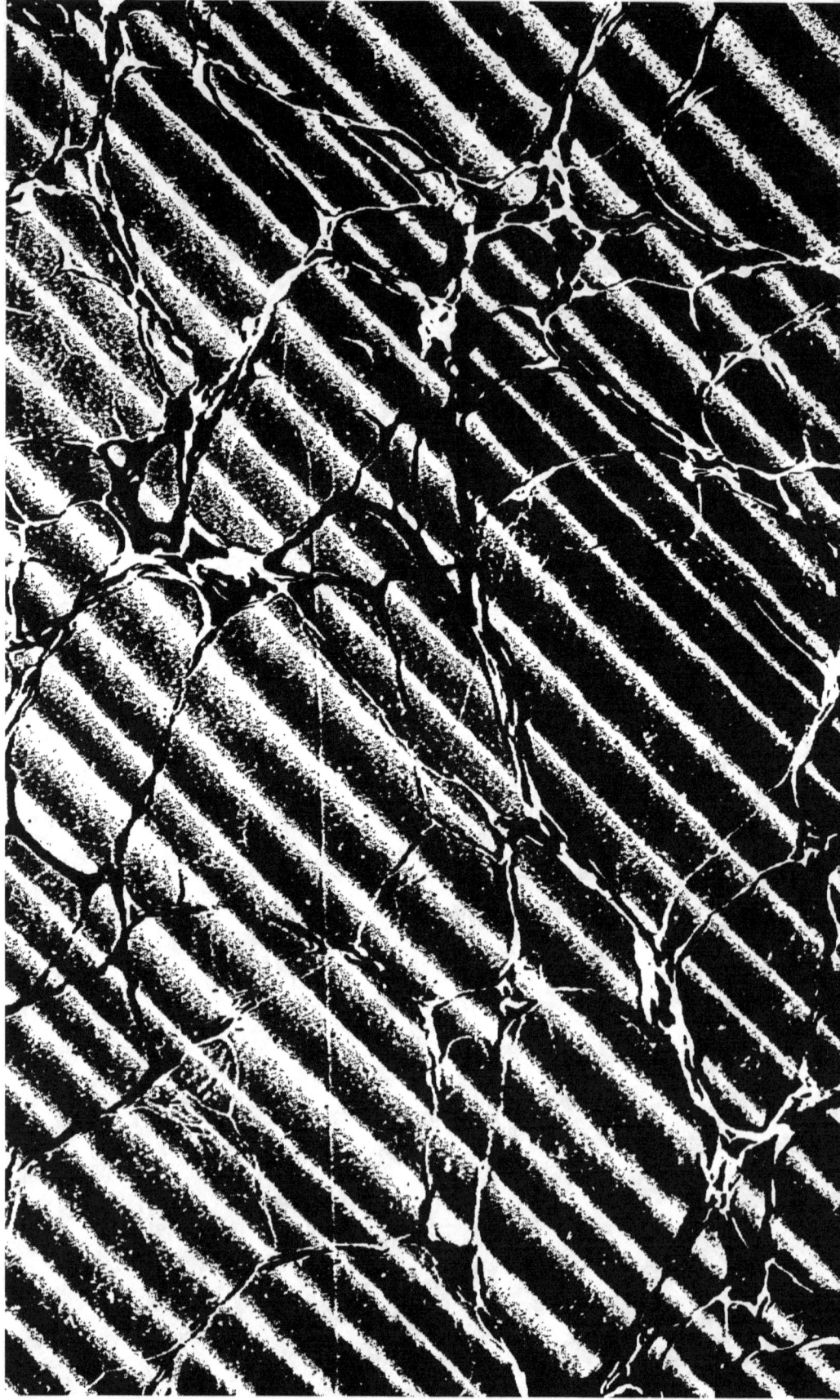

www.ingramcontent.com/pod-product-compliance
Lightning Source LLC
Chambersburg PA
CBHW070447170426
43201CB00010B/1242